Éthique chrétienne africaine

Samuel Waje KUNHIYOP

Publié par LIVRESHIPPO

- Centre de Publications Évangéliques, 08 B.P. 900 Abidjan 08, Côte d'Ivoire
- Presses Bibliques Africaines, 03 B.P. 345 Cotonou, Bénin
- Éditions CLE, B.P. 1501 Yaoundé, Cameroun
- Excelsis Diffusions 385, Chemin du Clos 26450 Chanois, France

Traduit de l'anglais par Presses Bibliques Africaines
Couverture : projectluz.com
Composition : CPE
Impression : Gutenberg Press Ltd, Malta

1re édition - 1re impression
Dépôt légal : 13224 du 21 septembre 2016 - éd. 3e trim. 2016
ISBN : 978-2-35686-045-3
EAN : 9782356860453

Table des matières

Deuxième partie : Questions éthiques contemporaines

Préface

Éthique chrétienne africaine est un ouvrage d'une importance capitale. D'autres travaux ont tenté de traiter la question de l'éthique en Afrique contemporaine, mais peu ont été aussi complets, pertinents et contextuels que celui-ci. Je félicite le professeur Kunhiyop pour avoir produit un ouvrage que l'Afrique a longtemps attendu.

Le professeur Kunhiyop est un intellectuel africain remarquable et une référence dans les domaines d'éthique chrétienne, sociale et de théologie. Sa formation approfondie en études bibliques, en théologie, en éthique, en recherche, et sa formation au ministère sont visibles à la lecture de cet ouvrage. On a reproché à des érudits africains d'être superficiels et sans connaissance, mais ce n'est pas le cas avec cet auteur. Il est profond, méticuleux, exhaustif, pertinent et convaincant. Il est non seulement un académicien, mais aussi un intellectuel qui écrit avec passion et une profonde conviction.

Le lecteur découvrira tout au long de cet ouvrage, un auteur parfaitement à l'aise avec le sujet qu'il traite. Il reconnaît que le manque de compréhension des croyances traditionnelles africaines est la source de nombreux échecs dans la compréhension des questions éthiques en Afrique et dans la recherche de solutions adéquates. Pour y remédier, certains auteurs ont préconisé le retour aux valeurs traditionnelles. D'autres, conscients de l'impact de la modernité en Afrique contemporaine, ont naïvement accepté les traditions occidentales avec leur relativisme et pluralisme éthiques. Dr Kunhiyop cherche à éviter ces deux extrêmes. Il identifie les forces et les faiblesses des traditions éthiques africaines et occidentales et les examine à la lumière de sa ferme croyance en la centralité et l'autorité des Saintes Écritures.

Il applique cette approche à plusieurs questions éthiques contemporaines. Il commence souvent par présenter l'approche traditionnelle africaine de la question, et ensuite l'approche occidentale. Enfin, il explique ce que la Bible dit sur le sujet abordé et montre comment les chrétiens africains devraient réagir à la lumière des Saintes Écritures, en tirant également bénéfice des choses qui sont bonnes dans les valeurs traditionnelles et occidentales.

Ce livre démontre que les maximes morales pour les chrétiens ne sont ancrées ni dans l'éthique traditionnelle africaine, ni dans l'éthique traditionnelle occidentale, mais plutôt dans les Saintes Écritures. À ce sujet, citons l'auteur :

> Nous avons le devoir d'obéir à Dieu en nous basant sur sa révélation. Les hommes et les femmes cherchent à obéir à Dieu à travers une lecture et une interprétation correcte des Écritures. La Bible lue et interprétée convenablement est normative – et lie tous les peuples de tout temps et en tout lieu. L'éthique n'est pas ce que le chrétien cherche à faire pour lui-même, mais plutôt ce qu'il cherche à faire pour plaire à Dieu.

Je recommande donc fortement cet ouvrage à tous les chrétiens qui s'intéressent aux questions éthiques brûlantes sur le continent Africain. Je conseille également ce livre à tous les dirigeants et décideurs en Afrique qui feraient bien d'adhérer aux normes morales et éthiques contenues dans ce livre, s'ils veulent pratiquer le véritable leadership et la bonne gouvernance. Plus important encore, je le recommande aux étudiants et enseignants, car il offre une solide introduction à l'éthique chrétienne et sociale pour les étudiants dans les écoles de théologie, les séminaires et les universités à travers le continent Africain. Cet ouvrage doit être également d'un grand intérêt pour tous ceux qui, ailleurs dans le monde, veulent comprendre comment des questions éthiques les concernant sont traitées dans un contexte africain.

Yusufu Turaki
Professeur de théologie et d'éthique sociale
Jos ECWA séminaire théologique (JETS)
Jos, Nigéria
19 septembre 2007

Remerciements

Cet ouvrage n'aurait pas vu le jour sans le sacrifice de plusieurs personnes dévouées. Qu'il me soit permis de remercier quelques personnes.

Tout d'abord, je voudrais remercier les responsables de Langham Writer's Grant qui m'ont encouragé à réviser et augmenter mon précédent livre, *African Christian Ethics* (Kaduna, Baraka Press, 2004). Leur soutien financier m'a permis de prendre de brèves et productives retraites d'écriture à Miango Rest Home à Jos, au Nigéria et à l'Institute for the Study of African Realities (ISAR) à Nairobi Evangelical Graduate School of Theology (NEGST) de Karen, au Kenya. Je voudrais particulièrement remercier Chris Wright (Directeur de Langham Partnership International), Brad Palmer et Pieter Kwant, qui m'ont encouragé dans ce projet. Sid Garland, Directeur Exécutif de African Christian Texbooks (ACTS), a également joué un rôle capital dans la rédaction de cet ouvrage pour l'Afrique.

Je voudrais également remercier Isobel Stevenson et Jeremy Ng'ang'a, qui ont été des éditeurs qualifiés et encourageants, de même que Friday Nwaohamuo qui a contribué à la saisie, la mise en page et la correction des premiers manuscrits.

Dr Yusufu Turaki qui a rédigé la préface de ce livre, a été l'un de mes mentors intellectuels. Ce dernier et Dr John S. Feinberg m'ont fait découvrir l'étude de l'éthique pendant mon parcours à l'université. Sans leur enseignement, cet ouvrage n'aurait jamais existé sous cette forme.

Le New Commandement Class à Arlington Heights Evangelical Free Church, Illinois, et Good Shepherd Community Church, Boring, aux États-Unis, m'ont apporté leur soutien moral et financier pendant la rédaction de ce livre. J'ai reçu beaucoup de soutien de mes chers amis, Stu Weber, Randy Alcorn, Stan et Ruth Guillaume, Dave et Joy Dawson, Ron et Carol Speer, Gary et Sue Ellen Griffin, Bob et Mary Rieck.

Je suis aussi reconnaissant au staff et aux étudiants de Jos ECWA Theological Seminary avec qui, plusieurs questions abordées dans cet ouvrage ont été discutées. Mes remerciements vont également à l'endroit de Stephen Kem, qui a rédigé la plupart des questions d'étude. Je suis très reconnaissant à mon épouse, Yelwa, et à mes enfants, Zigwai, Babangida, Kauna et Abrak, pour leur soutien pendant la rédaction de ce livre.

Enfin, je voudrais exprimer ma profonde gratitude à mes employeurs actuels, le South African Theological Seminary (SATS), à Rivonia, pour m'avoir donné le temps nécessaire pour finir ce livre. Je suis particulièrement reconnaissant envers Dr Reuben Van Rensburg et Kevin Smith (Principal et Vice principal de SATS) pour leurs encouragements lors de la rédaction de ce livre.

Avant-Propos

L'éthique chrétienne en Afrique est un sujet vaste et ne saurait être examinée en profondeur dans un seul ouvrage. Il n'est pas non plus possible de soulever toutes les questions éthiques dans un seul livre. Cependant, cet ouvrage entend offrir un cadre biblique et évangélique, utile aux chrétiens africains pour résoudre des questions d'ordre éthique.

L'éthique en Afrique est une question fortement personnelle, communautaire et religieuse. Elle est personnelle par le fait qu'elle est profondément enracinée dans l'être-même de la personne, affectant à la fois sa pensée, son cœur, son corps et son esprit. Toute tentative pour distinguer l'éthique théorique (ou spirituelle) de la morale pratique est hors de propos et erronée pour les chrétiens africains.

L'éthique est communautaire dans le sens où elle est rarement conçue en termes de décisions éthiques individuelles n'affectant pas les autres. Tout ce qui affecte l'individu touche aussi bien sa famille immédiate que sa famille éloignée, ceux qui sont vivants, mais aussi ceux qui sont morts mais qui sont encore intéressés par les problèmes des vivants. Comprendre cet aspect de la communauté est capital dans la compréhension de l'éthique en Afrique. Cela signifie également que l'éthique en Afrique prend en compte le passé, le présent et le futur.

L'éthique en Afrique est également une question très religieuse. En effet, Dieu, les esprits des morts (les ancêtres), les bons et les mauvais esprits ont une grande influence sur le comportement des humains, selon la culture. Pour les chrétiens, la Bible sert également d'autorité morale. Ainsi, en Afrique, il n'y a pas de système éthique abstrait sans implications pratiques et religieuses. Les principes ou règles qui guident le comportement sont intimement liés à la pratique de l'éthique. C'est en faisant le bien que l'on découvre les règles éthiques à l'origine de ce comportement.

Cet ouvrage est divisé en deux grandes parties. La première partie présente les présupposés de base, les principes et les valeurs de l'éthique chrétienne en Afrique. Puisque l'éthique n'existe pas sans contexte d'ancrage, cette partie aborde également les croyances socioculturelles et philosophiques, les valeurs et les convictions qui constituent le fondement de la vision africaine du monde. Cette vision du monde a été façonnée par les forces exogènes occidentales et chrétiennes, sujets également débattus dans ce livre.

La deuxième partie offre un aperçu de quelques questions d'ordre éthique, qui affectent les chrétiens africains. Elle évoque aussi bien des questions sociopolitiques et financières essentielles, que des sujets en rapport avec la famille, l'éthique sexuelle et médicale, et la religion. Pour chacun de ces sujets, des principes éthiques généraux et en rapport avec le sujet sont présentés et sont appliqués aux problèmes éthiques particuliers. Chaque section comprend une série de questions d'étude qui vise à encourager d'autres réflexions sur les sujets abordés dans cet ouvrage.

Les citations présentes dans ce livre qui sont tirées d'ouvrages en anglais ont toutes été traduites en français par le traducteur.

Première partie

Les fondements éthiques

1

Introduction à l'éthique chrétienne africaine

Toute société est influencée par son histoire, ses croyances et ses valeurs. Nous devons connaître l'histoire de l'Afrique afin de comprendre ses questions politiques et économiques actuelles et de pouvoir y répondre. De même, nous devons comprendre les valeurs et croyances éthiques qui guident l'action morale en Afrique si nous voulons développer un système éthique à la fois chrétien et africain. Sans cette compréhension, enseigner l'éthique chrétienne revient à verser de l'eau sur le dos d'un canard. L'eau coule sans même le mouiller ! Manquer à ce but essentiel dévalorise l'enseignement du christianisme qui, souvent, a peu d'influence sur le comportement de l'individu.

Ainsi, la première partie de ce livre introduit l'objet de l'éthique et présente les différentes articulations traditionnelles, occidentales et chrétiennes, dont la synthèse est le reflet de l'éthique chrétienne africaine. Cela prépare le terrain pour les discussions détaillées de problèmes éthiques spécifiques dans la deuxième partie de ce livre.

Quelques définitions

Avant de commencer cette étude, il est important de définir quelques termes clés, utiles pour toute discussion éthique.

Éthique et moralité

Les termes *éthique* et *moralité* sont si proches l'un de l'autre que le *dictionnaire Encarta* définit l'éthique comme étant un « ensemble de principes moraux gouvernant la conduite d'un individu ou d'un groupe ».

Certains utilisent le terme éthique en le reliant à l'étude théorique du bien et du mal, du bon et du mauvais, tandis que la moralité touche au comportement réel, « l'action pratique de ce que l'on croit être bon et bien[1] ». James William McClendon écrit donc ceci :

> Morale et moralité dérivent du latin, *mos*, signifiant coutume ou usage, tandis que le mot éthique dérive du grec, *ethos*, signifiant à peu près la même chose. Donc, ce n'est assurément pas étonnant qu'aujourd'hui, comme auparavant, ces deux mots soient synonymes. Quand une distinction est faite de nos jours, la « morale » renvoie à la conduite humaine réelle vu en rapport avec le bien et le mal, le bon et le mauvais ; et « éthique » désigne une vue d'ensemble théorique de la moralité, une théorie, un système ou un code. Dans ce sens, notre moralité est la réalité humaine concrète vécue au quotidien, tandis que l'éthique implique une démarche intellectuelle qui consiste en la rétrospective et l'analyse ou la conceptualisation d'une (quelconque) moralité[2].

Nous n'apprécions pas cette distinction parce qu'elle crée la confusion entre l'éthique et la moralité. Les gens ont tendance à partir du principe que les questions théoriques sont seulement bonnes pour les érudits, le maître d'école, l'étudiant, ou le professeur dans la classe, tandis que le côté pratique concerne ce qui est réel, utile et vrai dans les situations concrètes de la vie. C'est pourquoi dans ce livre, nous utiliserons les mots « moralité » et « éthique » de façon interchangeable. Cette approche est compatible avec la compréhension africaine selon laquelle l'éthique n'est pas basée sur des principes abstraits, mais sur le comportement dans des situations spécifiques.

Pour les objectifs de ce livre, éthique et moralité désignent l'ensemble des définitions, principes et motivations pour la conduite et le comportement.

---

[1] Stanley J. Grentz, *The Moral Quest : The Foundations of Christian Ethics*, Leicester, Apollos, 1997, p. 23. Arthur H. Jentz note que « la moralité désigne les ordres sociaux ; l'éthique est l'analyse intellectuelle de ces ordres, leur articulation, leur défense ou leur opposition » (« Some thoughts on Christian Ethics », *Reformed Journal* 30, 1976, p. 52).

[2] James William McClendon, *Systematic Theology. Vol. I: Ethics*, ed. rev., Nashville, Abingdon Press, 2002, p. 45-46.

Éthique sociale et éthique personnelle

Une distinction est souvent faite entre l'éthique personnelle et l'éthique sociale. L'éthique personnelle traite des obligations ou devoirs des individus, ou en d'autres termes, ce qui est exigé des individus. La plupart des sociétés occidentales mettent l'accent sur l'éthique personnelle parce qu'en Occident, les désirs, satisfactions, décisions et réussites des individus sont prioritaires sur ceux de la communauté. Quant à l'éthique sociale, elle traite de la moralité communautaire et met l'accent sur les valeurs communes et les relations interpersonnelles au détriment des désirs et décisions individuelles.

En Afrique, on souligne le caractère social de l'éthique, car pour les peuples africains la communauté l'emporte sur l'individu. Certes, les individus ne sont pas négligés, mais on attend d'eux qu'ils jouent un rôle conforme aux valeurs morales de la société. Celles-ci régulent et contrôlent leur conduite. Par exemple, il se peut qu'un homme se marie non pas parce qu'il le souhaite, mais parce que ses parents désirent avoir des petits-enfants.

Valeurs et éthique

Les valeurs soulignent les croyances et présupposés fondamentaux qui déterminent un comportement. En Afrique tout comme en Occident, ces croyances et présupposés demeurent souvent inchangés même après une conversion religieuse. Ainsi, en dépit de leur conversion au christianisme ou à l'islam, plusieurs sociétés africaines demeurent attachées aux croyances traditionnelles à l'origine de leur conduite morale. Il est donc nécessaire de prendre conscience du rôle que les valeurs jouent dans l'étude des actions morales.

Éthique africaine et éthique occidentale

Cet ouvrage traite de l'éthique africaine. Il convient donc de définir le terme « africain ». L'Afrique est composée de nombreux peuples et cultures différents. En théorie, il serait possible de réaliser une étude sociologique ou anthropologique de l'éthique de chacun de ces peuples ; mais là n'est pas l'objectif poursuivi dans cet ouvrage. Ici, nous présentons plutôt quelques principes généraux de la vie morale et culturelle valables chez plusieurs peuples. Ainsi, le chapitre 2 présente les principes éthiques généraux, les motifs régissant la moralité africaine et des exemples de groupes variés en Afrique subsaharienne.

La pensée éthique africaine s'est développée non sans l'influence de la pensée occidentale, du christianisme et de l'islam. Les influences occidentales ont été particulièrement significatives en Afrique subsaharienne. Le chapitre 3 examine donc l'éthique occidentale dans ses origines judéo-gréco-chrétiennes. De plus, ce chapitre examine comment l'humanisme et le monde séculier, de même que l'influence du siècle des Lumières et des révolutions technologiques et électroniques, ont façonné la pensée éthique contemporaine de l'Occident dans plusieurs régions.

L'éthique chrétienne en Afrique

Un survol des programmes d'enseignements dispensés dans les facultés de théologie et les séminaires en Afrique, montre que l'éthique chrétienne est souvent assimilée à l'éthique occidentale comme si c'était la même chose. C'est une idée erronée provenant des missionnaires occidentaux. Ceux-ci ont apporté aux Africains un Évangile à forte coloration occidentale. Les étudiants qui devraient étudier l'éthique chrétienne africaine sont trop souvent occupés à lutter avec les théories éthiques téléologique, déontologique, utilitariste et relativiste émanant de l'Occident.

De toute évidence, c'est une éthique africaine, biblique et chrétienne qui devrait être apprise dans les facultés de théologie africaines. Au chapitre 4 de ce livre, nous présentons une étude détaillée des éléments clés de l'éthique chrétienne en général. Le chapitre 5 donne un bref aperçu d'une éthique chrétienne africaine type. Ce thème est d'ailleurs au centre de la deuxième partie de ce livre. Avant d'aborder quelques questions éthiques spécifiques, le chapitre 6 soulève les questions liées aux décisions éthiques, notamment les principes éthiques dans les situations de conflit.

Questions

1. En une phrase, définissez « éthique » et « moralité » avec vos propres mots. Ensuite, demandez à des chrétiens et non-chrétiens de votre localité leur définition personnelle de ces termes. Comparez ces définitions à celles données dans ce chapitre.

2. Quels mots utilisent-on dans votre langue maternelle pour exprimer les concepts d'éthique, de morale et les autres concepts définis dans ce chapitre ? Quelles sont les nuances sémantiques qui se dégagent de ces mots ?

3. Décrivez le lien entre l'éthique personnelle et l'éthique sociale dans votre contexte. Comment votre perception de l'éthique personnelle et de l'éthique sociale vous aide dans votre ministère, ou nuit à ce ministère ?

2

Les fondements de l'éthique
contemporaine africaine

Le manque de compréhension des éléments clés régissant la moralité africaine a amené beaucoup d'Occidentaux à mal interpréter la morale africaine. Par exemple, quand les missionnaires occidentaux voyaient un chrétien épouser une deuxième femme, ils concluaient que ce dernier commettait un adultère. Le fait que sa polygamie soit publique et approuvée par la société était considérée comme la preuve que les peuples africains étaient profondément immoraux et « tout à fait dépourvus du sens européen de la pudeur[3] ».

En portant ce jugement, les missionnaires ne considéraient que la surface et considéraient comme acquis que l'unique facteur en jeu était le désir sexuel. Ils méconnaissaient les valeurs intrinsèques de la vision africaine du mariage et de la procréation, de la sexualité et de l'immortalité, qui sous-tendaient la pratique de la polygamie. Pour l'individu concerné, la question n'était pas s'il devait prendre une deuxième femme ou non, mais si de cette union il aurait un enfant (surtout un garçon) qui perpétuerait sa lignée et l'honorerait en tant qu'ancêtre.

Si les Occidentaux entrevoyaient quelque peu ces valeurs, souvent ils les rejetaient, estimant qu'il serait « ridicule d'appliquer des termes tels que "moraux" aux croyances et pratiques africaines, perçues comme "irrationnelles par perversion et marquées par la présence des esprits"[4] ».

---

[3] Basil Davidson, *The African Genius*, Boston, Little Brown and Company, 1969, p. 80.

[4] *Ibid.*, p. 71. Toutes les citations tirées d'un ouvrage en langue anglaise ont été traduites en français par le traducteur.

Cependant, les Occidentaux avaient tort. Le comportement africain n'était ni irrationnel, ni dépourvu de moralité. Ainsi dans ce chapitre, nous tâcherons de répondre à la question : « Quelles sont les racines des valeurs et du comportement éthique africains ? » Les principes éthiques examinés dans ce chapitre ne sont pas forcément chrétiens, mais ce sont les principes généraux qui ont influencé le comportement africain. Si nous les méconnaissons, nous ne manquerons pas de tirer des conclusions erronées sur la morale africaine.

Sources pour l'étude de l'éthique africaine

Une des difficultés inhérentes à l'étude de l'éthique africaine, c'est que traditionnellement, il n'y avait ni trace écrite, ni lieu particulier où tous les principes étaient clairement énoncés : « À la différence de l'éthique moderne occidentale, la pensée africaine ne considère pas l'éthique comme une discipline à part, car la morale est indissociable de l'ensemble de la vie sociale africaine. Se lancer à la découverte et la compréhension de l'éthique africaine par la voie des principes moraux abstraits, c'est entreprendre un parcours de frustration[5]. » Au contraire, pour déterminer ce qui constitue un comportement moral, il faut « observer la vie sociale des gens, c'est-à-dire leurs rites, coutumes, pratiques, événements, et relations, et y réfléchir[6] ». Nos sources pour connaître l'éthique africaine ne sont donc pas des écrits, mais plutôt les coutumes et la riche tradition orale de l'Afrique.

Il faut admettre qu'il est parfois difficile de comprendre et d'interpréter les traditions avec justesse. Cependant, il y a des moyens pour le faire. Bolaji Idowu apporte des conseils utiles :

> Tout d'abord, il est nécessaire (...) d'écouter attentivement et de comprendre le sens profond. En second lieu, il faut se rappeler que la situation africaine n'admet pas la dichotomie artificielle entre sacré et profane. Dans cette situation, la réalité est considérée comme unie et les choses de la terre (les choses matérielles et les actes et engagements quotidiens de l'homme) n'ont de sens que par rapport aux choses célestes, c'est-à-dire le spirituel, en tenant

---

[5] Neville Richardson, « Can Christian Ethics Find Its Way, and Itself, in Africa? », *Journal of Theology for Southern Africa* 95, 1996, p. 37.
[6] *Ibid.*

compte du Transcendant et de cette partie de l'homme qui a des liens avec le monde suprasensible. Troisièmement, une doctrine n'est pas nécessairement non historique ou imaginaire simplement parce qu'elle est mythologique[7].

J'ajouterais un quatrième principe aux trois énumérés par Idowu : les traditions doivent être interprétées dans leur propre contexte. Les interprètes de la Bible aiment à dire qu'un « texte sans contexte n'est qu'un prétexte ». Le même principe s'applique aux coutumes africaines et à la tradition orale africaine.

Les coutumes et les tabous

En Afrique, les principes d'éthique et les règles de conduite ont été préservés au cours des siècles sous forme de diverses coutumes et traditions qui fournissent des explications sur les raisons, motifs, valeurs, et buts du comportement. Ces coutumes fournissent un code moral et indiquent « ce que les gens doivent faire pour vivre éthiquement[8] ». Les traditions transmises de génération en génération deviennent « les Écritures » du peuple, c'est-à-dire, sa source de connaissances sur ce que Dieu exige. Cette connaissance est préservée par les anciens qui sont les gardiens des lois et règlements qui régissent toute la communauté. Ainsi, les Africains s'informent souvent sur ce que les anciens (et les ancêtres) ont à dire sur un sujet, et la tradition ainsi transmise a la force de la loi. Si la tradition interdit d'épouser quelqu'un d'un clan particulier, on doit se soumettre à cette règle. Manquer de le faire attirerait des problèmes sur toute la communauté qui, elle, est composée non seulement des vivants, mais aussi de tous ceux qui sont morts et qui demeurent une partie vitale de leur communauté.

Bien que le meurtre soit interdit, la tradition de certains groupes permet l'euthanasie pour ceux qui sont trop âgés pour pouvoir œuvrer dans la société. Ainsi, parmi les Bajju du Nigéria, une vieille qui est fatiguée de vivre peut demander à sa famille de lui permettre de mourir en paix et rejoindre ses ancêtres plutôt que de vivre dans la misère. Ainsi, elle meurt, soit parce que sa famille demande à Dieu de lui ôter la vie,

---

[7] E. Bolagi Idowu, *African Traditional Religion: A Definition*, Maryknoll, NY, Orbis Books, 1975, p. 83-84.

[8] Ibid., p. 42.

soit parce que celle-ci lui sert de la nourriture empoisonnée. De même, dans certaines sociétés, la tradition veut que l'on tue les jumeaux parce qu'ils portent malheur, et les bébés atteints du syndrome de Down ou de difformités doivent être mis à mort immédiatement après la naissance.

Beaucoup de traditions ont un lien avec les femmes et les relations sexuelles. Avoir des relations avec son épouse avant une partie de chasse n'est pas une bonne chose car cela porterait malheur et entraînerait l'échec de la chasse. Il est également interdit aux maris d'avoir des rapports avec leur femme pendant les règles. Les femmes enceintes doivent traiter les enfants avec respect, sinon, elles auront un accouchement très pénible jusqu'à ce qu'elles se repentent de leur mauvaise attitude.

Certains groupes interdisent aux maris de battre leur femme pendant la semaine de paix qui précède les semences, pour éviter de provoquer la colère de la déesse de la terre[9].

Siffler pendant la nuit est aussi formellement interdit, car cela invite les mauvais esprits dans la concession. Et exposer le dieu adoré par les hommes à la vue de tous entraîne la mort immédiate.

La tradition orale

L'autre source majeure d'information sur l'éthique africaine est la tradition orale, c'est-à-dire, les nombreux contes et légendes par lesquels la connaissance est transmise d'une génération à une autre par le biais de la parole, plutôt que par l'écrit. Cette tradition comporte des mythes et des contes, des liturgies, des chants et des proverbes.

Les savants occidentaux ont souvent considéré la tradition orale comme étant moins fiable et moins crédible que les sources écrites. Le judaïsme, le christianisme, et l'islam, par exemple, sont souvent considérés comme étant valables et supérieurs aux autres religions parce que basés sur des sources écrites. Pourtant, ces religions n'ont pas toujours eu des documents écrits. Beaucoup des Écritures hébraïques ont été transmises oralement pendant des générations avant d'être mises par écrit ; et le christianisme a été transmis oralement avant d'être mis par écrit. Dire que le christianisme du premier siècle était non valide et inférieur en raison de

---

[9] Chinua Achebe fait allusion à cette tradition dans son roman *Things Fall Apart*, Londres, Heinemann, 1958, paru en français sous le titre *Le monde s'effondre*, Paris, Présence africaine, 1966.

l'absence de documents écrits, c'est méconnaître profondément la place des traces orales et écrites respectivement. Jésus a utilisé l'instruction orale pour son enseignement, et les apôtres et les pères de l'Église primitive se sont servis de la tradition orale qu'ils ont aussi transmise aux générations suivantes. L'apôtre Jean lui-même déclare dans 1 Jean 1.1 : « Ce qui était dès le commencement, ce que nous avons entendu, ce que nous avons vu de nos yeux, ce que nous avons contemplé et que nos mains ont touché, du Verbe de vie. » La phrase « ce que nous avons entendu » est reprise aux versets 3 et 5. De toute évidence, Jean fait allusion à la transmission orale du message que lui et les autres apôtres ont reçu de Jésus.

Il n'y a donc pas de raison de mépriser la tradition orale. Tout comme la tradition vécue, elle doit être interprétée selon son propre contexte.

Les mythes et les légendes

Les mythes et les légendes sont des récits traditionnels sur des événements du passé qui ont pour but d'expliquer des phénomènes du présent. Ils impliquent souvent des dieux et des personnages héroïques. Comme souligné ci-dessus, il importe de prendre en considération le contexte pour les interpréter correctement. Manquer de le faire conduira à une signification fausse et trompeuse.

Un récit Igbo du Nigéria illustre ce que cela signifie dans la pratique. Selon le récit, Dieu vivait très près des êtres humains dans l'ancien temps. Cependant, un jour une femme martelait son igname avec tellement de force qu'elle a frappé Dieu au front avec son pilon par inadvertance, si bien qu'il s'est retiré dans les cieux. Une lecture trop hâtive de ce récit suggérerait que les Igbo considéraient Dieu comme un être humain, mais le contexte et la portée de la tradition n'ont rien à voir avec « la nature physique » de Dieu. Cette histoire explique plutôt pourquoi nous ne pouvons pas voir Dieu, et traite donc de sa transcendance. Dieu existe, mais il est très éloigné des êtres humains.

Les contes

Les Africains aiment les contes et les raconteurs. C'est par les contes que sont gravées les valeurs et motivations éthiques dans la pensée des Africains. Tous les enfants africains qui grandissent dans des sociétés traditionnelles écoutent des histoires après le dîner et autour du feu. Les conteurs, qui sont souvent des femmes âgées, par exemple des grands-mères, enseignent beaucoup de valeurs :

> Le contexte dans lequel les jeunes apprennent ces valeurs, c'est l'association avec des personnes plus âgées et dotées de sagesse. Dans une société où la parole a plus d'importance que l'écrit, fréquenter des personnes âgées et plus expérimentées est une tâche essentielle dans la vie, parce que le jeune qui tend vers la maturité doit apprendre à maîtriser non seulement l'art de vivre, mais aussi l'art de parler[10].

Certains de ces contes sont des mythes traditionnels, d'autres sont conçus pour inculquer quelque principe moral. Des animaux tels que le chacal, l'hyène, le lièvre, le lion, le chat, l'éléphant, le python, le chien et le bouc sont personnifiés pour enseigner des vérités morales. Des animaux particuliers représentent souvent des traits particuliers, par exemple le lièvre est intelligent et rusé, l'hyène est avare, et le bouc est terriblement débauché. Ainsi, on raconte l'histoire d'un bouc qui demanda aux passants si par hasard ils auraient vu une femme quelconque qui passait sur la route. Ils lui répondirent qu'ils n'avaient vu passer que la mère et les sœurs du bouc. Ce dernier répliqua que cela lui convenait bien ; sa mère et ses sœurs étant des femmes, il pouvait coucher aussi avec elles ! La leçon de l'histoire, c'est que manquer de respecter la moralité de base et les règles régissant les rapports sexuels abaisse une personne au niveau de l'animal.

La catégorie des contes peut aussi inclure des romans modernes, tels que *Le monde s'effondre* de Chinua Achebe. Ce livre traite de beaucoup de traditions communautaires concernant le mariage, le sexe, les funérailles, le suicide, la peine capitale, la fertilité, le travail, la dignité, l'honneur, l'orgueil, le courage, la vérité et le mensonge, la richesse et la santé.

Les chants

Chanter fait partie de la vie quotidienne en Afrique, et les chants révèlent beaucoup de choses sur les motivations éthiques des actes. Des chants particuliers sont chantés à des occasions particulières par des groupes précis. Les chants pour les mariages, par exemple, révèlent les attentes de la communauté en ce qui concerne le mariage. La virginité est

---

[10] Bénézet Bujo, *Foundations of an African Ethic: Beyond the Universal Claims of Western Morality*, trad. Brian McNeil, New York, Crossroad, 2001, p. 25.

hautement valorisée dans beaucoup de sociétés africaines : « La chasteté avant le mariage de la part de la femme est essentielle. Une femme qui n'est pas vertueuse lors de son mariage est une honte tant pour sa famille que pour elle-même. La chasteté dans le mariage est un devoir impérieux pour la femme[11]. » Si une fille est trouvée encore vierge le jour de son mariage, on célèbre par la louange et la danse cette vertu et la maîtrise de soi ; et sa famille en est fière. Par contre, une fille qui perd sa virginité avant les noces attire la honte et le déshonneur sur sa famille – et cette honte s'exprime dans des chants que tous peuvent entendre.

Les chants indiquent aussi l'attitude de la communauté vis-à-vis de la procréation. Voici le chant d'une femme Dinka qui est stérile :

Quel malheur est tombé sur moi !

O Abyor

Gens de mon père

Ne me reprochez pas

N'est-ce pas pour la naissance d'un enfant

Qu'une femme garde sa maison ?[12]

Ce chant affirme que le but du mariage est la procréation. Quand il n'y a pas d'enfants, le mariage n'a pas de sens. Cette croyance est partagée par beaucoup de peuples en Afrique.

Les chants des guerriers démontrent la conduite correcte à avoir pendant la bataille et les responsabilités des guerriers. Dans *Le monde s'effondre,* un chant spécial est composé pour Okafo, qui vainc un lutteur célèbre, Amalinze le Chat, lors d'un match de lutte. Dès que Okafo pivote sa jambe au-dessus de la tête de son adversaire, ses partisans chantent :

Qui va lutter pour notre village ?

Okafo va lutter pour notre village,

A-t-il jeté cent hommes ?

Il a jeté quatre cent hommes.

---

[11] E. Bolaji Idowu, *Olódùmarè: God in Yoruba Belief,* New York, African Islamic Mission, 1988, p. 157. Il poursuit en expliquant que, « Même si la règle est plutôt lâche en ce qui concerne les hommes, il est toutefois interdit qu'un homme séduise la femme d'un autre sous peine de payer une lourde sanction et, de surcroît, de faire face à des conséquences graves. On reconnaît que le bonheur conjugal dépend de la fidélité des deux conjoints, et ce, même dans une communauté polygame ».

[12] Francis Mading Deng, *The Dinka and Their Songs,* Oxford, Clarendon Press, 1973, p. 23.

A-t-il jeté cent Chats ?

Il a jeté quatre cent Chats.

Envoyez donc lui dire de combattre pour nous[13].

Ce chant met en évidence le fait qu'un guerrier est tenu d'utiliser ses compétences au profit de sa communauté.

Non seulement les chants indiquent ce que les gens doivent faire, mais aussi ils les mettent en garde contre ce qu'ils ne doivent pas faire, tel que le viol ou le vol. Les chants célèbrent également les activités de la vie quotidienne, tel que la chasse et la pêche, et les évènements comme la puberté.

Les proverbes, les devinettes et les dictons porteurs de sagesse

Les proverbes, les devinettes, et les dictons porteurs de sagesse en Afrique informent sur les croyances, les valeurs, et la moralité. Le concept de l'équité est consacré dans le dicton « la marmite pour le caméléon sert aussi de marmite pour le lézard », la version africaine de « sauce bonne pour l'oie est bonne pour le jars ». Un proverbe Hausa dit qu'avec une longue et lente cuisson, on peut même faire de la soupe à partir d'une pierre ; rien ne vaut la patience. L'endurance constitue le thème du dicton « Les cornes ne peuvent être trop lourdes pour la tête de la vache qui doit les porter », ce qui veut dire qu'on doit porter ses fardeaux même s'ils sont lourds.

D'autres proverbes prodiguent des avertissements. Les Hausa préviennent que « la cupidité est le portail du chagrin ». Les Yoruba mettent en garde le fait de juger comment se porte quelqu'un par son apparence en disant que « tous les lézards au cou rouge ont l'air bien portant, même celui qui a mal au ventre ». On encourage les gens à être prudents avec ce qu'ils disent par le dicton, « jusqu'à ce que la dent pourrie soit enlevée, la bouche doit mâcher avec précaution » – si une personne coupable entend ce que vous dites à son sujet, il peut tenter de s'esquiver. « Si tu défèques à l'ombre, tu dois te tenir au soleil » rappelle que celui qui quitte une bonne situation dans l'espoir de trouver mieux ailleurs doit supporter les conséquences de son choix.

---

[13] Achebe, *Things Fall Apart*, p. 36.

Beaucoup de proverbes traitent des relations. Les Hausa disent que la bonté est élastique et peut s'étendre à beaucoup de personnes. Si un mari et sa femme sont très proches, on les compare à l'aiguille et son fil – le fil suit l'aiguille partout où elle va, tout comme dans la couture. Le leadership d'un dictateur est désigné comme « le leadership du macabo ». Le macabo est une racine qui a un gros tubercule dont poussent de nombreux petits tubercules. Toutefois, par la présence du gros, les petits n'atteindront jamais leur taille maximale.

Des proverbes et dictons comme ceux-ci sont communément employés sans explication et communiquent instantanément les vertus admirées, ainsi que les vérités morales sur les relations, le mariage, le leadership, etc.

La liturgie

Les religions africaines comportent une série d'invocations, de prières, de rites et de sacrifices offerts aux dieux, aux esprits, et aux ancêtres. Les adorateurs demandent aux divinités une bonne saison de chasse, la naissance d'un enfant ou d'être protégés du malheur ; ou bien ils rendent grâces de ce que leurs prières sont exaucées. Les paroles employées en disent long sur leurs croyances, leurs valeurs, et leur moralité. Dans *Le monde s'effondre* d'Achebe, un ancien prie les ancêtres comme suit :

> Nous ne demandons pas la richesse car celui qui a la santé et des enfants aura aussi la richesse. Nous ne prions pas pour avoir plus d'argent mais pour avoir plus de parents. Nous valons plus que les animaux parce que nous avons des parents. L'animal gratte contre un arbre sa hanche qui le démange ; l'homme demande à son parent de le gratter[14].

Cette invocation démontre un sens aigu de la valeur de la communauté et de la relation qu'on a vis-à-vis de la famille ou du clan. La santé et les enfants ont la priorité par rapport à la richesse.

Le rôle de la religion dans l'éthique africaine

Clifford Geertz définit la religion comme : « 1) un système de symboles qui agit 2) pour établir des humeurs et des motivations puissantes, pénétrantes et durables chez les hommes en 3) formulant

---

[14] Achebe, *Things Fall Apart*, p. 117 ; notre traduction.

des concepts d'un ordre général de l'existence et 4) revêtant ces concepts d'un tel aura de factualité que 5) les humeurs et les motivations semblent réalistes[15] ». L'accent mis sur les humeurs et les motivations et sur « l'ordre général de l'existence » dans cette définition montre clairement que les valeurs ou croyances morales et religieuses sont intimement liées. Les valeurs et croyances religieuses ont un grand impact sur la manière dont les gens vivent.

Ce principe s'avère particulièrement vrai en Afrique, car les Africains sont incurablement religieux, et la religion influence tous les aspects de leur vie. En parlant des Yoruba du Nigeria, Idowu remarque : « En toutes choses, ils sont religieux. La religion constitue le fondement et le principe de vie qui gouverne tout pour eux[16]. » Il insiste sur le fait que « chez les Yoruba, la moralité est certainement le fruit de la religion. Ils ne font aucun effort pour séparer les deux ; ce qui leur est d'ailleurs impossible de faire sans conséquences désastreuses[17] ». Partout en Afrique d'ailleurs, « Dieu, les ancêtres, et les esprits sont tous autant de puissances ou de forces qui affectent la vie humaine d'une manière ou une autre. Dans ce sens ils sont tous des agent moraux[18]. »

Ainsi, pour comprendre la moralité ou l'éthique africaines, et le sens profond du bien et du mal chez les Africains, il importe de comprendre les croyances religieuses africaines.

L'existence et la nature de Dieu

Les Africains considèrent tout débat sur l'existence de Dieu comme ridicule. Ils considèrent cela comme un acquis[19]. Dieu est le fondement et l'explication de la création et de l'existence. Si Dieu n'existait pas, rien d'autre n'existerait.

En Afrique, on ne cherche jamais la connaissance de Dieu pour des raisons théoriques ou pour satisfaire la curiosité intellectuelle. On le cherche pour des raisons pratiques, et la réponse appropriée à son égard,

---

[15] Clifford Geertz, *The Interpretation of Cultures*, New York, Basic, 1973, p. 90.

[16] Idowu, Olódùmarè, p. 5.

[17] *Ibid.*, p. 145.

[18] Laurenti Magesa, *African Religion: The Moral Traditions of Abundant Life*, Nairobi, Pauline Africa/Maryknoll, NY, Orbis, 1997, p. 42.

[19] *Ibid.*, p. 45.

c'est un dévouement pratique qui se manifeste en vivant selon ce qu'il ordonne. C'est la voie morale de la vie, car Dieu est la source ultime de toute moralité : « C'est Dieu qui a créé l'homme, et c'est lui qui implante en lui le sens du bien et du mal[20]. »

Dieu est connu sous des noms particuliers parmi tous les peuples africains[21]. On l'appelle Olodumare chez les Yoruba, Mrungu chez les Digo, Lubanga chez les Acholi, Umlungu chez les Nyika, Kazah chez les Bajju ; les Igbos l'appelle Chukwu, les Mende Leve, les Ewe Mawu, les Birom Dagwi, les Kikuyu Ngai et les Zulu l'appellent Nkulunkulu. La plupart de ces noms peuvent se traduire par l'Être Suprême, le Propriétaire du Ciel, le Créateur, ou Celui qui est En-Haut. Les Ngbaka l'appellent Gale, celui qui aide dans les temps difficiles. Le nom Naawuni, employé par les Dagbani, signifie littéralement le Roi des Dieux, alors que le nom Katonda, en usage chez les Buganda, signifie le Seigneur de la Création, ce qui veut dire qu'il est supérieur à tous et que l'on peut se référer à lui comme étant le père des dieux.

Cet Être Suprême, quel que soit le nom par lequel on le connait, a les attributs du créateur, du roi, et du juge, il est omniprésent, tout-puissant, rempli de toute sagesse, sachant tout, voyant tout, et immortel[22]. Ses qualités morales incluent la bonté, la miséricorde, la sainteté, la gouvernance, la justice et l'amour. C'est lui qui donne des récoltes abondantes, les enfants, la protection et davantage. Parce qu'il est bon, il exige aussi que les êtres qu'il a créés soient bons dans leurs rapports les uns avec les autres. Sans Dieu, il n'y aurait pas de moralité. La moralité est donc étroitement liée à la croyance en Dieu.

Bien que Dieu soit tout-puissant et omniprésent, en fin de compte il est aussi mystérieux (comme l'explique le mythe Yoruba cité plus haut). Il

---

[20] Idowu, *Olódùmarè*, p. 145.

[21] Une liste plus longue se trouve dans *Introduction to African Religion* de John Mbiti, Londres, Heinemann, 1975, p. 47-48.

[22] Idowu, *Olódùmarè*, p. 39-48. John Mbiti (*African Religions and Philosophy*, New York, Frederick A. Praeger, 1969, p. 29-38) donne même une classification systématique classique des attributs de Dieu dans la pensée africaine : Dieu est un esprit ayant des attributs éternels intrinsèques, tels que l'omniscience, l'omnipotence, la transcendance, l'immanence, l'autonomie absolue, la prééminence et la suprématie. Dans une autre œuvre (*Introduction to African Religion*, p. 54-59) Mbiti explique que Dieu est bon, Dieu est miséricordieux, Dieu est saint, Dieu est tout-puissant, Dieu sait tout, Dieu est présent partout, Dieu est parfaitement autonome, Dieu est la première cause, Dieu est esprit, Dieu est immuable, Dieu est mystérieux.

a délégué la responsabilité pour la plupart de ses rapports avec les hommes et les femmes à des intermédiaires, tels que les esprits et les ancêtres. Ainsi, dans la pièce *The Gods Are Not To Blame* [« les dieux ne sont pas à blâmer »], le personnage Aderopo est envoyé « au pays de Orunmila, pour demander au dieu qui voit tout pourquoi ils souffrent[23] ». Orunmila est une divinité qui occupe une position inférieure à celle du Dieu Suprême, Olodumare, mais qui exerce certaines des fonctions de celui-ci dans la mesure où il voit tout, lui aussi.

La réponse correcte à Dieu, c'est de faire ce qu'il dicte. Dans la perspective des Yoruba, « la pleine responsabilité pour toutes les affaires de la vie appartient à la Divinité ; leur rôle en la matière est de faire ce qu'on leur ordonne par le biais des prêtres et des devins, considérés comme étant les interprètes de la volonté de la Divinité[24] ».

John Mbiti note que :

> On croit dans beaucoup de sociétés africaines que Dieu leur a donné leurs valeurs morales depuis le commencement. Il a ainsi une autorité qui défie toute contestation sur la morale. On croit ou on pense aussi que certains des défunts et des esprits veillent sur les gens pour s'assurer que ces derniers observent les lois morales et qu'ils sont punis lorsqu'ils les enfreignent délibérément ou en toute connaissance de cause. Cette croyance complémentaire renforce l'autorité des valeurs morales[25].

L'éthique africaine est donc déontologique, en ce sens qu'elle met l'accent sur l'accomplissement du devoir en obéissant aux exigences imposées par les dieux ou les esprits des ancêtres.

Comme Dieu est entièrement bon et qu'il n'y a pas de mal en lui, le mal est associé aux autres divinités, esprits, et sorciers ou devins. La mort, les foudroiements, la maladie, les fausses couches, la souffrance et toute autre misère humaine sont considérés comme l'œuvre directe de ces esprits malveillants avec lesquels des humains peuvent être en collaboration. Dans ce sens, la religion africaine est dualiste.

---

[23] Ola Rotimi, *The Gods Are Not To Blame*, London, Oxford University Press, 1971, p. 12. Newell S. Booth observe que « cet aspect immanent du Divin est personnifié dans les "divinités inférieures" » (« God and the Gods in West Africa », dans *African Religions: A Symposium*, New York, NOK Publishers, 1977, p. 166).

[24] Idowu, *Olódùmarè*, p. 3.

[25] Mbiti, *Introduction to African Religion*, p. 174.

Les esprits

Une grande diversité d'êtres et d'esprits forment une réalité surnaturelle importante. Mbiti note que « des myriades d'esprits sont signalées chez tous les peuples africains, mais ces esprits défient toute description presque autant qu'ils défient l'analyse par les éprouvettes au laboratoire[26] ». Par exemple, les Yoruba du Nigéria comptent au moins 1700 divinités. Ces esprits qui font partie du monde invisible influencent la vie humaine au quotidien, et les humains doivent leur faire face. Selon Idowu, les esprits « sont omniprésents ; il n'y a aucune région de la terre, aucun objet ni créature, qui n'ait son propre esprit ou qui ne puisse être habité par un esprit[27] ».

Les esprits sont puissants mais non tout-puissants comme Dieu, et ils lui sont subordonnés. Certains sont bienveillants, d'autres malveillants. Ils peuvent vous aider à avoir des enfants, à devenir riche, et à accomplir des prodiges, tels que voler dans les airs et bien d'autres prodiges. Les esprits peuvent posséder une personne dans le but d'aider les autres, comme dans la danse Bori dans certaines régions du Nigéria. Cette danse implique qu'une personne, une femme en général, devienne possédée par un esprit et entre en transe pendant qu'on bat du tambour selon un rythme particulier. Pendant qu'elle est en transe, elle peut diagnostiquer la maladie d'une personne malade et en prescrire le remède.

Les esprits peuvent aussi conduire à commettre de mauvais actes, par exemple amener une mère à tuer ses enfants. Ils peuvent frapper une personne d'une maladie, telle la folie ou une fièvre grave. S'ils le désirent, certains esprits peuvent prendre une forme féminine, se marier avec un homme, et faire des enfants avec lui. Les Bajju du Nigéria croient qu'une crise d'épilepsie est en fait une relation sexuelle avec un esprit. Les esprits sont souvent cités pour justifier certains actes tels que la guerre.

Selon leur nature, les esprits ont plus ou moins de liens avec la moralité humaine. Dans *Le monde s'effondre*, Achebe nous dit que Ani, la déesse de la terre, était « le juge ultime de la moralité et de la conduite » parce qu'elle « était en communion étroite avec les pères disparus du clan dont le corps était déjà commis à la terre[28] ».

---

[26] Mbiti, *African Religions and Philosophy*, p. 78.
[27] Idowu, *African Traditional Religion*, p. 174.
[28] Achebe, *Things Fall Apart*, p. 26 ; notre traduction.

Les « pères disparus » ou ancêtres sont une catégorie importante dans le monde des esprits. Mbiti les appelle les « mort-vivants » parce que, bien que décédés, ils demeurent très actifs et intéressés par les affaires de leurs descendants. Il les décrit comme :

> Les plus proches liens que les hommes ont avec le monde des esprits (...) [ils] sont bilingues : ils parlent les langues des hommes, avec lesquels ils ont vécu jusqu'à une date récente ; et ils parlent la langue des esprits et celle de Dieu dont ils s'approchent. Ces « esprits » sont ceux dont les peuples africains se préoccupent le plus : c'est à travers les morts-vivants que le monde des esprits devient personnel pour les hommes. Les ancêtres font partie de la famille, et les membres ont des souvenirs personnels à leur sujet[29].

Les esprits des ancêtres sont présents partout, ils influencent constamment les affaires des hommes et des femmes. Achebe remarque :

> La terre des vivants n'était pas très éloignée du territoire des ancêtres. Il y avait des va-et-vient entre les deux lieux, surtout lors des fêtes et aussi lors du décès d'un vieux, car un vieux était très proche des ancêtres. La vie de l'homme, de la naissance jusqu'à la mort, n'était qu'une série de rites de transition, qui l'amenaient de plus en plus proche des ancêtres[30].

Souvent les ancêtres se révèlent à leurs descendants par le moyen de rêves et de visions pour communiquer des informations, par exemple, pour mettre en garde d'un mauvais comportement ou pour dire comment guérir une maladie. Ils se révèlent le plus souvent au plus âgé de la famille, qui communiquera leur message aux autres membres. Ces apparitions s'imposent comme une autorité à tous les membres de la famille.

On prend grand soin de donner aux aînés un enterrement digne en observant tous les rites appropriés. Bien que chrétien, mon grand-père avait une ferme croyance en les ancêtres, ce qui l'a amené à donner des directives précises sur la manière dont il devait être enterré. Il insistait sur le fait qu'il ne voulait pas de cercueil parce qu'il ne voulait aucun obstacle à sa rencontre avec les ancêtres. Il a menacé de se venger sur la famille si ses requêtes n'étaient pas honorées.

---

[29] Mbiti, *African Religions and Philosophy*, p. 83.
[30] Achebe, *Things Fall Apart*, p. 85.

Le souvenir des ancêtres est préservé par des rituels, en racontant à plusieurs reprises leurs biographies à leurs descendants et, surtout, en veillant à ce que les vivants observent leurs enseignements et leurs conseils. C'est ainsi que les ancêtres restent continuellement impliqués dans la vie de leurs descendants. Ce que les vivants font ou ne font pas les affecte profondément.

Si les vivants négligent une tradition ou brisent un tabou, par exemple en commettant l'inceste, les ancêtres seront mécontents et enverront un châtiment sous forme de stérilité, fausses couches, mauvaises récoltes, malchance et guerre. Par contre, si les descendants observent ce que la tradition et la coutume exigent d'eux, les ancêtres seront contents et leur accorderont leurs bénédictions sous forme de récoltes abondantes, prières exaucées, fertilité, bonne santé, prospérité et protection[31]. Les ancêtres en Afrique influencent ainsi la vie morale des vivants.

Le rôle de la communauté dans l'éthique africaine

On aura une mauvaise connaissance de la moralité africaine si on ne vient pas à saisir la conception africaine de la communauté. Richardson estime que « la communauté est le concept central dans l'éthique en Afrique, l'expérience au cœur de la moralité africaine[32] ». L'idée de « nous » et de « notre » est inculquée chez les Africains dès l'enfance, si bien qu'en grandissant ils savent qu'ils appartiennent à la communauté dans laquelle ils sont enracinés et qu'ils doivent fonctionner dans le contexte de cette communauté. Cette compréhension est soutenue par les nombreux proverbes qui renforcent la signification de la communauté et des relations humaines. Ainsi, le peuple Lube de la République Démocratique du Congo a le dicton suivant : « Quand tu as de la viande,

---

[31] En énumérant les fonctions des morts-vivants, Mbiti précise qu'ils « s'enquièrent des affaires familiales, et peuvent même avertir d'un danger imminent ou reprendre ceux qui ont manqué d'observer leurs directives particulières. Ils sont les gardiens des affaires, de la tradition, de l'éthique, et des activités familiales. Offenser dans ces questions revient à une offense contre les aïeux qui, dans cette capacité, agissent en tant que police invisible des familles et des communautés (...) Ils connaissent les besoins des hommes, ils ont été ici avec les hommes "récemment". Et en même temps ils ont pleinement accès aux voies pour communiquer directement avec Dieu. » (*African Religions and Philosophy*), p. 83.

[32] Richardson, « Can Christian Ethics », p. 40.

partage-la avec ta famille ; sinon, personne ne partagera avec toi quand tu n'en auras pas[33]. »

Le « moi » ou le « je » est compris à partir de la perspective du « nous » et de « notre ». L'individualisme occidental est odieux pour la société africaine traditionnelle. Les Africains soutiennent que si Dieu voulait que les êtres humains vivent et fonctionnent seulement en tant qu'individus, il n'aurait jamais prévu pour eux d'être nés au sein de familles.

John Mbiti, qui était probablement le premier à articuler le concept africain de la communauté, écrit :

> Dans la vie traditionnelle, l'individu n'existe et ne peut exister seul si ce n'est en collectivité. Il doit son existence à d'autres personnes, y compris celles des générations passées et ses contemporains. Il fait partie d'un tout. La communauté doit donc faire, créer ou produire l'individu, car l'individu dépend de la collectivité (...) Ce n'est qu'en relation avec les autres que l'individu devient conscient de son propre être, de ses propres devoirs, privilèges, et responsabilités vis-à-vis de lui-même et des autres. Quand il souffre, il ne souffre pas seul mais avec la collectivité ; quand il se réjouit, il ne se réjouit pas seul mais avec ses frères, ses voisins, et ses parents, qu'ils soient vivants ou morts. Quand il se marie il n'est pas seul, et son épouse n'« appartient » pas à lui seul non plus. Aussi, ses enfants appartiennent à la grande famille, même s'ils ne portent que le nom de leur père. Ce qui arrive à l'individu arrive à tout le groupe, et ce qui arrive à tout le groupe arrive à l'individu. Ainsi, l'individu ne peut que dire, « Je suis parce que nous sommes ; et puisque nous sommes, alors, je suis[34]. »

Une autre manière de dire cela pourrait être : « Je suis parce que nous sommes liés par la parenté. » C'est en suivant cette compréhension de la réflexion communautaire que Mbiti raisonne :

> Le plus grand nombre des mœurs a à faire avec la conduite sociale, c'est-à-dire la vie de la société dans son ensemble, la conduite de l'individu au sein du groupe ou de la communauté ou de la nation. La moralité africaine met l'accent sur la conduite en société parce

---

[33] Cité par Kasongo Munza, *A Letter to Africa About Africa*, Kempton Park, Afrique du Sud, Trans World Radio, 2008, p. 15.

[34] Mbiti, *African Religions and Philosophy*, p. 108-109.

que dans la pensée africaine, l'individu n'existe que parce que d'autres existent[35].

Il y a donc une interdépendance dans le sens africain de la communauté. Malidoma Somé, dans son *Remembering Our Purpose* [Se souvenir de notre raison d'être] note :

> Ce qui est bien à ce sujet, c'est que l'individu ne se sent jamais isolé de l'ensemble de la communauté. Et comme personne n'est supérieur aux autres, il n'y a pas de classe sociale. Il y a quelque chose de très intéressant dans une société sans classe ; c'est une société qui se laisse conduire par l'esprit. Il y a une plus grande tendance à aider les personnes plus âgées et plus lentes, et cela empêche les gens de se sentir exclu ou isolé[36].

Ce que la communauté dit ou croit engage l'individu. Les Africains qui ont vécu en Occident constatent l'absurdité et la cruauté de l'individualisme et de la soi-disant liberté qui sont au cœur de la culture occidentale. Le savant africain Somé déclare : « Le sens de la vie privée que les gens ont en Occident est une vie privée très solitaire ; c'est une vie privée très effrayante. La liberté qui lui est associée est à peu près de la même nature ; c'est une liberté qui pèse lourd, qui constitue un fardeau[37]. »

Le sens africain de la communauté est parfois perçu par les Occidentaux comme encourageant l'oisiveté et permettant aux gens d'agir en parasites. Ce n'est pas le cas. Au contraire, la responsabilité et le travail assidu sont encouragés. Les Bajju du Nigéria, par exemple, disent : « Si tu manges, tu dois payer ». Un autre dicton courant chez ce peuple va dans le même sens : « Qui va moudre pendant que l'autre mange ? ».

---

[35] Mbiti, *Introduction to African Religion*, p. 174. De même, Deng (*Dinka and their Songs*, p. 15) observe que parmi les Dinka, « De bonnes relations humaines apparaissent dans l'obligation de l'unité et de l'harmonie parmi les hommes et tout l'effort d'harmoniser l'intérêt de l'individu aux intérêts des autres. Cet objectif signifie bien plus qu'éviter les conflits et la violation des droits des autres ; il impose une obligation positive de nourrir une solidarité dans laquelle les gens coopèrent à forger et à partager des valeurs. »

[36] Malidoma Somé, cité dans Sarah van Gelder, « Remembering Our Purpose: The Teachings of Indigenous Cultures May Help Us Go Beyond Modernity – An Interview with Malidoma Somé », *In Context*, 34, 2003, p. 30. Cité le 21 avril 2008. En ligne: www.context.org/ICLIB/IC34/Some.htm. Somé continue en précisant qu'« En Occident, ce que j'ai remarqué, c'est qu'on appelle communauté une agglomération d'individus qui sont si égoïstes et isolés qu'il s'y trouve une sorte de suspicion de *l'autre*, tout simplement parce qu'on ne connait pas suffisamment *l'autre* pour enlever cette suspicion. C'est alors que la confiance devient le défi à [surmonter pour forger] une communauté vraie. (...) La communauté dont je parle en est une dans laquelle le respect pour la personne est fondée sur la position irremplaçable que cette personne occupe dans le monde ».

[37] *Ibid.*

Traditionnellement, les Bajju et beaucoup d'autres peuples africains utilisaient des pierres pour moudre le maïs afin d'obtenir de la farine. Or, moudre le maïs, c'est un dur labeur. Le dicton signifie qu'il n'est pas juste qu'une personne s'attelle à moudre alors qu'une autre personne reste tranquillement assise pour manger.

Dans le même ordre d'idées, Julius Nyerere a observé,

> Il serait bon que ceux parmi nous qui parlent du mode de vie africain, et qui sont à juste titre fiers de maintenir un élément de ce mode de vie aussi important que la tradition de l'hospitalité, se rappellent le proverbe Swahili qui dit : « Traite ton visiteur avec déférence pendant deux jours, et donne-lui la houe le troisième jour ! » En réalité, il y avait de fortes chances que le visiteur réclame lui-même la houe avant même que son hôte ne lui donne, car il aurait su ce qu'on attendait de lui et aurait eu honte de passer plus de temps dans l'oisiveté[38].

Certes, ce sens fort de la communauté peut mettre en danger la créativité individuelle, mais ce n'est pas comme s'il n'y avait pas d'individualité parmi les Africains. Il est à noter que la vision africaine de la communauté inclut un équilibre qui encourage les individus à être créatifs. Comme le note Benjamin C. Ray,

> Les perspectives africaines sur l'homme trouvent un juste milieu entre son identité collective en tant que membre de la société et son identité personnelle en tant qu'individu unique. En général, la philosophie africaine a tendance à définir les personnes en termes des groupes sociaux auxquels elles appartiennent. Une personne est considérée tout d'abord comme un constituant d'une communauté précise, car c'est la communauté qui définit qui elle est et ce qu'elle peut devenir (...) Mais la pensée africaine reconnaît aussi que chaque individu est unique, doté par le Créateur de sa propre personnalité et talents, et motivé par ses propres besoins et ambitions. Dans ce sens, la pensée africaine reconnaît la transcendance des individus sur leurs conditions socio-culturelles. Cependant, l'accent mis sur l'individualité de la personne est toujours compensé par le contexte social et historique dans son ensemble[39].

---

[38] Julius Nyerere, « Ujamaa: The Basis of African Socialism », dans *Ujamaa: Essays on Socialism*, Dar es Salaam, Oxford University Press, 1967, p. 31. Cité le 19 avril 2008 ; en ligne : www.ccmtz.org/ujamaaeng.htm.

[39] Benjamin C. Ray, *African Religions: Symbol, Ritual, and Community*, Englewood Cliffs, Prentice-Hall, 1976, p. 132.

Ainsi, les accomplissements individuels sont encouragés, reconnus, et interprétés dans le contexte de la communauté toute entière. Les succès, accomplissements, échecs, frustrations, douleurs ou peines de l'individu, sont partagés par la communauté en même temps puisque « la solidarité de l'unité est soulignée au détriment des intérêts privés des individus[40] ». Packer J. Palmer, en écrivant pour un contexte différent, exprime bien cette relation : « Dans une société saine, le privé et le public ne s'excluent pas mutuellement, et ne sont pas non plus en concurrence. Ils sont plutôt les deux moitiés d'un tout, deux pôles d'un paradoxe. Ils œuvrent ensemble dialectiquement, chacun aidant à créer et à encourager l'autre[41]. »

La communauté définit les tabous et les règles du mariage, du sexe, de la guerre, de l'agriculture, du leadership, et de la chasse pour la communauté. Dans tous les cas, le bien de la communauté est recherché, et tout ce qui pourrait lui faire du mal est rejeté. Les anciens y jouent un rôle crucial, car on estime que leurs paroles sont des paroles de sagesse. Par exemple, dans les cas de lévirat des veuves, ils déterminent qui va hériter de l'épouse du défunt. Dans certaines communautés, les anciens peuvent même décider qu'un fils héritera de l'épouse de son père – pourvu qu'elle ne soit pas sa propre mère.

Comme les Africains ont un sens fort de la communauté, le concept de la honte est un facteur important de régulation dans la moralité africaine. Si un individu commet un acte scandaleux tel qu'un vol, un adultère ou l'infraction d'un tabou, la totalité de son ethnie, son village ou son clan partage sa honte. Ainsi, par exemple, si un enfant Akan commet neuf crimes, il ne sera puni que pour cinq d'entre eux, car le clan partage la responsabilité de ses méfaits[42]. On dit dans certaines ethnies du Nigéria que le voleur n'éprouve pas de honte ; c'est son frère qui a honte. Les Hausa disent aussi qu'une bonne personne appartient à tout le monde, mais le méchant ne peut être revendiqué que par son propre clan ou peuple.

Le sens fort de la communauté implique que le bien commun a la priorité sur le bien des individus. Par conséquent, « un individu qui

---

[40] Davidson, *The African Genius*, p. 71.

[41] Packer J. Palmer, *The Company of Strangers: Christians and the Renewal of America's Public Life*, New York, Crossroad, 1981, p. 31.

[42] Robert B. Fisher, *West African Religions: Focus on the Akan of Ghana*, Maryknoll, NY, Orbis, 1998, p. 16.

constitue vraiment un danger pour sa communauté, ou qui menace le clan de dommage aux personnes ou à la propriété, doit simplement être éliminé[43] ». Ainsi, certains groupes en Afrique tueront quiconque commet l'adultère avec un parent.

On peut donc affirmer que « les obligations réciproques des êtres humains », et en particulier « les devoirs des enfants envers les parents, et les obligations collectives envers les ancêtres[44] », sont une part importante de la moralité africaine.

Conclusion

L'aspect le plus significatif de l'éthique dans les sociétés africaines est la relation intime entre la religion et la moralité ou l'éthique. Il y a une croyance ferme selon laquelle on ne peut avoir le statut d'un être moral sans avoir une croyance solide dans le surnaturel. Cela inclut la croyance en un Dieu suprême et en d'autres divinités telles que les esprits et les ancêtres, qui peuvent tous interagir avec les vivants.

L'autre aspect fondamental de la moralité africaine, c'est la communauté. Les Africains valorisent davantage les relations interpersonnelles que les ambitions personnelles. La communauté forge et influence aussi bien la vie morale que le comportement.

Les aspects religieux et communautaires de la morale à la fois reflètent et créent des valeurs, c'est-à-dire, des systèmes de croyance profondément enracinés qui exercent une influence significative sur la moralité africaine. Ces vérités morales fondamentales sont intégrées dans les traditions orales, les liturgies, les contes et les proverbes qui forment la base, le mandat et la motivation de la moralité parmi les peuples africains.

L'accent mis sur les valeurs et la motivation répond à la question de savoir si la moralité africaine n'implique qu'une conformité extérieure ou si elle implique aussi une attitude intérieure. Bujo déclare que « les traditions africaines mettent en évidence le fait que les gens estimaient que les pensées et les intentions, tout comme les actes concrets, avaient

---

[43] Bénézet Bujo, *African Theology in Its Social Context*, trad. John O'Donohue, Maryknoll, NY, Orbis, 1992, p. 34.
[44] *Ibid.*

un caractère moral, et méritaient d'être considérées comme "bonnes" ou "mauvaises"[45] ».

La moralité présentée dans ce chapitre est la moralité traditionnelle qui existe indépendamment de l'influence chrétienne. Si, comme préconisé dans ce livre, nous devons non seulement formuler une moralité africaine de plus en plus chrétienne, mais aussi persuader d'autres à la suivre, nous devons chercher à comprendre les valeurs et les croyances qui motivent la moralité traditionnelle[46]. Nous devons aussi comprendre les valeurs et croyances qui exercent une grande pression sur les croyances traditionnelles africaines, notamment les idées occidentales sur l'éthique et la moralité. Ce sera le sujet du chapitre suivant.

Questions

1. Quelles sont les sources de l'éthique (la tradition, les liturgies, les chants, les proverbes, les contes) qui ont le plus d'influence dans votre culture ?

2. Comment les concepts de Dieu, des esprits, de la communauté, et des valeurs sont-ils compris dans votre culture ? De quelle manière ces concepts sont-ils liés entre eux ? Quelles en sont les implications pour le ministère dans cette culture et pour le développement d'une éthique chrétienne ?

2. Donnez un exemple d'une tradition, d'un mythe, d'un conte, d'un proverbe, d'un chant et d'un élément liturgique de votre culture. Expliquez le principe moral que chaque exemple enseigne.

---

[45] *Ibid.*, p. 37.

[46] Geertz, *The Interpretation of Cultures*, p. 90.

3

Les fondements de l'éthique occidentale

Si l'éthique africaine est enracinée dans les coutumes et la tradition orale, l'éthique occidentale est ancrée dans la philosophie occidentale. Cette philosophie a, de manière consciente et inconsciente, eu une influence considérable sur l'éthique chrétienne occidentale, et sur la façon dont l'éthique chrétienne est enseignée en Afrique. La plupart du temps, les questions éthiques sont abordées de manière à refléter les valeurs européennes au lieu des valeurs bibliques ou chrétiennes. De plus, les questions abordées ne sont pas celles qui touchent les chrétiens africains : l'éthique enseignée dans les églises africaines n'est pas adaptée aux vrais problèmes de l'Africain.

Pour remédier à ce problème, les étudiants africains d'éthique ont besoin de comprendre les principes et les valeurs philosophiques qui ont eu une grande influence sur le développement de l'éthique et de la morale en Occident. Ce chapitre se propose donc de donner un bref aperçu des principales influences de l'éthique occidentale et de présenter les systèmes éthiques ayant émergé. Nous démontrerons brièvement comment ces principes influencent l'éthique chrétienne et la morale africaine. Nous aborderons cet aspect plus en détails dans les chapitres suivants.

Influences majeures sur l'éthique occidentale

La tradition gréco-judéo-chrétienne, les Lumières et la révolution technologique du siècle dernier sont trois des influences majeures sur la pensée éthique occidentale.

La philosophie gréco-judéo-chrétienne

La philosophie grecque et les principes éthiques et religieux chrétiens et juifs ont tous exercé une influence considérable sur la pensée éthique occidentale. C'étaient les influences principales jusqu'à l'avènement des Lumières au XVIIIe siècle.

Les principes philosophiques grecs ont exercé une grande influence sur les systèmes et méthodologies théologiques de l'Occident. C'est à partir d'eux que l'Occident a appris à mettre l'accent sur la raison et à se méfier des émotions. Le dualisme occidental entre les réalités spirituelles et matérielles émane également des penseurs grecs qui considéraient le monde matériel comme foncièrement mauvais ou tout au moins, de loin inférieur au monde spirituel.

Les Africains ne s'accommodent pas de ce dualisme. Ils s'identifient davantage à l'approche holistique du judéo-christianisme tel qu'elle est présentée dans l'Ancien et le Nouveau Testament. Cette tradition résume la morale de la façon suivante : « Tu aimeras le Seigneur ton Dieu, de tout ton cœur, de toute ton âme, de toute ta force, et de toute ta pensée ; et ton prochain comme toi-même » (Lc 10.27; voir aussi Dt 6.5 ; Lv 19.18). Ces mots ont influencé l'affirmation très ancienne « de l'amour, de la générosité, de l'esprit de sacrifice et de l'équité en tant que valeur objective de justice et de bonté » et la condamnation de l'égoïsme, de la haine, des abus, de la discrimination et de l'oppression comme étant des valeurs « objectivement mauvaises et nuisibles[47] ».

Nous nous attarderons sur l'influence de la tradition judéo-chrétienne dans les chapitres suivants.

Les Lumières

Les bouleversements intellectuels et politiques issus de la Renaissance et de la Réforme ont ébranlé les convictions auparavant admises et incontestées par des communautés entières. Le résultat fut que « les valeurs sont devenues une question de choix personnel plutôt qu'une adhésion à une norme communautaire[48] ». Cette tendance prend

---

[47] L. W. Craig, « The Indispensability of Theological Meta-Ethical Foundations for Morality », 2007. Cité le 16 octobre 2007. Sur : www.leaderu.com/offices/billcraig/docs/meta-eth.html.

[48] W. Ashby, *A Comprehensive History of Western Ethics: What Do We Believe?*, Amherst, NY, Prometheus Books, 1997, p. 5. Sur www.questia.com/PM.qst?a=oandd=96871849.

de l'ampleur au XVIIIe siècle et devient un mouvement philosophique baptisé les Lumières. David Hume (1711-1776) et Emmanuel Kant (1724-1804) font partie des penseurs les plus connus de ce mouvement.

David Hume élabore sa théorie sur la morale dans le livre 3 de son *Treatise of Human Nature* (1740) et dans *Enquiry Concerning Principles of Morals* (1751). Il affirme que nous ne pouvons pas prendre de position sur ce qui devrait être sur la base de ce qui est. On ne peut donc pas affirmer que parce qu'*il y a* une grande diversité dans la nature, nous *devons* introduire une législation environnementale afin de protéger cette diversité. On ne peut pas non plus affirmer que parce que Dieu existe (*est*), nous *devons* nous comporter d'une certaine manière.

Hume soutient que notre système éthique ne provient ni de Dieu, ni de la raison, mais qu'il est le produit de « notre aversion vis-à-vis de la douleur, notre sympathie pour les autres, [et] nos sentiments bienveillants[49]. » Les êtres humains jugent de ce qui est moral, en fonction de l'approbation ou de la désapprobation d'un genre d'action par ceux qui l'observent. Par conséquent, nos principes moraux proviennent de la communauté dans laquelle nous vivons.

Les travaux de Hume ont bouleversé le philosophe allemand Emmanuel Kant. Il a eu l'impression d'avoir longtemps vécu dans un profond sommeil et de se réveiller au contact d'un monde nouveau d'idées. Il décrit ce nouveau monde des Lumières en ces termes :

> Les Lumières sont l'émancipation de l'homme d'une immaturité (tutelle) dont il est lui-même responsable. L'immaturité est l'incapacité à employer sa propre intelligence sans être guidé par autrui. (...) *Sapere aude* ! Aie le courage de te servir de ta propre intelligence ! Voilà donc la devise des Lumières[50].

L'accent mis sur la nécessité de développer ses propres opinions, amène Kant à rejeter toute idée selon laquelle la révélation (vérité révélée) joue un rôle important dans la pensée morale. Toute référence à l'autorité de la religion est également invalidée puisque la raison humaine prime sur toute forme de révélation externe.

---

[49] B. Hebblethwaite, *Christian Ethics in the Modern Age*, Philadelphie, Westminster, 1982, p. 15.

[50] I. Kant, « An Answer to the Question: What is Enlightenment ? », dans J. Schmidt, sous dir., *What is Enlightenment? Eighteenth-Century Answers and Twentieth-Century Questions*, Los Angeles, University of California Press, 1996, p. 58. Je préfère l'expression « tutelle » à « immaturité » parce qu'elle traduit mieux l'emphase mise par Kant sur l'instruction et le conseil.

Bien que Kant soit décédé depuis plus de deux siècles, ces idées continuent d'influencer l'individualisme et le rationalisme occidental, ainsi que la dissociation du religieux de l'éthique.

Nous vivons dans un monde façonné par les résultats ambigus des Lumières. Les Lumières ont augmenté la marge de liberté de l'homme, préparé nos esprits à la méthode scientifique, fait de l'homme la mesure de toute chose et placé le consentement individuel en avant et au centre de toute décision politique. Ces vues ont renforcé le sens de la compassion et de l'équité. En effet, si l'individu est la mesure de toute chose et s'il doit approuver le régime qui le gouverne, chaque individu doit bénéficier des mêmes droits que les autres et d'un respect proportionnel à son mérite[51].

Le sentiment fort de « compassion et d'équité » mentionné plus haut explique pourquoi nous pouvons dire que les Lumières ont posé les fondements politiques de la démocratie. Un autre effet de cette approche a été que « l'individu est devenu le centre de toutes les valeurs[52] ». Au fil du temps, la promotion de l'individualisme a abouti à une focalisation sur les droits de l'individu au détriment de ses responsabilités. Par conséquent l'individu devient plus important que la famille dont il fait partie.

La libéralisation des lois concernant le mariage et le divorce émane de cette vision des choses. Le mariage, jadis une institution sacrée, est devenu, aux yeux de la loi, un contrat pouvant facilement se négocier, renégocier ou être résilié. En quelques années, le divorce par consentement mutuel sur demande est devenu possible, après des millénaires où une telle idée aurait été impensable. De nos jours, il est plus facile de dissoudre un mariage que de lever une hypothèque ; du moins, le premier cas se produit plus fréquemment que le second. La moitié de tous les pères divorcés rendent rarement visite à leurs enfants, et la plupart ne paient pas de pension alimentaire. Il n'est même plus possible de s'accorder sur la notion de famille. S'agit-il d'un mari et d'une femme ? S'agit-il d'amants hétérosexuels ? D'amants homosexuels ? De deux personnes qui partagent la même résidence ?[53]

---

[51] J. Q. Wilson, *The Moral Sense*, New York, Free Press, 1993, p. 244-245. Il ajoute « Si on accorde autant d'importance aux droits, qu'advient-il des responsabilités ? Et si l'individu est le juge de toute choses, qu'adviendrait-il de la famille qui l'a engendré et le définit ? » (p. 245).

[52] Ashby, *Comprehensive History*, p. 5.

[53] Wilson, *The Moral Sense*, p. 248-249. Il ajoute que dans les domaines de la famille, de l'éducation et du divertissement, « nous sommes confrontés à une idée fatale et pernicieuse émanant des

L'accent mis sur l'individu est aussi manifeste quand les défenseurs de l'avortement soutiennent qu'une femme a le droit de faire ce qu'elle souhaite avec son corps. Ses droits en tant qu'individu priment sur les droits du bébé qu'elle porte. Cet argument est accepté car l'individualisme est un facteur clé dans la prise de décision éthique en Occident.

L'exaltation kantienne de l'individu a traversé les frontières de l'Occident et s'est déportée en d'autres lieux, à l'instar de l'Afrique du Sud et est même acceptée par certaines des églises populaires. Cependant, comme le chapitre précédent le démontre, l'Afrique porte un regard différent sur la relation qui existe entre l'individu et la communauté. L'Africain pourrait donc reprocher à l'approche kantienne de la morale qu'elle met l'accent sur :

> Les libertés et les choix de l'individu, ou sur sa souveraineté morale excluant toute prise en compte des autres individus avec lesquels il vit, interagit et dont il apprend des choses. La portée morale de cette critique est d'autant plus évidente, quand on se rend compte que même un ermite entretient des relations avec la société (...) De toute évidence, nous sommes des êtres inéluctablement sociaux[54].

Un autre principe-clé qui a influencé l'éthique occidentale, c'est le rationalisme – la croyance selon laquelle la raison, sans aucune autre influence, est la seule source de l'éthique ou de la morale. De ce fait, toute idée classique sociale, religieuse ou politique doit être rejetée au profit de ce qu'on a souvent qualifié d'autonomie radicale. D'ailleurs, Kant affirme : « le trait moral distinctif d'une créature rationnelle est sa capacité à vivre uniquement par les lois qu'elle produit[55]. » Il déconseille donc de trop compter sur les idées des autres :

> Si j'ai à ma disposition, un livre qui réfléchit à ma place, un pasteur qui me sert de conscience, un médecin qui décide de mon régime alimentaire, et ainsi de suite, de toute évidence, je n'ai pas à me faire

---

penseurs des Lumières selon laquelle tout individu autonome est libre de choisir ou de régir sa vie morale. L'individu est auto-suffisant, ses droits constituent son atout majeur et la morale est fonction du temps et de l'espace. Ces penseurs ont élaboré des lois, des pratiques et des institutions qui réduisent la relation entre l'Etat et l'individu à des choix, contrats et droits. Enseigner aux enfants du cours moyen l'utilisation du préservatif constitue l'une des pires conséquences des Lumières » (*Ibid.*, p. 250).

[54] Richardson, « Can Christian Ethics », p. 45.

[55] S. Hauerwas, *The Peaceable Kingdom*, Notre Dame, IN, University of Notre Dame Press, 1983, p. 11.

du souci. Je n'ai pas besoin de réfléchir, si seulement je peux payer ;
les autres feront le travail à ma place[56].

Les précurseurs des Lumières ont donc cherché à dissocier l'éthique
de la religion. Leur objectif était d'établir des principes moraux universels
dénués de tout fondement métaphysique.

Le côté implicite de cette quête était le sentiment optimiste ; le
sentiment que, même le meilleur des mondes pourrait devenir encore
meilleur ; que la bonté était innée et qu'il existait des principes,
des droits naturels de l'homme, qui étaient universels, capables de
transcender les frontières politiques ; mais la valeur intrinsèque de
l'individu constituait la pierre angulaire[57].

Tout ceci a conduit à la sécularisation prônée aujourd'hui par plusieurs
éthiciens occidentaux qui militent en faveur d'une morale qui n'est pas
basée sur la religion.

Les révolutions technologiques et électroniques

Au cours du dernier siècle, les pays occidentaux ont joué un
rôle important dans le développement rapide de la science et de la
technologie. Un tel développement constitue un terrain fertile tant pour
des actes positifs que négatifs. Les évènements du 11 septembre 2001 le
démontrent à souhait. En effet, des avions, l'un des moyens de transport
le plus sûr et le plus rapide jamais inventé, furent utilisés pour ravager les
tours jumelles du World Trade Centre à New York.

Le développement sans cesse croissant des technologies a suscité
un débat sur les enjeux éthiques de l'armement nucléaire et l'attitude à
adopter vis-à-vis de menaces telles que celles posées par les armes de
destruction massive. La détention supposée de telles armes justifie-t-
elle qu'une guerre soit engagée contre le pays supposé les détenir ? Cette
guerre peut-elle être justifiée quand on considère la mort de milliers de
civils innocents et la perte de biens s'élevant à des milliards de dollars
qu'elle a entrainés ? Cette guerre peut-elle être justifiée quand on sait
qu'elle a déstabilisé toute une région et envenimé les relations entre de
grandes puissances à l'instar de la France et des États-Unis ? Quelle

---

[56] Kant, « What is Enlightenment? », p. 58.
[57] Ashby, *Comprehensive History*, p. 5.

différence cela fait-il que le dirigeant du pays visé soit un dictateur cruel du nom de Saddam Hussein ?

La révolution technologique a non seulement engendré de nouveaux problèmes d'ordre éthique, mais elle a aussi eu un impact majeur sur la moralité en général. Internet, par exemple, est une source importante d'information, mais représente aussi une porte ouverte aux aventures amoureuses et un accès facile à la pornographie, à la loterie et aux jeux de hasard et d'argent. Les internautes sont alors exposées à toutes sortes de comportements et cette exposition, combinée à une croyance en l'individualisme, donne l'impression que de telles activités sont acceptables. Les réactions face à la violence et les drames peuvent aussi être atténuées par leur exposition constante à la télévision.

Les progrès de la médecine ont aussi engendré un débat autour de l'importance de la vie humaine et de ce que signifie être humain. On réussit aujourd'hui à conserver la vie de personnes qui jadis seraient mortes – mais cela devrait-il être fait dans tous les cas ? Que dire des techniques de reproduction – elles donnent de l'espoir à de nombreux couples qui, pour diverses raisons, ne peuvent pas avoir d'enfants – mais les couples devrait-ils avoir le droit de choisir le sexe de leur enfant ? C'est encourageant de voir qu'il y a de l'espoir pour la guérison de certaines maladies génétiques, mais les parents devraient-ils être encouragés à interrompre des grossesses s'il y a un risque d'une anomalie ou d'une maladie pour leurs bébés ? Paul Ramsey déclare :

> La possibilité future de contrôle et de modification biologique des espèces humaines soulève des questions d'ordre éthique et anthropologique, et il en est de même pour le défi pour la conscience de soi humaine et individuelle par la perspective de garder en vie un homme « artificiel » ou « en pièces de rechange[58]. »

Ces progrès technologiques entrainent ce que Ramsey appelle « l'érosion croissante de la personnalité humaine ». Tout en exaltant l'individu, l'Occident encourage une forme de déshumanisation ou de dépersonnalisation.

---

[58] P. Ramsey, *Fabricated Man: The Ethics of Genetic Control*, New Haven, Yale University Press, 1970, p. 105. En dépit de sa date de parution, ce livre demeure l'analyse la plus perspicace sur l'éthique du génie génétique.

[Ceci] est arrivé si rapidement, et si subtilement qu'on peut ne pas s'en apercevoir. Cela se caractérise entre autres par un déni de notre responsabilité et la tendance à blâmer d'autres personnes ou situations pour ce que nous sommes devenus. On remarque aussi une vie brutalisée ou une sensibilité, une réticence à faire un effort d'autocritique, un manque d'amour envers soi-même et envers les autres[59].

Principales théories de l'éthique occidentale

La littérature sur les théories éthiques occidentales est remplie de termes tels que : absolutisme, relativisme, utilitarisme, éthique de principes, loi morale, éthique conséquentialiste et téléologique, déontologique et éthique de la vertu. Nous nous attelons dans cette partie à donner une brève description de ces notions. Les approches utilitaristes, relativistes et conséquentialistes sont abordées dans le sous-titre « théories téléologiques », tandis que les approches absolutistes et de principes ainsi que la loi morale apparaissent dans le sous-titre « théories déontologiques ». L'éthique de la vertu sera traitée séparément.

Les théories téléologiques

Les théories téléologiques (ou conséquentialistes) tirent leur nom du mot grec *telos* qui signifie « finalité » ou « but ». Les adeptes de ces théories affirment que les lois éthiques ne proviennent pas de Dieu et qu'il n'existe pas de principe éthique universel. Une action est jugée bonne ou mauvaise en fonction de sa finalité. En d'autres termes, la fin justifie les moyens. Ainsi, un politicien peut juger normal de recourir au trucage des élections parce qu'il juge que ses opinions doivent être entendues au parlement, tout en condamnant d'autres politiciens qui ont recours à la même tactique.

Au fil des siècles, différentes formes d'approches téléologiques se sont développées. Leur principale différence réside dans la définition de la meilleure ou la plus acceptable « finalité ». Les épicuriens de la Grèce antique, par exemple, affirmaient que la bonne chose à faire était celle qui amenait à une vie paisible, heureuse et dépourvue de peur. Les cyrénaïques, quant à eux, considéraient le plaisir charnel comme le bien

---

[59] Ashby, *Comprehensive History*, p. 10.

suprême. D'après eux, tout ce qui était capable de rendre heureux était moral.

Influencé par Hume, Jeremy Bentham (1748-1832), introduit le principe d'utilitarisme dans l'éthique occidentale, arguant que « ce qui est bon c'est ce qui suscite le plus de bonheur au plus grand nombre[60] ». Ces idées sont ensuite développées par John Stuart Mill (1806-1873) qui met l'accent, non plus sur l'ampleur du bonheur (c'est-à-dire le nombre de personnes rendues heureuses), mais sur la qualité de ce bonheur. Ainsi, pour lui « la meilleure vie est celle qui vise à atteindre le plus grand plaisir, la plus grande satisfaction, le plus grand bonheur qu'un être humain puisse atteindre et qui se voit de manière empirique chez ceux qui sont parvenus à la plus grande réalisation de leur potentiel[61] ». Mill explique que (1) le bien et le mal sont dépendants de la finalité recherchée ; (2) une action est moralement bonne dans la mesure où elle favorise le bonheur et est moralement mauvaise si elle produit l'effet inverse ; (3) tout dilemme éthique offre plusieurs recours. Face à un choix, le recours qui profite au plus grand nombre doit être privilégié.

L'éthique de situation élaborée par Joseph Fletcher (1905-1991) est aussi utilitariste[62]. Cependant, contrairement aux autres utilitaristes, Fletcher ne nie pas l'existence d'absolus éthiques. En bon prêtre épiscopalien, il reconnait un absolu : l'amour. Il explique qu'en toute circonstance, le plus grand acte d'amour est la bonne chose à faire. Cependant ce principe varie d'une situation à l'autre. Par exemple, il soutiendrait qu'une femme peut faire la bonne chose à faire si elle se prostitue afin de subvenir aux besoins de sa famille par amour. Toute action est justifiable du moment où elle est motivée par l'amour.

Des arguments de cette nature ont exercé une influence considérable sur l'éthique chrétienne occidentale et sont souvent brandis par les défenseurs de l'avortement et de l'euthanasie.

Les théories utilitaristes analysées jusqu'ici mettent l'accent sur le bonheur d'autrui. Cependant, l'égoïsme éthique est une théorie

---

[60] W. Sweet, « Jeremy Bentham (1748-1832) », dans *the Internet Encyclopedia of Philosophy*. Cité le 18 octobre 2007. Sur: www.iep.utm.edu.

[61] Jentz, « Some Thoughts », p. 48-49.

[62] J. Fletcher, *Situation Ethics: The New Morality*, Philadelphia, Westminster Press, 1966.

téléologique qui met l'accent de manière quasi exclusive sur le bonheur de celui qui accomplit une action. Elle affirme qu'« on doit faire tout ce qui produira le plus de bonheur pour soi-même. Le tout étant déterminé par la quantité de plaisir ou de bonheur que l'on reçoit. »[63]

Adam Smith (1723-1790) est l'une des figures emblématiques de l'égoïsme éthique. Il a été appelé le père du capitalisme moderne. Dans sa *Theory of Moral Sentiments and The Wealth of Nations*, Smith soutient que « sur le plan économique, chacun devrait rechercher son intérêt personnel, libre de toute ingérence gouvernementale ». D'après Hollinger, « Il pensait que l'intérêt personnel (et non l'égoïsme) constituait le bien suprême sur le plan économique parce que le monde était fait de manière à ce que tout le monde puisse en tirer profit[64] ».

Ayn Rand (1905-1982), une romancière et philosophe athée qui rejetait toute source transcendante d'éthique et de connaissance, soutenait fermement la théorie individualiste de l'éthique en ces termes :

> Le premier droit de l'homme est le droit de l'ego. Le premier devoir de l'homme est envers lui-même. Sa loi morale ne fait jamais passer les objectifs des autres avant ses objectifs fondamentaux. Son devoir moral se résume à faire ce qu'il désire, du moment où ses désirs ne dépendent pas fondamentalement des autres[65].

Les principes de l'égoïsme éthique peuvent se résumer ainsi : (1) « Le devoir unique et essentiel d'un individu est de s'assurer un équilibre où le bien prime sur le mal (...) ; (2) même lorsqu'il émet des jugements moraux pour le compte de tiers, son intérêt doit primer[66]. »

Rand pense que « la société fonctionne mieux lorsque chacun recherche son intérêt personnel ». D'après elle, la raison elle-même montre la supériorité de l'individualisme sur la communauté et de l'égoïsme sur l'altruisme. Elle ajoute que « tout homme qui essaye de vivre pour les autres est dépendant. Ses motivations en font un parasite et il fait passer ceux qu'il sert pour des parasites. Cette relation engendre une corruption

---

[63] D. P. Hollinger, *Choosing the Good: Christian Ethics in a Complex World*, Grand Rapids, Baker, 2002, p. 28.

[64] *Ibid.*, p. 29.

[65] A. Rand, *For the New Intellectual: The Philosophy of Ayn Rand*, New York, Signet, 1961, p. 82.

[66] W. K. Frankena, *Ethics*, Englewood Cliffs, Prentice-Hall, 1973, p. 18. Cité le 23 avril 2008. Sur : www.ditext.com/frankena/e2.html.

réciproque. Le créateur est l'égoïste suprême et l'altruiste est une personne dépourvue de la capacité de penser, de sentir, de juger ou d'agir[67]. »

Rand se sert du cas des États-Unis pour illustrer les bienfaits de cette éthique égoïste et utilitariste :

> Observez les résultats produits par une société fondée sur l'individualisme, c'est-à-dire notre pays. Le pays le plus noble dans l'histoire de l'humanité. Le pays de grandes réussites, d'une grande prospérité et d'une grande liberté. Ce pays n'a pas été fondé sur le service désintéressé, sur l'esprit de sacrifice, sur le renoncement ou sur tout autre principe altruiste. Il a été fondé sur le droit de l'homme de rechercher le bonheur. Son bonheur personnel et non celui d'un autre. Un bonheur fondé sur des motivations privées, personnelles et égoïstes. Regardez les résultats. Examinez votre propre conscience[68].

Cette forme d'individualisme se trouve au cœur même de la culture américaine :

> Nous croyons en la dignité et au caractère sacré de l'individu. Tout ce qui pourrait constituer une violation de notre droit de penser par nous-mêmes, de juger par nous-mêmes, de prendre nos propres décisions et de vivre comme nous le jugeons convenable est non seulement immoral mais constitue un sacrilège[69].

Cette tradition découle de la pensée selon laquelle « l'individu passe avant la société, et cette dernière voit le jour seulement à travers un contrat volontaire entre des individus qui essayent d'exploiter au maximum leurs intérêts individuels[70] ».

L'opposé de l'égoïsme éthique et centré sur l'individu est l'universalisme éthique ou utilitariste qui prône le bien moral du plus grand nombre. Frankena déclare à ce sujet :

> La fin ultime est le plus grand bien général – une action ou une règle est moralement bonne si et seulement si elle est propice à un équilibre du bien sur le mal dans l'univers dans son ensemble au

---

[67] Rand, *For the New Intellectual*, p. 80-81.

[68] *Ibid.*, p. 83-84.

[69] R. N. Bellah, R. Madsen, W. M. Sullivan, A. Swidler, et S. M. Tipton, *Habits of the Heart: Individualism and Commitment in American Life*, édition révisée, Berkeley, University of California Press, 1985, p. 142.

[70] *Ibid.*, p. 143.

moins aussi grand que n'importe quelle alternative le serait. Elle est mauvaise si elle ne produit pas ce résultat et obligatoire si elle est, ou probablement est, propice au plus grand équilibre du bien sur le mal dans l'univers[71].

Les théories déontologiques

Les théories déontologiques sont dérivées du mot grec *deon* qui signifie « devoir ». Contrairement aux théories téléologiques qui déterminent la valeur positive ou négative d'une action en fonction de sa finalité, les théories déontologiques reconnaissent une valeur positive ou négative inhérente à certaines actions, indépendamment de leur finalité. « Il s'agit d'une éthique de droits, de devoirs et d'obligations qui nous sont enseignés à travers les principes et règles morales, et qui proviennent de différentes sources y compris la raison, la religion ou des expériences de la vie[72]. »

Socrate (470-399 av. J.-C.), le grand philosophe grec qui a exercé une grande influence dans l'histoire de la philosophie occidentale, soutenait que : « l'éthique ne saurait se baser sur la finalité des actions, même si elles sont bonnes. L'éthique doit plutôt reposer sur la croyance selon laquelle les choses sont foncièrement bonnes ou mauvaises[73]. » La nature d'une action (bonne ou mauvaise) devait être déterminée par la raison. Sa vie et sa mort reflètent d'ailleurs cette philosophie de vie. En effet, lorsqu'il fut condamné à mort prétendument pour corruption morale de la jeunesse, il rejeta toute idée d'évasion de prison parce qu'il jugeait une telle action comme moralement mauvaise.

Emmanuel Kant (1724-1804) pensait comme Socrate que la raison devrait être la source de l'éthique et que « le devoir moral (...) est fondamentalement obligatoire simplement par le fait que c'est un devoir[74] ». Comme il a été relevé plus haut, sa théorie s'articule autour de l'importance de la raison, de l'autonomie de l'homme et de son indépendance vis-à-vis des autorités religieuses. Ce système éthique comporte quatre éléments : (1) Une action est soit bonne, soit mauvaise,

---

[71] Frankena, *Ethics*, p. 15-16.
[72] Hollinger, *Choosing the Good*, p. 36.
[73] *Ibid.*, p. 37.
[74] *Ibid.*, p. 38.

et ce, de manière intrinsèque et indépendamment de ses conséquences ; (2) Les lois morales sont rationnelles au même titre que les lois de la physique et de la science ; (3) La raison devrait être notre seul guide ; (4) La preuve qu'une action est moralement bonne ou non devrait être de voir si nous serions heureux de la voir devenir une loi universelle. Le quatrième point est souvent appelé « impératif catégorique ». Tout ceci sous-entend que les autres ne devraient jamais être traités comme un moyen de parvenir à nos fins.

Kant affirme que :

Nous ne parvenons à déterminer ce qui est moral que dans des situations conflictuelles où nos désirs s'opposent à ce que nous considérons comme notre devoir. Le devoir moral revient alors à déduire une règle universelle dérivée de l'idée même du devoir. Ce procédé purement formel et non empirique permet de déduire des lois morales spécifiques : la vie morale est une vie qui obéit à des lois émanant de la raison autonome qui procède de manière logique[75].

Le philosophe britannique W. D. Ross (1877-1971) militait aussi en faveur d'une éthique déontologique. Il a élaboré une liste de ce qu'il considérait comme devoirs fondamentaux :

La fidélité : le devoir de tenir ses promesses.

La réparation : le devoir de dédommager ceux à qui l'on cause un préjudice.

La gratitude : le devoir de remercier ceux qui nous viennent en aide.

La justice : le devoir de reconnaître le mérite.

La bienfaisance : le devoir d'améliorer les conditions des autres.

L'auto-amélioration : le devoir d'améliorer notre vertu et intelligence.

La non-malfaisance : le devoir de ne pas nuire à autrui[76].

Kant et Ross seraient baptisés « déontologues des règles », parce qu'ils soutiennent que le bien et le mal peuvent être déterminés à partir de règles qui demeurent valides indépendamment de leurs conséquences. Un second groupe, baptisé les « déontologues de l'action » affirment qu'il n'existe pas de règles universelles et que nous pouvons discerner une bonne

---

[75] Jentz, « Some Thoughts », p. 49.

[76] Fieser, J. « Ethics », *The Internet Encyclopedia of Philosophy*. Cité le 19 octobre 2007. Sur : www. iep.utm.edu.

action d'une mauvaise à partir de notre connaissance des faits relatifs à l'action. La principale différence avec l'éthique de situation réside dans le fait que la définition du bien et du mal n'est pas basée sur le résultat de l'action, mais sur les détails de la situation.

L'exemple suivant pourrait servir d'illustration à cette différence. Prenons le cas de l'éthique du divorce. La déontologie des règles considère le divorce comme un acte foncièrement mauvais indépendamment du contexte ou des problèmes matrimoniaux à l'origine du divorce. La déontologie de l'action, quant à elle, se base sur la définition du mariage comme partenariat visant l'amitié et l'amour. Elle soutient donc que le divorce est justifiable si l'on tient compte du fait que les disputes et l'infidélité impliquent une absence d'amitié. L'éthique de situation, quant à elle, pense que quand deux partenaires se disputent tout le temps, la chose aimante à faire consiste à divorcer et ainsi mettre fin aux disputes.

La principale limite de l'éthique déontologique est sa tendance à ignorer le contexte dans lequel les actions se déroulent. Une norme éthique est perçue comme liant toutes les personnes, à tout moment, et en toute situation :

> Les Lumières cherchaient ce qui est universellement humain, un cœur fondamental qui pourrait être dépouillé de particularités et pourrait exister indépendamment des différences liées à la race, au sexe, à la classe sociale et à la culture. L'appel à la morale pouvait être fait à la faculté partagée de la « raison » d'une manière qui permettait d'élaborer des normes et procédés moraux universels. La communauté et les cultures traditionnelles étaient méprisées en tant que résidents tribaux dans un monde frôlant le véritable cosmopolitisme (...) Toute forme d'allégeance particulariste était suspecte, ainsi que les attaches locales ou tribales[77].

Cette approche ne nous aide pas beaucoup, surtout lorsqu'on recherche une approche éthique non-occidentale. L'universalité et les particularités doivent fonctionner de concert. Bénézet Bujo remarque à ce propos :

> Les théories à portée universelle doivent tenir compte des cas pratiques d'application qui permettent à l'universel de se matérialiser. De plus, elles doivent être ouvertes aux remises en question et

---

[77] L. Rasmussen, *Moral Fragments and Moral Community: A Proposal for Church in Society*, Minneapolis, Fortress Press, 1993, p. 74.

prouver leur valeur. D'autre part, les particularismes doivent se soumettre à l'épreuve de principes universels. L'éthique africaine applique ce principe à sa manière dans la mesure où la communauté joue un rôle actif dans le façonnement de la vie morale[78].

Éthique de la vertu ou du caractère

Les éthiciens de l'éthique téléologique et déontologique s'accordent pour reconnaître que toute décision éthique est sous-tendue par la question « Que faut-il faire ? » En d'autres termes, quelle est l'attitude morale appropriée dans une situation donnée ? Les partisans de l'éthique de la vertu ne partagent pas cet avis. Ils pensent que la question indiquée serait plutôt « Que devons-nous être ? » Autrement dit, qu'est-ce que notre attitude révèle de notre personnalité face à des situations particulières ? L'éthique de la vertu ne met donc l'accent ni sur les conséquences de nos actions, ni sur nos devoirs, mais sur notre caractère.

Le préalable de l'éthique de la vertu est le développement de bons traits de caractère. Une personne est bonne si elle possède des vertus et non des vices. Les vertus cardinales ont traditionnellement été définies comme étant : la sagesse, le courage, la tempérance, la piété et la justice, qui constituent toutes la source de toutes les autres vertus. Les vices, quant à eux, comprenaient, entre autres : la lâcheté, le manque de sincérité, l'injustice et la vanité.

Le philosophe grec Aristote (384-322 av. J.-C.) est l'un des fervents défenseurs de l'éthique de la vertu qu'il considère comme la source du véritable bonheur. Il établit une distinction entre les vertus intellectuelles pouvant être enseignées et les vertus morales, qui s'acquièrent par la pratique du bien. La pratique de bonnes œuvres et d'actions morales entraînera de bonnes habitudes morales et conduira au développement d'un caractère fort et bon. Dans la formation de ce caractère, on doit trouver le juste milieu : ne pas en faire trop ou trop peu. Il faut donc faire preuve de modération. Par exemple, face à la peur, on ne doit pas faire preuve de témérité mais de courage et face à la tentation de la luxure, on doit aspirer à l'amour et non opter pour une chasteté ascétique.

---

[78] Bujo, *Foundations of an African Ethic*, p. 23.

Au nombre des éthiciens contemporains de la vertu, on compte Alasdair MacIntyre qui adopte une approche séculière[79]. Stanley Hauerwas, Glen H. Stassen et David P. Gushee, quant à eux, adoptent une approche théologique et biblique. Ils soutiennent que l'essence de la vie chrétienne est le caractère ou la vertu. Ils expliquent que leur « but est de replacer Jésus-Christ au centre de l'éthique chrétienne et de la vie morale dans les églises ». Leur interprétation de l'éthique chrétienne est fondée sur le « rocher » : les enseignements et œuvres de Jésus, et en particulier le Sermon sur la Montagne[80]. Leur livre est intitulé *Kingdom Ethics* (l'éthique du Royaume), parce que leur approche de l'éthique chrétienne est axée sur le règne de Dieu. Ils se proposent de formuler un fondement de l'éthique chrétienne :

> Tout en reconnaissant le rôle de la raison, l'éthique chrétienne adopte une approche holistique qui tient compte de la vertu. La vertu renvoie à des traits de caractère stables, cohérents et fiables. La vertu vise à discerner et à faire ce qui est bon comme finalité dans la vie. Elle s'acquiert au travers de la formation et de la pratique. Elle a besoin de la communauté dans laquelle elle est engendrée, encouragée et affinée[81].

De toutes les approches présentées dans ce chapitre, celle de Stassen et Gushee est celle qui semble la plus intéressante pour le chrétien africain, et ceci pour plusieurs raisons. Premièrement, cette éthique est basée sur les Saintes Écritures, contrairement à la plupart des éthiciens contemporains qui font appel à des fondements philosophiques et séculiers. Deuxièmement, ils affirment que Jésus est le modèle de l'éthique chrétienne, celui que les chrétiens doivent suivre. Cette approche est plus intelligible pour les croyants, chez qui les explications remplies de jargon philosophique n'entrainent que confusion.

Une autre raison qui justifie la préférence des chrétiens africains pour ce système éthique est que Stassen et Gushee mettent l'accent sur la communauté et semblent corriger ainsi l'individualisme occidental. Pourtant leur analyse de la notion de communauté suscite des

---

[79] Pour plus de détails sur la vision de MacIntyre, voir : A. MacIntyre, *After Virtue*, Notre Dame, University of Notre Dame Press, 1981.

[80] G. H. Stassen et D. P. Gushee, *Kingdom Ethics: Following Jesus in Contemporary Context*, Downers Grove, IVP, 2003, p. xi.

[81] *Ibid.*, p. 60.

interrogations : de quel type de communauté s'agit-il ? S'agit-il d'une communauté organique où les membres partagent les mêmes racines, la même histoire, les mêmes objectifs, les mêmes aspirations et la même vision du monde ? Quel est son lien avec la perception africaine de la communauté ? En quoi l'éthique du caractère favorise-t-elle une relation verticale avec Dieu et une relation horizontale avec le prochain ? Ces questions seront abordées dans le prochain chapitre.

Éthique occidentale et éthique chrétienne

Les différents systèmes éthiques analysés dans ce chapitre ont exercé une profonde influence sur la perception de la morale occidentale, et par conséquent, sur l'éthique chrétienne occidentale, parfois consciemment mais surtout inconsciemment. En effet, de nos jours, plusieurs éthiciens se qualifient d'éthicien chrétien kantien. Les utilitaristes et les adeptes de l'éthique de situation brandissent des textes comme arguments, pour soutenir que leur système éthique a des fondements chrétiens et bibliques.

> Par exemple, les utilitaristes et les adeptes de Kant disent tous prôner un « enseignement chrétien de qualité » dans leur éthique. Dieu ne désire-t-il pas le bonheur de sa créature ? Ne désire-t-il pas que nous développions notre potentiel ? Lorsqu'on tient compte de ces aspects, on peut affirmer que Dieu est sans aucun doute un utilitariste et un défenseur des principes utilitaristes. Cependant, Dieu n'est-il pas aussi en faveur de la justice universelle ? N'est-ce pas lui qui nous fait prendre conscience de notre devoir vis-à-vis de notre prochain ? Ne fait-il pas de différence entre le bonheur vicieux et le bonheur bien mérité ? Ne fait-il pas usage de commandements ? De toute évidence, Dieu est certainement un kantien et un défenseur de l'impératif catégorique. Même s'ils ne fondent pas leur argumentation sur les Saintes Écritures, Mill et Kant n'hésitent pas à recourir à elles pour corroborer leurs propos[82].

Des éthiciens chrétiens contemporains appartenant au courant kantien, à l'utilitarisme ou à l'éthique de situation, se sont alliés aux éthiciens laïcs pour remettre en question le caractère révélé de la Bible. Plusieurs n'hésitent pas à rejeter l'autorité des Saintes Ecritures. Ashby résume cette situation ainsi :

---

[82] Jentz, « Some Thoughts », p. 53.

Ce qui était autrefois de la foi en l'autorité des Grecs et des Hébreux, s'est transformé en doute. Ce qui était autrefois de la foi en la raison, est devenu une peur de l'irrationnel. Ce qui était autrefois harmonie avec l'univers, est devenu rupture avec le monde spirituel et naturel. L'homme moderne vit au milieu des ruines des croyances passées, prisonnier de conflits intérieurs non résolus, sans repères moraux et sans responsabilités clairement définies[83].

Ashby remarque qu'aujourd'hui, il n'existe pas de consensus moral impératif pour servir de base à la construction d'un système éthique. Cependant, l'histoire de l'éthique occidentale démontre qu'il n'en a pas toujours été ainsi.

Conclusion

Ce chapitre nous a permis d'examiner certains aspects de l'histoire de l'éthique occidentale. Nous avons ainsi pu voir comment certains courants de pensée, nés de la Grèce Antique, continuent d'influencer la pensée morale occidentale jusqu'à ce jour. Nous avons aussi vu comment l'accent mis par les Lumières sur la raison autonome, l'individualisme radical et la séparation de la religion et de l'éthique a affecté le caractère théiste et révélé de l'éthique chrétienne et remis en question les idées émanant des religions juives et chrétiennes.

Les approches occidentales de l'éthique ne sont pas toujours compatibles avec celles du reste du monde, surtout lorsqu'elles mettent l'accent sur l'universalité sans tenir compte des contextes locaux. Depuis l'avènement des Lumières, l'idée de l'élaboration d'une morale laïque dépouillée de Dieu et de la religion, n'a cessé de germer. Cette idée est soutenue par l'hypothèse selon laquelle « nous pourrions être et serions bon sans Dieu[84] ». Une telle attitude, comme l'a démontré le chapitre précédent, est totalement opposée à l'éthique traditionnelle africaine. De même, l'éthique occidentale est centrée sur l'individu et est dépouillée de toute idée de communauté. L'individu décide lui-même de ce qui est bon ou mauvais, sans tenir compte des opinions de ses parents, de ses proches ou de sa communauté. Une telle vision des choses est inconcevable en Afrique. Enfin, nous avons remarqué que l'éthique occidentale est dénuée

---

[83] Ashby, *Comprehensive History*, p. 7.

[84] Rasmussen, *Moral fragments and Moral Community*, p. 74.

de toute forme d'autorité. Elle ne repose sur aucune autorité externe, elle repose exclusivement sur l'autorité subjective de l'individu ; d'où la diversité des approches éthiques.

Nous consacrerons le chapitre suivant à une ébauche des fondements chrétiens de l'éthique pouvant servir de base à l'élaboration d'une morale biblique et théologique, pertinente pour le contexte africain.

Questions

1. Comment l'éthique occidentale a-t-elle été importée en Afrique ? De quelles manières cette importation a-t-elle été une réussite ou utile ? De quelles manières a-t-elle été un échec ou inutile ?

2. Au regard des informations contenues dans ce chapitre, quelles sont les meilleures contributions que l'éthique occidentale pourrait apporter à l'éthique africaine ?

3. Évaluez les théories éthiques développées dans ce chapitre. Montrez leur intérêt et leur utilité (s'il y en a) pour votre ministère.

4. Le fait qu'un élève soudoie son enseignant(e) pour obtenir une meilleure note est-il moralement justifiable ? Quelle réponse donnerait un déontologue, un téléologue et un éthicien de situation à cette question ?

4

Les fondements de l'éthique chrétienne

L'éthique occidentale moderne a, depuis bien longtemps, abandonné tout élément surnaturel ou source externe d'autorité. L'éthique chrétienne, par contre, est profondément enracinée dans la théologie chrétienne. Notre principal objectif dans cet ouvrage est de développer un système d'éthique chrétienne africaine qui incorporera des caractéristiques bibliques et chrétiennes de l'éthique africaine. Pour ce faire, nous allons tout d'abord présenter quelques principes clés de la pensée éthique chrétienne.

La théologie chrétienne est primordiale dans le développement de l'éthique chrétienne. Il serait erroné de penser qu'elle est trop abstraite pour être applicable à la vie actuelle. Comme l'a si bien dit Alister E. McGrath : « Ignorer le rôle important que joue la doctrine, c'est ignorer le fondement de la foi et ouvrir ainsi la porte à une éthique sans fondement[85]. » Dorothy L. Sayers ajoute :

> Il est (...) inutile pour les chrétiens de parler de l'importance de la morale chrétienne, à moins qu'ils soient préparés à prendre position sur les fondements de la théologie chrétienne. Ce serait mentir que de penser que le dogme n'a pas d'importance. C'est une fatalité de faire croire aux gens que la chrétienté n'est qu'un mode de pensée. Il est donc capital d'insister sur le fait qu'elle est avant tout une explication rationnelle de l'univers[86].

---

[85] Alister E. McGrath, « Doctrine and Ethics », dans David K. Clark et Robert V. Rakestraw, sous dir., *Readings in Christian Ethics Vol. I: Theory and Method*, Grand Rapids, Baker, 1994, p. 83.
[86] D. L. Sayers, *Creed or Chaos*, New York: Harcourt, Brace, 1949, p. 28.

La source de la connaissance : la révélation

L'éthique chrétienne et l'éthique africaine s'accordent pour dire que toutes les normes éthiques sont d'origine divine. Autrement dit, elles ne sont pas fondées sur des valeurs et pensées humaines. « Leur contenu, leur sanction, leur dynamique et objectif proviennent de Dieu et non d'une conclusion anthropologique ou sociologique[87]. » Cependant, la question est celle de savoir comment connaître ces normes ? La réponse chrétienne à cette question est que Dieu nous les a révélées comme une partie de sa propre révélation à travers une révélation générale et spéciale.

Révélation générale

Nous entendons par révélation générale, la révélation de Dieu à propos de sa personne à travers la nature, l'histoire et la conscience humaine. La création témoigne de son existence : « Les cieux racontent la gloire de Dieu, le firmament proclame l'œuvre de ses mains. Le jour en prodigue au jour le récit, la nuit en donne connaissance à la nuit. Ce n'est pas un récit, il n'y a pas de mots, leur voix ne s'entend pas » (Ps 19.1-4 ; voir aussi Ps 147.8-9).

Dans le Nouveau Testament, l'apôtre Paul le mentionne aussi dans sa lettre aux Romains : « Car ce que l'on peut connaître de Dieu est pour eux manifeste : Dieu le leur a manifesté. En effet, depuis la création du monde, ses perfections invisibles, éternelle puissance et divinité, sont visibles dans ses œuvres pour l'intelligence » (Rm 1.19-20).

Alors qu'il prêchait à Lystre, Paul disait aux gens de se convertir à Dieu, celui qui a fait les cieux et la terre. Ce Dieu avait laissé les nations jusqu'alors, suivre leurs propres voies, « sans manquer pourtant de leur témoigner sa bienfaisance » (Ac 14.15-17). Ces versets montrent que l'existence de Dieu se voit dans la nature et l'histoire. En outre, prêchant à Athènes (Ac 17.22-31), Paul a dit que le « dieu inconnu » qui y était adoré était le Dieu qu'il prêchait et a cité un poète athénien qui était parvenu à la conclusion de l'existence de Dieu sans avoir eu besoin d'une révélation spéciale.

La Bible met également l'accent sur le fait que la révélation naturelle informe la conscience humaine de telle sorte que l'homme peut prendre

---

[87] Carl F. H. Henry, *Christian Personal Ethics*, Grand Rapids, Eerdmans, 1957, p. 188.

des décisions éthiques et juger du bien et du mal. Lorsque l'apôtre Paul dit que « des païens, sans avoir de loi, font naturellement ce qu'ordonne la loi », il veut montrer que « l'œuvre voulue par la loi est inscrite dans leur cœur ; leur conscience en témoigne également ainsi que leurs jugements intérieurs qui tour à tour les accusent et les défendent » (Rm 2.14-15).

Par ailleurs la Bible ressort clairement le fait que les êtres humains n'ont pas fait attention à la révélation générale de Dieu. La plainte de l'apôtre Paul dans Romains 1.21 l'illustre clairement : « Puisque, connaissant Dieu, ils ne lui ont rendu ni la gloire ni l'action de grâce qui reviennent à Dieu ; au contraire, ils se sont fourvoyés dans leurs vains raisonnements et leur cœur insensé est devenu la proie des ténèbres. » Les hommes vivent d'une manière qui renie l'existence de Dieu et font rapidement une mauvaise interprétation de ce qu'il leur a révélé[88].

Révélation spéciale

La révélation générale nous informe sur quelques attributs de Dieu, mais sans toutefois nous éclairer sur sa volonté pour la création, c'est-à-dire, ce qu'il veut qu'elle devienne. D'où le besoin d'une révélation spéciale pour compléter la révélation générale. Cette révélation spéciale s'est faite tant verbalement que personnellement, comme nous le présente l'épitre aux Hébreux : « Après avoir, à bien des reprises et de bien des manières, parlé autrefois aux pères par les prophètes » (Hé 1.1). Bien que les « pères » concernés ici soient Abraham, Moïse et David, ces mots peuvent également être appliqués à tous nos ancêtres qui ont reçu des révélations divines. La révélation suprême de Dieu s'est faite lorsqu'il nous « a parlé par un Fils, qu'il a établi héritier de tout, par qui aussi il a créé les mondes » (Hé 1.2 ; voir aussi Jn 1.18).

Le contenu de la révélation spéciale de Dieu se trouve dans les Saintes Écritures comme nous le rappelle Pierre lorsqu'il dit : « Avant tout, sachez-le bien : aucune prophétie de l'Ecriture n'est affaire d'interprétation privée ; en effet, ce n'est pas la volonté humaine qui a jamais produit une prophétie, mais c'est portés par l'Esprit Saint que des

---

[88] Paul Helm, *The Divine Revelation*, Westchester, IL, Crossway, 1982, p. 17, résume la compréhension de Jean Calvin des Actes 17.28-29 : « Au moment où les hommes ont commencé à raisonner sur Dieu, ils se sont égarés dans de mauvaises inventions. L'image que Dieu donne de lui-même est mal interprétée volontairement et de diverses manières. Il n'y avait pas de religion pure et approuvée, fondée sur une compréhension commune. »

hommes ont parlé de la part de Dieu » (2 P 1.20-21). C'est Dieu qui a poussé tous les auteurs de la Bible à écrire et c'est pourquoi Paul dit que : « toute écriture est inspirée de Dieu » (2 Tm 3.16a).

La révélation de Dieu à travers la Bible nous enseigne non seulement qui il est, mais aussi comment nous devrions vivre. Paul continue en disant que l'Écriture est : « Utile pour enseigner, pour réfuter, pour redresser, pour éduquer dans la justice, afin que l'homme de Dieu soit accompli, équipé pour toute œuvre bonne » (2 Tm 3.16b-17). Dieu montre clairement dans la Bible ce qu'il considère comme un comportement éthique : « C'est que tu pratiques la justice, que tu aimes la miséricorde, et que tu marches humblement avec ton Dieu » (Mi 6.8, Louis Segond).

En tant que source de la morale chrétienne, la place centrale des Saintes Écritures transparait également de façon claire, lorsque l'on considère comment l'Ancien Testament est fréquemment cité dans le Nouveau Testament en tant qu'autorité sur les questions auxquelles étaient confrontés les premiers chrétiens. Plusieurs éléments de l'Église primitive montrent que, bien avant que le Nouveau Testament ne soit compilé en un seul livre et n'entre dans le canon de la Bible, les « lettres des communautés de foi ancestrales occupaient une place centrale dans les mouvements religieux et philosophiques de l'ancien monde. L'autorité communautaire était "une caractéristique unique de la culture juive"[89] ».

La fiabilité de tout débat chrétien sur les questions éthiques dépend ainsi du fait que les Écritures, interprétées correctement, justifient ou non les conclusions. Par ailleurs, l'on pourrait se demander ce qu'on entend par « interprétées convenablement » ? Pour nous aider à répondre à cette question, les érudits ont identifié quelques principes clés à observer et les erreurs à éviter dans la lecture de la Bible, afin d'en dégager les normes éthiques.[90]

---

[89] Bruce C. Birch et Larry L. Rasmussen, *Bible and Ethics in the Christian Life*, Minneapolis, Augsburg, 1989, p. 32.

[90] Voici quelques ouvrages contenant des détails sur les principes d'interprétation de la Bible : Robert A. Traina, *Methodical Bible Study : A New approach to Hermeneutics*, Grand Rapids, Francis Ashbury Press, 1952 ; Bernard Ramm, *Protestant Biblical Interpretation : A Textbook of Hermeneutics*, Grand Rapids : Baker, 1970 ; Gordon D. Fee et Douglas Stuart, *How to Read the Bible for All It's Worth: A Guide to Understanding the Bible*, Grand Rapids, Zondervan, 1981 ; et A. Berkeley Mickelsen, *Interpretating the Bible*, Grand Rapids: Eerdmans, 1963.

Observer les règles usuelles de la grammaire et de l'interprétation

La Bible est, à sa manière, une œuvre littéraire. Lorsque nous la lisons, nous devons appliquer les mêmes règles simples de grammaire et d'interprétation que nous utiliserions pour n'importe quelle œuvre littéraire. Devant un obstacle, nous pouvons lire d'autres versions afin de mieux saisir le sens. Nous ne devons pas ignorer le sens premier du texte et chercher un sens allégorique, ou alors penser que nous devons lire avec une attitude mystique afin de percevoir un sens mystique.

À titre d'illustration, certains justifient leur recherche de sens cachés dans la Bible en interprétant le verset « la lettre tue, mais l'esprit donne la vie » (2 Co 3.6) comme voulant dire que le sens littéral des Saintes Écritures n'est pas utile ou n'édifie pas et que le sens allégorique ou spirituel révélé au lecteur par le Saint-Esprit est préférable[91]. Cependant, cette interprétation ne tient pas compte de ce dont l'apôtre Paul parle dans Corinthiens : nous étions tous condamnés sous la loi de l'Ancien Testament et Christ nous a donné la vie à travers son Esprit qui vit en nous. Paul ne nous dit pas que nous pouvons ignorer les mots des Saintes Écritures.

Le piège d'une interprétation allégorique ou mystique repose sur le fait « qu'elle cache le vrai sens de la Parole de Dieu (...) car la Bible traitée comme une allégorie devient tout, sauf ce qu'elle est vraiment dans les mains de l'exégète. Plusieurs doctrines pourraient émerger dans le cadre de l'herméneutique allégorique et il n'y aurait aucun moyen de déterminer celles qui sont vraies[92] ».

Lire entièrement la Bible

Certains lisent la Bible isolément, préférant soit l'Ancien ou le Nouveau Testament ou certaines portions de la Bible. Cette approche de la lecture de la Bible ne porte pas assez de fruit et conduit très souvent à la mauvaise interprétation ; car cela devient facile d'« interpréter ses propres idées complètement étrangères dans un texte et par conséquent, faire dire à la Parole de Dieu ce qu'elle ne dit pas[93] ». Nous constatons ce genre de

---

[91] Les adeptes de l'interprétation allégorique pensent « que derrière la lettre (*rhete*) ou de l'évident (*phanera*) se cache le vrai sens *(hyponoia)* du texte ». Bernard Ramm, *Protestant Biblical Interpretation*, p. 24.

[92] Ramm, *Protestant Biblical Interpretation*, p. 30.

[93] Fee and Stuart, *How to Read the Bible*, p. 21.

problèmes quand des groupes tels que Cherubim and Seraphim Church au Nigéria et plusieurs Églises Indépendantes Africaines justifient leur comportement éthique en faisant appel uniquement à l'Ancien Testament quand ils traitent de questions comme la polygamie.

Ce problème peut être résolu en examinant tout ce que les Saintes Écritures enseignent à propos d'un sujet particulier et non en considérant uniquement les passages qui sont en faveur de nos convictions. En l'occurrence, un chrétien doit-il ou non participer à la guerre ? Pour répondre à cette question, il ne suffit pas de citer des passages comme « si quelqu'un te gifle sur la joue droite, tends-lui aussi l'autre » (Mt 5.39), ou « tous ceux qui prennent l'épée périront par l'épée » (Mt 26.52). L'on devrait également considérer les passages tels que Luc 22.36 qui dit : « Celui qui n'a pas d'épée, qu'il vende son manteau pour en acheter une. » Les textes de l'Ancien Testament qui traitent de la guerre et qui présentent Dieu en tant que guerrier doivent également être abordés. Tous ces passages doivent être minutieusement étudiés et pris en compte avant de tirer des conclusions.

La nécessité d'utiliser et de lire toute la Bible (ou canon) est bien présentée par Birch et Rasmusen :

> Le canon permet d'éviter de sélectionner des textes pour traiter des questions éthiques basées sur la prédisposition du lecteur. Le canon met l'accent sur le fait que la Bible est un tout. Par conséquent, les jugements moraux ne peuvent pas être basés uniquement sur des textes qui confortent une position déjà prise sur d'autres bases. Même lorsque le canon présente des tensions et des contradictions, l'attention que nous lui portons nécessite que la totalité des témoignages bibliques soit pesée avant de déboucher sur un jugement moral. Le fait de considérer certains passages de la Bible comme étant très importants et de rejeter les autres, revient à créer son propre canon. Les déclarations éthiques basées sur un canon ainsi limité sont très souvent plus qu'erronées. Pour faire une étude éthique chrétienne, il faut entrer dans un dialogue avec tout le canon des Écritures, reconnu comme tel à travers l'histoire de l'Église[94].

---

[94] Birch et Rasmussen, *Bible and Ethics*, p. 180.

Prendre en compte le contexte historique et littéraire

Une bonne interprétation et une application pertinente exige la prise en compte du contexte historique et littéraire de chaque passage biblique. La connaissance du temps et de la culture de l'auteur est nécessaire pour mieux apprécier le contexte historique. Pour ce qui est du contexte littéraire, l'on devrait garder à l'esprit le fait que les mots, les groupes de mots, les phrases, et les paragraphes dans tout livre, tirent leur sens des relations qu'ils entretiennent les uns les autres, car « la pensée est généralement exprimée dans une série d'idées liées[95] ». Nous devons donc éviter de tomber dans ce que l'on appelle argumentation, c'est-à-dire essayer de justifier un point de vue en citant un passage des Saintes Écritures sans tenir compte du contexte.

Lire la Parole avec respect et avec la volonté d'obéir

La Bible ne doit pas être lue dans le but de décrocher des arguments intellectuels ; mais plutôt dans une attitude d'obéissance respectueuse comme l'illustre le psalmiste : « Dans mon cœur je conserve tes ordres, afin de ne pas pécher contre toi » (Ps 119.11). Esdras est également un modèle dans ce sens, car il « avait appliqué son cœur à chercher la loi du Seigneur, à la mettre en pratique et à enseigner les lois et les coutumes en Israël » (Esd 7.10). Nous devons donc tâcher d'appliquer ce que nous avons étudié dans nos propres vies.

La source de l'éthique : Le Dieu trinitaire

Paul Ramsay a écrit il y a quelques années :

Dieu attend quelque chose de l'homme et est prêt à récompenser l'obéissance et à punir la violation de sa loi. Mais la question la plus importante est celle-ci : qu'est-ce qui caractérise Dieu à qui l'homme doit rendre compte, et quels sont ses commandements ? Les convictions religieuses quant à la manière dont Dieu traite l'homme, affecte le sens et le contenu de l'éthique biblique. Dieu lui-même a quelque chose à voir avec le vrai sens de l'obligation ; il n'est pas simplement une menace externe derrière la moralité[96].

---

[95] Mickelsen, *Interpreting the Bible*, p. 100.

[96] Paul Ramsey, *Basic Christian Ethics*, New York, Charles Scribner's Sons, 1953, p. 1.

En réponse à la question de Ramsey sur le caractère de Dieu qui a déterminé leurs obligations morales, beaucoup se contentent de persister dans un vague théisme en disant qu'ils croient en « un Dieu ». Cependant, au cœur de l'éthique chrétienne, ce n'est pas n'importe quel dieu mais bien le Dieu trinitaire, c'est-à-dire le Dieu qui s'est fait connaître en tant que Père, Fils et Saint-Esprit.

Les chrétiens l'appellent le Dieu trinitaire parce que cette façon de parler est en accord avec le témoignage biblique et avec l'expérience de l'Église par rapport à ce témoignage. Le Dieu connu en Jésus-Christ est le Dieu au-dessus de nous, le Dieu pour nous et le Dieu en nous – « la grâce du Seigneur Jésus-Christ, l'amour de Dieu, et la communication du Saint-Esprit » (2 Co 13.14)[97].

Notre éthique chrétienne doit être fondée sur notre compréhension de la nature et de l'action de ce Dieu. Il est donc important de comprendre ce que nous entendons par Dieu trinitaire (ou la trinité) :

- *Il y a un seul Dieu et non trois*. La chrétienté biblique insiste sur l'unicité de Dieu telle qu'exprimée dans les passages comme Deutéronome 6.4 : « ÉCOUTE, Israël ! Le Seigneur notre Dieu est le Seigneur UN. »

- *Chaque personne de la trinité est pleinement Dieu*. Le Père est Dieu au même titre que Dieu le Fils et Dieu le Saint-Esprit. Leur égalité est clairement exprimée dans les passages comme Matthieu 28.19, qui dit : « Allez donc : de toutes les nations faites des disciples, les baptisant au nom du Père et du Fils et du Saint Esprit », et 2 Co 13.13 où les trois personnes sont invoquées dans la bénédiction « La grâce du Seigneur Jésus-Christ, l'amour de Dieu, et la communion du Saint-Esprit soient avec vous tous ! ».

- *Bien que chaque personne de la trinité ait la même essence, leurs rôles sont différents*. Dans ce sens, le Père est différent du Fils et du Saint-Esprit. C'est le Fils qui est mort sur la croix et c'est le Saint-Esprit qui demeure dans les croyants afin de les équiper pour les œuvres du ministère. Du fait qu'ils ont différents rôles, les membres de la trinité donnent souvent l'impression dans leurs actions d'être

---

[97] Daniel L. Migliore, *Faith Seeking Understanding: An Introduction to Christian Theology*, Grand Rapids, Eerdmans, 1991, p. 61.

subordonnées les uns aux autres. C'est pourquoi tout au début de sa mission, Jésus a pu déclarer « Le Père est plus grand que moi » (Jn 14.28). L'on peut donc dire que « chaque personne de la trinité a eu, à un moment donné, une fonction particulière unique à elle-même. Ceci doit être compris comme étant un rôle temporaire en vue de l'accomplissement d'un objectif donné et non un changement dans son statut ou son essence[98]. »

- *Les trois personnes de la trinité sont éternelles.* Aucune n'est plus âgée que l'autre. Moïse a appelé Dieu « le Dieu des temps antiques » (Dt 33.27). Jésus, parlant de lui-même, a dit qu'il est « Je Suis », nom attribué à Dieu dans l'Ancien Testament (Jn 8.58 ; Ex 3.14). Le prophète Esaïe attribue le titre « Père à jamais » (Es 9.5) à Jésus. En Genèse 1.2, il nous est reporté que l'« esprit de Dieu se mouvait au-dessus des eaux » (Louis Segond) avant que le monde ne soit formé, et l'auteur de l'épître aux Hébreux dit que ce même esprit, est l'« esprit éternel » (Hé 9.14)

Les affirmations ci-dessus ne devraient pas être rejetées en tant que théologie abstraite, sans pertinence dans l'étude éthique ; car elles ont des implications éthiques très importantes. Déjà, elles remettent en cause l'idée selon laquelle Dieu serait seulement intéressé par les affaires spirituelles. La révélation de Dieu, sa participation à la création et sa révélation à travers l'incarnation en Jésus-Christ montrent qu'il a une relation personnelle et intime avec sa propre création. Le Saint-Esprit qui continue son œuvre dans la création, particulièrement dans la vie du croyant, montre également le rôle capital de Dieu dans son ordre créé.

Nous devons avoir une doctrine plus complète de Dieu ; car nous oublions facilement que Dieu s'implique dans les affaires de l'homme et de la vie humaine dans toute sa complexité (...) Le Dieu vivant est le Dieu de la nature et le Dieu de la religion, le Dieu du « séculier » et « sacré ». (...) Son implication concerne tous les aspects de la vie – il est le Dieu non seulement du « sacré » mais aussi du « séculier », non seulement de la religion mais aussi de la nature, non seulement des peuples de l'alliance mais aussi de tous les êtres humains, non seulement de la justification mais aussi de

---

[98] Millard K. Erickson, *Introducing Christian Doctrine*, Grand Rapids, Baker, 1992, p. 103. Nous devons l'articulation des quatre aspects essentiels de la trinité d'Erickson.

la justice sociale dans chaque communauté, non seulement de son Évangile mais aussi de sa loi. Ainsi, nous ne devons pas restreindre ses intérêts. Par ailleurs, les nôtres devraient également être aussi étendus que les siens[99].

L'accent mis sur la nécessité de connaître Dieu avant de prétendre comprendre ses lois morales n'a pas été inventé par les théologiens. Au contraire, les Saintes Écritures le montrent aussi. Avant que Dieu ne donne les dix commandements à Moïse, il lui a dit qui il était : « C'est moi le Seigneur, ton Dieu, qui t'ai fait sortir du pays d'Égypte, de la maison de servitude » (Ex 20.2). Insister sur les commandements sans apprécier le Dieu qui les a donnés, serait manquer le but essentiel. La même approche est présente dans le Nouveau Testament où les commandements spécifiques sont souvent associés à la théologie qui l'explique (voir par exemple 1 Jn 4.7, 11, 19 ; 2 Co 8.7-9 ; Ep 4.32).

Dieu le Père : La norme de l'éthique chrétienne

L'une des raisons pour lesquelles nous devons bien connaître notre théologie est le fait que notre caractère devrait refléter le caractère de Dieu. Dans l'Ancien Testament, il nous est dit : « Soyez à moi, saints car je suis saint, moi le Seigneur ; et je vous ai séparés des peuples, pour que vous soyez à moi » (Lv 20.26). Dans le Nouveau Testament, il nous est dit : « Vous donc, vous serez parfaits, comme votre Père céleste est parfait » (Mt 5.48). Afin de mieux comprendre le sens de ces commandements et ce que cela veut dire d'être saint et parfait, nous devons impérativement connaître le Dieu que nous servons.

Jésus-Christ : Le modèle de l'éthique chrétienne

Nous ne sommes pas simplement chrétiens parce que nous croyons en Dieu ou à un quelconque pouvoir surnaturel ; mais plutôt parce que nous croyons que Jésus est le Fils de Dieu, qu'il est mort et ressuscité et qu'il donne à tout croyant le pouvoir de vivre une vie morale. En tant que Fils de Dieu, Jésus est la révélation la plus parfaite de la personne de Dieu. Il est donc notre paradigme éthique ; autrement dit, il est notre exemple de vie. Paul disait aux Philippiens : « Comportez-vous ainsi entre vous,

---

[99] John Stott, *Human Rights and Human Wrongs: Major Issues for a New Century*, Grand Rapids, Baker, 1990, p. 31.

comme on le fait en Jésus-Christ » (Ph 2.5), et a loué les Thessaloniciens : « Vous nous avez imités, nous et le Seigneur, accueillant la Parole en pleine détresse, avec la joie de l'Esprit Saint » (1 Th 1.6). Pierre également met un point d'honneur sur le fait que nous devons être des imitateurs de Christ : « Christ aussi a souffert pour vous, vous laissant un exemple, afin que vous suiviez ses traces » (1 P 2.21). Suivre les pas de Christ veut dire manifester les mêmes qualités qu'il avait pendant sa vie sur terre. L'apôtre Paul montre régulièrement les implications de la mort et de la résurrection de Jésus en rapport avec notre comportement éthique (Rm 6.1-14 ; 8.17, 29-30 ; 15.1-7 ; 1 Co 10.2-11 ; 2 Co 4.7-15 ; 12.9-10 ; Ga 2.19-20 ; 5.24 ; 6.14).

Le Saint Esprit : Le pouvoir pour l'éthique chrétienne

La mort et la résurrection de Jésus nous ont permis d'être de nouveau en relation avec Dieu et ont rendu possible pour nous de devenir saints et parfaits. Cependant, nous sommes encore pécheurs et avons besoin d'aide pour vivre une vie morale. À cet égard, Jésus nous a promis le Saint-Esprit (Jn 14.16 ; Ac 1.8), qui nous pousse à vivre comme Dieu le souhaite et nous aide à comprendre la vérité sur Dieu, nous-mêmes et notre monde. « L'Esprit de Dieu est le principe dynamique de l'éthique chrétienne, l'agent personnel par qui Dieu entre puissamment dans la vie de l'homme et le délivre de l'esclavage de Satan, du péché, de la mort et de la loi. (...) Son rôle est crucial dans la vie de sainteté et ceci dans toutes ses phases[100]. »

Sans la force du Saint-Esprit, nul ne peut vivre une vie morale. L'apôtre Paul savait cela par expérience personnelle parce qu'il affirme que : « Je ne comprends rien à ce que je fais : ce que je veux, je ne le fais pas, mais ce que je hais, je le fais » (Rm 7.15). Nous luttons parce que nous sommes naturellement pécheurs. Nous avons besoin de « la loi de l'Esprit qui donne la vie » pour nous « [libérer] de la loi du péché et de la mort » (Rm 8.2) et pour nous faire vivre comme des enfants de Dieu.

---

[100] Henry, *Christian Personal Ethics*, p. 437.

Les destinataires de l'éthique : les êtres humains

Nous devons connaître non seulement le Dieu qui est la source de notre éthique ; mais aussi le peuple à qui cette éthique est donnée. Cet aspect est négligé par les éthiciens téléologiques et déontologiques qui estiment que « les bons jeux dépendent plus de bonnes règles du jeu que de bons joueurs[101] ».

Il faut garder deux points importants à l'esprit concernant la nature humaine. Tout d'abord, les êtres humains ont été créés à l'image de Dieu. Ensuite, les hommes ont péché et ont besoin du salut. Les règles ont beau être bonnes, nous ne pouvons pas jouer selon elles parce que nous sommes limités et corrompus par le péché.

Créés à l'image de Dieu

La création est l'œuvre même de Dieu et il déclare que tout ce qu'il a créé est bon (Gn 1.31). Rien n'a été mal créé. Nous rejetons donc tout point de vue éthique qui soutient que certains aspects de la création ont été mal créés à la base. Lorsque Dieu demande à Adam et Eve de se multiplier et de dominer la terre, il est en train d'affirmer que le sexe est une bonne chose. Il soutenait aussi le fait que pour tout groupe qui se multiplie, il faudra établir un système d'organisation. John Stott résume parfaitement les implications de la création de l'homme comme suit :

> Ces créatures humaines mais divines ne sont pas seulement des âmes (pour que nous nous intéressions uniquement à leur salut éternel), elles ne sont pas non plus seulement des corps (pour que nous nous préoccupions uniquement de leur nourriture, de leur vêtement, de leur abri et de leur santé), elles ne sont pas non plus seulement des êtres sociaux (pour que nous nous préoccupions de leurs problèmes sociaux). Elles sont formées de ces trois aspects. Un être humain doit être défini du point de vue biblique comme étant « un corps-âme-dans la société » ; car c'est ainsi que Dieu nous a créé[102].

Stott peut décrire l'être humain comme étant « divin » parce que nous sommes uniques dans la création de Dieu en ce qu'il nous a créé à son image (Gn 1.26). Certes ce mot comporte plusieurs sens, cependant, une chose est claire : le fait que nous soyons créés à l'image de Dieu veut dire

---

[101] Rasmussen, *Moral Fragments and Moral Community*, p. 73.
[102] Stott, *Human Rights and Human Wrongs*, p. 35.

que nous sommes des êtres rationnels et moraux. Nous pouvons le voir plus clairement lorsque Dieu donne ce commandement : « Tu pourras manger de tout arbre du jardin ; mais tu ne mangeras pas de l'arbre de la connaissance de ce qui est bon ou mauvais car, du jour où tu en mangeras, tu devras mourir » (Gn 2.16-17). Ce commandement sous-entend que Dieu a donné à l'homme la responsabilité de prendre de bonnes décisions et de se conduire moralement. Ce que Adam et Eve n'avaient pas et que le fruit de l'arbre leur a donné, c'était la connaissance du mal par l'expérience.

Dieu a créé l'homme avec une conscience, la capacité inhérente à distinguer le bien du mal et nous pouvons remarquer que partout dans le monde, il y a :

> une conviction universelle que la distinction entre le bien et le mal est sincère – et qu'il ne s'agit pas simplement d'une affaire de préjugés personnels (...) L'expérience humaine est par définition éthique, dans le sens où s'interroger sur le bien et le mal en termes de pensées et d'actions, est universel et inévitable[103].

La chute et le besoin du salut

Bien que créés bons et sans péché, Adam et Eve ont désobéi à Dieu. Par conséquent, leur péché les a affectés eux-mêmes, mais aussi leur environnement et tous les aspects de la culture humaine. Tout ce qui existe a maintenant besoin du salut ou de la rédemption. Beaucoup d'éthiciens, y compris des éthiciens africains contemporains, ignorent souvent cet aspect ; ils reconnaissent que les êtres humains sont limités mais n'admettent pas leur chute. C'est ainsi qu'ils évitent d'affronter la réalité de la nature pécheresse de l'homme.

L'autre aspect de l'éthique chrétienne qui manque dans tous les autres systèmes éthiques est le pardon. Nous n'insinuons pas que les autres systèmes n'aient pas de bonté ou de compassion envers ceux qui ont chuté ; mais plutôt qu'ils ne présentent pas de bases pour offrir la grâce. Il n'y a que le christianisme qui offre un fondement solide pour le pardon par la révélation de Dieu en tant que celui qui est venu non pour condamner le monde mais pour le sauver. Les chrétiens doivent avoir une ferme compréhension non seulement de l'ordre moral de Dieu, mais aussi

---

[103] Henry, *Christian Personal Ethics*, p. 152.

de sa grâce salvatrice qui renouvelle le coupable moral, le pécheur. Les chrétiens peuvent participer à l'œuvre de Dieu par laquelle les pécheurs sont restaurés et prennent leur place dans l'assemblée des justes.

Dieu nous offre le salut par Jésus-Christ et nous pouvons le recevoir uniquement par la foi en lui. Éphésiens 2.8-9 l'illustre clairement : « C'est par la grâce, en effet, que vous êtes sauvés, par le moyen de la foi ; vous n'y êtes pour rien, c'est le don de Dieu. Cela ne vient pas des œuvres, afin que nul n'en tire fierté. » Comme le souligne Hollinger, « toute autre solution au problème de péché qui contourne cette rédemption, est partielle et ne peut résoudre le problème fondamental du péché[104].

Le salut s'obtient par la foi ; cependant, cette foi a un impact sur notre vie morale comme nous pouvons le constater dans le verset qui suit dans Éphésiens : « Car c'est lui qui nous a faits ; nous avons été créés en Jésus-Christ pour les œuvres bonnes que Dieu a préparées d'avance afin que nous nous y engagions » (Ep 2.10). Afin de mieux cerner ce point, nous devons faire la différence entre la justification et la sanctification. Les chrétiens évangéliques mettent l'accent sur l'importance de la justification, ou le fait d'entrer dans une relation personnelle avec Dieu, en acceptant par la foi la mort et la résurrection de Jésus-Christ. La sanctification qui suit logiquement la justification, est également une part essentielle du salut. Elle « implique une transformation continue de notre caractère moral et spirituel afin que la vie du croyant reflète la position qu'il ou elle a déjà acquis auprès de Dieu[105] ».

La justification est spontanée alors que la sanctification est plutôt un processus qui continue tout au long de la vie du croyant et qui affecte ses attitudes et ses actions dans tous les aspects de sa vie, y compris le mariage, ses opinions et son utilisation des nouvelles technologies. Tout ceci met en évidence l'enseignement des Écritures : l'esprit n'est pas plus important que le corps. Une personne est un tout et les croyants devraient voir leur foi affecter tous les domaines de leurs vies, y compris la vie matérielle et la vie communautaire.

---

[104] Hollinger, *Choosing the Good*, p. 82.
[105] Erickson, *Introducing Christian Doctrine*, p. 269.

La communauté des rachetés

Nous pouvons dire que « l'idée de communauté est au cœur de la théologie biblique[106] ». Au moment de la création, la solitude d'Adam était un signe de son besoin d'être en communauté et dès lors, l'accent est mis sur l'histoire de la première communauté humaine créée par Dieu et de la formation d'un peuple d'alliance. L'idée de communauté est au cœur de l'appel d'Abraham : « Je ferai de toi une grande nation et je te bénirai. Je rendrai grand ton nom. Sois en bénédiction » (Gn 12.2). Dans le livre d'Exode, Dieu insiste encore sur l'idée de communauté lorsqu'il déclare aux Israélites, nouvellement sortis d'Égypte : « Je vous prendrai comme mon peuple à moi, et pour vous, je serai Dieu » (Ex 6.7).

La nature de la communauté

Définissons d'abord le terme « communauté », avant de voir les implications de l'intérêt de Dieu pour la communauté de façon plus détaillée.

> Les communautés (…) ont une histoire – d'une certaine manière, elles sont constituées par leur passé. Ainsi, nous pouvons dire qu'une vraie communauté est une « communauté de souvenir », une communauté qui n'oublie pas son passé. Ainsi, afin de ne pas oublier son passé, une communauté devrait raconter régulièrement son histoire. En faisant cela, elle offre des exemples d'hommes et de femmes qui ont incarné et illustré le sens de la communauté. Ces histoires représentent une part importante de la tradition qui constitue un élément capital pour une communauté de souvenir. Les histoires qui constituent une tradition contiennent des conceptions de caractère, de ce qu'est une bonne personne et des vertus définissant un tel caractère[107].

Ainsi, les traits importants d'une communauté comprennent : avoir une notion des héros du passé, des vertus louées dans la communauté et ce qui constitue un bon caractère dans ladite communauté. Ces principales

---

[106] R. K. McCloughry, « Community Ethics », dans *New Dictionary of Christian Ethics and Pastoral Theology*, Downers Grove, IVP, 1995, p. 111.
[107] Bellah, *Habits of the Heart*, p. 153.

caractéristiques de la pensée éthique d'une communauté se retrouvent également dans le judaïsme et le christianisme :

> Ces deux religions concevaient la vie morale comme étant la finalité pratique de la foi communautaire, manifestée dans le style de vie des membres de la communauté entière. La tâche de la communauté consistait à socialiser ses membres dans une forme de vie reflétant une conduite conforme à l'expérience de la foi dans ladite communauté. Pour être juif par exemple, il fallait bien connaître l'histoire d'Israël et les traditions rabbiniques, afin d'expérimenter le monde à partir de ces histoires et d'agir ensuite en conséquence en tant que membre d'une communauté de foi. Dans le même ordre d'idée, pour être chrétien, il fallait bien connaître l'histoire d'Israël et de Jésus ainsi que les traditions de l'Église en cours, afin d'expérimenter le monde à partir de ces histoires et d'agir en conséquence en tant que membre de la communauté[108].

Ainsi, contrairement aux philosophes, les chrétiens et les juifs n'étaient pas très préoccupés par des questions comme : « qu'est-ce que le bien universel ? » mais plutôt par des questions telles que « quel type de caractère et de conduite doit-on avoir en tant que peuple de Dieu ?[109] »

L'Ancien Testament décrit comment Dieu établit la communauté d'Israël. Le Nouveau Testament quant à lui, décrit comment Dieu travaille à travers Jésus-Christ afin de créer une communauté de rachetés, aussi appelée le corps de Christ, une ville située sur une montagne, le temple où demeure le Saint-Esprit. C'est de cette communauté dont parle Jésus lorsqu'il dit : « Je bâtirai mon Église » (Mt 16.18). À partir d'un groupe de quelques disciples, cette communauté de rachetés a, pendant des générations, reflété la vie de Jésus-Christ. Elle est devenue une communauté qui n'est plus divisée par l'ethnie, le statut social ou le sexe (Ga 3.28) et qui a été appelée à « refléter un ordre alternatif qui est le signe des desseins de la rédemption de Dieu pour le monde[110] ».

---

[108] Birch and Rasmussen, *Bible and Ethics*, p. 21.

[109] *Ibid.*, p. 19.

[110] Richard B. Hays, *The Moral Vision of the New Testament : Community, Cross, New Creation. A Contemporary Introduction to New Testament Ethics*, San Francisco, HarperCollins, 1996, p. 196. Hays fait remarquer que « l'église est une communauté interculturelle de disciples et que cette communauté est le premier destinataire des impératifs de Dieu (...) le premier sphère de la vie morale n'est pas le caractère des individus mais plutôt l'obéissance de l'Église dans son ensemble ».

La formation de cette nouvelle communauté morale a soulevé beaucoup de questions dans l'esprit des premiers croyants :

> Comment refléter la vie du Christ vivant parmi nous au quotidien ? Comment gérer nos biens, maisons et champs ? Comment nous organiser pour vivre la communion fraternelle, tant localement qu'avec ceux qui sont loin ? Autrement dit, comment allons-nous prendre la cène ensemble en tant que membres d'un même corps tout en vivant dans des endroits différents ? Quelle forme de gouvernance adopter et comment choisir nos leaders, quels en sont les critères ? Comment conduire les moments d'adoration ? Comment pratiquer nos rituels et rites, nos fêtes pratiquées dans le passé ? Qu'allons-nous faire de César, maintenant que Jésus est devenu notre César (Ac 17.8) ; et que faire du service à rendre dans l'armée de l'empereur ? Quel changement opérer dans la relation parents et enfants, maris et femmes, esclaves et maîtres ? Quels sont les exigences en tant que membres d'une communauté ? Que faire de celui qui viole la loi, de ceux qui s'opposent à l'Évangile et nous persécutent ?[111]

Les premières communautés chrétiennes cherchaient les réponses à ces questions dans les écrits aux hébreux et dans les lettres qu'ils recevaient des apôtres.

Alors que cet accent mis sur l'éthique communautaire est très répandu chez les Africains, c'est plus difficile à comprendre pour ceux qui sont imprégnés de l'individualisme de l'éthique occidentale.

> Dans les sociétés où les communautés mettent l'accent sur l'individualisme et nourrissent l'illusion selon laquelle l'individu existe indépendamment ou avant les communautés et les influences de la communauté, nous devons souligner la place de la communauté. Ces sociétés définissent généralement la « liberté » comme étant l'indépendance, c'est-à-dire libre de toutes obligations, à l'exception de celles choisies par l'individu lui-même et vraiment libre du besoin des autres êtres humains. Les nord-américains par exemple, vivent sans se soucier du fait que nos vies sont reliées les unes aux autres dans une interdépendance sociale. La plupart affirment que nous sommes des individus indépendants qui choisissons d'être ou de ne pas être liés aux autres[112].

---

[111] Birch and Rasmussen, *Bible and Ethics*, p. 27-28.

[112] *Ibid.*, p. 18.

Cependant, que nous le voulions ou non, l'idée de communauté fait partie de la vie, comme l'a si bien observé l'archevêque William Temple, « chacun a des besoins que lui-même ne peut satisfaire (...) L'homme est un être naturellement et inéluctablement social[113] ».

Notre existence dans la communauté signifie que celle-ci a une influence sur notre vie morale :

> Nous ne sommes pas nés dans des schémas d'événements et de relations déconnectés ; mais plutôt dans une vie d'ensemble déjà existante avec des communautés qui structurent notre existence sociale. La vie morale ne peut pas exclure ces dernières et n'est possible qu'en vue de ces communautés. Quel que soit notre degré de conscience morale, elle n'existe pas avant, à part de ou encore indépendamment des relations sociales[114].

La communauté des rachetés devrait donc jouer un rôle décisif pour façonner la vie des croyants. Ce processus se produit lorsque les membres de la communauté ou l'ensemble des croyants lisent et interprètent ensemble la Parole de Dieu. Ce n'est pas seulement les anciens ou les pasteurs formés qui lisent et transmettent l'information aux membres non informés. Tous les membres devraient aussi lire et écouter la Parole. Les individus liront et digèreront aussi la Parole, mais ils le feront en faisant partie d'une communauté.

Membre de la communauté

S'il est nécessaire pour un enfant de naître dans une famille pour en être membre, il est aussi impératif de naître de nouveau pour faire partie de la communauté des rachetés (Jn 3.3, 5 ; Tt 3.5). « L'acte de foi individuel par lequel nous naissons de nouveau, a lieu dans le contexte de l'église qui proclame l'Évangile, affermit les nouveaux convertis et partage les bénédictions éternelles pour lesquelles elle a été choisie par Dieu[115]. »

Cette communauté d'église est constituée non seulement des croyants encore en vie ; mais aussi de ceux qui ont déjà été glorifiés. Ces héros de la communauté chrétienne comprennent Abraham, Isaac, Jacob, David, Jérémie, l'apôtre Paul, Jonathan Edwards, James Hannington, Byang

---

[113] William Temple, *Christianity and Social Order*, New York, Penguin, 1942, p. 64.
[114] Birch and Rasmussen, *Bible and Ethics*, 19
[115] Stephen Mott, *Biblical and Social Ethics*, Oxford, Oxford University Press, 1982, p. 129.

Kato, Janani Luwum, Johan Heyns et beaucoup d'autres encore qui ont proclamé et vécu la bonne nouvelle. Ils sont les croyants morts (hébreux et chrétien) qui constituent « la nuée de témoins ». Leurs vies devraient nous influencer profondément (Hé 12.1). La question de savoir si ces héros nous observent ou pas, n'est pas la plus importante. L'essentiel est que leur engagement et consécration soient un exemple permanent et un encouragement aux croyants encore en pèlerinage sur la terre.

Les chrétiens devraient également avoir pour exemple, non seulement la vie des croyants décédés, mais aussi celle de nos leaders actuels. L'apôtre Paul en appelait souvent à sa vie et à celle des autres chrétiens comme des exemples à suivre. « Soyez mes imitateurs, comme je le suis moi-même de Christ » (1 Co 11.1) ; « Vous êtes devenus nos imitateurs et ceux du Seigneur, (...) Ainsi vous êtes devenus un modèle pour tous les croyants en Macédoine et en Achaïe » (1 Th 1.6-7) ; « Soyez mes imitateurs, frères ; portez les regards sur ceux qui marchent selon le modèle que vous avez en nous » (Ph 3.17) ; « Je vous exhorte donc ; soyez mes imitateurs. À cet effet, je vous ai envoyé Timothée, qui est mon enfant bien-aimé et fidèle dans le Seigneur ; il vous rappellera mes voies en Christ, telles que je les enseigne partout dans toutes les Églises » (1 Co 4.16-17).

Il transparait dans ces passages que les anciens doivent manifester le style de vie qui sied aux croyants. En vivant ainsi, la communauté des rachetés offrira un témoignage public à un monde sans foi, car « la présence de l'Église comme signe visible du règne de Dieu produit un changement social dans la société environnante[116] ». C'est en faisant cela que nous serons ce que nous sommes appelés à être : « la lumière du monde » et « une ville située sur une montagne » qui « ne peut être cachée » (Mt 5.14).

---

[116] *Ibid.*, p. 133-134. « Une communauté de chrétiens qui vit comme une lumière dans ce monde semble peindre clairement le rôle social de l'église en tant que réalité social alternative » (*Ibid.*, p. 137).

Perspectives éternelles

La vie actuelle des chrétiens est inspirée par le passé ; mais leurs principes moraux sont également influencés par l'espérance qu'ils ont pour le futur :

> Bien que Christ nous ait apporté la rédemption à travers sa mort et sa résurrection, il est clair que la rédemption de la vie morale n'est pas encore pleinement évidente, même dans la communauté des rachetés. Les réalités du péché et de la chute sont présentes partout, y compris dans la vie de ceux qui, par la grâce, ont reçu le pardon et la capacité morale[117].

Le seul espoir d'ôter le péché éternellement, repose sur l'*eschaton*, la fin ou la consommation de toutes choses, lorsque Christ établira son royaume de justice et de paix et ôtera le mal. Jésus a annoncé ce royaume eschatologique durant sa vie terrestre, souvent sous forme de paraboles (Mt 4.23). Cependant, le fait que nous ne soyons pas complètement libérés du mal, n'est pas une excuse pour ne pas faire d'effort pour vivre une vie morale dans ce monde. L'apôtre Jean insiste sur le fait que « Quiconque a cette espérance en lui se purifie, comme lui (le Seigneur) est pur » (1 Jn 3.3). L'apôtre Pierre en appelle également à l'*eschaton* comme étant une motivation à la sainteté : « Puisque tout cela est en voie de dissolution, combien votre conduite et votre piété doivent être saintes ! (...) Mais nous attendons, selon sa promesse, de *nouveaux cieux et une nouvelle terre* où la justice habitera. C'est pourquoi, bien-aimés, dans cette attente, efforcez-vous d'être trouvés par lui sans tache et sans défaut dans la paix » (2 P 3.11-14)

Dans sa perspective éternelle, le croyant ne devrait pas être matérialiste ou porter son attention sur ses biens matériels. La connaissance qu'il a de sa fin devrait changer ses valeurs afin d'exercer son cœur à « [chercher] les choses d'en haut, où le Christ est assis à la droite de Dieu » (Col 3.1). Après tout, ils savent que « tout ce qui est dans le monde, la convoitise de la chair, la convoitise des yeux et l'orgueil de la vie, ne vient pas du Père mais vient du monde. Et le monde passe, et sa convoitise aussi ; mais celui qui fait la volonté de Dieu demeure éternellement » (1 Jn 2.16-17).

---

[117] Hollinger, *Choosing the Good*, p. 83.

En outre, les chrétiens devraient mettre l'accent sur ce qui est éternel ; non seulement parce que les plaisirs du monde sont éphémères, mais aussi parce que toute action sera jugée. « Car il nous faut tous comparaître devant le tribunal de Christ, afin qu'il soit rendu à chacun d'après ce qu'il aura fait dans son corps, soit en bien, soit en mal » (2 Co 5.10). William Lane Craig remarque à ce propos :

> Dieu tient chaque personne responsable de ses actions. Le mal sera puni ; la justice sera récompensée. Le bien triomphera du mal et nous vivrons enfin dans un univers moral. Malgré les iniquités de ce monde, la justice de Dieu sera révélée à la fin. Ainsi, les choix moraux que nous faisons dans cette vie sont motivés par notre pensée de l'éternité[118].

Cependant, il est « frappant de voir que Paul utilise rarement l'eschatologie comme une menace pour motiver l'obéissance[119] ». C'est notre amour et notre gratitude pour ce que le Seigneur a fait pour nous, qui doivent nous motiver à lui obéir et non la crainte de son jugement. « Le sens de l'éminent retour de Christ prime sur la négligence de l'action éthique. La communauté est appelée à continuer d'urgence les œuvres d'amour et de service mutuel[120]. »

Conclusion

Les principes généraux soulignés dans ce chapitre sont valables pour tous les chrétiens du monde. Cependant, l'accent dans cet ouvrage est mis sur l'éthique chrétienne africaine. Que voulons-nous dire exactement ? Y a-t-il une différence entre l'éthique chrétienne africaine et l'éthique chrétienne universelle développée jusqu'ici ? Nous allons répondre à ces questions dans le chapitre suivant.

---

[118] Craig, « Indispensability of Theological Meta-Ethical Foundations », p. 9-12.

[119] Hays, *Moral Vision of the New Testament*, p. 26.

[120] *Ibid.* Hays ajoute que Paul « critique sévèrement non seulement les chrétiens du passé ; mais aussi ceux qui réclament une participation non qualifiée aujourd'hui. Vivre fidèlement dans le temps entre les temps veut dire être sur la corde raide du discernement moral, ne réclamant ni trop, ni moins de la puissance transformatrice de Dieu dans une communauté de foi » (*Ibid.*, p. 27).

Questions

1. Votre éthique et celle de votre culture sont-elles bien fondées sur la révélation générale et la révélation spéciale de Dieu ? Sur quel plan ce fondement a-t-il besoin d'être renforcé et que comptez-vous faire dans ce sens ?

2. Quel domaine est votre point fort : mettre en pratique des principes d'interprétation, lire toute la Bible, connaître le contexte historique et littéraire, ou le respect et l'obéissance ? Quel domaine est votre point faible ? Comment pourriez-vous vous améliorer dans chaque domaine ?

3. Votre éthique et celle de votre culture sont-elles bien fondées sur la création de Dieu, le salut et la communauté des rachetés ? Sur quel plan ce fondement a-t-il besoin d'être renforcé et que comptez-vous faire dans ce sens ?

5

Les fondements de l'éthique chrétienne africaine

Les enseignements éthiques sont normatifs et engagent tout le monde. Cependant, ils doivent être appliqués dans des situations ou contextes spécifiques. Comme nous le rappelle Paul Tillich :

> Un système théologique est supposé satisfaire deux besoins fondamentaux : la proclamation de la vérité dans le message chrétien et l'interprétation de cette vérité pour chaque nouvelle génération. La théologie fait des va-et-vient entre deux choses, la vérité éternelle de son fondement et le contexte dans lequel cette vérité doit être reçue[121].

L'éthique chrétienne africaine traite donc du « contexte » africain, c'est-à-dire la réalité propre à l'Afrique dans laquelle les chrétiens africains cherchent à appliquer les principes bibliques et chrétiens tels que mentionnés dans le chapitre précédent. Le présent chapitre ne sera pas long parce que toute la suite de notre ouvrage sera consacrée à la question de l'éthique chrétienne africaine.

L'éthique africaine et l'éthique chrétienne

Dans les chapitres précédents, nous avons vu que l'éthique occidentale a affecté la pensée éthique des chrétiens en Occident ; ceux-ci ont transposé certains principes d'éthique occidentale en Afrique. Selon le même processus, l'éthique africaine affecte la pensée éthique des chrétiens en Afrique. Tout comme les chrétiens occidentaux ont apporté

---

[121] Paul Tillich, *Systematic Theology, Vol.1*, Chicago, University of Chicago Press, 1951, p. 3.

certains principes de l'éthique occidentale en Afrique, la pensée éthique africaine peut affecter à son tour la pensée occidentale, en indiquant les principes bibliques qui ont été négligés dans la chrétienté occidentale. La communauté représente l'un de ces principes les plus importants. Cependant, avant d'aborder la communauté plus en détail, il est important de savoir où les éthiciens chrétiens africains se situent par rapport aux différents points éthiques abordés dans le chapitre précédent.

La plupart des africains sont disposés à reconnaître que les principes moraux viennent de Dieu. C'était l'opinion habituelle dans l'éthique africaine traditionnelle, même si de nos jours certains africains, sous l'influence de la philosophie occidentale, cherchent à fonder tout débat éthique sur la pensée humaine. Cependant, pour ce qui est de l'éthique chrétienne africaine, il ne s'agit pas simplement d'affirmer que Dieu est l'être suprême, mais encore, de reconnaître que le Dieu, source d'éthique chrétienne, est le Dieu trinitaire – le Père, le Fils et le Saint-Esprit.

Si l'éthique chrétienne africaine ne proclame pas son engagement et sa foi envers le Dieu trinitaire, l'éthique enseignée sera seulement une exposition de la morale africaine. Nous avons remarqué cela dans le travail de certains auteurs qui ont écrit sur l'éthique chrétienne africaine, mais qui ont seulement dit pour la forme que Dieu le père, Dieu le fils et Dieu le Saint-Esprit ne font qu'un.

La plupart des chrétiens africains s'accorderaient également pour dire que la morale chrétienne doit être basée sur la révélation que Dieu fait de lui-même dans sa Parole. Cependant, il y a le danger permanent de revenir à la tradition orale. Ainsi, les rêves, les visions et d'autres sources subjectives prennent souvent la place de la Parole de Dieu. Même si certains reconnaissent l'autorité de la Bible, ils ne réussissent parfois pas à appliquer de bons principes d'interprétation. Comme nous l'avons dit précédemment, certains choisissent des versets bibliques pour se conforter dans leur position sur certaines questions éthiques comme la polygamie et refusent de prendre en compte tout ce que la Parole de Dieu dit sur le mariage.

En ce qui concerne le statut des êtres humains, les Africains ont traditionnellement eu une vue holistique et ont rejeté le dualisme qui considère le corps et l'âme comme deux entités séparées. Malheureusement, cette distinction a été introduite dans la plupart des églises en Afrique, particulièrement celles créées par les missionnaires occidentaux. Cependant, cette tendance dualiste ne relève ni de la pensée juive, ni de la pensée chrétienne, mais plutôt de la philosophie grecque qui méprisait le corps et exaltait l'âme.

Bien que Dieu ait créé l'humanité parfaite, Adam et Eve ont péché et leur péché a affecté toute la création. Le salut que Jésus-Christ nous offre nous a restaurés par la foi dans la communion avec Dieu. Cependant, notre salut n'est pas seulement spirituel ; il est aussi physique et émotionnel, comme le stipule l'approche holistique africaine. En effet, en plus du salut de notre âme, Dieu désire voir ses enfants vivre une vie heureuse et comblée. C'est pourquoi Jésus dit : « Je suis venu pour que les hommes aient la vie et qu'ils l'aient en abondance » (Jn 10.10). Certes, l'on a jusqu'ici perçu cette vie abondante comme étant la vie éternelle, mais elle peut aussi être comprise comme étant une vie accomplie dans ce monde. En fait, même dans un contexte de crises et de difficultés, les enfants de Dieu peuvent continuer de croire que Jésus est là et qu'il ne les a pas abandonnés.

Lorsque nous avons une bonne relation avec Dieu, nous pouvons également avoir de bonnes relations avec nos semblables, et plus particulièrement avec les chrétiens de la communauté des rachetés à laquelle nous appartenons. Ce concept de communauté est particulièrement ancré dans la pensée éthique africaine et sera traité plus en profondeur dans ce qui suit.

Le rôle de la communauté dans l'éthique africaine

Il y a quelques années, John Taylor a résumé l'importance de la communauté dans la vie africaine en ces termes :

> Tout homme naît dans une communauté. Aussi, chacun est membre d'une famille et hérite de certaines caractéristiques familiales, certains biens, certaines obligations, apprend certaines traditions familiales, certains comportements et certains points de fierté. Chacun est également membre d'un clan particulier, d'une tribu et d'une nation et tout ceci lui confère une culture et une histoire particulière, une certaine façon de concevoir les choses et probablement une religion particulière. C'est dans ce sens qu'on dit que chaque individu appartient à un environnement. Il a ses racines

dans un sol particulier et ne peut pas être transplanté ailleurs sans ressentir profondément le changement. Sans racines, il devient faible, malheureux et malade. Les hommes et les femmes qui ne vivent pas dans une communauté et sentent qu'ils en font vraiment partie ne sont pas entièrement humains. Quelque chose d'essentiel leur manque, quelque chose que Dieu lui-même a jugé nécessaire pour leur épanouissement. « Il n'est pas bon pour l'homme d'être seul » (Gn 2.18)[122].

Malheureusement, certaines églises en Afrique sont en train de perdre cette notion traditionnelle et biblique qu'est la communauté. En effet, cette vertu est en train de se dissoudre dans le modèle occidental pour laisser place à un regroupement d'individus qui viennent aux réunions spirituelles sans toutefois apprécier la nature organique de l'église.

Bénézet Bujo, érudit de l'Église catholique romaine en RDC, dit que la communauté devrait être le cadre régissant l'éthique africaine. Il insiste sur le fait que l'Afrique a toujours réfléchi en termes d'une éthique du « nous » qui implique non seulement la génération présente, mais aussi les morts (ancêtres) et la génération future (ceux qui ne sont pas encore nés)[123]. En appliquant ce modèle à l'éthique chrétienne africaine, il soutient que Jésus devrait être perçu comme l'ancêtre des ancêtres[124].

Cette approche revêt plusieurs intérêts. Tout d'abord, la communauté fait partie intégrante de la réalité africaine et ignorer ce pan de la chose, serait carrément passer à côté de la morale africaine. En Afrique, c'est la communauté, c'est-à-dire les vivants et les morts qui sanctionnent la morale. Deuxièmement, cette approche admet la place centrale des relations et le fait que les questions éthiques africaines sont perçues et interprétées en termes de relations communautaires. C'est la raison pour laquelle l'éthique africaine est plus une affaire sociale que personnelle. À titre d'illustration, la sexualité en Afrique n'est pas une affaire personnelle comme c'est le cas

---

[122] John V. Taylor, *Christianity and Politics in Africa*, Londres, Penguin, 1957, p. 35.

[123] Bujo, *Foundations of an African Ethic*, p. 71.

[124] Bujo (*ibid.*, p. 35) dit que « l'éthique africaine est formulée dans le cadre de l'anamnèse qui nécessite la mémoire de ses ancêtres. En tant que communauté de narration, l'association sur la terre renouvelle l'existence de la communauté des ancêtres… Par conséquent, le comportement éthique en Afrique noir implique toujours le rétablissement de la présence des ancêtres ; car une personne qui prend sérieusement l'anamnèse est défiée à confronter les règles éthiques établies par ses ancêtres afin d'actualiser "l'acte protologique fondamental" qui avait précédé l'existence du clan ». Notons que le concept des ancêtres occupe une place importante dans sa pensée et son discours théologique.

en Europe et en Amérique du Nord. Le mariage, la procréation, le divorce, la polygamie et la mort sont des affaires communautaires. Ceux qui ne se marient pas, ne procréeront pas et menaceront la continuité de la lignée, tant du passé que de l'avenir. Troisièmement, cette approche valorise le principe de prise de décision communautaire dans lequel chacun a son mot à dire sur une affaire avant délibération. En Afrique, nul n'a le dernier mot lorsqu'il s'agit de prendre des décisions éthiques.

Cependant, présenter la communauté comme principe clé d'éthique africaine comporte quelques limites. Premièrement, en mettant l'accent sur la communauté, Bujo minimise le rôle traditionnel de Dieu et des esprits. En effet, la croyance en Dieu et en des esprits a également joué un rôle important dans la pensée éthique africaine. Les Africains peuvent faire appel à un élément en dehors des ancêtres et de la communauté pour des affaires d'ordre éthique. Par exemple, une personne qui a été accusée injustement dans une famille ou par la communauté, peut faire appel au Dieu tout puissant afin qu'il intervienne en sa faveur. Si la personne parle en Pidgin comme au Nigéria, elle dira simplement *God de*, c'est-à-dire « Dieu existe ». Ces mots expriment une profonde croyance que Dieu non seulement existe, mais aussi venge ceux qui sont traités injustement.

Deuxièmement, la conception que Bujo a de la communauté n'a pas de rapport avec la communauté des rachetés telle qu'elle est présentée dans les Saintes Écritures. Il ne fait pas d'effort particulier pour interagir avec la Parole de Dieu. Ainsi, il néglige le fait que la communauté africaine traditionnelle a chuté, comme tout ce qui est humain en ce monde, et a donc besoin d'être transformée par la communauté des rachetés telle que présentée dans les Écritures.

L'éthique chrétienne africaine devrait donc « s'évertuer à déterminer les pensées et les actes qui cadrent avec la communauté de foi chrétienne (...) Dans une telle communauté, il existe une certaine façon de penser et d'agir, nourrie par l'Évangile, soutenue par la grâce de Dieu et orientée vers la gloire de Dieu[125] ».

Nous devons donc développer une éthique communautaire africaine qui reflète non seulement la réalité africaine, mais qui est aussi fondée sur la Parole de Dieu.

---

[125] McGrath, « Doctrine and Ethics », 90. Cet essai est disponible en ligne sur www.bmei.org/jbem/volume5/num3/mcgrath_doctrine_and_ethics.php.

Quelques principes bibliques pour la communauté chrétienne africaine

En nous appuyant sur les points mentionnés dans le chapitre précédent, il est possible d'établir quelques principes bibliques clairs qui doivent influencer notre perception du point commun entre l'éthique chrétienne africaine et la communauté chrétienne africaine :

- Jésus doit être considéré comme le fondateur et le gardien de cette communauté. C'est lui qui a donné la vie à cette communauté et qui la maintient. Hébreux 12.2 l'appelle « l'initiateur de la foi ».

- Les Saintes Écritures doivent jouer un rôle normatif en guidant la vie de cette communauté de rachetés. Les communautés chrétiennes doivent prendre les Écritures au sérieux, car elles constituent un guide fiable pour nous dire ce que nous devons croire et comment nous devons vivre.

- La communauté chrétienne est une communauté organique qui fait l'expérience d'une relation profonde avec la « nuée de témoins » mentionnée dans Hébreux 12.1. Comme précisé au chapitre 4, ces témoins comprennent tous les croyants depuis l'Ancien Testament à nos jours, tous les vivants et ceux qui vont encore naître spirituellement. Ces témoins proviennent également de toutes les églises du monde, n'en demeure pas moins que chaque église locale a ses héros de la foi. Nous devrions les célébrer avec des chants, des histoires et avec la diversité culturelle que nous employons pour nous souvenir des morts. Leurs noms et leurs œuvres devraient être célébrés dans les cérémonies funèbres, les fêtes annuelles et dans bien d'autres occasions. La communauté devrait également célébrer la vie nouvelle lorsqu'un individu se convertit ou se fait baptiser. Les occasions comme le baptême et la Sainte-Cène peuvent être célébrées avec des chants et des danses.

- La communauté entière des rachetés doit discuter et prendre des décisions sur les questions qui affectent leur vie. Ce débat ne devrait pas se limiter au niveau des pasteurs ou bergers, mais devrait aussi prendre en compte le point de vue des anciens expérimentés dans la marche avec Christ. Par exemple, l'épidémie actuelle du SIDA doit être débattue dans chaque communauté ouvertement et sérieusement. Bujo fait la même remarque :

L'Église toute entière est l'interprète, c'est-à-dire l'ensemble de tous ceux qui croient en Christ, et non seulement le magistère. Pendant que tous les membres (y compris les plus anciens) lisent et écoutent la même parole et tradition sacrée, la parole écoutée est d'abord mâchée et digérée au niveau individuel avant la rumination au niveau communautaire[126].

- La vie des dirigeants dans la communauté chrétienne africaine actuelle devrait motiver d'autres croyants à vivre une vie chrétienne exemplaire. Paul mentionne clairement que les anciens africains devraient manifester le style de vie qui convient aux croyants. Il est plus facile de suivre l'exemple de celui qui a vécu la même expérience.

- La communauté chrétienne des rachetés aura un public de témoins dans un monde incrédule. Ces témoins doivent briller comme des lumières dans les ténèbres, et être comme des villes, se démarquant clairement sur les collines.

Questions

1. Quels auteurs cités dans la première partie de cet ouvrage ont contribué le plus à votre compréhension de l'éthique chrétienne africaine (ou ceux qui ont le plus remis en cause vos opinions) ? Prenez en considération de faire des recherches sur les travaux de ces auteurs afin de bénéficier d'une étude directe de leurs travaux.

2. Comment votre communauté se comporte-t-elle face à une question éthique ? Par exemple, comment réagissez-vous lorsqu'une fille tombe enceinte avant le mariage ? Ou que faites-vous dans le cas où un garçon rend une fille enceinte avant le mariage ?

3. Évaluez votre conception d'une communauté de rachetés selon les principes bibliques présentés dans ce chapitre. Quelles sont vos forces et vos faiblesses ? Que comptez-vous faire pour vous assurer que vous êtes forts dans chaque aspect de ce concept fondamental qu'est l'éthique chrétienne africaine ?

---

[126] Bujo, *Foundations of an African Ethic*, 156.

6

Application de l'éthique chrétienne africaine

Après une première partie théorique, il convient à présent d'aborder certaines des questions éthiques contemporaines auxquelles font face les chrétiens et l'Église sur le continent africain. Auparavant, mettons deux choses au point concernant la manière d'appliquer les principes énoncés dans la première partie de ce livre.

Les réalités quotidiennes

Généraliser les lois universelles sans examen minutieux de leur application dans des situations spécifiques, comme le prône l'approche déontologique, n'est pas très utile face à des problèmes éthiques. En effet, cette approche aboutie à des abstractions qui n'ont pas de rapport avec les réalités quotidiennes.

L'éthique chrétienne africaine doit se confronter aux réalités quotidiennes. Les Saintes Écritures doivent être minutieusement étudiées et les solutions trouvées doivent être pertinentes. Ainsi, face à un problème éthique, nous devons nous poser les questions suivantes :

1. Quel est le problème ?

2. Que disent les Écritures sur la question ?

3. Que dois-je changer en moi (lui, elle) afin que je (lui, elle) fasse ce qu'il convient de faire ?[127]

---

[127] John Frame, « The Word of God and Christian Ethics », dans David K. Clark et R. V. Rokestraw, sous dir., *Readings in Christian Ethics, Vol. 1: Theory and Method*, Grand Rapids, Baker, 1994.

Dans cet ouvrage, nous essayerons de suivre cette démarche quand nous parlerons de problèmes éthiques spécifiques. Nous présenterons tout d'abord le problème en question, ensuite, nous verrons ce que la Parole de Dieu dit à ce sujet, puis nous présenterons l'action à mener face à ce problème.

Résolution des conflits éthiques

Lorsque nous faisons face à des situations réelles, nous rencontrons parfois des situations où deux principes éthiques sont en conflit. Par exemple, l'avortement n'est pas une bonne chose ; mais que devrions-nous faire si la continuation de la grossesse représente une menace pour la vie de la mère ? De même, l'Église devrait-elle encourager l'utilisation des préservatifs afin de préserver des vies, même si certains peuvent considérer cela comme un encouragement à l'immoralité ?

Dr John et Paul Feinberg ont fait une étude de quelques réponses possibles à de tels conflits et ont suggéré quelques options en se basant sur les différentes théories morales[128].

- *L'antinomisme* insiste sur le fait qu'il n'existe pas de normes morales de quelque nature que ce soit ; de cette manière, les normes ne peuvent jamais être en conflit. Cette approche est non seulement non-chrétienne, mais elle n'offre aussi aucune solution dans des situations compliquées.

- *Le généralisme* soutient qu'il n'y a pas de normes universelles, mais seulement des normes générales. Par exemple, en général il est (mais pas toujours) moralement bon (obligatoire) de dire la vérité. Les exceptions prises en compte dans le « pas toujours » donnent un moyen pour résoudre des conflits dans l'exercice du devoir moral.

- *Le situationnisme* quant à lui reconnaît une seule norme universellement applicable appelée le devoir de base qui consiste à faire ce qui est bien ou ce qui apporte le plus de bien au plus grand nombre. La situation à elle seule détermine ce qu'il convient de faire. Bien que cette règle nous aide à décider de ce qu'il faut faire dans une situation spécifique, elle ne calme cependant pas la

---

[128] John S. Feinberg et Paul D. Feinberg, *Ethics for a Brave New World*, Wheaton, Crossway, 1993, p. 29. See also Norman Geisler, *Ethics: Alternatives and Issues*, Grand Rapids, Zondervan, 1971.

tension existante, car Dieu nous a donné certaines règles précises et universelles.

- *L'absolutisme non-conflictuel ou illimité* soutient qu'il y a beaucoup de normes éthiques, celles-ci sont universellement applicables et aucune d'entre elles n'entrent jamais en conflit. Les conflits que nous percevons sont juste apparents et non réels. Cette position semble attirante mais ne se tient pas, car l'expérience quotidienne révèle qu'il existe bel et bien des conflits moraux.

- *L'absolutisme conflictuel* admet l'existence de conflits moraux réels et propose que, dans de telles situations, l'on doit faire un choix à propos de ce qu'il convient de faire, mais que l'on se sent coupable, quel que soit le choix effectué.

- *L'absolutisme hiérarchique* reconnaît également l'existence des conflits moraux au quotidien. Il soutient que face à une situation de conflit, l'on devrait déterminer l'obligation qui a le plus d'importance et agir en conséquence. Celui qui agit ainsi n'est pas coupable de péché pour avoir rompu l'obligation la moins importante, tant qu'il a sincèrement choisi d'agir pour le plus grand bien. Par exemple, si pendant la guerre au Rwanda en 1994, il était demandé à un Hutu chrétien qui héberge un Tutsi, de dire s'il y avait des Tutsis dans sa maison, ce chrétien serait partagé entre l'obligation de dire la vérité et de dire un mensonge afin de sauver une vie. Alors, il lui faudra peser chaque norme morale et voir si dire la vérité prime sur des vies sauvés et vice versa. Quel que soit le choix opéré, il y aura des conséquences. Agir pour le plus grand bien signifie choisir l'option qui manifeste le plus d'amour pour les autres.

Dans le cadre de cet ouvrage, nous recommandons l'absolutisme hiérarchique qui prend en compte une vue hiérarchique de l'éthique. Ainsi, face à un conflit moral, l'on devrait déterminer l'obligation morale qui a le plus d'importance et qui ferait le plus de bien à son prochain.

Conclusion

Alors que nous nous embarquons dans l'étude des questions éthiques dans le reste de ce livre, il est convenable de nous laisser guider par la sagesse exprimée dans cette citation :

> L'éthique chrétienne n'est fondée ni sur les principes comme l'amour et la justice, ni sur les vertus exprimées dans les histoires des communautés. Elle n'est pas non plus fondée sur l'existence des structures sociales considérées comme faisant partie de l'ordre de la création. Certes, ces éléments sont importants dans l'éthique chrétienne, mais ne constituent pas le fondement de la pensée, du caractère et des actions morales. Ceci transparaît clairement lorsqu'on considère les modèles bibliques de l'enseignement éthique, car plusieurs passages bibliques révèlent que les injonctions morales ont une base plus large qui forme le fondement de leur acceptation. Ainsi, l'éthique du point de vue biblique ne saurait aucunement être une obéissance aveugle aux lois, aux principes ou aux vertus ; mais plutôt une réponse au Dieu vivant et tout puisant de l'univers, qui est lui-même le fondement de ces principes moraux. Le contenu de nos réponses morales est certainement connu et façonné par les normes bibliques, mais il est aussi la résultante de toutes les réflexions sur le caractère, les desseins et les actions de Dieu dans le monde[129].

Questions

1. Votre attention est-elle axée à la fois sur les situations actuelles et les réalités éternelles ? Comment pourriez-vous l'adapter de façon adéquate ?

2. Avez-vous ou connaissez-vous quelqu'un qui a déjà fait face à une situation dans laquelle des principes éthiques ont été en conflit ? Décrivez cette situation et identifiez les principes moraux appliqués et les conséquences qui ont découlé de l'application de chacun d'eux. Indiquez quelles actions avaient été choisies et pourquoi.

---

[129] Hollinger, *Choosing the Good*, p. 64-65.

Deuxième partie

Questions éthiques contemporaines

Section A

Questions politiques

Introduction aux questions politiques

Les termes « État » et « gouvernement » sont souvent utilisés de manière interchangeable lorsque nous faisons référence à la relation entre l'Église et l'État. Cependant, ces deux termes ont des sens différents. Le terme « État » peut renvoyer à « une nation en tant que groupe uni et organisée pour le gouvernement civil[1] ». Le Soudan, par exemple, est un État parce qu'il a des éléments clés qui caractérisent un État, à savoir : une population, une localisation géographique, un gouvernement. De plus, il est indépendant.

Le gouvernement, quant à lui, est le système par lequel un état est gouverné. Ce terme peut être employé en référence aux institutions associées au gouvernement ou à « l'activité ou processus de gouvernement, c'est-à-dire l'exercice de pouvoir sur les autres ; l'incitation à se comporter d'une certaine manière[2] ». Les gouvernements peuvent avoir plusieurs formes. Ils peuvent être entre autres : monarchique, républicain, démocratique, totalitaire ou dictatorial. Parfois, un gouvernement peut combiner deux formes lorsque le chef d'État est un militaire et que les ministres et gouverneurs sont des civils par exemple. Cette forme hybride est courante en Afrique où plusieurs chefs d'État accèdent au pouvoir après un coup d'état et pratiquent ensuite une certaine forme de gouvernement civil.

Les citoyens d'un État ont droit à la sécurité et l'harmonie, afin de mener une vie paisible et prendre soin de leurs familles. Malheureusement, ce n'est pas toujours le cas en Afrique à cause des problèmes politiques graves. Plusieurs gouvernements ne remplissent pas leurs fonctions premières, c'est-à-dire maintenir la paix, la justice et garantir la liberté ; ce qui justifie plusieurs crises.

---

[1] A. R. Vidler, « Church and State », *Westminster Dictionary of Christian Ethics*, p. 91. C'est-à-dire, une nation dans son ensemble et organisée pour le gouvernement civil.

[2] S. P. Finer, « Government », *A Dictionary of the Social Sciences*, p. 294. L'activité ou processus de gouverner, c'est-à-dire exercer le contrôle sur les autres, amener les autres à se conduire d'une certaine manière.

La justice et la liberté ne sont pas possibles sans un certain ordre. Ainsi, les États élaborent des lois pour encourager les citoyens à avoir de bons comportements, pour limiter les comportements malsains et pour encourager une vie sociale harmonieuse. Il est possible qu'ils doivent recourir à la force physique ou à la coercition pour amener les citoyens à obéir à ces lois. Cette utilisation du pouvoir était cautionnée par le philosophe anglais Thomas Hobbes au XVIIe siècle. Ce dernier croyait qu'une société permissive encourageait le désordre. Il soutenait que les citoyens devraient être encouragés à s'accorder pour donner l'autorité suprême à une personne ou à une institution qui peut exercer un contrôle puissant et extérieur.

Cependant, certains gouvernements utilisent le pouvoir afin de maintenir radicalement l'ordre. Ils agissent comme Nicolas Machiavel, homme d'État et politicien italien du XVIe siècle. Il soutenait qu'un dirigeant doit être prêt à agir sans scrupules et risquer d'être accusé de cruauté afin d'empêcher le désordre et le sang versé. Il est facile de voir comment les croyances de ce penseur peuvent conduire à l'émergence d'états dictatoriaux et totalitaires comme certains en Afrique. C'est pourquoi la responsabilité étatique qui consiste à maintenir la paix doit aller de pair avec le maintien de la justice et de la liberté des citoyens.

La justice que l'État doit assurer va au-delà de la simple résolution de problèmes ou de la sanction de malfaiteurs. En effet, la justice implique aussi la manière dont l'État fonctionne et la manière avec laquelle les honneurs, les richesses, les charges et les profits sont distribués aux individus et groupes. En Afrique, plusieurs débats relatifs à la répartition de ces choses sont menés. Ainsi l'attribution d'un avantage devrait-elle dépendre du mérite, c'est-à-dire sur ce qu'un individu ou un groupe a accompli ? Ou devrait-on recevoir exactement le même traitement parce que nous avons tous la même valeur intrinsèque, ou encore, la répartition devrait-elle se baser sur les besoins spécifiques d'un individu ou d'un groupe ?

Malheureusement en Afrique, la justice est une denrée rare. Non seulement on refuse la justice à certains individus à cause d'une police et des juges corrompus, mais pis, l'accès à certaines opportunités et emplois est injustement réservé à certaines ethnies, certains groupes religieux ou aux membres des familles riches et puissantes.

La marginalisation de certains groupes, les injustices dans le développement économique et les nominations politiques aboutissent souvent à l'instabilité et aux soulèvements, comme ce fut le cas au Rwanda. Au Nigéria, les allégations sur le manque d'équité du gouvernement ont conduit au sang versé entre les chrétiens et les musulmans, et entre certains groupes ethniques. Ainsi, l'Afrique ne sera pas en paix si le peuple n'est pas à l'abri des exploitations.

L'oppression politique constitue une véritable entrave à la paix. La liberté offre aux citoyens la possibilité de vivre leur foi et d'avoir une conscience pure. Quand des groupes sentent que leur liberté est menacée, ils se rebellent. Nous pouvons prendre à titre d'illustration des pays comme le Nigéria, le Soudan, l'Éthiopie, le Maroc, l'Afrique du sud, l'Ouganda, le Libéria et le Congo. Malheureusement, face à ces rebellions, les gouvernements n'ont très souvent d'autres recours que la violence et l'oppression pour maintenir l'ordre.

Les organisations internationales à l'instar des Nations Unies et l'Union africaine, ont été créées pour intervenir en cas de crises nationales ou internationales graves. Le groupe de contrôle nigérian de la Communauté Économique des États de l'Afrique de l'Ouest (CEDEAO) par exemple, est intervenu au Libéria pour mettre fin à la crise. Ces organisations insistent sur le fait que les gouvernements n'ont pas un pouvoir absolu pour oppresser leurs sujets ; mais qu'elles doivent rendre compte à la plus haute autorité qu'est le droit international.

Les chrétiens s'accordent en général pour dire que le pouvoir de l'État n'est pas absolu mais vient de Dieu et les dirigeants devront lui rendre des comptes. Cependant, l'Église a souvent été silencieuse sur les questions politiques relatives à l'ordre, la justice et la liberté. Si parfois elle a osé parler, ce qui a été dit était souvent hésitant, ambivalent, incohérent et peu convaincant. Une raison expliquant cela est que les chrétiens africains ont été très incertains à propos des rôles de l'Église et de l'État et se sont demandés si l'Église (et les chrétiens) devrait être impliqué dans la politique du tout. C'est pourquoi au chapitre 7, nous allons nous pencher sur cette question.

Les chrétiens ne sont pas à l'abri d'être impliqués dans les guerres civiles et de religion qui font rage en Afrique. Voilà pourquoi, le chapitre 8 s'attaque à la question de la guerre et montre comment les chrétiens africains devraient se comporter dans un contexte où la violence ethnique et religieuse empêche l'état de maintenir l'ordre, la justice et la liberté.

Les conflits surviennent aussi parfois entre les patrons et leurs employés ou entre les citoyens et leur gouvernement. Dans de tels cas, il peut y avoir des grèves visant à faire une remarque pertinente sur la situation politique ou économique. Ainsi, les chrétiens doivent décider s'il est bon pour eux de participer à de tels actes de protestation ; la question des grèves est donc abordée au chapitre 9.

7

Église et État

La relation entre l'Église et l'État en Afrique est une question à la fois complexe et controversée[3]. L'Église, en tant que corps du Christ, devrait-elle jouer un rôle dans les affaires politiques, comme nous l'avons souvent observé avec l'Église Catholique Romaine et les Églises anglicanes ? Par ailleurs, l'Église devrait-elle se démarquer de toute forme d'implication politique et se concentrer plutôt sur sa mission spirituelle ? Qu'en est-il des individus et membres d'une église qui voudraient s'impliquer dans la politique, devraient-ils ou non être encouragés à le faire ?

De nombreuses sociétés missionnaires chrétiennes occidentales en Afrique ont été profondément influencées par les piétistes luthériens qui préconisaient la séparation stricte entre l'Église et l'État. Cette position a été adoptée par plusieurs autres églises nationales qui ont émergé de ces sociétés missionnaires. Par exemple, la Sudan Interior Mission (SIM), créée par des missionnaires canadiens et américains, insistait sur le fait que l'Église devait être complètement différente de l'État. Au Nigéria, la SIM a donné naissance à l'Evangelical Church of West Africa (ECWA). Devenue Evangelical Church Winning All, elle a suivi les pas de ses pères fondateurs et a maintenu la séparation entre l'Église et l'État. Il était interdit aux pasteurs de prendre part à la politique qui était considéré

---

[3] Dans ce qui suit, l'« État » correspond à la structure du gouvernement et au système politique. L'« Église » comprend toutes les communautés qui déclarent avoir une certaine allégeance aux croyances chrétiennes fondées sur les Saintes Écritures. Ces communautés peuvent être les chrétiens de l'église catholique romaine, protestante, évangélique, éthiopien orthodoxe, pentecôtiste ou les églises africaines initiées. Leur forme de gouvernement peut être papale, épiscopale, presbytérienne ou indépendante.

comme une affaire sale et mondaine. Si par mégarde l'un d'entre eux voulait faire de la politique, il était contraint de renoncer au ministère. De telles positions ont également été adoptées par la plupart des églises africaines qui se sont développées à partir des missions occidentales. En effet, elles se tenaient à l'écart de la politique et s'en méfiaient. Les chrétiens étaient dissuadés de s'impliquer dans les affaires de l'État.

De nos jours, la situation a considérablement changé en Afrique. Le professeur Cornelius Olowola, président de l'ECWA, soutient à présent l'implication active du chrétien et de l'Église dans la politique et le gouvernement. Les membres de l'ECWA et même les pasteurs ordonnés sont engagés dans la politique et exercent dans le gouvernement. Beaucoup d'autres églises chrétiennes africaines ont renoncé à leurs anciennes positions et encouragent l'implication dans la politique.

Que s'est-il donc passé entre temps ? Réticence ou implication, laquelle des deux positions reflète la pensée biblique ? Pour répondre à ces questions, nous allons tout d'abord présenter le contexte politique africain. Ensuite, nous allons voir ce que la Bible dit de la nature de l'État et de la relation entre le peuple de Dieu et l'État.

Le changement de contexte en Afrique

Plusieurs facteurs ont contribué au changement de position concernant la relation entre l'Église et l'État. Ces facteurs sont politiques, sociologiques, économiques et théologiques.

Les facteurs politiques

Dans les années 1960, des hommes tels que Kwame Nkrumah au Ghana, Nnamdi Azikwe au Nigéria, Kenneth Kaunda en Zambie, Julius Nyerere en Tanzanie, Jomo Kenyatta au Kenya et Milton Obote en Ouganda ont libéré leurs pays des puissances coloniales. Vu les liens étroits entre les missionnaires et les puissances coloniales, il n'est pas surprenant de voir que les organisations missionnaires ont découragé les croyants de s'impliquer dans la politique. Cependant, la lutte contre le colonialisme a éveillé la conscience politique chez les Africains et en a amené beaucoup à s'impliquer dans les affaires politiques de leurs pays.

Au fur et à mesure que les chrétiens accédaient à des postes politiques, ils attiraient l'Église dans la sphère politique. Certains faisaient appel à leurs électeurs chrétiens pour voter dans leur circonscription électorale. Par exemple, en 1991, Fréderic Chiluba, l'ancien président de la Zambie avait déclaré publiquement que la Zambie était un pays chrétien[4]. En outre, en 1999, avant la présidentielle, le président Obasanjo du Nigéria a dit qu'alors qu'il était en prison, il est né de nouveau. Après avoir remporté l'élection, il a annoncé qu'il serait un président chrétien, ce qui lui a attiré la faveur de la communauté chrétienne.

Les facteurs sociologiques

La population de beaucoup de pays africains est considérée comme étant soit chrétienne, soit musulmane. Ces affiliations religieuses jouent souvent un rôle important lors des élections. Pendant que les politiciens musulmans appellent les musulmans à voter, les chrétiens appellent les chrétiens à voter dans leurs circonscriptions électorales. Le Soudan et le Nigéria illustrent clairement ce système de vote qui reflète cette division sociologique. On rapporte que pendant les élections au Nigéria en 2003, Muhammadu Buhari, l'un des candidats à la présidentielle, aurait dit qu'un musulman ne devrait jamais voter pour un candidat chrétien. Cette déclaration est révélatrice de la politisation de la religion dans ce pays. Ce phénomène se vérifie d'une part, dans l'admission secrète du Nigéria à l'association des États Musulmans connu en tant qu'Organisation de la Conférence Islamique et d'autre part, dans l'introduction de la sharia comme code juridique dans plusieurs états du nord du Nigéria. Il y a un sentiment que les musulmans, qui font partie de chaque gouvernement nigérian, y établissent un programme islamique au détriment des intérêts des chrétiens. Par conséquent, la religion et la politique sont considérées comme associées, avec le pouvoir politique qui offre des opportunités pour améliorer le statut de sa religion.

---

[4] Au nom du peuple Zambien, Chiluba s'est repenti « de nos idolâtries, sorcellerie, occultisme, immoralité, injustice et corruption… Je remets le gouvernement de la Zambie et la nation toute entière e à la Seigneurie de Jésus-Christ. Je déclare également que la Zambie est un état chrétien qui s'efforcera à être gouverné par les principes de droit de la Parole de Dieu. La droiture et la justice prévaudront dans toutes les sphères du gouvernement et ainsi, nous verrons la droiture de la Zambie ». Ces paroles sont citées dans Paul Freston, *Evangelical and Politics in Asia, Africa and Latin America*, Cambridge, Cambridge University Press, 2001, p. 158.

Cependant, le violent débat soulevé par les propos de Buhari montre également qu'il n'est plus possible pour un groupe de s'isoler des autres groupes religieux ou ethniques. Buhari lui-même avait besoin du soutien des électeurs chrétiens s'il voulait être élu président.

Les facteurs économiques

Les chrétiens se sont rendu compte que la politique a un impact sur le développement économique d'un pays, car cette dernière fait partie du processus de persuasion des gouvernements à agir d'une certaine manière. La politique constitue donc un instrument si l'on veut voir certaines choses s'accomplir. La politique englobe toutes les activités de « négociation, d'argumentation, de discussion, de déploiement de la force, de persuasion, etc., par laquelle une affaire est réglée[5] ». Beaucoup de questions politiques ont un effet direct sur les communautés locales. Ainsi, la non implication dans la politique pourrait aboutir à la crise économique, alors que l'action contraire aiderait plutôt les communautés à développer leurs infrastructures, améliorer leur système éducatif et leur style de vie. Le développement économique d'une communauté améliore également la situation économique de l'Église. L'Église s'est également rendu compte, qu'avoir ses membres dans le gouvernement permet non seulement d'avoir facilement les réponses des dirigeants, mais aussi de voir leurs requêtes prises en considération.

Les facteurs religieux

Avant les années 1970, les chrétiens percevaient la politique comme quelque chose d'impropre, ce qui n'est plus le cas aujourd'hui. Depuis, la création de plusieurs organisations chrétiennes à l'instar de Christian Students Social Movement of Nigeria (1977), le Christian Social Movement of Nigeria et Christian Association of Nigeria, a apporté une nouvelle perception de la politique.

Pendant les années 1970, les chrétiens au Nigéria ont commencé à exprimer des préoccupations pour les affaires de la nation, qu'ils considéraient ténébreuses. Les nuits de prière, de jeûne et d'intercession en faveur de la nation étaient fréquentes dans les églises et les organisations

---

[5] Gould, « Politics », *Dictionary of the Social Sciences*, p. 516.

para-ecclésiastiques. Les associations chrétiennes estudiantines à l'instar de la Ligue pour la lecture de la Bible, la Nigeria Fellowship of Evangelical Students (Les Groupes bibliques universitaires au Nigéria) et le Fellowship of Christian Students (FCS) ont également joué un rôle important dans ce réveil. L'on citait de plus en plus les versets comme 2 Chroniques 7.14, « Si alors mon peuple, sur lequel est invoqué mon nom, s'humilie, s'il prie, cherche ma face et revient de ses voies mauvaises, moi, j'écouterai des cieux, je pardonnerai son péché, et je guérirai son pays », et Proverbes 14.34 : « La justice grandit un peuple, mais le péché est la honte des nations. »

De nos jours, les organisations chrétiennes et estudiantines continuent de manifester un intérêt pour la politique. La prière et le jeûne sont encore considérés comme des éléments indispensables dans l'effort d'apporter la guérison politique à la nation. Les leaders chrétiens s'impliquent de plus en plus dans la politique. Le président de Pentecostal Fellowship of Nigeria (PFN) a pu dire ceci :

> Dieu s'attend à ce que nous arrivions à un point où nous décréterons qu'il n'y aura pas de pluie au Nigéria (et il ne pleuvra pas). Comme le dit Proverbes 29.2 : « Quand les justes ont le pouvoir, le peuple se réjouit » (...) Et comment allons-nous avoir un homme juste au pouvoir ? Les voleurs ne voterons jamais pour un policier (...) seuls les justes voteront pour les justes (...) Ainsi (...) c'est en gagnant la masse à Jésus (...) que PFN deviendra PFA. Nous allons prendre le contrôle de toute l'Afrique[6].

Pendant la présidentielle au Nigéria en 2003, un prédicateur pentecôtiste, révérend Chris Okotie a déposé sa candidature. Autrefois, cette dénomination s'opposait farouchement à tout lien entre l'Église et la politique.

Contrairement à la distinction jadis faite entre l'Église et l'État, l'Église est maintenant perçue comme un ingrédient important et nécessaire de la société et doit s'impliquer activement dans les réalités politiques de son temps afin de maintenir sa pertinence.

---

[6] Freston, *Evangelicals and Politics*, p. 186.

La théologie chrétienne et l'État

La position chrétienne sur la relation entre l'Église et l'État ne peut être basée uniquement sur des arguments personnels. En effet, elle doit aussi prendre en compte le vaste domaine de la théologie chrétienne, les contenus de l'Ancien et du Nouveau Testaments et l'interprétation que l'Église a faite de ces textes depuis des siècles.

Nos préjugés théologiques affectent notre compréhension de la relation entre l'Église et l'État. Par exemple, ceux qui établissent une distinction nette entre le corps et l'âme et entre les choses spirituelles et matérielles, militent le plus souvent en faveur d'une séparation radicale entre l'Église et l'État. Ceux qui par contre, ont une vue plus holistique basée sur leur compréhension de l'implication de Dieu dans un monde de péché, soutiennent que l'Église doit s'impliquer dans le monde. C'est pourquoi, la déclaration suivante est appropriée :

> Notre compréhension de la mission de l'Église dans la société et sa relation avec la communauté et l'État, dépend en dernier recours de notre doctrine ou nos suppositions incertaines et inconscientes concernant la relation de l'Église avec le monde[7].

Selon John Stott, quatre principaux aspects de la doctrine sont importants pour réfléchir à cette question[8] :

- *La doctrine de Dieu.* Dieu est le créateur et le monde qu'il a créé est bon (Gn 1.1, 21, 25). Nous devrions donc rejeter le dualisme grec selon lequel les questions et affaires sont mauvaises et seul le spirituel est bon. Nous devrions nous intéresser à la gestion du monde de Dieu.

- *La doctrine de l'homme.* Le monde de Dieu a été corrompu par le péché (Rm 5.12-17) et est plein de dangers et de tentations de pécher (Ep 6.12, 1 Jn 2.15-17). Il est donc nécessaire d'établir des lois afin d'empêcher les gens de commettre le mal et de les encourager à travailler ensemble. Les chrétiens sont encouragés à ne pas aimer le monde, ni les choses du monde (1 Jn 2.15-16). Ils doivent plutôt fixer leurs regards sur les choses d'en haut et non

---

[7] W. A. Visser't Hooft et J. H. Oldham, *The Church and the Its Function in Society*, London, Allen & Unwin, 1937, p. 108.

[8] John Stott, *The Lausanne Covenant: An Exposition and Commentary*, Minneapolis, World Wide Publications, 1975, p. 26.

sur celles qui sont sur la terre (Col 3.1-5). Ainsi, il est convenable de s'intéresser à la manière dont le monde de Dieu est gouverné, mais sans toutefois se préoccuper uniquement des choses terrestres. Nous ne devrions pas être surpris lorsque le péché et la corruption humaine contournent les lois et font échouer les projets politiques. Nous devons avoir conscience que notre propre pensée politique est affectée par notre nature pécheresse et que nous sommes également vulnérables aux tentations qui guettent les hommes qui ont un pouvoir politique.

- *La doctrine du salut.* Il existe des forces sataniques qui sont totalement opposées au royaume de Dieu et qui cherchent à contrôler le monde (Ep 6.12). Cependant, le dessein de Dieu pour ce monde est de le sauver ; c'est pourquoi, il a envoyé son Fils, mort sur la croix et ressuscité, afin d'offrir le salut à sa création (Jn 3.16 ; Rm 8.19-22). L'engagement de Dieu à sauver le monde signifie aussi que nous devons être impliqués dans la bataille contre l'envahissement du mal. Cependant, sans l'intervention de Dieu, nous ne pouvons pas gagner cette bataille.

- *La doctrine du royaume de Dieu.* Ceux qui ont fait l'expérience du salut par la foi en Jésus-Christ sont appelés à être le sel de la terre et la lumière du monde (Mt 5.13-16). En tant qu'ambassadeurs de Dieu, les chrétiens doivent le représenter dans tout ce qu'ils font pour sa gloire (Ph 3.20 ; Col 3.23). La victoire finale aura lieu lorsque Jésus-Christ reviendra établir son royaume (Ap 21.1-16 ; 21.1-5). En attendant son retour, les chrétiens sont appelés à mener une vie de sainteté dans le monde (Rm 12.2 ; 1 P 1.15-16).

Tandis que ces présuppositions théologiques de base sous-tendent notre manière de penser au monde dans lequel nous vivons, il est aussi important de voir en détail ce que la Bible dit à propos de la nature et de l'objectif du gouvernement et de l'État, et à propos de la manière dont le peuple de Dieu peut s'y identifier. C'est uniquement avec cette étude que nous pourrons formuler des réponses bibliques à des questions telles que : quelle est la nature de l'État ? Quel est le rôle du gouvernement ? Et quelles sont ses fonctions principales ?

Beaucoup ont essayé de répondre à ces questions ; mais leurs réponses ont très souvent été affectées par leur affiliation et philosophie du gouvernement. Nous ne voulons pas cependant ignorer tout ce que l'histoire, les politologues et les hommes politiques expérimentés disent de la nature et du rôle du gouvernement. Notre compréhension théologique de la révélation générale dans laquelle Dieu révèle des vérités au travers de la raison, la nature et l'histoire, signifie que ces personnes peuvent avoir des points de vue crédibles. Cependant, nous devons aussi prendre en compte la révélation spéciale de Dieu dans les Écritures qui contiennent des déclarations implicites et explicites pertinentes concernant la relation entre l'Église et l'État.

Principes bibliques sur l'État

Lorsque nous lisons la Bible et ce qu'elle dit de la relation entre l'Église et l'État, nous devons faire preuve de discernement ; il peut s'agir d'une prescription (ce que nous devons faire) ou d'une description (comment certains ont résolu leurs problèmes politiques dans leur contexte en particulier).

L'Église et l'État dans l'Ancien Testament

L'Église en tant que telle, n'existait pas dans l'Ancien Testament, mais Dieu avait quand même son peuple choisi, les Israélites. Leur histoire peut nous aider à répondre à certaines questions : si Dieu créait un gouvernement, quel régime adopterait-il ? La théocratie (gouvernement par Dieu), la monarchie (gouvernement par un roi), ou la démocratie (gouvernement par le peuple) ?

Lors de la sortie d'Égypte, les Israélites ont été conduits dans le désert par des hommes forts comme Moïse et Josué. Avec le temps, ce système de leadership individuel s'est transformé en des groupes tribaux dans lesquels les leaders de ces groupes assistaient les leaders nationaux à l'instar de Moïse et de Josué (Jos 7). Après la conquête de la terre promise, les tribus se sont dispersées pour s'installer dans des villes, villages et autres communautés. Là-bas, les leaders tribaux avaient la responsabilité de faire régner l'ordre et la justice dans ces communautés. Chaque tribu était quelque peu indépendante, mais les grands juges, à l'instar d'Otniel (Jg 3.9), pouvaient à eux-seuls gérer plusieurs tribus dans une région. Ces

« juges » exerçaient souvent comme responsables militaires et devaient répondre aux agressions externes. Cependant, leur gestion s'est avérée peu fiable et incohérente et a amené les auteurs du livre des Juges à se plaindre de l'anarchie en Israël et de l'absence d'un roi (Jg 21.25).

Aux temps des juges, il est également fait mention de la royauté et d'une forme primitive de démocratie dans laquelle le peuple essaye de contraindre Gédéon à devenir roi et à commencer une dynastie. En réponse à leur demande, Gédéon leur dit que la nation était une théocratie : « Ce n'est pas moi qui serai votre souverain, ni mon fils. Que le Seigneur soit votre souverain ! » (Jg 8.23).

Deux siècles plus tard, au temps de Samuel, les Israélites ont une fois de plus demandé un roi (1 S 7). C'est ainsi que Saül devint le tout premier roi en Israël, suivi de David qui est décrit comme l'homme selon le cœur de Dieu (1 S 13.14). Cette description que Dieu fait de David fait plus allusion à sa place dans le plan de Dieu prédit par Jacob dans Genèse 49.10 plutôt qu'à son caractère. L'ascension de David au pouvoir n'était pas un accident, car l'alliance davidique annonçait que le messie serait un descendant de David (2 S 7, 13). Pendant le règne de David, le gouvernement était plus organisé et plus puissant qu'il n'avait jamais été dans toute l'histoire d'Israël. Israël était le peuple choisi de Dieu, entouré par beaucoup d'autres nations. Cependant, malgré ce gouvernement fort établi par David et Salomon, le royaume s'est effondré et s'est divisé en deux après le règne de Salomon. Les années suivantes ont vu l'effondrement progressif du royaume sous le règne des bons et des mauvais rois. Israël finit par être réduit à un état de vassal du puissant empire babylonien et était gouverné par les gouverneurs choisis à Babylone.

Alors, quelle forme de gouvernement Dieu privilégie-t-il ? Israël a connu plusieurs formes de gouvernement et celles-ci sont décrites comme étant approuvées par Dieu. C'est Dieu qui a choisi Moïse et Josué (Ex 3.10 ; Jos 1.5), les Juges (Jg 3.15 ; 6.14 ; 13.5), Saül et David et beaucoup d'autres rois après eux. C'est aussi Dieu qui a détrôné le roi et envoyé le peuple en exil (2 Ch 36.17).

Il semble que Dieu est prêt à utiliser différentes formes de gouvernement pour accomplir ses desseins à des moments différents. Cela montre aussi qu'aucune forme de gouvernement n'est parfaite.

De l'Ancien Testament, il ressort clairement que les dirigeants ne devraient pas en profiter pour accumuler des richesses pour eux seuls (Dt 17.16-17). Ils devraient plutôt user de leur pouvoir pour maintenir la paix et protéger les faibles (Ps 72.1-4 ; Jr 21.12). Dieu jugera les dirigeants injustes, qu'ils fassent partie de son peuple (Mi 3.9-12) ou d'autres nations (Am 1).

L'Église et l'État dans le Nouveau Testament

Dans le Nouveau Testament, le contexte de la relation entre le peuple de Dieu (l'Église) et l'État est très différent de celui de l'Ancien Testament. Dans le Nouveau Testament, il n'est pas question de l'exercice du pouvoir politique par les croyants. Israël était sous la domination de l'empire romain et on demandait alors à Jésus comment le peuple de Dieu devait agir (plus particulièrement, s'ils devaient payer la taxe ou pas) sous la gouvernance de non-croyants. La réponse que Jésus avait donnée, « Rendez donc à César ce qui est à César, et à Dieu ce qui est à Dieu » (Mt 22.21), indiquait que les croyants devaient rendre des comptes aussi bien à Dieu qu'à l'État. Cette relation dualiste n'était pas sans tension. Jésus a appelé Hérode, dirigeant politique, un « renard » (Lc 13.32), pour dire qu'il était un prédateur. Dans les Actes, nous voyons les apôtres désobéir aux autorités religieuses et administratives juives, en disant qu'ils obéiraient à Dieu plutôt qu'aux hommes (Ac 5.29). Plus loin, l'État est décrit comme l'ennemi de l'Église (Ap 13).

Lorsque Jésus enseigne que les croyants sont le sel de la terre et la lumière du monde, il n'envisage pas notre retrait du monde et de la politique, mais plutôt que nous y jouions un rôle important.

L'Église primitive a commencé sa campagne missionnaire avec un petit nombre dans un État païen et hostile à l'Évangile. Cependant, nous pouvons en tirer quelques idées de sa perception de la relation avec l'État. Les apôtres considéraient le gouvernement comme une institution divine ayant le devoir de maintenir l'ordre et d'empêcher des comportements antisociaux (Rm 13.1-5 ; 1 P 2.13-14). Ainsi, les chrétiens devaient payer leurs impôts et montrer le respect aux autorités que Dieu avait établies (Rm 13.6-7 ; 1 P 2.15-17). Ils devaient également prier pour « les rois et tous ceux qui détiennent l'autorité, afin que nous menions une vie calme et paisible, en toute piété et dignité » (1 Tm 2.1-2). Cependant, la sécurité que leur garantissait le gouvernement était loin de leur rendre la tâche facile.

Quelques principes tirés des Saintes Écritures

L'Église contemporaine est confrontée à des questions auxquelles les Écritures n'apportent pas de réponses explicites. Par exemple, comment le chrétien devrait-il se comporter dans un contexte de démocratie multiculturelle où il a des devoirs en tant qu'électeur et citoyen ? Pour résoudre de tels problèmes, nous ne pouvons pas simplement citer des propos tenus dans des temps bibliques sans tenir compte du contexte historique dans lequel ils ont été dit. Nous devons plutôt examiner les principes plus généraux qui sont implicites dans la Bible et les laisser nous guider dans la réflexion sur la relation entre l'Église et l'État. Nous présentons ci-dessous quelques principes bibliques.

- *Les gouvernements sont institués par Dieu.* Dieu est celui qui établit les dirigeants. Il l'a fait dans l'Ancien Testament et les apôtres le confirment dans le Nouveau Testament (Rm 13.1). Les premiers ministres et les présidents ne peuvent pas prétendre qu'ils sont arrivés au pouvoir par leurs propres efforts.

- *Les gouvernements sont au service de Dieu.* Les membres du gouvernement sont les instruments entre les mains de Dieu (Rm 13.4). Dieu prend soin du monde qu'il a créé et désire y voir régner l'ordre et la justice pour tous. Ainsi, en accomplissant sa mission de faire régner l'ordre et la justice, le gouvernement accomplit le désir de Dieu. Certes, certains dirigeants peuvent ne pas toujours être conscients de leur tâche, mais cela n'empêche pas Dieu de continuer d'utiliser leurs actions pour accomplir ses desseins. Il s'est par exemple servi de Nabuchodonosor, roi de Babylone pour punir son peuple Israël. Il a appelé Cyrus, le perse, « son messie » parce que Cyrus devait permettre aux juifs de rentrer de l'exile (Es 45.1).

- *Le dessein eschatologique de Dieu présente les standards qui doivent guider les gouvernements dans leurs actions* (Rm 13). En d'autres termes, Jésus reviendra un jour pour établir le gouvernement de Dieu. Il jugera avec droiture et récompensera ceux qui font le bien et punira les méchants. Son gouvernement juste devrait être le standard pour tous gouvernements.

- *Les gouvernements sont établis pour le bien du peuple.* L'une des missions capitales du gouvernement consiste à faire le bien envers ceux qui sont droits et à punir les malfaiteurs (Rm 13.4-5 ; voir aussi 1 P 2.13-14).

- *Le gouvernement existe dans toutes les sphères de la responsabilité humaine.* Dieu avait non seulement établi des rois pour régner sur Israël, mais il avait aussi donné la responsabilité d'utiliser l'autorité judicieusement à d'autres, y compris les anciens, les sacrificateurs, les responsables, les parents et même les enfants qui sont appelés à apprendre à se comporter en tant que citoyens.

- *Le peuple de Dieu est appelé à avoir un impact sur le monde.* Les Israélites étaient appelés à être des modèles pour les nations aux alentours qui auraient dû se demander « Et quelle grande nation a des lois et des coutumes aussi justes que toute cette Loi que je mets devant vous aujourd'hui ? » (Dt 4.8) Les chrétiens sont appelés à être le sel de la terre et la lumière du monde (Mt 5.13-14).

L'Église et l'État dans l'histoire

Après avoir étudié ces données bibliques sur la relation entre l'Église et l'État, il est nécessaire de voir comment l'Église les a interprétées au fil du temps. Ainsi, deux positions peuvent être identifiées, bien qu'elles comportent plusieurs variations.

La position de l'Église catholique est basée sur les travaux de Thomas d'Aquin qui avait une vue optimiste de la nature humaine et par conséquent, de la relation entre l'Église et l'État. Il met l'accent sur la perfection de la création de Dieu et soutient que l'État est une expression de la nature sociale, établie par Dieu dans le peuple à la création. Ainsi, l'État peut contribuer à l'établissement du royaume de Dieu sur la terre, sous la houlette de l'Église.

Les protestants, quant à eux, sont moins convaincus de la perfection de la nature humaine. Pour eux, le monde créé par Dieu était parfait au départ, mais il a été corrompu par le péché et est par conséquent opposé à Dieu et tout ce qu'il représente. Le royaume de Dieu ne peut pas être établi dans ce monde. Martin Luther déclare sa position de façon catégorique :

Nous devons diviser les fils d'Adam en deux catégories : la première appartient au royaume de Dieu et la deuxième, au royaume du monde. Ceux de la première catégorie, sont les vrais croyants en Christ ; ils se soumettent à Christ et à l'Évangile du royaume (...) Tous les non-croyants appartiennent au royaume du monde et sont soumis à ses lois. Peu d'entre eux croient et moins encore vivent une vie chrétienne, ils ne résistent pas au mal et ne font pas le mal. Dieu a donc préparé pour les non-croyants, un gouvernement différent hors de l'état chrétien et du royaume de Dieu et les a soumis à l'épée (c'est-à-dire au pouvoir coercitif exercé par les dirigeants humains) (...) C'est pourquoi ces deux royaumes doivent se distinguer clairement l'un de l'autre et demeurer ainsi ; l'un devant produire la piété et l'autre devant garantir la paix externe et empêcher les mauvaises actions ; aucun des deux n'est suffisant dans le monde sans l'autre[9].

La distinction radicale de Luther entre l'Église et l'État ne l'a pas néanmoins amené à s'opposer à la participation de l'Église à la vie politique. Ainsi, selon lui, le pouvoir politique cadre « avec la souveraineté et la providence de Dieu, d'où l'importance pour le chrétien, soit dirigeant ou simple citoyen, de servir Dieu dans la politique tout comme dans la communauté chrétienne[10] ».

Cependant, beaucoup ont interprété la séparation de Luther entre l'Église et l'État autrement et estiment que l'Église ne devrait en aucun cas s'impliquer dans la politique de quelque manière que ce soit. L'attention théologique est passée du Dieu créateur au Dieu sauveur, offrant le salut par la foi dans l'œuvre achevée de Jésus-Christ sur la croix. Cela a abouti à une forme de chrétienté très individualiste, « estimant que l'Évangile traite uniquement du salut de l'âme et n'a donc rien à faire dans les affaires du monde. L'Église est considérée comme une arche dans laquelle les âmes sauvées doivent se mettre à l'abri du monde voué à la destruction[11] ».

Au fil des siècles, l'Église a parfois été plus proche de la position catholique romaine et parfois plus de la position protestante. Elle n'a jamais eu une position définitive. La raison, tout simplement, est que jusqu'à la

---

[9] Martin Luther, « Secular Authority : To what Extent It Ought to be Obeyed », 1523, WA 11 : 249d.

[10] José Miguez Bonino, *Toward a Christian Political Ethics*, Philadelphia, Fortress Press, 1965, p. 23.

[11] Visser't Hooft et Oldham, *The Church and Its Function in Society*, p. 123.

fin des temps, il y aura une tension, voire un conflit, entre l'Église et l'État. Il en sera ainsi si ces deux réalités veulent chacune accomplir la tâche que Dieu leur a donnée. Les chrétiens sont les citoyens du royaume humain et divin et doivent vivre inconfortablement dans un monde auquel ils n'appartiennent pas complètement.

> Le chrétien ne pourra jamais échapper à la tension causée par sa double allégeance. Il est citoyen de ce monde qui, bien qu'il ait chuté à cause du péché, a été créé par Dieu et continue d'être utilisé par Dieu pour réaliser ses desseins. Cependant, le chrétien est aussi appelé à exercer sa citoyenneté dans un autre monde – et en tant que membre de l'Église, il y appartient déjà – le royaume dans lequel l'amour est la règle. Il doit donc travailler à appliquer la règle de ce royaume dans les affaires de ce monde qui a chuté, sa deuxième maison, et cela ne conviendra pas. Il peut commencer avec de grands espoirs, mais à la fin, c'est toujours la même chose, la déception. Ce n'est pas surprenant. Y a-t-il quelque chose dans l'expérience humaine qui suggère que l'amour pourrait être institutionnalisé?[12]

C'est à cause de ces tensions que deux positions diamétralement opposées ont émergé autour de l'idée de la séparation entre l'Église et l'État.

Arguments pour et contre la séparation

Il convient à présent d'examiner de près les arguments spécifiques de ceux qui militent pour ou contre l'implication des chrétiens dans la politique.

Jésus a distingué deux royaumes opposés

La question de l'existence de deux royaumes, l'un de Dieu et l'autre du monde, ne se pose plus ; mais cela ne veut pas dire que les chrétiens n'ont aucun rôle à jouer dans le royaume terrestre. Même lorsque Jésus disait « Ma royauté n'est pas de ce monde », Jean 18.36, il continuait de respecter l'autorité que Dieu avait conféré à César (Jn 19.11 ; voir aussi Rm 13.1-8 ; 1 P 2.17). En outre, Jésus nous a recommandé d'aimer notre prochain comme nous-mêmes. Ces paroles montrent que nous avons un rôle à jouer dans notre monde.

---

[12] Walter James, *The Christian in Politics*, Oxford, Oxford University Press, 1962, p. 188.

L'évangélisation, mission principale du croyant

Les partisans de l'évangélisation citent des versets tels que : « L'arbre de vie est le fruit du juste, et le sage captive les gens » (Pr 11.30) et l'ordre missionnaire que Jésus a donné à ses disciples (Mt 28.18-20). Ils soutiennent que la meilleure façon de changer la société ne saurait être de s'impliquer dans la politique ; mais plutôt de s'occuper de la nature pécheresse des hommes. Ceux qui tiennent ces arguments parlent comme si

L'Église est capable de demeurer pure et exempte de toute contamination du pouvoir. Selon eux, l'Église est seulement la servante loyale de Jésus-Christ, accomplissant la mission qui lui est confiée et rien de plus. Les principes qui régissent ses actions proviennent directement du ciel et non de la terre. La seule motivation dans son action est l'obéissance pure et simple à Christ et au Saint-Esprit, sans aucune autre forme d'intervention humaine. Imaginons donc une mission évangélique dans laquelle les chrétiens, inspirés par le ciel vont partout dans le monde, annonçant le même message avec les mêmes paroles, indifférents aux résultats de leur prédication. Une telle évangélisation est-elle possible ? Peut-être en théorie, mais cela n'a certainement pas l'air d'exister en pratique[13].

En outre, ceux qui parlent uniquement d'évangélisation ne prennent pas en compte que l'Évangile doit être prêché en paroles et en actes. Le premier souci du Seigneur est de combler nos besoins spirituels, mais ses actions durant son passage sur terre montrent qu'il était aussi préoccupé par la vie sociale et les besoins physiques des individus. Ainsi, l'implication du chrétien dans les activités politiques visant à améliorer les conditions de vie du peuple ne contredit pas notre mission évangélique.

L'éthique chrétienne est uniquement réservée aux chrétiens

Certains pensent que les non-croyants ne se sentent pas concernés par l'éthique chrétienne parce qu'elle ne s'applique qu'aux chrétiens et ne fonctionne pas dans la société séculière. Cependant, la Bible mentionne clairement que Dieu est souverain sur toute la terre, sur les croyants et les non-croyants. Il n'a pas établi certains principes pour les croyants et d'autres pour les non-croyants.

---

[13] José Comblin, *The Church and the National Security State*, Maryknoll, Orbis, 1979, p. 197.

Les chrétiens sont appelés à être saints et à être différents

Certains chrétiens pensent que la politique est une affaire si répugnante qu'il est impossible de s'y impliquer sans se souiller par la corruption et les comportements déviants, ce qui est en conflit avec l'appel du croyant à la sainteté. Ils pensent aussi que tout chrétien impliqué dans la politique occupera inéluctablement une position délicate et sera forcé, à un moment donné, de compromettre ses convictions.

Il est spirituellement dangereux (...) de trop s'impliquer dans la politique. Il y a le sentiment diffus qu'il est malsain pour un chrétien de trop s'intéresser à la société. Être actif dans la politique pour chercher à améliorer la situation du monde ; être actif dans son syndicat et travailler pour l'amélioration des salaires et des conditions de vie ; être actif dans un groupe d'influence locale pour protéger la communauté du gouvernement central – tout ceci est perçu comme étant moins que le meilleur dans la vie chrétienne[14].

Cet argument reflète la pensée dualiste grecque sur la séparation entre le spirituel qui est pur, et le monde matériel qui est mauvais. Il ignore également le fait que la politique en elle-même n'est pas répugnante, mais plutôt ceux qui la pratiquent. Promouvoir l'ordre social, la justice et la liberté sont des causes nobles ; mais les hommes qui font de la politique sont corrompus par leur nature pécheresse. Ils sont donc facilement tentés par les pratiques de corruption. La même vérité est appliquée dans tous les autres aspects de nos vies : le sexe, les affaires, la politique ou le mariage. Pour conclure, la politique n'est pas mauvaise en elle-même, ce sont ceux qui la pratiquent qui la souillent.

Christ reviendra bientôt pour résoudre tous nos problèmes sociaux

Certains soutiennent que le retour imminent de Christ rend inutile l'implication des chrétiens dans la politique, mais cet argument n'a pas de poids puisque nous ne savons pas exactement quand le Christ reviendra. Nous savons cependant qu'il nous appelle à être le sel de la terre et la lumière du monde (Mt 5.13-14) et à marcher dans la sainteté dans la société (Ep 5.8 ; 1 Th 4.1).

---

[14] John Gladwin, *God's People in God's World: Biblical Motives or Social involvement*, Downers Grove: IVP, 1980, p. 24.

L'Église risque de commettre les mêmes erreurs

L'Église a souvent commis des erreurs graves quand elle s'est impliquée dans la politique. La fusion entre l'Église et l'État pendant le règne de Constantin a abouti à des compromis dans l'Église. L'Église a acclamé la déclaration de Fréderic Chiluba faisant de la Zambie un pays chrétien. Par la suite, l'Église a été embarrassée et s'est divisée lorsque des allégations de corruption ont émergé. L'Église reformée néerlandaise en Afrique du Sud a eu à se repentir publiquement pour avoir soutenu l'apartheid. L'Église au Burundi fut accusée de passivité pendant le massacre de certains groupes ethniques dans le pays. Cependant, il ne faut pas que la peur de commettre des erreurs nous paralyse et nous empêche de nous impliquer dans la politique. Dans la même logique, le fait que certains mariages se terminent en divorce ou en abus entre conjoints ne devraient pas décourager les chrétiens de se marier !

En outre, ne pas s'impliquer dans les affaires culturelles, politiques, sociales et économiques à la lumière des Saintes Écritures et au nom de l'humanité a souvent été une erreur de la part de l'Église, l'a rendant non pertinente et même critiquable. L'Église en Allemagne a été sévèrement critiquée pour ne pas avoir protesté contre l'Holocauste. Un rapport sur le génocide au Rwanda révèle ceci :

> Plus de 90 % des Rwandais étaient des chrétiens baptisés (65 % de catholiques, 20 % de protestants ou anglicans, environ 5 % d'adventistes) (...) Durant les dernières années de Habyarimana, les dirigeants de l'église qui avaient reçu le patronage et de grosses sommes d'argent du parti au pouvoir, sont restés silencieux face à l'injustice, refusant d'user de l'autorité que leur conférait leur position dans la vie morale. Leurs déclarations pendant le génocide et le chaos qui a suivi, étaient inadéquates et insignifiantes. Les églises, en tant qu'institution, ont payé cher pour leur silence et leur manque de courage. Elles devront continuer à être l'objet de soupçons pour les années à venir[15].

D'autres arguments en faveur de l'implication

Voici d'autres arguments qui militent en faveur de l'implication des chrétiens dans la politique et le gouvernement.

---

[15] Hugh McCullum, *The Angels Have Left Us: The Rwanda Tragedy and the Churches*, Geneva, World Council of Churches, 1995, p. 65.

Le premier argument est purement pragmatique : il est impossible pour le chrétien de se mettre complètement à l'écart de la vie sociale et politique de son pays. En tant que citoyens du monde, les chrétiens jouissent des bienfaits des services du gouvernement à l'instar de l'internet, la protection de la police, l'entretien des routes et des hôpitaux.

> Toutes les fois où nous voyageons en bus, où nous conduisons sur les routes, toutes les fois où nous visitons les centres de santé ou emmenons nos enfants à l'école, nous démontrons de manière pratique que les politiciens font de bonnes choses (...) Si (...) nous affirmons que ces différents aspects de la vie sont bons, alors il s'en suit qu'ils ont un lien direct avec le soin de Dieu pour le monde. Ainsi, il est impossible de refuser aux chrétiens une implication dans le monde[16].

L'Église vit dans le monde et par conséquent, a besoin du monde. Si elle refuse cette vérité, elle tombe « dans une position inconfortable et insignifiante en relation avec la vie du monde, laquelle est incompatible avec la foi en la souveraineté et les soins paternels de Dieu le Père[17] ».

Il existe également des arguments théologiques pertinents en faveur de l'implication de l'Église dans la politique : « la souffrance infligée au monde par le mal, fait appel à notre compassion, que notre cœur chrétien et notre conscience ne peut ignorer[18] ». Les maux à l'origine de la souffrance sont enracinés dans les structures immorales et injustes qui aboutissent au sous-développement, à l'oppression, à la pauvreté, à l'analphabétisme et au chômage. Ces systèmes et structures mis en place doivent être remis en cause sur des bases morales. L'Église peut être accusée de se mêler des affaires des autres si elle intervient dans la politique pour accuser l'ordre économique et social. Ne pas le faire reviendrait cependant à trahir la confiance qu'elle incarne « car la mission confiée à l'Église est celle d'accomplir les desseins de Dieu[19] ».

Si les chrétiens ne s'impliquent pas dans la politique et le gouvernement, ils ne peuvent pas influencer la société. Dieu peut introduire des personnes pieuses dans des situations politiques stratégiques afin

---

[16] Gladwin, *God's People in God's World*, p. 25.
[17] Visser 't Hooft et Oldham, *The Church and Its Function in Society*, p. 126.
[18] Temple, *Christianity and the Social Order*, p. 17.
[19] *Ibid.*, p. 23.

d'apporter des changements. L'exemple de Daniel, Mardochée, Esther et Joseph sont marquants. Nous avons aussi eu dans notre temps des chrétiens politiciens qui ont eu un impact sur la scène politique dans leurs différents pays. L'ancien président du Nigéria, Olusegun Obasanjo a confessé publiquement sa foi chrétienne et a donné une image positive de l'implication des chrétiens dans la politique. Il a attiré des hommes et des femmes intègres dans son gouvernement.

Enfin, l'implication dans la société était centrale et obligatoire dans l'Église primitive. Jésus-Christ lui-même, fondateur de la religion chrétienne, recommande à ses disciples d'être le sel de la terre et la lumière du monde (Mt 5.3-16). Ces deux images montrent que les chrétiens doivent s'infiltrer dans le monde afin de le préserver et de l'éclairer, lui montrant la voie et le chemin à suivre. John Stott souligne également d'autres aspects importants de ces symboles lorsqu'il dit que les chrétiens sont fondamentalement différents des non-chrétiens, les chrétiens peuvent influencer les non-croyants tout en conservant leur particularité[20].

La nature de l'implication de l'Église

Si nous admettons que l'Église a des raisons pragmatiques et théologiques de s'impliquer dans la politique, quelle devrait alors être la nature de son implication ? Comment l'Église et le chrétien en tant qu'individu peuvent-ils s'identifier à la société ?

L'expérience a montré qu'il est très difficile de répondre à cette question. L'archevêque William Temple résume bien ceci en disant :

Soit les chrétiens essayent d'agir comme des hommes d'église dans le monde et se rendent vite compte que le monde refuse d'être conduit par les principes de l'Église ; soit ils cherchent une politique séculière plus accueillante à leur perspective chrétienne et se rendent compte que leur éthique chrétienne est un complément dispensable sans importance pratique[21].

---

[20] John Stott, *New Issues Facing Christians Today*, London, Marshall Pickering, 1999, p. 74-76. Stott dit que « d'une part, nous devons nous infiltrer dans la société non-chrétienne et nous laisser immerger par la vie du monde. D'autre part, nous devons éviter de nous confondre au monde. Ainsi, nous devons rester fidèles à nos convictions, valeurs, nos standards et notre style de vie. Il est donc encore question de la "double identité" de l'église (la "sainteté" et la "mondanité") ».

[21] Temple, *Christianity and the Social Order*, p. 5.

Quelques principes peuvent être donnés afin d'aider ceux qui luttent avec ces questions. Retenons cependant que l'application de ces principes dépendra du contexte. Temple dresse la liste des responsabilités de l'Église ci-dessous :

a) Ses membres doivent remplir leurs responsabilités et leurs missions morales dans un état d'esprit chrétien ;

b) Ses membres doivent exercer leurs droits civiques dans un état d'esprit chrétien ;

c) Elle doit elle-même leur fournir des principes systématiques afin de les aider à accomplir ces deux choses. Elle doit également dénoncer les coutumes ou les institutions dans la vie et la pratique contemporaines qui vont à l'encontre de ces principes[22].

La conférence d'Oxford de 1937 a dressé une liste plus détaillée des devoirs de l'Église envers l'État. Il s'agit de :

a) Prier pour l'État, son peuple et ses dirigeants ;

b) Être loyal et obéissant à l'État, ne désobéir à un devoir que si l'obéissance va clairement à l'encontre de la Parole de Dieu ;

c) Coopérer avec l'État dans la promotion du bien-être des citoyens et soutenir moralement l'État lorsqu'il encourage la justice telle que présentée dans la Parole de Dieu ;

d) Critiquer l'État lorsqu'il s'écarte de ces normes ;

e) Dans toute leur législation et administration, tenir devant les hommes les principes qui maintiennent la dignité de l'homme fait à l'image de Dieu ;

f) Imprégner la vie publique de l'esprit du Christ et former des hommes et des femmes qui peuvent en tant que chrétien contribuer à cette fin.

Ces devoirs incombent non seulement aux chrétiens en tant qu'individus rachetés par Christ qui doivent témoigner partout où ils se trouvent, mais aussi à l'Église en tant que communauté chrétienne[23].

---

[22] *Ibid.*, p. 31-32.

[23] J. H. Oldham, *World Conference on Church, Community and State*, Oxford, Oxford University Press, 1937, p. 70-71.

Les églises évangéliques, qui par le passé se sont opposées à toute implication de l'Église dans la politique, ont également fait une déclaration importante sur la responsabilité sociale des chrétiens dans la déclaration de Lausanne en 1974[24]. L'article 5 de cette déclaration dit :

> Nous affirmons que Dieu est à la fois le Créateur et le Juge de tous les hommes ; nous devrions par conséquent désirer comme lui que la justice règne dans la société, que les hommes se réconcilient et qu'ils soient libérés de toutes les sortes d'oppressions. L'homme étant créé à l'image de Dieu, chaque personne humaine possède une dignité intrinsèque, quels que soient sa religion ou la couleur de sa peau, sa culture, sa classe sociale, son sexe ou son âge ; c'est pourquoi chaque être humain devrait être respecté, servi et non exploité. Là aussi, nous reconnaissons avec humilité que nous avons été négligents et que nous avons parfois considéré l'évangélisation et l'action sociale comme s'excluant l'une l'autre. La réconciliation de l'homme avec l'homme n'est pas la réconciliation de l'homme avec Dieu, l'action sociale n'est pas l'évangélisation, et le salut n'est pas une libération politique. Néanmoins nous affirmons que l'évangélisation et l'engagement sociopolitique font tous deux partie de notre devoir chrétien. Tous les deux sont l'expression nécessaire de notre doctrine de Dieu et de l'homme, de l'amour du prochain et de l'obéissance à Jésus-Christ. Le message du salut implique aussi un message de jugement sur toute forme d'aliénation, d'oppression et de discrimination. Nous ne devons pas craindre de dénoncer le mal et l'injustice où qu'ils soient. Lorsque les hommes acceptent le Christ, ils entrent par la nouvelle naissance dans son Royaume et ils doivent rechercher, non seulement à refléter sa justice, mais encore à la répandre dans un monde injuste. Le salut dont nous nous réclamons devrait nous transformer totalement dans notre façon d'assumer nos responsabilités personnelles et sociales. La foi sans les œuvres est morte[25].
>
> (Ac 17.26, 31 ; Gn 18.25 ; Es 1.17 ; Ps 45.7 ; Gn 1.26-27 ; Jc 3 :9 ; Lv 19.18 ; Lc 6.27, 35 ; Jc 2.14-26 ; Jn 3.3,5 ; Mt 5.20 ; 6.33 ; 2 Co 3.18 ; Jc 2.20)

---

[24] La copie complète de la déclaration de Lausanne est disponible en ligne : https://www.lausanne.org/fr/mediatheque/la-declaration-de-lausanne/la-declaration-de-lausanne. Cité le 13 novembre 2007.

[25] Article 5 de la Déclaration de Lausanne « responsabilité sociale du chrétien », disponible sur https://www.lausanne.org/fr/mediatheque/la-declaration-de-lausanne/la-declaration-de-lausanne.

Cette déclaration lance plusieurs appels à l'action très importants : (1) *partager* l'intérêt de Dieu pour la justice ; (2) *partager* l'intérêt de Dieu pour la réconciliation ; (3) *partager* l'intérêt de Dieu pour la libération des hommes de toutes formes d'oppressions ; (4) *respecter* la dignité de la personne humaine ; (5) n'*exploiter* personne ; (6) *servir* tout le monde ; (7) *dénoncer* le mal et l'injustice ; (8) *chercher* à montrer les vertus du royaume de Christ et (9) *répandre* les vertus du royaume de Christ[26].

L'implication des chrétiens dans la société n'est pas sans risque. Par conséquent, certaines précautions doivent être prises. Premièrement, il est important de se rappeler que « l'Église est une société organisée et ayant des objectifs autres que ceux de l'action politique. Lorsqu'elle entre dans la sphère politique, elle est exposée au risque de compromettre sa raison d'être ». Bien sûr, comme nous l'avons mentionné plus haut, « les objectifs de l'Église peuvent aussi être obscurcis et compromis si les chrétiens n'expriment pas leur foi dans le milieu politique[27] ».

Deuxièmement, l'Église ne doit pas devenir arrogante ; mais plutôt être humble et être prête à reconnaître qu'elle ne peut pas résoudre tous les problèmes. Sa mission consiste à « dire au politicien la finalité que l'ordre social devrait promouvoir et laisser le soin à ce dernier de décider de la mesure à prendre afin d'atteindre cette fin[28] ».

Les deux points mentionnés ci-dessus révèlent pourquoi c'est problématique lorsqu'on voit des chrétiens former un parti politique chrétien et essayer de relier l'Église à une position ou idéologie politique.

Enfin, dans plusieurs situations, les chrétiens ne peuvent agir conformément aux principes qu'ils se sont fixés sans provoquer des controverses politiques car le témoignage éthique de l'Église comporte la dénonciation prophétique du mal. Elle est en guerre contre tout ce qui s'oppose au dessein de Dieu et est engagée à mener les guerres du Seigneur, renversant « toutes hauteurs qui se lèvent contre la connaissance de Dieu[29] ».

---

[26] Klaus Bockmühl, *Evangelicals and Social Ethics : A Commentary on Article 5 of the Lausanne Covenant*, trad. David T. Priestly, Downers Grove, IVP, 1979, p. 17.

[27] Visser't Hooft et Oldham, *The Church and Its Function in Society*, p. 200.

[28] Temple, *Christianity and the Social Order*, p. 50.

[29] Visser 't Hooft et Oldham, *The Church and Its Function Society*, p. 198.

Les attaques contre l'Église surgiront de tous côtés :

Elle sera taxée de « politique », lorsqu'en réalité elle aura seulement fait attention à présenter des principes et aura désigné les transgressions à ces principes. Elle sera taxée par les partisans de certaines politiques particulières d'être futile parce qu'elle ne les soutient pas. Si l'Église est fidèle à sa mission, elle ignorera ces deux positions et continuera d'influencer tous les citoyens et s'infiltrera dans tous les partis[30].

Quelques principes clés

Trois principes fondamentaux doivent régir la relation entre l'Église et l'État : la séparation, la transformation et l'implication.

La séparation

L'Église doit être séparée de l'État du point de vue de ses valeurs et de sa morale. C'est pourquoi Jésus a dit : « Ils ne sont pas du monde » (Jn 17.16). Paul dit aussi : « Ne vous conformez pas au monde présent » (Rm 12.2) et « Sortez donc d'entre ces gens-là » (2 Co 6.17). L'éthique de l'Église ne peut pas être la même que celle du monde. Il ne doit pas y avoir de compromis dans l'Église. Comme l'affirme John V. Taylor : « l'Église doit sans cesse s'opposer aux attitudes et principes acceptés par le reste de la société, autrement, elle cesse d'être une Église chrétienne ». Il ajoute ceci : « la communauté chrétienne n'est pas toujours très enthousiaste lorsqu'il s'agit d'être trop différent de la société, de peur qu'elle ne semble être quelque chose d'aliénant et de dépassé. Cependant, si l'Église cesse de donner un exemple de transformation conforme avec sa prédication, elle devient tout simplement comme du sel qui a perdu sa saveur[31]. »

La transformation

L'Église doit chercher à transformer les valeurs et la morale du monde. « Cette stratégie ne consiste pas à rejeter le monde ou à associer l'éthique chrétienne avec l'éthique mondaine ; mais plutôt à transformer le monde en la ressemblance de l'idéal chrétien[32]. » Les passages comme Romains

---

[30] Temple, *Christianity and the Social Order*, p. 51.

[31] Taylor, *Christianity and Politics in Africa*, p. 54.

[32] William M. Pinson, Jr., *An Approach to Christian Ethics : The Life, Contribution, and Thought of T. B. Maston*, Nashville, Broadman Press, 1979, p. 201.

12.2 et Colossiens 3.1-5, entre autres, encouragent le croyant à avoir un esprit renouvelé, centré sur les choses éternelles. Les vies transformées influenceront les choix des croyants et auront un impact durable sur le monde.

> L'Église est également appelée à agir comme le levain dans la société. Une communauté d'adorateurs, disciplinée, et consacrée au Seigneur, et qui cherche à réaliser Ses principes dans toute sa vie, influence forcément les gens au milieu desquels elle vit. L'Église peut le mieux servir l'État en lui montrant à travers sa propre vie le style de vie qui honore le Seigneur pour la société[33].

L'implication

L'Église et chaque chrétien à titre individuel devraient être actifs dans le monde. « L'Église en tant que corps ne saurait garder ses distances vis-à-vis de la politique si du moins, elle est d'accord sur le fait que la Parole est destinée non seulement aux individus ; mais aussi à la communauté. Cela devrait être reconnu ouvertement plutôt que de prétendre d'être neutre et d'éviter de s'impliquer dans une situation délicate[34]. » À cet effet, John V. Taylor a dit :

> L'Église doit être enracinée dans la société dans laquelle elle a grandi. Ses membres font partie de cette société, ils partagent ses points de vue traditionnels, influencés par son passé et touchés par ses forces et faiblesses, ses hauts et ses bas. Une Église qui est coupée du reste de la société et qui est fermée sur elle-même sera inefficace et finira probablement par devenir paralysée ou périra[35].

John Stott illustre cette question de séparation opposée à l'implication en termes de fuite opposée à l'engagement. Fuir veut dire « tourner le dos au monde en signe de rejet, laver nos mains (bien que nous convenons avec l'histoire de Pilate que laver les mains ne nous dispense pas de la responsabilité) et endurcir nos cœurs en écoutant le cri d'aide agonissant du monde. » L'engagement au contraire veut dire « tourner nos regards vers le monde avec compassion, salir nos mains usées et douloureuses à

---

[33] Taylor, *Christianity and Politics in Africa*, p. 54.

[34] Toivo I. Palo, *Political Engagement as an Ethical and Religious Question*, Publication 25, Tampere, Research Institute of the Lutheran Church in Finland, 1979, p. 12-13.

[35] Taylor, *Christianity and Politics in Africa*, p. 5.

son service et ressentir au fond de nos cœurs l'amour de Dieu qui ne peut être contenu[36] ».

Conclusion

La politique est une partie intégrante de la société, touchant les individus et les groupes, la religion et l'économie, la technologie et la science. Nul ne peut dire que la politique n'est pas importante pour sa vie. L'Église en Afrique a maintenant reconnu le besoin de participer pleinement à la vie politique et de chercher à avoir un impact sur l'éducation, l'économie, la politique et la culture. Elle doit être impliquée dans la lutte contre le VIH/Sida et doit apporter sa contribution à la résolution de certaines questions morales telles que l'avortement, l'euthanasie, le sexe et le mariage. Lorsque l'Église, ensemble ou à titre individuel, influence une nation dans ces domaines pratiques, l'impact se fait sentir dans la scène politique toute entière et les valeurs chrétiennes pénètrent la nation.

Questions

1. Décrivez la situation politique, sociologique, économique et religieuse de votre pays. À quel niveau ces différents domaines se chevauchent-ils ? Quelles sont les tensions qui en découlent ?

2. Comment votre église définit-elle sa relation avec l'État ? Évaluez les forces et les faiblesses de cette relation.

3. Évaluez le rôle de votre gouvernement (national et local) dans sa mission de maintien de l'ordre, de la justice et de la liberté. Dans quels aspects ces missions sont-elles bien accomplies (ou mal accomplies) ?

3. En utilisant les principes donnés dans ce chapitre, évaluez votre relation, celle de votre église locale et de votre dénomination avec l'État. Qu'est-ce qui doit être fait à court ou à long terme afin d'appliquer les principes chrétiens dans ce domaine ?

---

[36] Stott, *New Issues Facing Christians*, p. 18.

8

La guerre et la violence

L'histoire est pleine de conflits et de guerres. Certains de ces conflits sont consignés dans les livres d'histoire et d'autres sont presque oubliés. Ces guerres étaient soit d'origine politique, soit provoquées par des conflits ethniques et religieux. Les guerres continuent de faire des ravages. On se rappellera encore longtemps les différents conflits qui ont marqué l'histoire : la guerre de communautés au Proche Orient et en Europe Centrale, la guerre de religions en Irlande du Nord et en Inde, les violences ethniques en Asie du Sud Est, etc.

L'Afrique a été marquée par des conflits ethniques et des guerres de religion dans les pays comme le Rwanda, la Somalie, l'Éthiopie, l'Érythrée, l'Angola, le Nigéria, le Libéria, la Côte d'Ivoire, le Soudan et la République Démocratique du Congo. « Le continent africain est bien connu pour ses conflits ethniques, ses guerres à propos de ressources et d'États pour la plupart défaillants. Du Nord au Sud, de l'Est à l'Ouest, les combats perdurent en Afrique[37]. »

Par conséquent, l'Église en Afrique doit chercher à comprendre la nature de ces conflits et voir comment les chrétiens devraient y répondre. L'Église doit donc analyser son attitude face à la violence comme moyen de résolution des conflits. Elle doit aussi réfléchir à la manière dont l'Église et les chrétiens devraient répondre à l'oppression ou aux injustices perpétrées par le gouvernement ou tout autre groupe ethnique ou religieux. Ces questions ne sont pas seulement théoriques car les responsables d'église, les membres d'église, les politiciens et même les élèves y font face.

---

[37] J. Milburn Thompson, *Justice and Peace: A Christian Primer*, Maryknoll, Orbis, 2003, p. 136.

Les conflits religieux et ethniques

En Occident, la guerre est généralement perçue en termes d'hostilités armées entre les nations. Ainsi, les débats sur l'éthique de la guerre en Occident mettent l'accent sur les responsabilités des citoyens en temps de guerre, la non résistance, le pacifisme, la guerre préventive et ce en quoi constitue une guerre juste[38]. En Afrique par contre, ces aspects de la guerre sont moins importants car les guerres et les conflits sont rarement internationaux. Ils englobent plutôt des conflits entre les factions dans un État (guerre civile), entre les groupes ethniques (guerre ethnique), ou entre deux religions (guerre de religion).

La plupart des guerres en Afrique résultent des tensions entre les groupes ethniques dans un même État. L'ethnicité renvoie à un groupe de personnes, qu'il soit composé de quelques milliers ou de millions de personnes, « partageant un intérêt et une identité communs et basés sur une certaine combinaison d'expériences historiques communes et des traits culturels de valeur[39] ». Elle est associée à la culture, la langue, la religion, les coutumes, l'apparence physique et les origines géographiques et influence chez qui les gens se tournent pour leur sécurité et protection. Dans les pays africains où nous observons plusieurs groupes ethniques, l'ethnicité continue d'avoir une influence psychologique et sociologique considérable. Elle peut être employée pour unir et dresser un groupe contre un autre[40]. La conscience et les intérêts ethniques conduisent souvent au conflit et à la violence.

Ces conflits ethniques sont complexes et ne peuvent être résolus qu'après de longues négociations. Il y a aussi toujours le danger que la violence embrase les frontières politiques et affecte les pays voisins, comme cela a été le cas quand les violences au Rwanda se sont étendues au Congo et la crise au Libéria s'est étendue en Sierra Leone.

Les conflits ethniques s'aggravent avec les divergences religieuses : « La religion est l'un des traits pouvant distinguer un groupe ethnique d'un autre. La religion faisant partie des valeurs fondamentales,

---

[38] Robert G. Clouse (*War : Four Christian Views*, Downers Grove, IVP, 1981) présente un excellent résumé des différents points de vue des chrétiens sur la guerre.

[39] Thompson, *Justice and Peace*, p. 116.

[40] Certains anciens textes peuvent employer le terme « tribalisme » pour faire allusion au même phénomène.

elle peut influencer l'intensité et la complexité d'un conflit ethnique. La croyance religieuse peut également être employée afin de légitimer ou autoriser l'intolérance envers un autre groupe ethnique[41]. »

Dans certains cas, les tensions ethniques sont tellement fortes que les valeurs religieuses communes s'éclipsent, comme c'est le cas dans les conflits au Darfour où toutes les parties sont musulmanes. Dans d'autres cas, les conflits religieux prévalent sur les liens ethniques, comme en Irlande du Nord où les catholiques ont combattu les protestants et en Inde où les conflits entre les musulmans et les Indous ont abouti à la division de la nation en deux États, l'Inde et le Pakistan.

Malheureusement, même les églises en Afrique ont été infectées par le cancer de l'ethnicité. L'observation ci-dessous sur la situation au Rwanda reflète également la situation de plusieurs pays africains : « Dans les églises au Rwanda, les tensions ethniques surgissaient souvent pendant les élections ou pendant les nominations ecclésiastiques. Les divisions étaient évidentes mais jamais traitées ; les gens étaient élus non seulement à cause de leurs qualités spirituelles, administratives, mais aussi à cause de leurs ethnies[42]. »

Ces tensions ethniques au Rwanda ont abouti au génocide dans lequel les groupes religieux et dirigeants chrétiens ont participé aux tueries de frères et sœurs chrétiens.

Les tensions ethniques et religieuses et les guerres sont probablement les deux plus grandes menaces pour les nations et gouvernements en Afrique, car ces dernières empêchent les gouvernements de remplir leur tâche de maintien de l'ordre et de garantir la justice et la liberté. À la place, il y a de graves violations des droits de l'homme comme les conflits affectent la cohésion et la stabilité des pays, les secouant jusqu'à leurs fondations.

Les origines des conflits ethniques et religieux

Les causes des conflits ethniques dans le monde en général et en Afrique en particulier comprennent entre autres « une réaction contre les gouvernements trop centralisés, corrompus et exploiteurs, la recherche

---

[41] Thompson, *Justice and Peace*, p. 121.
[42] McCullum *The Angels Have Left Us*, p. 78.

d'une identité culturelle au milieu des changements constants de la société moderne et l'aliénation qui menace les fondements même de la communauté[43] ».

En Afrique, les conflits peuvent également être dus au changement dans la sphère économique et politique, à l'augmentation de migrations et à la rancœur née de l'injustice, qu'elle soit réelle ou ressentie.

Le changement économique

Pendant une croissance économique, les conditions de vie de la population s'améliorent et l'espoir de partager les ressources de la nation naît dans les cœurs. Cependant, lorsque le taux de croissance économique baisse, des tensions économiques surviennent. Quand cela arrive, « l'identité ethnique devient plus importante à cause des compétitions envers les ressources rares ou dans ce cas-ci, envers une part de gâteau qui rétrécit[44] ». Les tensions économiques surviennent également « lorsque de nouvelles ressources, jusqu'alors inexploitées, doivent être distribuées et (...) lorsque le nouveau système de distribution crée des changements dans le classement actuel des individus[45] ». L'inflation qui accompagne souvent la croissance économique empire la situation économique et aggrave les tensions. À titre d'illustration, nous pouvons prendre le cas de la région du Delta du Nigéria où la découverte du pétrole a conduit à l'explosion des conflits ethniques. Le problème n'est pas la croissance économique en elle-même, mais plutôt la distribution de cette nouvelle richesse. La disparité économique parmi les citoyens, où les riches deviennent plus riches et les pauvres plus pauvres, aggrave la situation.

Dans beaucoup de sociétés africaines, la course au pouvoir et aux richesses comprend des groupes qui sont divisés sur le plan culturel ou religieux. Par exemple, au Nigéria et au Kenya, certains groupes ethniques et religieux sont plus riches que d'autres et accèdent facilement à certains postes dans le gouvernement. En cas de conflit ethnique ou religieux, les riches sont la principale cible et subissent la colère des pauvres.

---

[43] *Ibid.*, p. 77.

[44] Masipula Sithole, « The Salience of Ethnicity in African Politics: The Case of Zimbabwe », *Journal of Asian and African Studies* 20, 1985, p. 185.

[45] P. C. Lloyd, « Ethnicity and the Structure of Inequality in a Nigerian Town in the Mid 1950s », dans Abner Cohen, sous dir., *Urban Ethnicity*, New York, Tavistock, 1974, p. 223.

Le changement politique

En raison de la prédominance du patronage en Afrique, les dirigeants politiques n'hésitent pas à utiliser leurs positions officielles pour accumuler des richesses pour eux-mêmes ou pour les membres de leur groupe ethnique. Cette situation a souvent abouti à la stratification sociale dans laquelle « les postes, les statuts et les prestiges sont accordés selon l'appartenance à un groupe ethnique donné[46] ». Le ressentiment produit par ce phénomène amène chacun à chercher à se positionner soi-même et les membres de son groupe lorsqu'il y a un changement politique.

> L'importance de l'ethnicité s'accroît lorsque la basse classe essaye d'occuper les postes jusqu'alors monopolisés par certains groupes de hautes classes. Pendant que les premiers poursuivent le pouvoir, les postes et les prestiges, les autres leur ferment la porte. Le conflit qui s'en suit prend la forme d'un conflit ethnique parce que les plans de batailles sont structurés autour des liens ethniques[47].

Au Nigéria, il y a toujours eu une lutte de pouvoir entre les Haussa-Fulani, majoritairement musulmans et occupant des postes clés depuis l'indépendance, et les Yoruba et les Ibo. Beaucoup d'autres petits groupes bataillent pour gagner de l'influence. De telles luttes ethniques sont perceptibles au Kenya, au Libéria, au Congo, au Soudan, en Éthiopie et en Ouganda. Ces luttes pour le pouvoir peuvent dégénérer en violences lorsqu'un groupe ne parvient pas à obtenir ce qu'il veut, entrainant ainsi la fragmentation de l'État.

Mouvement migratoire

Les tensions peuvent également survenir lorsque des groupes ethniques se déplacent et s'installent dans un endroit déjà occupé par d'autres groupes, que ce soit dans des villes ou des villages. Les villes africaines ne sont pas devenues des endroits où tous les groupes et cultures se mélangent. Nous observons plutôt que certains groupes ethniques ont eu tendance à s'installer dans des zones spécifiques de la ville. « Tout comme dans les espaces ruraux où les gens cherchent de l'aide tout d'abord auprès des membres de leur clan, groupe ou petit village, il

---

[46] Sithole, « The Salience of Ethnicity », p. 187.
[47] *Ibid.*

en est de même lorsqu'ils viennent en ville ; ils cherchent de l'aide auprès de ceux qui leur sont proches par les liens de parenté[48]. »

Les groupes ethniques commencent alors à faire des réunions tribales et forment des groupes de pressions politiques, des clubs, pour ne citer que ceux-ci, afin de défendre leurs intérêts. Cette situation accentue les différences entre les groupes et n'encourage pas l'unité nationale.

L'injustice réelle et ou ressentie

Des injustices graves se produisent dans beaucoup de pays et « affectent des millions de personnes, les enfants de Dieu, les réduisant en sous-hommes[49] ». Ils manquent d'eau potable et subissent l'oppression politique, la dégradation, le chômage, l'insécurité et une pauvreté qui

> est plus grave que la mort, car elle conduit à la malformation corporelle (les Biafra), psychologique (il y a plusieurs cas d'insuffisance mentale causée par la faim), et la déformation morale (ceux qui, à travers une situation d'esclavage, cachée mais néanmoins réelle, vivent sans espoir, fondant dans le fatalisme et étant réduit à la mendicité)[50].

Ces injustices sont en elles-mêmes des formes de violence et conduisent à plus de violence lorsque les opprimés se retournent contre les oppresseurs.

La violence comme solution

Quand les conflits surviennent, il semble plus facile d'avoir recours à la violence pour essayer de les résoudre. Cette tactique a été employée dans l'histoire et ceci depuis Caïn qui avait tué son frère Abel parce que ce dernier avait obtenu la faveur de Dieu.

Les personnes âgées peuvent être celles qui incitent à la violence pour répondre au conflit, à l'oppression et à l'injustice, mais c'est généralement

---

48 Lloyd, « Ethnicity and the Structure of Inequality », p. 224.

49 Helder Camara, *Spiral of Violence*, London, Sheed & Ward, 1971, p. 25. Cité le 29 avril 2008. Site web : www.alastairmcintosh.com/general/spiral-of-violence.htm.

50 *Ibid.*, p. 26.

les jeunes qui finissent par être au cœur de ces luttes. Plusieurs raisons expliquent pourquoi ils sont facilement mobilisés :

> Les jeunes ne sont pas toujours assez patients pour attendre que les privilégiés abandonnent leurs privilèges. Les jeunes voient souvent le gouvernement comme étant trop réservé à la haute classe. Aussi, ils perdent confiance dans les églises qui brandissent de très beaux principes – des textes, des conclusions remarquables – mais ne les traduisent pas en actes. C'est pourquoi de plus en plus, ils préfèrent employer des actions radicales et la violence[51].

Les arguments en faveur de la violence

Les arguments suivants sont avancés par ceux qui estiment qu'il est bon de recourir à la violence pour répondre à l'oppression.

- *La violence est la réponse la plus naturelle.* Tout être humain souhaiterait se défendre contre son ennemi et lui rendre la monnaie de sa pièce. Ainsi, si le gouvernement use de violence pour se maintenir au pouvoir, la réponse naturelle reviendrait à user de la violence pour le détrôner.

- *La violence produit des résultats.* Lorsque la force militaire est employée pour renverser un régime dictatorial, les résultats sont immédiats comme ce fut le cas avec Idi Amin en Ouganda, Nicola Ceausescu en Roumanie, Samuel Doe au Libéria et Saddam Hussein en Iraq.

- *La violence est un moyen de communication.* Le message envoyé par l'usage de la violence est souvent fort et clair, et oblige les gouvernements à répondre. Il semble que la violence soit le seul message que certains gouvernements oppressifs et certains dirigeants comprennent.

- *La violence est la seule option lorsque le dialogue et la diplomatie ont échoué.* Lorsque les autres formes de protestation échouent, la violence semble être le moyen le plus pratique pour réduire la souffrance. L'usage de la violence dans ces circonstances a le soutien des traditions philosophique et théologique :

> La tradition de la juste guerre, enracinée dans les théories éthiques de Platon et de Cicéron et formulée dans la tradition chrétienne

---

[51] *Ibid.*, p. 33.

par Augustin et Aquin et les réformateurs protestants, soutient que la force militaire est le dernier recours contre de graves injustices. Selon ce point de vue, lorsque des innocents sont menacés par des agresseurs injustes, et que tous les autres moyens de réponse ont échoué, la demande de Jésus pour l'amour sacrificiel peut demander de nous d'utiliser la force meurtrière[52].

Les arguments contre l'usage de la violence

Certes, les arguments en faveur de la violence mentionnés ci-dessus peuvent sembler plausibles, mais il est important de relever les limites liées à l'usage de la violence en réponse aux conflits.

- *La violence engendre la violence.* Autrement dit, la violence attire la violence. Ce principe peut être clairement illustré par les phénomènes observés dans les villes nigérianes de Jos et Kaduna où les jeunes des églises et des mosquées ont pris les armes et se sont battus les uns contre les autres en 2001. Les seuls résultats ont été la destruction des églises et des mosquées et la perte de beaucoup de vies humaines. La violence n'a rien résolu et a simplement produit davantage de souffrance. Comme nous le rappelle Wink, « si nous répondons à la violence par la violence, nous reflétons tout simplement son mal. Nous devenons donc ce à quoi nous résistons[53] ». Martin Luther King, Jr ajoute ceci :

Rendre la haine par la haine multiplie la haine, ajoutant plus de ténèbres à la nuit déjà dépourvue d'étoiles. Les ténèbres ne peuvent en aucun cas chasser les ténèbres, seule la lumière peut le faire. La haine multiplie la haine, la violence multiplie la violence et la dureté multiplie la dureté dans une spirale de destruction croissante (...) les réactions de la chaine du mal – la haine engendrant la haine, les guerres produisant plus de guerres- doivent s'arrêter ou alors nous sombrerons dans l'abîme de l'anéantissement[54].

L'Afrique doit tenir compte de cet avertissement. La violence n'a jamais engendré la paix. Elle peut forcer une paix illusoire, mais la violence finira par resurgir à nouveau un jour. Les gouvernements mis en place par

---

[52] David A. Hoekema, « A Practical Christian Pacifism », *Christian Century*, 22 octobre 1986, p. 917-918. Cité le 29 avril 2008. Site web : www.religion-online.org/showarticle.asp?title=115.
[53] Walter Wink, *Jesus and Nonviolence: A Third Way*, Minneapolis, Fortress, 2003, p. 76.
[54] Martin Luther King, Jr, *Strength to Love*, Philadelphia, Fortress, 1981, p. 53.

la violence finissent en général par être renversés par un autre coup d'état violent.

- *La violence produit plus de victimes et de sang versé que les approches non-violentes qui aboutissent au même résultat.* L'usage de la violence pour atteindre des objectifs ou résoudre des conflits (religieux, ethniques ou politiques) aboutit toujours au sang versé, à des pertes en vies humaines et en biens. La guerre civile nigériane dans les années 1967-70 a abouti à la perte de millions de vies humaines. Des millions d'autres personnes ont été tuées dans les guerres civiles et ethniques au Rwanda, en Sierra Leone, au Libéria, au Nigéria, au Congo et récemment au Darfour et au Soudan. Cependant, les résultats désirés aurait pu être atteints en utilisant des approches non-violentes comme le dialogue et la négociation.

La violence est contre-productive et inutile ; elle ne résout pas le conflit mais crée plutôt davantage de problèmes qu'il n'en existait déjà.

Les principes bibliques sur la violence

Afin de proposer une réponse chrétienne à l'injustice et à la pression de recourir à la violence, nous devons d'abord examiner l'enseignement biblique et théologique à ce sujet.

La violence dans l'Ancien Testament

Le passage de l'Ancien Testament généralement cité dans les débats relatifs à la violence est la *loi du talion* qui se résume en « œil pour œil et dent pour dent » (Mt 5.38-41 ; voir aussi Ex 21.24 ; Lv 24.19-20 ; Dt 19.21). Le même principe de représailles est inscrit dans le fameux Code de Hammurabi. Cette loi ne visait pas à encourager la vengeance personnelle, interdite dans Lévitique 19.18. Elle a été donnée pour mettre des limites au châtiment. Cette loi a fourni « au système juridique de la nation une formule de sanction, notamment parce que cela mettrait un terme aux vendettas[55] ».

L'Ancien Testament mentionne de nombreuses guerres, y compris certaines menées sur instruction de Dieu. Par exemple, les Israélites

---

[55] D. A Carson, « Matthew », dans Frank E. Gaebelein, sous dir., *The Expositor's Bible Commentary*, Grand Rapids, Zondervan, 1984, p. 155.

devaient combattre les Cananéens afin de prendre possession de leur terre (Nb 33.50-56 ; Dt 20.13 ; Jos 3.10). Dieu avait également recommandé au roi Saül de détruire complètement les Amalécites (1 S 15.2-3). Plus loin, nous voyons comment Dieu utilise l'armée assyrienne et babylonienne comme instrument pour punir Israël et Juda.

Deux points importants ressortent de ces guerres que Dieu a employées pour châtier certains peuples. Premièrement, ces situations étaient uniques. Ces recommandations ne veulent aucunement dire que ce sont des exemples à suivre pour atteindre ses objectifs. Deuxièmement, le Nouveau Testament, qui est l'accomplissement de l'Ancien Testament, ne suggère nulle part que les chrétiens doivent suivre ces commandements destinés à un groupe spécifique et à un moment bien précis. Il n'est mentionné nulle part dans le Nouveau Testament que nous devons utiliser des armes pour régler un conflit.

La violence dans le Nouveau Testament

Certains enseignements de Jésus abordent la question de la violence qu'il convient d'examiner en détail.

Matthieu 5.38-41 Le sermon sur la montagne

Dans le sermon sur la montagne, Jésus aborde la loi du talion. Ce passage est le plus cité et, malheureusement, le plus mal interprété de tous les passages qui donnent un aperçu sur ce que la chrétienté enseigne concernant la violence.

> Vous avez appris qu'il a été dit : *Œil pour œil et dent pour dent*. Et moi, je vous dis de ne pas résister au méchant. Au contraire, si quelqu'un te gifle sur la joue droite, tends-lui aussi l'autre. A qui veut te mener devant le juge pour prendre ta tunique, laisse aussi ton manteau. Si quelqu'un te force à faire mille pas, fais-en deux mille avec lui.

Certains lecteurs soutiennent que Jésus fait allusion à l'utilisation de la loi du talion dans l'Ancien Testament et dit que nous ne devrions jamais répondre personnellement à une insulte, mais devrions laisser la loi agir. Carson résume cette position en disant « si quelqu'un te frappe, ne rend pas la pareille ; mais laisse plutôt celui qui doit juger rendre la gifle qui convienne[56] ». Cependant, il est plus probable que lorsque Jésus dit

---

[56] *Ibid.*

de « ne pas résister au méchant », il nous demande de ne pas amener au tribunal celui qui nous a insultés.

Nous ne devons donc pas répondre à la violence par la violence. Le verbe traduit par « résister », renvoie également à une « violente rébellion, une révolte armée, une sévère dissension, (...) une perturbation potentiellement brutale ou une révolution armée[57] ». Jésus condamne toute forme de violence. Romains 12.17-21 appuie les paroles de Jésus en nous rappelant que nous ne devons pas « rendre le mal par le mal » et de laisser Dieu nous venger.

Ainsi, pouvons-nous conclure que Jésus veut dire que nous devons subir la violence et les insultes sans rien faire ? Non. Il nous propose plutôt trois exemples illustrant comment nous devons répondre au mal. Ces moyens constituent ce qui peut être appelé la résistance créative.

Le premier exemple est celui d'une personne frappée à la joue par un oppresseur, probablement un soldat de l'armée romaine. Au lieu de se recroqueviller, l'opprimé doit tenir bon et lui présenter l'autre joue. Cet acte permet à l'opprimé d'affirmer son égalité avec l'oppresseur et oblige ce dernier à faire le point sur la relation et peut-être sur le système social qui soutient une telle inégalité. Certes, cet acte est risqué et demande beaucoup de courage ; mais cela constitue une manière créative de défier une relation malsaine et un système injuste. Gandhi et Martin Luther, Jr. l'ont bien compris et ont transformé cette idée en instrument pour résister à l'injustice sociale et pour créer une communauté plus juste[58].

Wink fait le même constat :

Cette action enlève à l'oppresseur son pouvoir d'humilier. Celui qui lui présente l'autre joue est en train de lui dire en quelque sorte « vas-y encore car ton premier coup n'a pas atteint son objectif. Je refuse de te laisser m'humilier. Je suis un être humain comme toi et ta position ne change pas les choses. Tu ne pourras pas me déshonorer. » Une telle réponse mettra l'oppresseur en difficulté (...) Même s'il ordonne que la personne soit fouettée, le fait est déjà là et l'on ne peut rien changer. L'oppresseur a été forcé, contre sa volonté, de considérer son subordonné comme un être humain égal. Le pouvoir de déshumaniser a été ôté au puissant. Cette réponse,

---

[57] Wink, *Jesus and Nonviolence*, p. 11.
[58] Thompson, *Justice and Peace*, p. 192.

loin de réprimander la passivité et la lâcheté, constitue plutôt une attitude de défi[59].

Le deuxième exemple que Jésus donne est celui d'un créancier qui veut prendre la tunique de quelqu'un. Jésus lui recommande de donner aussi son manteau au créancier. Selon Tompson, donner à la fois sa tunique et son manteau est une forme de tactiques de choc :

> Ici, il lui dit, prend non seulement mon manteau mais aussi mon sous-vêtement, alors tu auras tout. Et après, il sort du tribunal nu, laissant le créancier rougir avec sa tunique dans une main et son sous-vêtement dans l'autre main. Certainement le créancier sera embarrassé et honteux – et démasqué. Ce n'est pas un préteur respectable mais plutôt un usurier. Ce dernier perpétue un système qui a réduit une classe sociale entière de son peuple à la privation de terre et au dénuement. Ce burlesque donne l'occasion au créancier de voir les conséquences humaines de ses pratiques et de se repentir. Cette action donne les moyens à l'opprimé de prendre l'initiative et brise l'illusion qu'il s'agit d'un système juste. C'est une forme de résistance courageuse et ingénieuse[60].

Le troisième exemple que Jésus donne est celui d'une personne que l'on force à faire mille pas. Il dit que l'opprimé doit, au lieu de mille, en faire deux milles. En le faisant, il

> fragilise l'oppresseur et dévoile l'injustice cachée derrière cette situation. En outre, cette attitude affirme la dignité de l'opprimé en ceci qu'elle permet à la victime de prendre l'initiative. Sans verser le sang ou même sans avoir élevé le ton, l'opprimé a commencé sa route vers la libération[61].

Ces exemples montrent clairement que Jésus n'a pas encouragé la passivité dans des situations d'injustice comme on l'a souvent pensé. Il envisage plutôt une condamnation active de l'injustice de son temps.

Luc 22.36-38 Acheter une épée

Ceux qui pensent que Jésus était un homme de paix sont souvent perplexes devant ses propos tenus aux disciples juste avant sa crucifixion. John Ferguson dit que « c'est certainement le passage le plus difficile dans

---

[59] Wink, *Jesus and Nonviolence*, p. 15-16.
[60] Thompson, *Justice and Peace*, p. 192-193.
[61] *Ibid.*

le Nouveau Testament à réconcilier avec le sens général de l'enseignement de Jésus sur la non-violence[62] ». Les paroles en question sont les suivantes :

> Maintenant, par contre, celui qui a une bourse, qu'il la prenne ; de même celui qui a un sac ; et celui qui n'a pas d'épée, qu'il vende son manteau pour en acheter une. Car je vous le déclare, il faut que s'accomplisse en moi de texte de l'Ecriture : *On l'a compté parmi les criminels*. Et, de fait, ce qui me concerne va être accompli. – « Seigneur, dirent-ils, voici deux épées. » Il leur répondit : « c'est assez. »

Ce passage est difficile dans la mesure où il semble contredire d'autres paroles de Jésus interdisant l'utilisation de l'épée (Mt 26-52 ; Jn 18.36). Ainsi, certains érudits préfèrent l'interpréter de façon métaphorique. William Barclay, l'un de ces érudits, soutient que ces mots sont seulement « une manière claire de dire aux disciples que leurs vies sont en jeu[63] ».

Cependant, une simple lecture de ce passage révèle que, lorsque Jésus enseigne à ses disciples de prendre l'épée, il reconnaissait simplement la réalité de la violence. Il est nécessaire de se rappeler du contexte historique dans lequel Jésus s'exprimait. Il était courant pour les hommes de porter des épées en ces temps-là.

> Il est clair que Jésus n'avait pas interdit à ses disciples de prendre des armes pour leur voyage de la Galilée à Jérusalem. Celles-ci n'étaient rien d'autre que les moyens habituels de protection utilisés par les voyageurs dans des situations hors de portée de la loi et de la protection armée. À Jérusalem, ils étaient sous la protection de la loi, juive et romaine, et leurs armes étaient en attente. Dans le passage cité, l'épée du voyageur est un peu comme son sac à main, son portefeuille, ses sandales, et son manteau est le symbole d'un voyage sans domicile fixe pour une mission urgente et dangereuse, bien plus redoutable que les commissions plus courtes et sécurisées faites selon Ses ordres. L'on pourrait déduire que Jésus n'a pas fait une exception pour ses disciples en leur demandant de prendre les

---

[62] John Ferguson, *The Politics of Love: The New Testament and Nonviolent Revolution*, Cambridge, James Clarke, 1973, p. 31. Le théologien allemand Friedrich Spitta a dit : « Voyez ! Jésus a recommandé à ses disciples d'employer les armes pour se défendre ! Il n'était pas un tendre homme de paix. » (Cité dans G. H. C. Macgregor, *The New Testament Basis of Pacifism and the Relevance of an Impossible Ideal*, New York, Fellowship Publication, 1954, p. 22).

[63] Cité dans Ferguson, *The Politics of Love*, p. 33.

moyens ordinaires d'autodéfense pour voyager dans un pays rempli de bandits au-delà de la protection des forces armées[64].

Jésus reconnaît que l'épée peut être nécessaire pour se protéger. Lorsque les autorités n'offrent aucune protection, il est convenable de se protéger soi-même. Il aurait été imprudent pour eux de voyager par des montagnes où il y avait des voleurs sans avoir une épée ; il est donc convenable de s'armer pour se défendre soi-même, sa famille et les faibles. Encourager la non-violence face à l'oppression et l'injustice n'est pas contradictoire avec l'autodéfense ou la protection de sa famille ou de son église. Ainsi, au Nigéria où les familles et les églises ont été ciblées pour la destruction, il serait convenable pour un chrétien de prendre une arme afin de se protéger soi-même et sa famille. Il est imprudent et irrationnel de ne pas protéger sa famille si elle est attaquée.

Matthieu 26.52 Déposer votre épée

Si nous interprétons le commandement de Jésus dans Luc 22.36-38 comme nous autorisant à avoir recours à la violence afin de nous protéger, comment donc interpréter la condamnation apparente de Jésus d'employer la violence lorsqu'il dit à Pierre, « Remets ton épée à sa place ; car tous ceux qui prennent l'épée périront par l'épée » ?

Ce passage est souvent cité pour condamner tout usage de la violence ou de la force. Cependant, notons que ces paroles sont données par Jésus dans le contexte de son arrestation. Il veut dire dans ce passage qu'il est inutile d'employer l'épée ou toute autre arme pour accomplir un dessein divin. Il avait déjà dit à plusieurs reprises, qu'afin d'accomplir sa mission, il devait mourir d'une mort cruelle, il n'est donc pas nécessaire pour les disciples d'essayer de l'empêcher.

Notons également ici que Jésus a juste demandé à Pierre de remettre son épée à sa place. Il ne lui a pas dit de la jeter ou de la détruire ou même de ne plus jamais l'utiliser dans aucune circonstance. Dans cette situation en particulier, il n'était pas bon de combattre ; mais Jésus ne voulait pas dire qu'il interdisait l'usage de l'épée pour l'autodéfense comme cela transparaît clairement dans Luc 22.

---

[64] Cité dans Macgregor, *The New Testament Basis of Pacifism*, p. 23.

Jean 18.36 Mon royaume n'est pas de ce monde

Jésus a bien fait comprendre à Pilate que le royaume de Dieu ne peut pas être défendu par la force et les armes : « Ma royauté n'est pas de ce monde. Si ma royauté était de ce monde, les miens auraient combattu pour que je ne sois pas livré aux mains des autorités juives ».

Certains, comme Martin Luther, ont dit que Jésus était en train d'autoriser les nations de la terre à faire la guerre si elles avaient des raisons valables. Mais ici Jésus n'est pas en train de débattre de façon abstraite sur la question de la théologie de la guerre ; il fait plutôt une remarque spécifique à propos de son royaume spirituel. Le royaume spirituel a assez de ressources pour vaincre, s'il y avait lieu de mener une guerre physique avec les royaumes de ce monde (Mt 26.53).

Matthieu 22.38-40 Aime ton prochain comme toi-même

Jésus résume la loi de Dieu en deux commandements. L'un de ces commandements est « Tu aimeras ton prochain comme toi-même » (voir aussi Lv 19.18). Sa définition du prochain comprend nos opposants politiques, nos agresseurs et même nos ennemis – en fait, tous ceux avec qui nous sommes en conflit (Mt 5.43-48). Jésus nous recommande d'agir comme le bon samaritain et de montrer l'amour pour ces prochains en prenant soin d'eux, en nous sacrifiant pour eux et en leur montrant notre engagement à les aider (Lc 10.25-37). Nous ne devons pas nous venger (Rm 12.14-21) ; mais plutôt prier pour ceux qui nous maltraitent ou qui nous oppriment (Lc 6.28).

Application des principes chrétiens dans les conflits ethniques et religieux

Les conflits ethniques et religieux qui sévissent en Afrique ne peuvent pas être résolus par la violence. « Vu leur complexité, les conflits ethniques ne peuvent être résolus que par le dialogue et les négociations politiques. La violence et la guerre (...) ne feront que les aggraver. Les solutions politiques à elles seules ne suffisent pas non plus[65]. » Une vraie solution impliquera l'application des principes chrétiens suivants.

---

[65] Gerard F. Power, Drew Christiansen et Robert T. Hennemeyer, sous dir., *Peacemaking : Moral and Policy Challenges for a New World*, Washington D. C., United States Catholic Conference, 1994, p. 329.

Rechercher la guérison et la réconciliation

L'Église a été appelée au ministère de la guérison et de la réconciliation. En cas d'agression, l'autodéfense est permise mais non requise. Même lorsque Jésus a été injustement arrêté par l'armée ennemie et que Pierre aurait pu utiliser son épée de façon légitime, Jésus lui a dit « Remets ton épée à sa place » (Mt 26.52). Lorsque les autres sont victimes de l'injustice, l'Église doit manifester l'attitude que Jésus a décrite dans la parabole du bon samaritain. La pratique de la non-violence permet aux chrétiens de garder « la porte de la réconciliation ouverte, et de garder les problèmes en tête[66] ».

Promouvoir la justice

Ce n'est pas suffisant pour l'Église d'encourager la réconciliation et de citer des versets comme « que chacun soit soumis aux autorités » (Rm 13.1), « présente-lui l'autre joue » (Lc 6.29), « aimez vos ennemis » (Mt 5.44) et « tous ceux qui prennent l'épée périront par l'épée » (Mt 26.52).

Si les responsables d'églises prêchent la réconciliation sans s'être explicitement engagés à lutter aux côtés de ceux qui sont opprimés pour que justice leur soit faite, ils sont dans une position de pseudo neutralité, ne faisant rien d'autre pour changer la situation. La neutralité dans un contexte d'oppression est toujours en faveur du statu quo. Essayer de réduire un conflit par le moyen d'une fausse « paix » n'est pas un objectif chrétien. La justice est l'objectif et ceci pourrait requérir une accélération du conflit en tant qu'étape nécessaire pour forcer les autorités à apporter un réel changement[67].

L'Église doit s'engager activement dans la lutte contre l'injustice, l'ethnocentrisme et l'oppression. Lorsqu'il y a justice et équité pour toutes les ethnies et tous les groupes religieux en ce qui concerne l'emploi, les nominations politiques, les concours d'entrée dans les écoles de formation et dans tous les aménagements d'une communauté, il y aura de fortes chances que les gens s'acceptent mutuellement. Ainsi, promouvoir la justice est le plus grand moyen de réduction des conflits ethniques et religieux en Afrique.

---

[66] William Robert Miller, *Nonviolence : A Christian Interpretation*, New York, Shocken Books, 1966, p. 168.

[67] Wink, *Jesus and Nonviolence*, p. 5.

Développer une église inclusive

Une église devrait être un endroit où il n'existe pas de divisions ethniques. Tout le monde devrait y être accueilli de manière égale. Malheureusement, l'Église en Afrique ne vit pas toujours selon cet idéal. Les membres ne prennent pas soin les uns des autres pendant les périodes de crise. Lors du choix des responsables d'églises, l'ethnie des candidats semble parfois plus importante que leur maturité spirituelle. Certaines églises refusent même d'avoir en leur sein des dirigeants venant d'autres ethnies que la leur. Cependant, l'Église ne sert pas une ethnie. Elle doit prendre en considération les instructions de Paul à l'Église ayant plusieurs ethnies de son temps : « Il n'y a plus ni Juif, ni Grec ; il n'y a plus ni esclave, ni homme libre ; il n'y a plus l'homme et la femme ; car tous, vous n'êtes qu'un en Jésus-Christ » (Ga 3.28). L'Église est fondamentalement une communauté unie dans la diversité. Nous sommes un en Christ et avons « un même créateur, un même rédempteur, une même personne qui nous sanctifie, nous sommes une famille humaine, frères et sœurs[68] ». Nous pourrions même penser à l'église comme à un nouveau groupe ethnique spirituel, conscient du besoin de protection et de sécurité des uns et des autres. Ainsi, il n'y a pas de place dans un tel groupe pour des anciennes loyautés ethniques et la haine d'autres groupes.

Laisser les principes bibliques guider notre approche de la politique

Nos opinions politiques ne doivent pas être motivées par nos intérêts ou préjugés ethniques ; mais plutôt par les principes chrétiens. L'amour de Dieu est manifesté dans l'amour que nous avons les uns pour les autres, plus particulièrement pour ceux qui sont différents de nous. Les politiciens chrétiens doivent être justes envers tous les groupes ethniques, sans tenir compte de leurs idéologies politiques et religieuses. Il ne devrait pas y avoir de place dans nos opinions politiques pour le type de loyauté ethnique et de fanatisme religieux qui encouragent la haine d'autres êtres humains.

---

[68] Thompson, *Justice and Peace*, p. 119.

Pratiquer l'amour et le pardon pour nos ennemis

Les chrétiens ne peuvent pas fuir la recommandation de Christ d'aimer nos ennemis et de prier pour eux s'ils veulent être comme leur Père céleste qu'ils sont appelés à imiter (Mt 5.44-45). Nous devons également les aimer parce que tout comme nous, ils ont été créés à l'image de Dieu (Gn 9.6, Jc 3.9). Par conséquent, personne n'est si mauvais qu'il n'y a rien de bon en lui ; aussi, personne n'est si bon qu'il n'y a rien de mal en lui[69]. Stott a écrit sur ce « paradoxe de notre nature humaine » :

> Tous les êtres humains ont à la fois une dignité en tant que créature faite à l'image de Dieu et une dépravation en tant que pécheurs tombant sous le coup de son jugement. Le premier élément nous donne de l'espoir tandis que le second met une limite à nos attentes (...) L'esprit chrétien, fermement enraciné dans le réalisme biblique, d'une part célèbre la gloire de l'homme et d'autre part déplore la honte de notre être. Nous pouvons nous conduire comme Dieu, à l'image de qui nous avons été faits, tout comme nous pouvons aussi descendre au niveau des animaux. Nous avons la capacité de penser, de choisir, de créer, d'aimer et d'adorer ; mais aussi de refuser de réfléchir, de choisir de faire le mal, de détruire, de haïr et de nous adorer nous-mêmes. C'est nous qui construisons les églises et c'est encore nous qui les bombardons (...) c'est ça l'« homme », un paradoxe étrange, déconcertant, poussière de la terre et souffle de Dieu, honte et gloire[70].

Le pardon peut ne pas être une chose facile. Notons cependant les mots du grand défenseur des droits civiques américains, Martin Luther King Jr., qui avait beaucoup de choses à pardonner : « Nous devons développer et maintenir la capacité à pardonner. Celui qui ne sait pas pardonner ne peut pas aimer[71]. » Il souligne également le fait que « l'acte de pardon doit toujours être initié par celui qui a été blessé, la victime d'une grosse blessure, le destinataire d'une injustice tortueuse[72] ».

---

[69] Martin Luther King (*Strength to Love*, p. 51) remarque qu'« une part de bonté peut se trouver même dans le pire de nos ennemis. Nous sommes tous des personnalités schizophréniques, tragiquement divisés contre nous-mêmes. Une guerre civile persistante fait rage en nous tout au long de notre vie. »

[70] Stott, *Issues Facing Christians*, p. 44.

[71] Martin Luther King, Jr., *Strength to Love*, p. 50.

[72] *Ibid.*

L'on peut également dire que le pardon est le premier test d'une foi authentique pour le chrétien.

L'engagement en faveur de la justice, la libération ou le renversement de l'oppression, tout ceci n'est pas suffisant car très souvent, les moyens employés amènent de nouvelles injustices et oppressions. L'amour pour son ennemi signifie que l'on voit aussi en ce dernier un enfant de Dieu[73].

Conclusion

La violence a souvent été utilisée pour résoudre les conflits incessants à travers le monde. Cependant, la situation actuelle en Afrique démontre que la violence n'est pas la réponse au conflit. En effet, la violence produit plus de haine et plus de violence, sans finalement résoudre le problème.

La réponse aux multiples conflits dans l'Église et dans le continent est la non-violence que Jésus a pratiquée et a recommandée à ses disciples. Le refus de pratiquer la violence ne veut pas non plus dire que nous acceptons tous les traitements injustes, et que nous ne devons pas user de la force pour nous protéger lorsque nous sommes attaqués. Il est plutôt question de refuser d'employer la force comme moyen de résolution de conflit. Ainsi, nous devons encourager la non-violence tout en résistant activement aux conflits ethniques et religieux africains.

L'efficacité de la non-violence comme réponse à l'oppression et l'injustice est prouvée dans le monde. En Afrique du Sud, Steve Biko et Nelson Mandela ont opté pour la non-violence tout en résistant activement au régime oppressant d'apartheid. Aux États-Unis d'Amérique, Martin Luther King Jr. était le principal porte-parole de la non-violence, mais a activement résisté à la ségrégation raciale. Gandhi a adopté la non-violence pour résoudre la crise politique en Inde.

Seul l'amour pour ses ennemis et la détermination de ne pas avoir recours à la force ou à la violence pourront nous permettre non seulement de résoudre les conflits, mais aussi de gagner nos ennemis. Ces attitudes fournissent un « cadre théologique dans lequel nous pouvons construire les structures qui peuvent éradiquer la guerre et ses causes[74] ». Le seul

---

[73] Wink, *Jesus and Nonviolence*, p. 59.
[74] Hoekema, « A Practical Christian Pacifism », p. 919.

remède de l'oppression et l'injustice consiste à remplacer les structures injustes qui ont été institutionnalisées par les bonnes et justes structures :

> La meilleure réponse à la violence est d'avoir le courage de faire face à l'injustice qui constitue la violence (...) Les privilégiés et les autorités en viendront à comprendre que le bon sens oblige une personne à choisir entre la violence sanguinaire et armée d'une part, et d'autre part la violence de la non-violence : la libération de la pression morale[75].

Questions

1. Décrivez le rôle des facteurs identifiés dans ce chapitre (crise économique, changement politique, mouvement migratoire et injustice) dans les guerres et les conflits ethniques et religieux dans votre pays. Ces problèmes ont-ils été traités à la fin du conflit ?

2. Tournez-vous vers des personnes chrétiennes et non-chrétiennes et demandez-leur de vous expliquer, selon elles, quand est-ce qu'il est justifiable d'avoir recours à la violence. Évaluez leurs réponses selon les principes bibliques et théologiques contenus dans ce chapitre.

3. Les chrétiens devraient-ils participer en tant que soldats aux conflits ethniques ou civils ou à la guerre ?

4. Faites des suggestions pratiques à propos de comment l'Église et le chrétien peuvent aider à empêcher les conflits ethniques ou religieux futurs et faire le médiateur dans les conflits actuels.

---

[75] Camara, *Spiral of Violence*, p. 55.

9

Les grèves

Les conflits ethniques et religieux ne sont pas les seules formes de conflits susceptibles de causer de sérieux déséquilibres sociaux. Les grèves en font partie. Elles ont été utilisées depuis l'émergence des syndicats de travailleurs entre la fin du XIXe et le début du XXe siècle pour protester contre les conditions de travail ou contre certaines politiques gouvernementales. Lorsqu'un appel à la grève est lancé, tous les employés d'une entreprise ou d'une industrie arrêtent le travail, jusqu'à ce que leurs revendications soient satisfaites ou qu'un accord soit trouvé. Parfois, les grèves vont au-delà des arrêts individuels de travail pour devenir des grèves générales, c'est-à-dire un arrêt massif du travail par tous les employés dans un pays ou une région. Une grève générale est décrite comme une « réaction naturelle des travailleurs à un système de société fondé sur la propriété privée de la machine de production. C'est l'attitude ultime des travailleurs dans la lutte des classes. C'est la réponse des travailleurs face au problème de la désorganisation économique[76] ».

Les grèves sont fréquentes en Afrique où les travailleurs sont souvent mal rémunérés et mal traités. Ce n'est pas qu'il y a un manque d'argent pour les rémunérer correctement ; cela reflète plutôt la mauvaise gestion des ressources, les pauvres étant principalement affectés. Lorsque ces employés exposent leurs doléances à leurs employeurs et au gouvernement, ils sont souvent ignorés. Ainsi, pour attirer leur attention, ils peuvent décider de se mettre en grève.

---

[76] Industrial Workers of the World, *The General Strike for Industrial Freedom*, Montague, Acacia press, 1946, reédité en 1996. Cite le 2 avril 2008. Site web : www.crocker.com/-acacia/text_gsif. html. Réaction naturelle du travailleur à un système social basé sur la propriété privée de la machine de production. C'est l'attitude ultime du travailleur dans la lutte des classes. C'est la réponse du travailleur au problème de la désorganisation économique.

La discussion sur l'éthique de la grève est compliquée, du fait que des travailleurs de divers contextes se mettent en grève pour des raisons différentes. En outre, étant donné que les grèves visent souvent à corriger les injustices économiques et les erreurs politiques, ils ont des ramifications sur le plan émotionnel, juridique, politique, économique et social.

Dans ce chapitre, nous parlerons des grèves en général. Dans un autre chapitre, nous verrons de manière spécifique s'il est légitime ou non pour le corps médical de faire la grève.

La nature des grèves

Les grèves impliquent toujours deux camps : les employeurs et les employés. Les leaders des syndicats ou les syndicalistes s'expriment souvent au nom des employés. Ils expriment leurs revendications et présentent les motifs de la grève afin de justifier leur action. Par la suite, ils fixent des délais et donnent des ultimatums au gouvernement ou aux employeurs et indiquent que si leurs revendications ne sont pas satisfaites, ils se mettront en grève. Certains pays précisent la durée de l'ultimatum ; par exemple, au Nigéria, les syndicats doivent présenter un avis de grève quinze jours avant de s'y mettre.

Il est important de rappeler que les grèves sont des options légales. Les constitutions de la plupart des pays autorisent les travailleurs à se mettre en grève pour protester contre les mauvaises conditions de travail, quand toutes les autres tentatives pour régler le problème ont échouées. Participer à une grève est un droit démocratique. C'est parfois le seul moyen pour les travailleurs de s'assurer que leurs demandes sont entendues. Dans les pays démocratiques, la voix de la protestation est appropriée et acceptée ; et même les régimes dictatoriaux ont parfois besoin d'écouter les différences d'opinions.

Les avantages des grèves

Les grèves ont été adoptées comme un outil de négociation pour plusieurs raisons. La première a déjà été mentionnée plus haut. Lorsque les revendications et les demandes des travailleurs ne sont pas prises en compte, une grève peut être le seul moyen de forcer les employeurs à engager un dialogue avec ses employés (généralement représentés par des responsables syndicaux). Un tel dialogue peut être une expérience d'apprentissage précieuse pour les deux groupes, car chaque groupe prend conscience des réalités du camp opposé.

Les grèves sont aussi populaires parce qu'elles sont parfois efficaces pour apporter des changements. Pendant une grève bien organisée, peu ou aucun service ne continue à fonctionner. Même les travailleurs qui sont réticents à la grève peuvent être obligés à y participer. Les troubles causées sont très souvent indispensables pour mettre la pression aux employeurs, afin qu'ils améliorent les conditions de travail et les salaires des travailleurs. Les perturbations causées à la société toute entière par une grève générale peuvent entrainer la chute d'un gouvernement ou persuader les autorités à révoquer ou à changer de mauvaises politiques.

Les grèves sont aussi bénéfiques dans le sens où elles encouragent une éthique où les gens sont préparés à endurer des difficultés dans le présent afin d'obtenir des avantages dans le futur, non seulement pour eux-mêmes, mais aussi pour d'autres travailleurs. Le sacrifice à court terme du travail arrêté et des salaires non rémunérés est compensé par le fait que les objectifs atteints seront pour l'avantage de tous sur le long terme.

Les inconvénients des grèves

Malgré les avantages mentionnés plus haut, les grèves sont aussi associées à de sérieux problèmes qui peuvent faire de l'ombre à tous résultats positifs atteints.

Les grèves peuvent conduire à une rupture dans la communication au lieu de promouvoir un dialogue productif. Les responsables syndicaux pensent souvent que les objectifs des employeurs sont diamétralement opposés à ceux des employés. Ainsi, ils font des déclarations du genre : « La classe ouvrière et les employeurs n'ont rien en commun. Il ne peut y avoir de paix tant que la faim et le besoin sont présents au milieu de millions de travailleurs pendant que la minorité de la classe dirigeante a toutes les bonnes choses de la vie[77]. »

---

[77] Industrial Workers of the World, *The General Strike*.

Cette croyance peut nuire aux négociations parce que les différences sont exagérées et les positions sont mal comprises. De plus, les responsables syndicaux peuvent être pressés de faire la grève parce qu'ils pensent que les grèves sont le seul moyen d'amener un changement. Au lieu de négocier des accords ou d'utiliser le vote pour aider les autorités politiques à changer, ils adoptent une attitude conflictuelle dès le départ. Lorsque les leaders commencent avec une telle attitude, il est facile qu'une grève tourne à la violence. Ceci est récurrent lorsque les leaders de grève encouragent des méthodes illégales telles que le lancement des gaz lacrymogènes aux forces de l'ordre, l'intimidation des travailleurs et l'instrumentalisation de voyous pour harceler les citoyens innocents. Certains leaders semblent prêts à tout, y compris prendre un pays en otage, afin d'atteindre leurs objectifs. Leurs actions peuvent causer un stress psychologique, politique et économique.

Certaines grèves peuvent même viser à renverser un gouvernement démocratiquement élu. Cette accusation avait été faite durant le Congrès Nigérian du Travail en 2003. Il y avait une menace de grève générale pendant les Jeux Africains à Abuja au Nigéria. L'objectif de ce mouvement était d'embarrasser le gouvernement et de le forcer à changer sa politique concernant la déréglementation du secteur pétrolier. Les invitations au dialogue lancées par le gouvernement sont tombées dans les oreilles d'un sourd. Le président Nigérian a déclaré que le mouvement agissait comme « un parti de l'opposition au lieu d'un syndicat de travailleurs[78] ».

Le second avantage des grèves c'est qu'elles peuvent être efficaces. Cependant, ce n'est pas toujours le cas. En effet, beaucoup de grèves ont connu des échecs terribles. Souvent, le sacrifice du salaire et du temps ne porte pas ses fruits et les employés doivent reprendre le travail sans que leurs revendications aient été satisfaites. Les conséquences de l'échec d'une grève peuvent être désastreuses. En effet, les travailleurs perdent souvent leurs emplois, augmentant ainsi le taux de chômage, la souffrance et la pauvreté.

Même une grève réussie peut causer de sérieux problèmes économiques aux employeurs ou au gouvernement. Les pertes financières causées par des grèves se traduisent souvent par la hausse des prix sur le

---

[78] Président Olusegun Obasanjo dans une émission nationale le 8 novembre 2003. Cité le 3 avril 2008. Site web : www.dawodu.com/obas17.htm.

marché. Certaines entreprises peuvent même faire faillite, mettant ainsi fin à l'approvisionnement des produits et aux emplois des travailleurs.

Même si l'on peut démontrer que les grèves encouragent un mode de vie éthique en ce qu'elles enseignent la solidarité entre les hommes et le besoin de passer par des épreuves pour atteindre le succès, il convient de noter qu'elles déstabilisent aussi certains principes éthiques tels que le besoin de prendre soin des pauvres et des faibles. Le pauvre, ayant des ressources très limitées, souffre profondément durant les grèves. Par exemple, lorsqu'un appel à la grève est lancé parce que le prix du pétrole a augmenté, l'approvisionnement en produits pétroliers tels que le gaz domestique est interrompu. Les gens sont obligés de s'approvisionner dans les marchés noirs où les prix sont exorbitants. L'augmentation du prix du pétrole provoque automatiquement l'augmentation du prix du transport des vivres vers les marchés et par conséquent, le prix des vivres augmente lui aussi. De même, lorsque les médecins et les infirmiers se mettent en grève, c'est les membres les plus faibles de la communauté, leurs patients, qui souffrent.

Ceux qui dirigent les grèves peuvent parfois faire l'éloge de principes éthiques qu'ils ne pratiquent pas eux-mêmes. En outre, ils peuvent avoir d'autres intérêts ou avoir cédés à la pression du gouvernement. Les dirigeants corrompus laissent parfois les travailleurs souffrir pendant qu'eux-mêmes en profitent.

L'éthique de la participation à une grève

Avant de décider de participer ou non à une grève, il est important de réfléchir aux avantages et aux inconvénients énoncés plus haut. Les personnes de différentes approches éthiques parviendront à des conclusions différentes sur la question de savoir s'il est moralement bon ou non de participer à une grève.

Certains ne verront aucun problème éthique dans la participation à la grève. Si la grève réussit et permet de leur donner du travail, ou du pouvoir, elles diront que c'est une bonne chose. Malheureusement, l'Afrique a connu beaucoup trop de ce type de moralité qui veut que la force fasse droit, comme c'était le cas chez les militaires dictateurs tels que Sani Abacha du Nigéria, Idi Amin de l'Ouganda et Jean-Bedel Bokassa de la République Centrafricaine.

Ceux qui adoptent une approche téléologique de l'éthique vont se focaliser sur ce qui est accompli par la grève plutôt que sur les actions individuelles, bonnes ou mauvaises, qui y sont associées. D'après cette approche, la fin justifie les moyens. Si une grève est susceptible de profiter à beaucoup de personnes, alors il est normal d'y prendre part, quel que soit le prix à payer par les individus.

Une variante de l'éthique téléologique est l'éthique utilitaire. Selon celle-ci, l'action qui produit le plus grand bonheur au plus grand nombre est celle qu'il convient de faire. Ainsi, si la majorité des travailleurs sont plus heureux parce que leurs conditions de travail sont meilleures, ce n'est pas grave si quelques personnes souffrent ou meurent en raison de la grève.

Les communautés traditionnelles africaines ont souvent une éthique de groupe selon laquelle le groupe tribal, politique, religieux ou économique décide de ce qui est bien ou mal. Selon cette éthique, si le groupe décide de se mettre en grève, les individus doivent se montrer solidaires. Cependant, cette approche pose un problème : les communautés peuvent facilement en arriver à approuver les comportements immoraux à condition qu'ils leur soient profitables. Ainsi, un individu qui commet la violence ou un délit contre son employeur pendant la grève, peut devenir un héro pour sa communauté. Il n'y a pas d'autorité externe pour trancher entre deux groupes sur la base du bien et du mal et il est possible d'aboutir à une situation où « la raison du plus fort est toujours la meilleure ».

De nombreux chrétiens africains optent pour une forme d'éthique de situation lorsqu'il s'agit de déterminer s'il est moralement justifiable de se joindre à un mouvement de grève. En d'autres termes, selon eux, il ne peut pas y avoir de règle générale à ce sujet et ils préfèrent prendre leurs décisions au cas par cas. En le faisant, ils examinent la situation et les conséquences probables de cette grève. La focalisation sur les résultats signifie que cette approche est très similaire à l'approche téléologique.

L'éthique de situation doit être applaudie pour considérer des situations spécifiques sérieusement et essayer de déterminer comment un chrétien peut y répondre. Cependant, le problème est le suivant : en déterminant l'action la plus efficace dans une situation donnée, ceux qui suivent ce code sont guidés par le pragmatisme (ce qui fonctionne ou qui satisfait) et le relativisme (pensée suivant laquelle rien n'est absolument juste, ni mauvais ou universellement contraignant). Ainsi, les enseignants peuvent soutenir qu'il est moralement acceptable pour eux de faire la grève et ne pas donner de cours durant l'année aux étudiants actuels, afin que les étudiants à venir reçoivent une meilleure éducation de la part des enseignants mieux payés, qui ne s'inquiètent pas de comment ils vont nourrir leurs familles.

L'exemple ci-dessus démontre que la manière dont quelqu'un définit « la bonne chose à faire » est très facilement influencée par les besoins personnels et familiaux. Au lieu d'avoir à résoudre ce tourbillon d'exigences éthiques contradictoires pour chaque situation, le chrétien devrait plutôt se consacrer à obéir à la loi de Dieu exprimée dans les Écritures. Leurs actions devraient être dictées par une approche déontologique de l'éthique. Selon cette approche, nous avons le devoir d'agir d'une certaine manière parce que certains principes tels que la bienveillance et la bienfaisance, sont universellement obligatoires. Les chrétiens doivent obéir à Dieu au travers d'une bonne lecture et une interprétation correcte des Écritures dans lesquelles il a révélé ses lois morales. Ces lois s'appliquent à tout le monde, à tout moment et en tout lieu. L'éthique de situation fait bien de relever que l'une de ces lois mentionnées dans l'Ancien et le Nouveau Testament (Lv 19.18 ; Lc 10.27), c'est d'aimer nos prochains. L'amour pour un groupe de prochains, nos collègues, ne signifie cependant pas que nous avons la liberté de dire des mensonges ou de blesser un autre prochain, notre employeur ou les pauvres. Le comportement éthique n'est nullement ce que le chrétien veut faire pour ses propres objectifs. Un chrétien doit chercher à faire ce qui plaît à Dieu.

Les alternatives aux grèves

Les inconvénients des grèves peuvent dépasser les avantages. Les chrétiens en particulier doivent être prudents lorsqu'ils participent à des activités pouvant blesser les autres ou violer les commandements de Dieu. Cependant, les travailleurs ont-ils d'autres options quand il s'agit d'obtenir des salaires justes et des conditions de travail acceptables ?

Certains diront que nous devrions prendre une approche de laisser-faire et ne pas essayer de changer le statu quo. D'après eux, nous devrions simplement laisser Dieu résoudre nos problèmes. Cette approche peut paraitre très pieuse, mais elle est inacceptable. Dieu ne s'attend pas à ce que nous ignorions l'injustice et l'exploitation (Es 1.16-17 ; Am 5.15 ; Mt 23.23). Nous devons nous exprimer lorsque nous ne sommes pas satisfaits d'une situation. Si les conditions ou les services sont peu satisfaisants, nous devons essayer de les changer.

Beaucoup choisirons d'exprimer leur mécontentement au moyen d'une grève, mais la revendication n'est pas la seule alternative à la passivité. Nous pouvons également lutter pour atteindre nos objectifs par des arguments convaincants qui confrontent la folie, la tromperie et la méchanceté avec la vérité. La vérité est un outil puissant quand elle est argumentée. Elle devient plus puissante encore quand elle est soutenue par des faits réels[79]. Les arguments rationnels pourront à long terme produire plus de fruits positifs que les grèves, qui résolvent le problème du jour, mais laissent les problèmes de demain non résolus. Souvenons-nous que la plume est plus puissante que l'arme.

Quelques questions spécifiques

La majeure partie de ce chapitre a été consacrée à la discussion de l'éthique de la grève en général. Il y a cependant des questions spécifiques qui se posent :

Est-ce qu'une personne devrait être autorisée à s'abstenir de participer à une grève en raison d'objections morales ou religieuses ?

Lorsqu'un syndicat de travail organise une grève, on s'attend à ce que tous les membres de ce syndicat y participent. Cette position est parfaitement légale. Cependant, ce n'est pas parce qu'une chose est légale qu'elle est forcément éthique. Par exemple, l'avortement et l'euthanasie sont légaux dans plusieurs pays, mais cela ne veut pas dire que ce sont des pratiques éthiques pour les chrétiens.

Certains chrétiens peuvent penser qu'il n'est pas bon pour eux de participer à la grève (par exemple, les membres du personnel médical peuvent se dire qu'ils ont le devoir de prendre soin de leurs patients). Dans ce cas, ils devraient avoir le droit d'être reconnus comme des objecteurs consciencieux. « Dans l'objection consciencieuse, l'agent affirme que l'acte

---

[79] Stott, *Issues Facing Christians Today*, p. 59.

refusé, s'il est entrepris, violerait sa conscience et aboutirait à la perte de son intégrité, ainsi qu'à une lourde culpabilité et à la honte[80]. »

Les croyances religieuses et les convictions sont très importantes en Afrique. Les syndicalistes devraient donc reconnaître qu'il est déplacé de faire pression sur des membres pour qu'ils participent à une grève qui contredit leurs croyances morales fondamentales. Les membres devraient avoir la liberté d'être guidé par leur conscience afin d'accomplir leur profession avec intégrité.

Que faire si mon abstention à une grève fait de moi une victime ?

Toute action a toujours des conséquences. Les participants à des actions de revendication subissent certains types de conséquences, tandis que ceux qui s'abstiennent en subissent d'autres. Les conséquences peuvent être désagréables, mais nous ne devrions pas laisser les conséquences devenir les facteurs prioritaires pour déterminer ce que nous allons faire. La question pour le chrétien est la suivante : Est-il préférable de suivre la foule et d'avoir une conscience coupable devant Dieu ou bien d'obéir à Dieu en endurant certaines pertes ? Comme les apôtres, nous devrions choisir d'obéir à Dieu plutôt qu'aux hommes (Ac 5.19).

Lorsqu'on refuse de participer à une grève, peut-on profiter des résultats positifs qui en découlent ?

Lorsqu'une grève est réussie, les avantages obtenus par ceux qui ont vécus les difficultés financières durant la grève profitent à tout le monde, même à ceux qui ont refusé de se joindre à la lutte. Certains diront que c'est injuste. Cependant, regardons les choses en considérant cette question dans un contexte plus large. Si un pays part en guerre, ceux qui ne participent pas aux combats, en raison de certains handicaps ou parce qu'ils ne croient pas en la cause pour laquelle l'on combat, devraient-ils être empêchés de jouir de tout avantage produit par la guerre ? Personne ne soutiendra qu'ils devraient être exclus des avantages qui sont pour tout le pays. Dans la même perspective, ceux dont la conscience motive à ne pas participer à la grève, ne devraient pas être exclus des avantages découlant de la grève.

---

[80] James F. Childress, « Conscientious Objection », *Westminster Dictionary of Christian Ethics*, p. 118.

Conclusion

Les grèves ont des avantages certains et servent souvent à promouvoir des causes justes telles que l'amélioration des conditions du travailleur. Cependant, elles soulèvent beaucoup de questions économiques, politiques et éthiques complexes. Les chrétiens doivent comprendre les ramifications de la participation à des actions susceptibles de mettre leur jugement éthique et moral en question.

Questions

1. Considérez une grève générale à laquelle vous avez pris part ou dont vous avez été témoin et répondez aux questions suivantes :

   a) Quelles étaient les raisons à la base de la grève ?

   b) Comment a-t-elle été conduite ?

   c) Quels ont été les objectifs atteints ?

   d) Quel a été le coût de la grève ? Quels ont été les dégâts enregistrés ?

   e) Quels ont été les objectifs non atteints ?

2. Quelle est la différence entre l'approche chrétienne et l'approche non-chrétienne d'un mouvement de grève général ?

SECTION B

Questions financières

Introduction aux questions financières

Le continent africain est tenaillé par de sérieux problèmes financiers. La pauvreté est endémique. Pendant que le reste du monde progresse, s'enrichit et jouit de meilleures conditions de vie, l'Afrique se détériore davantage. En effet, la population africaine s'appauvrit de plus en plus, la faim et les maladies gagnent du terrain. Les pays africains sont ravagés par les guerres et les maladies à l'instar du VIH/SIDA et le nombre de veuves et d'orphelins augmente chaque jour. Cependant, au milieu de toutes ces souffrances, une poignée d'individus accumule des richesses considérables.

Cette situation soulève des questions comme celle-ci : pourquoi une si grande partie de la population vit dans la pauvreté extrême tandis qu'une infime partie jouit des richesses ? Ces questions sont abordées au chapitre 10 qui nous encourage à réfléchir humblement sur la réalité de la pauvreté en Afrique et à écouter attentivement la voix de Dieu afin d'être capable d'apporter la bonne nouvelle aux pauvres en Afrique. Il examine également quelques approches répandues mais inefficaces dans la lutte contre la pauvreté.

Parmi les principales causes de la pauvreté en Afrique, la corruption grandissante figure en bonne place. Des simples individus aux membres du gouvernement, tous ont recours à la corruption et à l'extorsion pour atteindre leurs objectifs. Par conséquent, certains deviennent de plus en plus riches pendant que d'autres deviennent pauvres. La corruption déforme non seulement l'économie, mais elle entrave aussi le développement économique dans la mesure où elle décourage les dons et les investissements. En effet, les individus et entreprises savent que leurs dons iront certainement dans les poches de quelques individus puissants. Il est donc important que les chrétiens prennent cette question au sérieux. Nous aborderons cela plus en détails au chapitre 11.

Dans un contexte dominé par la pauvreté, la corruption et l'absence de transparence et de responsabilité, il y a de fortes chances pour que des questions éthiques se posent concernant la mobilisation des fonds pour divers projets. Les églises et les associations chrétiennes doivent s'assurer que les méthodes employées dans la mobilisation des fonds sont en accord avec les principes bibliques. C'est pourquoi le chapitre 12 est consacré à l'éthique de la mobilisation des fonds.

10

La pauvreté

Il y a quelques années, Harber Sabane, maire de Tombouctou au Mali a dit : « Nous sommes très, très, très pauvres[81]. » Cette description faite en 1995 à propos de la plus vieille ville d'Afrique, pourrait également s'appliquer à tout le continent. Selon le rapport des Nations Unies sur le Développement Humain en 2005, les cinq pays les plus pauvres du monde se trouvent en Afrique : le Niger, la Sierra Leone, le Burkina Faso, le Mali et le Tchad[82]. Au cours du siècle dernier, la qualité de vie de la plupart des africains s'est détériorée lentement mais sûrement : « l'Afrique est la seule partie des pays en voie de développement où le niveau de vie a chuté au cours de cette dernière décennie[83]. Comme le relève un article de Chicago Tribune, « la baisse des niveaux de vie, la dégradation environnementale et les taux de croissance de la population élevés, risquent de pousser les communautés déjà appauvries à bout de leurs capacités à survivre et dans une compétition pour les ressources rares[84].

Prenons par exemple le cas du Nigéria. En 1992, environ 41,8 % de la population nigériane vivaient avec moins de 1 dollar par ménage par jour. À partir de 1996, ce nombre est passé à 46,3 % et à 65 % en 1999[85]. Un rapport de l'UNICEF relève que les enfants nigérians nés en 2005 ont une espérance de vie de 44 ans et que sur 1000 enfants nés, 100 meurent avant leur premier anniversaire. Environ 38 % d'enfants de moins de cinq

---

[81] Liz Sly, « Africa: Metamorphosis of a Continent » *Chicago Tribune*, 9 juillet 1995.

[82] United Nations Development Programme, *Human Development Report 2005*, New York, United Nations, 2005, p. 222.

[83] *Ibid.*

[84] Lis Sly, « Africa ».

[85] Economic Intelligence Unit. www.eiu.com.

ans ont une croissance ralentie causée par la malnutrition ou la maladie. Seulement 48 % de la population a accès à de l'eau potable[86]. Environ 43 % sont analphabètes. La pauvreté se manifeste de plusieurs manières. Les plus courantes sont : « la prostitution, l'exposition aux risques, la corruption, le vol, la vie dans la rue, le chômage croissant, la vie dans des conditions sordides, les bidonvilles, le taux de mortalité infantile élevé, la malnutrition aiguë, une faible espérance de vie, la dégradation humaine, la vie dans des maisons surpeuplées et peu aérées[87]. »

La plupart des pays africains chantent la même chanson car du bout de la corne d'Afrique vers la Namibie, la pauvreté est accablante. Les téléspectateurs sont bombardés d'images d'êtres humains faibles, affamés et émaciés, partout dans le continent. Les mendiants pullulent dans les rues de la plupart des villes, ayant pour domiciles les voitures et mendiant des pièces pour se nourrir eux-mêmes et leurs familles.

Que faire en tant que chrétien face à de tels statistiques ? Y a-t-il une bonne nouvelle pour les pauvres du continent africain ? Quel espoir leur offre l'Évangile ? Afin d'apporter une réponse à ces questions, nous devons pratiquer ce que John Stott appelle la double écoute :

> Nous écoutons humblement la Parole, soucieux de la comprendre, et résolus à croire et obéir à ce qu'elle nous recommande de faire. Nous écoutons le monde avec une vigilance essentielle, soucieux de le comprendre lui aussi et nous sommes résolus, pas nécessairement à le croire et à lui obéir, mais à compatir avec lui et à rechercher la grâce afin de voir comment y appliquer l'Évangile[88].

Ainsi, nous devons premièrement regarder le monde et considérer certaines dures réalités présentes dans le continent africain. Comme il a été déclaré lors du Conseil Œcuménique des Églises tenue à Uppsala, nous devons écouter « le cri de ceux qui aspirent à la paix ; le cri des affamés et de ceux qui sont exploités et qui ne demandent que du pain et la justice ; le cri des victimes de la discrimination qui réclament la dignité ; et le cri incessant des millions de personnes qui cherchent à donner un sens à

---

[86] UNICEF, « At a Glance : Nigeria ». Cité le 30 avril 2008. Site web : www.unicef.org/infobycountry/nigeria_statistics.html.

[87] *Nigerian Human Development Report*, 199, 6:31.

[88] John Stott, *The Contemporary Christian: Applying God's Word to Today's World*, Downers Grove, IVP, 1992, p. 27-28.

leur vie[89] ». Deuxièmement, nous devons étudier la Bible car c'est le point de départ de tout débat chrétien sur ces questions. Troisièmement, nous devons aborder dans un esprit critique certaines approches au problème de la pauvreté en Afrique avant de faire des recommandations visant à le résoudre.

Les besoins des africains

Plusieurs facteurs sont à la base de la pauvreté en Afrique. Nous avons entre autres la surpopulation, les soins hospitaliers précaires, l'analphabétisme, les guerres et les troubles civiles, la corruption et la famine. Ainsi, les besoins de ce continent sont ceux qui suivent.

Le besoin de développer ses ressources

Bien que les africains soient plus pauvres que les habitants d'autres continents, ils ont plus d'enfants à nourrir. La femme moyenne en Afrique subsaharienne donnait naissance à 5,3 enfants alors qu'aux États-Unis, cette moyenne était de 2,1. La population africaine s'accroît plus vite que ses ressources actuelles ne peuvent satisfaire. Cette situation donne raison au dicton : les riches continuent de s'enrichir tandis que les pauvres continuent de faire des enfants et de s'enfoncer davantage dans la faim et la pauvreté. Il est donc urgent d'exploiter les vastes ressources de l'Afrique afin qu'il y ait du travail et de la nourriture pour toute la population.

Les gouvernements africains ne prennent pas toujours de bonnes décisions concernant l'exploitation et la distribution des ressources du continent. Quelquefois, ils favorisent des projets ambitieux pour attirer l'attention sur eux au lieu d'encourager des projets qui contribueront à la croissance économique. Par exemple, les 149 milliards de Naira nigérians (environ 10 milliards de dollars) dépensés par le Nigéria pour accueillir la coupe du monde junior de la FIFA auraient pu être utilisés pour payer le salaire des fonctionnaires. Le fait de ne pas avoir payé ces salaires a presque paralysé la main d'œuvre du pays pendant des mois.

---

[89] Assemblée du Conseil Œcuménique des Églises, Uppsala, 1968, p. 5.

Le besoin de meilleurs soins médicaux

Les soins médicaux insuffisants signifient que la mortalité infantile et maternelle est élevée en Afrique. Le VIH/SIDA cause la perte de centaines de milliers de vies. D'autres meurent de maladies tropicales telles que la fièvre Ébola, ou du paludisme et de la tuberculose. Les soins médicaux insuffisants signifient aussi que beaucoup de travailleurs ne sont pas en bonne santé, ce qui affecte leur productivité.

Le besoin d'une meilleure éducation

Beaucoup d'adultes en Afrique sont analphabètes. Leur bas niveau d'éducation réduit la possibilité de trouver un emploi. Les femmes sont encore plus désavantagées que les hommes parce que ces derniers ont facilement accès à l'instruction tandis que les femmes sont généralement réduites à s'occuper des tâches domestiques.

Le besoin de ressources alimentaires

Les sécheresses et autres catastrophes naturelles affectent les pays africains. En effet, ces désastres rendent impossibles la culture des terres et causent la perte du bétail. La famine et la faim s'ensuit et conduit à la mort. La perte de plusieurs jeunes adultes suite au VIH/SIDA a également réduit la production car les enfants et les personnes âgées n'ont pas la force nécessaire pour cultiver.

Le besoin de maîtriser les guerres

La pauvreté est alimentée par les guerres et les conflits internes, mais elle les favorise aussi. Un article de *Chicago Tribune* le dit bien : « la plupart des pays africains présentent des risques d'explosion de violences car la population s'accroît tandis que le niveau de vie baisse et que des gouvernements faibles font face à des conflits régionaux et ethniques[90]. »

Près d'un tiers des pays d'Afrique au Sud du Sahara étaient impliqués (ou le sont encore) dans des conflits régionaux ou des guerres civiles ; des dirigeants ont recours à la force militaire pour résoudre des problèmes plutôt politiques. Certains de ces pays ont envoyé des troupes dans les pays voisins comme force d'interposition entre belligérants.

---

[90] Sly, « Africa ».

Des milliards de dollars sont dépensés pour la fabrication d'armes qui tuent des jeunes hommes et femmes, laissant derrière eux des orphelins, des veuves et une économie dévastée. Les bandes de criminels armés, qui peuvent être aussi bien perturbateurs que des rebelles politiques, frappent beaucoup de pays. Le coût est alarmant :

Depuis 1990, l'Algérie, l'Angola, le Burundi, la République Centrafricaine, le Tchad, la République Démocratique du Congo (RDC), la République du Congo, la Côte d'Ivoire, le Djibouti, l'Érythrée, l'Éthiopie, le Ghana, la Guinée, la Guinée Bissau, le Libéria, le Niger, le Nigéria, le Rwanda, le Sénégal, la Sierra Leone, l'Afrique du Sud, le Soudan et l'Uganda ont perdu environ 300 milliards dollars dans les conflits.

Cette somme est l'équivalent de l'aide internationale des principaux donateurs pendant la même période. Si cet argent n'avait pas été perdu à cause des conflits armés, il aurait pu servir pour la lutte contre le VIH/SIDA ou pour résoudre les problèmes liés à l'éducation, l'approvisionnement en eau potable et l'assainissement ainsi que la tuberculose et le paludisme. Nos recherches montrent que l'Afrique perd environ 18 milliards de dollars par an dans les guerres et les insurrections. En outre, les conflits armés font baisser en moyenne l'économie d'un pays africain de 15 % et ceci est probablement une estimation prudente. Le coût réel des violences armées pour les africains pourrait être beaucoup plus élevé[91].

Le coût des conflits armés est très ressenti par les populations civiles :

La plupart des guerres en Afrique sont menées entre une armée nationale et les guérillas qui représentent différents groupes, y compris des ethnies spécifiques. L'objectif visé étant de réduire les ressources du camp opposé. C'est ainsi que les ressources alimentaires sont volées, les villes sont pillées et les routes détruites. Les villages sont parfois brulés ; les jeunes gens forcés à combattre comme des soldats, et les femmes et les enfants à devenir des porteurs. Les cœurs, les esprits et le bien-être ne préoccupent personne. Pour survivre, des milliers de personnes s'enfuient dans la forêt ou dans les camps approvisionnés par des aides humanitaires[92].

---

[91] Oxfam International, *Africa's Missing Billions: International Arms Flows and the Cost of Conflict* (Briefing paper 107; IANSA, Oxfam, and Saferworld, 2007), p. 3. Cité le 18 novembre 2007. Site web : www.oxfam.org/en/files/bp107_africas_missing_0710.pdf.
[92] *The Economist*, 16 novembre 1998.

Les mêmes stratégies ont été employées en RDC : les miliciens ont réservé de la nourriture pour eux-mêmes et pour les membres de leurs familles et ont contrôlé la distribution de l'aide afin de maintenir leur pouvoir sur les autres réfugiés.

Le besoin d'avoir un gouvernement honnête

La corruption a infecté la politique et le gouvernement des pays africains. En 2001, Transparency International a identifié le Nigéria comme étant l'un des pays les plus corrompus au monde[93]. Les grandes ressources du pays sont gaspillées. Malgré le fait qu'il gagne des milliards de dollars grâce à la production du pétrole, le pays ne se développe presque pas, parce que la corruption est devenue un art.

Le Nigéria n'est pas seul dans cette situation, le Cameroun a également été classé parmi les pays les plus corrompus au monde. Le Général Mainasara du Niger n'a pas tenu ses promesses électorales et a laissé les salariés impayés pendant cinq mois. Assassiné par ses gardes du corps, il a laissé une économie très affaiblie et des citoyens incapables de subvenir à leurs besoins fondamentaux. Le Niger est actuellement l'un des pays les plus pauvres en Afrique. La Sierra Leone, dont l'exploitation correcte de ses grandes richesses naturelles pourrait changer l'économie de la nation, continue de lutter contre la pauvreté. La république de la Guinée est également assaillie par une pauvreté accrue à cause de la corruption.

Le besoin de chrétiens qui témoignent de leur foi

Malheureusement, les chrétiens sont également impliqués dans certaines actions qui contribuent à maintenir l'Afrique dans la pauvreté. Le Libéria s'était déclaré pays chrétien, mais pendant la guerre civile libérienne, entre 1989 et 1995, tous les leaders politiques y compris Charles Taylor, Samuel Doe et Prince Johnson qui étaient connus comme étant chrétiens, ont encouragé la brutalité et ont dévasté leurs pays. Les chrétiens et même les pasteurs se sont impliqués dans ces guerres, tout comme au Rwanda. Ainsi, les chrétiens sont aussi complices de la corruption qui ronge l'Afrique et freine le développement.

---

[93] Transparency International. Cité le 20 novembre 2007. Site web : www.transparency.org/policy_research/surveys_indices/cpi/2001

Conception biblique de la pauvreté

Afin d'être le sel de la terre et la lumière du monde en Afrique, les chrétiens ont besoin de comprendre ce que disent les Saintes Écritures sur la pauvreté et comment vivre à la lumière de ce qu'elles indiquent.

Lorsque Dieu a créé Adam, la terre était fertile et produisait en abondance. Cependant, la chute a renversé cette situation, le péché d'Adam a amené Dieu à maudire la terre si bien que le travail agricole n'était plus facile : « il fera germer pour toi l'épine et le chardon et tu mangeras l'herbe des champs. A la sueur de ton visage tu mangeras du pain jusqu'à ce que tu retournes au sol car c'est de lui que tu as été pris » (Gn 3.18-19). Le péché est donc la première cause de la pauvreté dans le monde.

La pauvreté causée par le péché est aussi bien spirituelle que matérielle. Ainsi, lorsque Jésus dit « Heureux les pauvres de cœur » (Mt 5.3), il fait référence à ceux qui reconnaissent leur pauvreté spirituelle et qui sont humbles et dociles[94]. Les auteurs des Psaumes ont également employé le terme « pauvre » pour faire référence à la pauvreté spirituelle. Cependant, le sujet étant vaste, limitons-nous ici à la pauvreté matérielle de ceux qui sont « sans richesses et biens matériels, manquant même des nécessités de la vie[95] ».

La pauvreté dans l'Ancien Testament

Dans l'Ancien Testament, les orphelins, les étrangers et les veuves sont considérés comme pauvres (voir Ex 22.21-24). Ces groupes de personnes dépendaient des autres pour leur gagne-pain.

Plusieurs mots sont employés pour décrire les pauvres. Tout d'abord, nous avons *ani* (employé 71 fois), qui renvoie à une personne « qui occupe une position inférieure. Cette dernière doit respecter ceux qui sont plus élevés qu'elle, c'est une personne inclinée sous la pression et qui se trouve dans une relation de dépendance[96] ». Nous avons aussi *dal* (employé 48 fois) qui vient du mot hébreu *dalal*, qui signifie être maigre, faible et

---

[94] U. Wolf, « Poor », dans *The Interpreters Dictionary of the Bible*, p. 844.

[95] *Ibid.*, p. 843.

[96] Albert Gelin, *The Poor of Yahweh*, trad. Kathryn Sullivan, Collegeville, Liturgical Press, 1964, p. 10.

maladif et qui fait référence à la pauvreté physique et matérielle. Ensuite, nous avons *ebhyon* (employé 61 fois) qui signifie « celui qui mendie ». Une telle personne est tellement pauvre qu'elle est réduite à la mendicité[97]. Et enfin le mot *rush* qui signifie « le nécessiteux ». Ce mot indique non seulement un besoin, mais aussi une attente et une demande (Ex 23.6-11)[98].

Avant qu'Israël n'entre dans la terre promise, Dieu leur a dit que leur prospérité dépendrait de leur obéissance : « Ainsi, il n'y aura pas de pauvres chez toi, tellement le Seigneur t'aura comblé de bénédictions dans le pays que le Seigneur ton Dieu te donne comme patrimoine pour en prendre possession, pourvu que tu écoutes attentivement la voix du Seigneur ton Dieu en veillant à mettre en pratique tout ce commandement que je te donne aujourd'hui » (Dt 15.4-5).

Cependant, à cause de leur rébellion, il y a eu des pauvres et des nécessiteux parmi eux. Dieu dans son amour et sa miséricorde a pourvu à leurs besoins. Dans les livres de Deutéronome et de Lévitique qui présentent les commandements de Dieu, il insiste sur le fait que les pauvres devraient être traités de manière équitable. Ils ne devraient pas souffrir d'injustice parce qu'ils sont pauvres (Ex 23.2, 6, 7). S'ils empruntent de l'argent, le créancier ne doit exiger aucun intérêt (Ex 22.25 ; Lv 25.36 ; Dt 23.20). Si le manteau de l'un d'eux est pris pour être la garantie qu'il va payer sa dette, il doit être remis avant la nuit (Dt 24.12-13). La loi sur le glanage stipulait que les Israélites devaient laisser une partie de leur moisson dans les champs pour les étrangers et les pauvres (Lv 19.9-10 ; 23.22). Les cultivateurs avaient le pouvoir d'accorder le « droit de glanage à certains pauvres et pouvaient accorder la faveur à certaines personnes qui la méritaient, comme ce fut le cas de Boaz à Ruth[99] ». Les lois relatives au jubilée et à l'année sabbatique (Ex 23.10-11 ; Lv 25.1-55 ; Dt 15.1-11) se chargeaient des situations dans lesquelles les Israélites endettés se vendaient comme esclaves à d'autres Israélites. Ces esclaves devaient être

---

[97] Augustin George, « Poverty in the Old Testament », dans *Gospel Poverty: Essays in Biblical Theology*, trad. Michael D. Guinan, Chicago, Franciscan Herald Press, 1977, p. 4 (Traduit du livre français *La pauvreté évangélique*, Paris, Cerf, 1971).

[98] Gelin, *The Poor of Yahweh*, p. 20.

[99] Rousas John Rushdoony, *Institutes of Biblical Law*, Phillipsburg, Presbyterian and Reformed, 1973, p. 248.

bien traités et devaient être payés pour le service rendu au moment de leur libération.

Ces lois auraient empêché les individus de tomber dans une extrême pauvreté. Cependant, sous la monarchie, ces lois ne semblent pas avoir été respectées alors que la nation subissait des changements politiques et économiques. Une civilisation moderne s'est mise en place et les rois ont commencé à amasser des richesses et à enrôler les gens dans l'armée. Les riches propriétaires terriens profitaient des moments difficiles et des guerres pour oppresser les pauvres[100]. Colin Brown dit que pendant la monarchie, « l'économie de troc est devenue une économie dans laquelle le peuple utilisait de l'argent et c'est ainsi que beaucoup d'agriculteurs sont devenus financièrement dépendants des citadins[101] ». L'histoire d'Akhab et de Naboth dans 1 Rois 21 illustre clairement les injustices pratiquées par les riches vis-à-vis des pauvres.

Pendant le temps des prophètes, être pauvre était devenu synonyme d'être opprimé. Dans sa condamnation de l'oppression, Amos emploie tous les mots hébreux destinés à qualifier le « pauvre » à l'exception de *rush*. « Ils ont vendu le juste pour de l'argent et le pauvre (*ebhyon*) pour une paire de sandales ; parce qu'ils sont avides de voir la poussière du sol sur la tête des indigents (*dallim*) et qu'ils détournent les ressources des humbles (*anawim*) » (Am 2.6-7 ; voir aussi Am 4.1 ; Es 10.1-2 ; 11.4). La première cause de pauvreté était l'injustice et l'exploitation des pauvres par les riches (Es 3.14 ; Jr 5.27-28 ; 6.13 ; 22.13-17.) ; les prophètes ont également condamné les commerçants qui exploitaient leurs clients (Os 12.7, Am 8.5-6 ; Mi 6.10-11), les juges corrompus (Es 5.23 ; 10.1-2 ; Ez 22.29 ; Am 5.7 ; Mi 3.9-11), et la confiscation des biens (Mi 2.1-3).

Cependant, tous les riches n'exploitaient pas les pauvres. Par exemple, Job, homme extrêmement riche (Jb 1.3), n'hésitait pas à dire qu'il avait compassion des pauvres et des nécessiteux. Il réconfortait les veuves (29.13) et aidait les handicapés (29.15). Il pouvait même être décrit comme un « père pour les indigents » (29.16).

Dans les livres de Sagesse, « la vertu était liée à la pauvreté, la richesse à la méchanceté » (19.1 ; 28.6 ; 19.22). Cependant, les auteurs des

---

[100] Gelin, *The Poor of Yahweh*, p. 16.
[101] Colin Brown, « Poor », dans *The New International Dictionary of New Testament Theology*, 2:822.

Proverbes ont également reconnu que la pauvreté pouvait être causée par la « paresse (10.4 ; 19.15, 24 ; 20.13 ; 21.17), la stupidité (11.14 ; 10.14-16 ; 13.18) et la négligence (21.5)[102] ».

Dans les Psaumes, les ennemis des pauvres sont appelés « impie » (10.4-7 ; 140.4, 9), « exploiteur » (35.10) ; « usurier » (109.11a) ; « étranger » (109.11b) ; et « faux témoins » (35.11)[103]. Dans leur souffrance, les pauvres se tournent humblement vers Dieu afin d'obtenir de l'aide (Ps 72.2, 4, 12-14)[104].

Ce bref aperçu nous montre que l'Ancien Testament témoigne que Dieu se soucie des pauvres et que l'oppression suscite sa colère. C'est pourquoi il a donné des lois spécifiques afin de permettre à son peuple de prendre soin des pauvres. « Un comportement compatissant et soucieux des pauvres était vu comme étant la volonté de Dieu, la vertu des rois et le devoir de tout le peuple[105]. »

La pauvreté dans le Nouveau Testament

Il est vrai que le Nouveau Testament ne contient pas des détails relatifs au traitement des pauvres comme c'est le cas dans l'Ancien Testament ; mais l'accent est davantage mis sur leurs besoins. Deux mots grecs sont employés pour faire allusion aux pauvres. Le premier mot est *penes* (employé 34 fois) et il renvoie à un travailleur manuel, une personne qui n'est pas un riche propriétaire terrien, mais qui doit travailler dur pour gagner sa vie. Ces personnes étaient souvent économiquement et juridiquement opprimés. Jésus lui-même était classé parmi les pauvres car « Les renards ont des terriers et les oiseaux du ciel des nids ; le Fils de l'homme, lui, n'a pas où poser la tête » (Mt 8.20 ; Lc 9.58).

Le deuxième mot est *ptochos* (employé 34 fois) avec la plupart des références dans les évangiles (employé 24 fois). Luc, en particulier, l'emploie 10 fois. Ce mot renvoie aux mendiants, complètement dépendants des autres. C'est ce mot que Jésus a employé lorsqu'il a dit « Heureux les

---

[102] E. Calvin Beisner, *Prosperity and Poverty : The Compassionate Use of Resources in a World of Scarcity*, Westchester, IL, Crossway, 1988, p. 195.
[103] *Ibid.*, p. 116.
[104] Brown, « Poor », 2 :822.
[105] F. Charles Fensham, « Widow, Orphan and the Poor in Ancient Near Eastern Legal and Wisdom Literature », *Journal of Near Eastern Studies* 21, 1962, p. 137.

pauvres de cœur » (Mt 5.3 ; voir aussi Lc 6.20). « C'était une métaphore appropriée pour ceux qui n'avaient aucun autre espoir que Dieu[106]. »

Par ailleurs, les pauvres occupaient une place importante dans le ministère de Jésus. En effet, le thème de « la compassion et le soin apportés aux pauvres » est l'un des thèmes centraux dans plusieurs paraboles. Ainsi, un homme riche est condamné, non pas à cause de ses richesses, mais tout simplement parce qu'il a négligé l'homme pauvre (Lazare) couché devant sa porte (Lc 16.19-31). Lorsque les invités ont décliné leur invitation au grand dîner, ce sont les estropiés et les pauvres qui se sont régalés (Lc 14.12-24). Jésus a également fait mention du comportement des pauvres ; c'est ainsi qu'il a loué la générosité de la pauvre veuve, comparée aux scribes qui exploitaient les pauvres (Mc 12.38-44). Il a demandé à un jeune homme riche de vendre ses biens et de donner l'argent aux pauvres (Mc 10.21 ; Lc 18.22). Sa conversation avec Zachée, le collecteur d'impôts, a amené celui-ci à distribuer la moitié de ses biens aux pauvres comme signe de conversion (Lc 19.1-10).

En outre, non seulement Jésus montre le besoin d'aider les pauvres, mais ses actions en sont des exemples. Pierre a dit qu'« il est passé partout en bienfaiteur » (Ac 10.38). Il a par exemple ressuscité le fils de la veuve de Naïn, une femme qui aurait été abandonnée sans ressources, sans mari ni fils pour prendre soin d'elle (Lc 7.12-15). Il se souciait du besoin physique de ceux qui venaient de loin pour écouter ses enseignements (Mc 8.1-9). Il a d'ailleurs déclaré que ceux qui prennent soin des malades, des nécessiteux et des sans-abris, le font pour lui et ne pas le faire reviendrait à ne pas le faire pour lui (Mt 25.31-36).

Certes Jésus a dit, peu de temps avant sa mort, que « des pauvres, en effet, vous en avez toujours avec vous » (Mc 14.1-9, Mt 26.6-11) ; mais cette déclaration, loin d'encourager les gens à dénigrer les pauvres, répète tout simplement la déclaration mentionnée dans Deutéronome 15.11 : « Et puisqu'il ne cessera pas d'y avoir des pauvres au milieu du pays, je te donne ce commandement : Tu ouvriras ta main toute grande à ton frère, au malheureux et au pauvre que tu as dans ton pays », laquelle a été dite dans un contexte où le désir de Dieu est qu'« il n'y aura pas de pauvres chez toi » et d'une exhortation à la générosité (Dt 15.4-10).

---

[106] Leslie J. Hoppe, *Being Poor : A Biblical Study*, Wilmington, Delaware, Michael Glazier, 1987, p. 155.

Après l'ascension de Jésus, l'église primitive à Jérusalem prenait également soin des pauvres et des nécessiteux (Ac 2.44-45 ; 4.33-35). Cette habitude a été perpétuée alors que l'église s'étendait au-delà de Jérusalem. Paul a écrit aux églises à propos des collectes faites pour les pauvres (1 Co 16.1-2 ; 2 Co 8.1-4 ; 9.1-2) et les a encouragées à se souvenir des pauvres (Rm 12.13). Jacques a également condamné l'injustice envers les pauvres (Jc 2.1-6).

Résumé de la pensée biblique

L'enseignement cohérent de la Bible est que Dieu prend soin des pauvres. La position de L'Ancien Testament peut être résumée dans Proverbes 14.31 : « Qui opprime le faible outrage son Créateur, mais qui a pitié du pauvre l'honore ». Le Nouveau Testament considère que ne pas prendre soin des pauvres est un péché. Les Saintes Écritures présente donc un témoignage clair sur la compassion de Dieu et les soins qu'il apporte aux pauvres, et sur l'ordre aux croyants et à l'église de prendre soin d'eux.

Fausses conceptions à propos de la richesse et de la pauvreté

Vu les multiples enseignements bibliques sur le sujet, l'on s'attendrait à ce que les chrétiens s'accordent sur des approches adéquates à employer pour résoudre le problème de la pauvreté. Malheureusement, ce n'est pas le cas. Certaines approches, bien qu'elles soient sincères, ne sont pas acceptables parce qu'elles ne cadrent pas avec la pensée biblique.

Avant d'examiner ces approches, il est important d'avoir conscience de nos propres préjugés théologiques quand il s'agit du problème de la pauvreté :

- Si nous sommes autoritaires ou fatalistes, nous blâmons l'état des pauvres sur le destin.

- Si nous sommes pour le respect de la hiérarchie, il est possible que nous hésitions sur qui est à blâmer, mais nous avons tendance à désigner comme responsables les pauvres sans compétences qui devraient être formés.

- Si nous sommes individualistes, nous pensons que les gens sont pauvres à cause de la malchance ou de leur incompétence personnelle ;

- Si nous optons pour l'égalitarisme, nous accusons le système corrompu. Les pauvres sont défavorisés à cause du mauvais système qui les opprime et leur refuse des privilèges[107].

Ces préjugés affectent non seulement ceux que nous accusons d'être responsables de la pauvreté, mais aussi notre perspective sur les facteurs favorisant la croissance économique, nos hypothèses sur la gestion des ressources et notre volonté à prendre des risques afin d'apporter des changements.

Nous ne pourrions discuter dans les détails de toutes les différentes approches erronées de la pauvreté ; nous allons donc seulement nous focaliser sur quelques-unes, particulièrement celles soulevées par Ronald Sider, un érudit évangélique bien connu dans sa lutte pour la cause des pauvres.

Dieu prend le parti des pauvres

La littérature chrétienne traitant du thème de la pauvreté, s'accorde pour dire que Dieu s'intéresse aux pauvres. Cependant, certains auteurs vont plus loin et disent que Dieu prend activement le parti des pauvres. Sider affirme que :

D'une manière mystérieuse que nous ne pouvons saisir qu'en partie, le souverain de l'univers s'identifie aux faibles et aux indigents (Pr 14.31). La formulation positive suivante l'illustre encore plus clairement « celui qui a pitié du faible prête au Seigneur qui le lui rendra » (Pr 19.17). Contrairement à la manière dont vous et moi, ainsi que les personnes puissantes et sans soucis, avons l'habitude de traiter les pauvres, Dieu semble prendre le parti des pauvres. Cependant, il est partial seulement par opposition à notre indifférence pécheresse (...) Dieu n'est pas neutre. Son impartialité ne veut pas dire qu'il reste neutre dans la lutte pour la justice. Dieu est du côté des pauvres. La Bible enseigne clairement et de façon répétée que Dieu travaille dans l'histoire, cherchant à rabaisser

---

[107] Judith Lingenfelter, « Why Do We Argue over How to Help the Poor ? », *Missiology* 36, 1998, p. 154-166.

les riches et à élever les pauvres parce que souvent les riches sont riches parce qu'ils ont opprimé les pauvres ou ont négligé d'aider les pauvres[108].

David Chilton critique à juste titre Sider dans sa position selon laquelle Dieu prend le parti des pauvres et s'identifie sans discrimination à eux. Il dit : « De quel côté est Dieu ? Il n'est ni du côté des riches ni du côté des pauvres, ni d'aucune classe sociale ou économique, ni d'une race[109]. » Dieu ne prend pas de parti. Il est juste et compatissant envers tous.

La richesse s'acquiert uniquement par l'exploitation des autres

Dans le passage cité plus haut, Sider dit que « souvent les riches sont riches parce qu'ils ont opprimé les pauvres ou ont négligé d'aider les pauvres ». Ainsi, les pays riches sont vus comme étant responsables des conditions critiques des pays pauvres. Sider accuse « tous les riches et les pays développés » d'être « les participants d'un système qui plonge davantage plus de personnes dans l'agonie et la mort que ne l'a fait l'esclavage[110] ». Dans la même lancée, Dom Helder Camara, archevêque de Recife au Brésil, dit que 20 % de la population mondiale possèdent 80 % des ressources mondiales et se demande : « les 20 % qui possèdent 80 % dans une situation parfois inhumaine – sont-ils ou non responsables de la violence et de la haine qui commencent à éclater dans le monde ?[111] »

Certes, les puissances coloniales et les pays riches ont exploité les pays pauvres, mais ce n'est pas le fin mot de l'histoire parce que les pays peuvent devenir riches par d'autres moyens. Le Japon, par exemple, l'un des pays les plus riches du monde, n'a pas acquis sa richesse en exploitant d'autres pays. En outre, l'oppression subie par les pays pauvres ne vient pas toujours des pays riches. Nous allons voir dans le chapitre suivant qu'il existe parfois des exploitations internes. En fait, les membres du

---

[108] Ronald J. Sider, *Rich Christians in an Age of Hunger*, London, Hodder and Stoughton, 1977, p. 61, 76.

[109] David Chilton, *Productive Christians in an Age of Guilt Manipulators: A Biblical Response to Ronald J. Sider*, Tyler, TX, Institute for Christian Economics, 1981, p. 85.

[110] Ronald J. Sider, « How We Oppress the Poor », *Christianity Today*, 16 juillet 1976.

[111] Helder Camara, discours délivré à Genève en janvier 1970 lors du Conseil Œcuménique des Églises cité le 21 novembre 2007. Site web : peaceandnonviolence.blogspot.com/2007/03/fetters-of-injustice-dom-helder-camara-html.

gouvernement enrichissent leurs familles et les facteurs ethniques et tribaux prévalent sur tout engagement visant à améliorer la croissance économique du pays. Ce qui s'ensuit est que :

> La plupart des Nigérians croient qu'à moins d'avoir leurs « propres hommes » dans le gouvernement, ils ne peuvent se procurer les aides socio-économiques dispersées par le gouvernement. Ainsi, les décisions du gouvernement sur la création des entreprises, la construction des routes, l'octroi des bourses, les nominations dans la fonction publique, sont examinées de près en termes de leurs profits aux différents groupes ethniques du pays[112].

Cette situation est similaire à celle de plusieurs autres pays africains. Les rivalités ethniques et le manque de coopération rendent presque impossible le succès de tout système économique.

Au niveau individuel, la pauvreté ne vient pas toujours de l'oppression. Des études ont montré que la pauvreté peut venir d'ailleurs :

> Certains sont pauvres par manque de discipline et d'initiative (...) D'autres sont de vrais victimes, souffrant des dommages, des maladies ou des catastrophes telles que la famine et les tremblements de terre (...) D'autres encore le sont à cause de l'exploitation économique. L'esclavage en est un exemple historique ; l'apartheid en Afrique du Sud et le système de caste de l'Inde orientale sont des causes modernes de la pauvreté[113].

Ainsi faut-il retenir que les représailles économiques ne sont pas les seules causes de la pauvreté. D'autres facteurs en sont également à l'origine, y compris les guerres qui ravagent l'Afrique.

L'argument selon lequel toute richesse provient de l'oppression des autres est basé sur l'hypothèse suivante :

> La richesse ne peut pas être créée mais peut seulement être distribuée. Logiquement, s'il y a huit personnes à une fête et qu'une tarte est coupée en huit parts, si je prends deux ou trois parts pour moi tout seul, il est clair que j'ai pris ce qui appartient à d'autres. Le

---

[112] Okwudiba Nnoli, *Ethnic Politics in Nigeria*, Enugu, Nigeria, Fourth Dimension, 1980, p. 176.

[113] Lloyd Billings, « Compassion and the Poor », dans Frank Schaeffer, sous dir., *Is Capitalism Christian? Toward a Christian Perspective on Economics*, Westchester, IL, Crossway, 1985, p. 343, 345.

fait que j'ai plus à manger prouve que j'ai pris ce qui leur appartient et que je suis la cause de leur manque[114].

Cette philosophie désuète n'apporte aucun changement et ne tient pas dans la réalité, car les richesses peuvent effectivement être créées.

L'argument selon lequel la richesse implique automatiquement l'exploitation des autres n'est pas biblique car la Bible montre clairement que les richesses peuvent être des signes de bénédiction de Dieu. Tous les riches ne sont pas forcément des personnes qui exploitent, comme l'illustrent les cas d'Abraham et de Job.

Les richesses doivent être distribuées de façon équitable

Une autre mauvaise conception est celle de penser que la justice demande une distribution équitable des richesses. Jeremy Rifkin dit, par exemple, que « sans une redistribution véritable des richesses, toute discussion visant à réduire des flux énergétiques et à prendre en compte les limites biologiques de notre planète n'aboutira à rien d'autre qu'aux riches enfermant pour toujours les pauvres dans leur condition servile[115]. » Sider dit également que « Dieu prend le parti des pauvres parce qu'il n'aime pas l'extrême richesse et l'extrême pauvreté (...) Les riches s'opposent à la justice parce que cette dernière leur demande de mettre fin à l'oppression et de partager leurs biens avec les pauvres[116].

En disant que le fossé entre les riches et les pauvres est un péché et doit être éliminé, Sider fait allusion à ce que Paul dit dans 2 Corinthiens 8.13-14 : « il ne s'agit pas de vous mettre dans la gêne en soulageant les autres, mais d'établir l'égalité. En cette occasion, ce que vous avez en trop compensera ce qu'ils ont en moins, pour qu'un jour ce qu'ils auront en trop compense ce que vous aurez en moins : cela fera l'égalité. » Ici, Sider dit que « Paul énonce clairement le principe de l'égalité économique parmi le peuple de Dieu afin de guider les corinthiens dans leurs dons[117] ».

---

[114] Randy Alcorn, *Money, Possessions and Eternity*, Wheaton, Tyndale, 1989, p. 246.

[115] Jeremy Rifkin, *Entropy: A New World View*, New York, Viking, 1980, p. 194-195. Cité dans John Jefferson Davis, *Your Wealth in God's World: Does the Bible Support the Free Market?*, Phillipsburg, NJ, Presbyterian and Reformed Publishing Company, 1984, p. 38.

[116] Sider, *Rich Christians*, p. 76.

[117] *Ibid.*, p. 81.

Cependant, un examen minutieux du contexte de 2 Corinthiens montre que Paul n'est pas en train d'insister sur la distribution équitable des richesses parmi les chrétiens dans l'église de la Macédoine, la Grèce, l'Asie mineure et Jérusalem. Au contraire, au lieu de parler des fonds qu'ils collectent pour une redistribution obligatoire, il parle d'avoir « en abondance de la générosité » (8.7), il compare ces dons au don précieux de Christ (8.9) et dit que ces dons sont « une preuve de votre amour » (8.24). Leurs dons sont généreux (9.5) et volontaires (9.7) et ne sont pas motivés par le sens du devoir, mais plutôt par leur conscience « de la grâce surabondante que Dieu [leur] a accordée » (9.14). Ainsi, l'on peut dire que « l'égalité envisagée n'a rien à voir avec les conditions économiques ; il s'agit plutôt de donner proportionnellement, en fonction de ce qu'on a et des besoins et non en fonction de ce que l'on n'a pas[118] ».

Paul met l'accent sur la gratitude plutôt que sur la culpabilité comme motivation pour l'aide apportée aux pauvres. Ce principe est en accord avec l'enseignement de tout le Nouveau Testament qui dit que *donner* et non recevoir est le mode de vie chrétien. Nous ne devons pas attendre que les autres nous distribuent leurs biens, mais plutôt travailler activement à combler les besoins des pauvres parmi nous.

Les arguments qui soutiennent que Dieu prend le parti des pauvres et demande une distribution équitable des richesses incitent à la violence pour renverser les riches. Ils trouvent beaucoup d'adeptes dans les pays pauvres. En 1980 au Libéria, le People Redemption Council dirigé par Samuel K. Doe qui devint plus tard l'homme « inébranlable » du Libéria, a assassiné le président William R. Tolbert et a exécuté treize de ses hauts fonctionnaires du gouvernement, arguant que le gouvernement de Tolbert vivait pleinement dans la corruption. Dix ans après, le gouvernement de Doe souffrait à son tour des violences des mains des rebelles de Charles Taylor pour des raisons similaires.

Les coups d'État sont souvent justifiés par le fait que les membres du gouvernement s'enrichissent seuls pendant que les pauvres s'appauvrissent davantage. Au Nigéria, par exemple, les généraux Babangida et Abacha avaient promis de rendre la vie plus facile à tous les Nigérians, mais ils ont fini par s'enrichir eux-mêmes. Les vingt-neuf ans du Nigéria sous

---

[118] Beisner, *Prosperity and Poverty*, p. 72.

le régime militaire n'a pas apporté de changement particulier pour ce qui est des conditions des pauvres. L'économie est devenue pire et les citoyens sont devenus plus pauvres, plus exploités, plus dégradés et plus déshumanisés. C'est la même situation dans plusieurs autres pays africains. Une fois qu'un groupe accède au pouvoir, il devient de plus en plus riche et les pauvres sont laissés à eux-mêmes.

Ceux qui reconnaissent que les révolutions violentes ne sont ni bibliques ni des solutions pratiques pour aider les masses peuvent tenter de surmonter l'inégalité en confisquant les biens des riches pour les donner aux pauvres. Cette approche s'est aussi avérée être sans succès :

> Rarement, voire jamais, la pauvreté est-elle allégée par la confiscation des biens des riches (...) Si nous souhaitons éviter l'inégalité, nous étouffons presque, de façon inévitable, la productivité et causons du tort aux pauvres. Cela s'est au moins vérifié dans toutes les sociétés dans lesquelles cette expérience a été faite[119].

En outre, il est peu probable que la redistribution des richesses profite à tout le monde. C'est ce que le premier ministre indien, Indira Gandhi, a constaté lorsqu'elle a changé la constitution et a mis fin aux privilèges dont bénéficiaient les princes indiens. Les richesses redistribuées s'élevaient seulement à huit *paisa* (0,08 roupies ou environ un centime de dollar américain) par personne par jour.

Recommandations pour aider les pauvres

La mauvaise compréhension des relations entre les riches et les pauvres repose sur la culpabilité comme motivation pour agir. Parfois, cette culpabilité n'est pas appropriée. Si les gens ne sont pas directement ou indirectement responsables de la pauvreté des autres, comment peuvent-ils être coupables de ce qu'ils n'ont pas fait ? Ainsi, la solution à la pauvreté en Afrique ne consiste pas à faire culpabiliser les riches. Cela ne veut pas dire que les riches qui le sont par l'exploitation des autres ne devraient pas avoir de comptes à rendre.

L'Afrique a urgemment besoin de reconnaître que la solution à la crise économique ne repose pas simplement sur un changement de gouvernement ou sur la mise en place d'un nouveau système politique

---

[119] Harold O. J. Brown, « The Problem of Poverty », notes de cours, Trinity Evangelical Divinity School, Deerfield, Illinois, 1992.

(aussi important soit-il), mais sur un changement opéré dans les cœurs. Les solutions morales et spirituelles sont à la base de toute tentative de résolution du problème de la pauvreté.

> Si le manque et le besoin sont causés tout d'abord par des raisons externes, et ensuite par l'insuffisance de sagesse humaine, de caractère, et de désir de partager de façon équitable les ressources limitées de ce monde, il est évident que nous ne pouvons espérer une solution totale et durable au problème du manque et son corollaire la pauvreté, à moins d'avoir les moyens de réparer ces insuffisances. Nous avons un tel moyen, mais il est de nature spirituel et non social. Les solutions sociales ne sont pas sans valeur ; elles peuvent, en effet, avoir une grande valeur, mais ne peuvent résoudre le problème complètement[120].

Ainsi, que doit dire l'Église à ceux qui, dans nos communautés, sont opprimés au quotidien par les structures économiques et politiques ? Il y a de cela deux milles ans, notre Maître a dit qu'il apportait la bonne nouvelle aux pauvres (Lc 4.18). Est-ce que l'Église a encore cette bonne nouvelle pour eux ? Ou avons-nous rejoint les rangs des oppresseurs ? La dernière partie de ce chapitre comporte quelques réponses à ces questions et donne quelques recommandations pour aider l'Église à être une véritable source d'espoir pour les pauvres en Afrique.

Être le sel de la terre et la lumière du monde

Les chrétiens dans beaucoup de pays frappés par la pauvreté ont manqué de suivre la recommandation de Christ, à savoir être le sel de la terre et la lumière du monde. Ils ont ainsi contribué à l'exploitation des pauvres. Écoutons John Stott nous rappeler ce que l'appel de Christ veut dire : « Les chrétiens doivent être fondamentalement différents des non-chrétiens ; nous devons nous intégrer dans la société non-chrétienne ; nous devons l'influencer tout en gardant les valeurs qui nous distinguent[121]. » Nous ne pouvons pas apporter la bonne nouvelle aux pauvres si nous-mêmes ne sommes pas bons. Quand les chrétiens s'impliquent dans des actions qui favorisent la pourriture, conduisent aux ténèbres, à la dégradation et à la privation des autres de l'essentiel, c'est vraiment triste.

---

[120] Brown, *The Problem of Poverty*, p. 19.
[121] Stott, *New Issues Facing Christians*, p. 66-68.

En 1997, l'Église au Nigéria s'est sentie si responsable du laxisme moral dans la société qu'elle a organisé dans la capitale, Abuja, une rencontre historique connue sous le nom de Congress on Christian Ethics in Nigeria (COCEN[122]). À l'issue de cette rencontre qui a duré cinq jours, le Congrès a conçu l'Engagement du Nigéria, un engagement fort et un outil pour arrêter la décadence morale. Cet engagement est une promesse devant Dieu et devant les uns les autres d'être juste et de changer les choses.

Les chrétiens dans d'autres pays africains devraient étudier l'impasse morale qui affecte leur pays afin d'élaborer des engagements similaires que tout chrétien, membre du gouvernement ou simple citoyen, devrait suivre. Si les chrétiens africains s'engageaient devant Dieu et devant les hommes à être honnêtes, à défendre les pauvres et à faire tout leur possible afin d'améliorer leurs vies, ce serait vraiment une source de bonne nouvelle pour les pauvres.

Respecter la dignité humaine

Les pauvres, bien que dépourvus de biens matériels, ont été créés à l'image de Dieu. Ainsi, Dieu les aime et prend soin d'eux. Les chrétiens doivent également les traiter comme des êtres humains et non comme des choses.

Suivre l'exemple de Jésus

Le ministère de Jésus démontre l'intérêt que Dieu a pour les pauvres et les nécessiteux. Sa mission principale consistait à mourir pour le péché de beaucoup (Mc 10.45) ; mais il a également démontré la miséricorde et la compassion de Dieu, en guérissant les malades, en chassant les démons et en pourvoyant aux besoins physiques. Il a lui-même dit qu'il est venu apporter la bonne nouvelle aux pauvres, aux prisonniers, aux aveugles et aux opprimés (Lc 4.18-19). « Les pauvres comprennent bien ce qu'est l'esclavage et peuvent mieux apprécier le concept de délivrance (...) Bien que n'étant pas riche lui-même, Jésus avait l'habitude de donner aux pauvres (Jn 13.29)[123]. »

---

[122] Congrès sur l'Éthique chrétienne au Nigéria.
[123] Alcorn, *Money, Possession and Eternity*, p. 250. Certains de ces passages comprennent Luc 14.12-14.

Jésus a également appris à ses disciples à aimer leurs ennemis (Mt 5.44), une extension du deuxième plus grand commandement dans l'Ancien Testament. Il affirme que nous devons aimer notre prochain comme nous-mêmes (Lv 19.18). L'amour dans ce contexte va au-delà des sentiments et implique des actions concrètes visant à satisfaire le besoin d'une personne. Jésus a passé sa vie à répondre aux véritables besoins des hommes et des femmes.

> Donner aux pauvres et aux nécessiteux et prendre soin d'eux, est tellement fondamental dans la foi chrétienne que les chrétiens qui ne le font pas ne sont pas considérés comme de vrais chrétiens. Jésus lui-même a dit que si nous donnons à manger à celui qui a faim et à boire à celui qui a soif, si nous accueillons l'étranger et revêtons celui qui est nu, si nous prenons soin des malades et visitons ceux qui sont persécutés, nous le faisons pour lui (Mt 25.34-35)[124].

L'enseignement de Pierre dans la famille de Corneille pouvait être employé pour résumer ce point. « Jésus (…) est passé partout en bienfaiteur, il guérissait tous ceux que le diable tenait asservis, car Dieu était avec lui » (Ac 10.38).

L'engagement du Nigéria

Nous, chrétiens du Nigéria, croyons que, Dieu en Jésus-Christ, est le maître de nos vies et qu'il a révélé sa volonté dans la Sainte Bible. Par conséquent, nous nous engageons à nous soumettre à la seigneurie de Jésus-Christ, à la direction du Saint-Esprit et à l'autorité de la Parole de Dieu dans tous les aspects de notre vie.

Nous croyons que la famille est la première institution sociale et la plus importante que Dieu a créée. Par conséquent, nous nous engageons à développer et à garder nos familles selon les principes contenus dans la Parole de Dieu qui recommande le mariage entre un homme et une femme pour la vie. Nous nous engageons en outre, à vivre dans la fidélité, en renonçant ainsi à la fornication, à l'adultère, à l'homosexualité et à toutes autres formes d'abus sexuel. Nous nous engageons à élever nos enfants dans la crainte de Dieu.

---

[124] *Ibid.*, p. 251.

Nous croyons que les Saintes Écritures reconnaissent et recommandent le droit légitime de propriété. Par conséquent, nous nous engageons à acquérir les biens de manière légitime et à nous abstenir du vol ou de la fraude.

Nous croyons que les positions de responsable dans la société sont données par Dieu pour le service. Par conséquent, nous nous engageons à ne pas utiliser nos positions pour agir injustement en faveur des membres de notre famille, notre clan, notre tribu, notre ethnie ou notre religion ou utiliser nos positions de quelque manière que ce soit, pour profiter injustement des autres.

Nous croyons que Jésus-Christ est la vérité incarnée et que la recherche de la vérité est obligatoire pour les chrétiens. Par conséquent, nous nous engageons à encourager et à défendre la vérité, quelle que soit sa source et résister au mensonge, à la tricherie et à toutes autres déformations de la vérité. En outre, nous nous engageons à rejeter toute tentative de pervertir l'éducation à travers la fraude aux examens, la falsification des documents, l'occultisme et l'exploitation des étudiants sous toutes ses formes.

Nous croyons que sans la justice, il n'y a pas de paix dans une société humaine. Par conséquent, nous nous engageons à être justes dans toutes nos affaires avec les autres et à résister à toutes formes d'injustice et de corruption dans la société. Par exemple nous ne donnons ni n'acceptons des cadeaux dans le cadre de la corruption : argent, positions, biens matériels, faveurs sexuelles ou des biens immatériels. Nous résisterons également à toutes formes d'injustice dans l'application de la loi ou dans les systèmes judicaires. Nous nous engageons aussi à décourager ceux qui sont impliqués dans ces pratiques.

Nous croyons que les biens publics, ceux de l'église et l'environnement sont sous notre responsabilité. Nous nous devons de les utiliser pour la gloire de Dieu et pour le bien-être de l'être humain. Par conséquent, nous nous engageons à ne pas exploiter, abuser, voler, mal utiliser ou mal gérer ces biens publics.

Nous croyons que Dieu a ordonné des gouvernements afin de garantir le bien-être de leurs populations et leurs ressources. Par conséquent, nous nous engageons à respecter nos dirigeants et à vivre selon les lois de la République Fédérale du Nigéria, à moins que ces lois ne contredisent la loi de Dieu. Nous nous engageons également à travailler pour le retour des valeurs morales dans la politique et la gouvernance du Nigéria à travers l'éducation et la participation active dans la vie de la société.

Nous croyons que l'Église est le corps de Christ et qu'elle a le devoir sacré de fournir la base morale et d'être la conscience de la nation. Par conséquent, nous rejetons le sectarisme, la recherche effrénée du profit, l'extravagance, la négligence des nécessiteux et tous autres fléaux qui discréditent le témoignage et les buts de l'église.

Nous nous engageons solennellement à respecter ces résolutions, quel que soit le prix à payer et à soutenir tous ceux qui nous rejoignent dans notre position de l'éthique chrétienne.

Au nom de Jésus-Christ. Amen[125].

Présenter tout l'Évangile

Une réponse appropriée au problème de la pauvreté consiste à présenter tout l'Évangile. Trop souvent, l'Évangile n'a été présenté qu'en partie. Des chrétiens, de théologie conservatrice, peuvent être accusés avec raison de prêcher en disant « peu importe ce qu'on vit ici-bas, ce qui importe c'est ce qui nous attend là-haut » en mettant l'accent uniquement sur l'évangélisation, sans tenir compte des besoins réels des pauvres. Une telle approche traduit une conception du salut enracinée dans la pensée grecque plutôt que dans la pensée chrétienne :

Le salut dans les Écritures ne consiste pas à être libéré du corps – comme dans la philosophie de Platon et dans beaucoup de religions orientales – mais le salut concerne toute la personne, corps et âme. Pour notre salut, la Parole a été faite chair (Jn 1.14) – le Fils de Dieu ayant pris notre véritable et entière nature humaine tout en conservant son essence divine. L'espérance chrétienne au-delà de cette vie est la résurrection du corps, et non pas seulement l'immortalité de l'âme. Dieu nous a créés comme personnes entières, il nous a sauvés comme des personnes entières, il prend soin de nous

---

[125] Nigeria Covenant. Cité le 27 novembre 2007. Site web : www.cdfafrica.org/nigeria_covenant.htm.

comme des personnes entières et finalement nous glorifiera en tant que personnes entières[126].

Nous devons donc prendre au sérieux les implications sociales de l'ordre missionnaire que Jésus a donné dans Matthieu 28.19-20 : nous ne devons pas nous limiter à prêcher l'Évangile ; nous avons aussi la responsabilité d'enseigner comment vivre d'une manière qui plaise à Dieu. Comme nous le dit John Stott, « prenons garde de ne pas magnifier la foi et la connaissance au détriment de l'amour (...) Car la foi qui sauve et l'amour qui sert vont ensemble. Si l'un est absent, l'autre l'est aussi car ils ne peuvent pas exister séparés l'un de l'autre[127] ».

Paul démontre cette association de l'évangélisation et de la formation du disciple. Non seulement il voulait s'assurer que les jeunes chrétiens de l'église primitive grandissaient spirituellement, mais aussi il les enseignait et leur montrait l'importance de travailler afin de se nourrir :

> Nous vous ordonnons, frères, au nom du Seigneur Jésus-Christ, de vous tenir à distance de tout frère qui mène une vie désordonnée et contraire à la tradition que vous avez reçue de nous. Vous, vous savez bien comment il faut nous imiter : nous n'avons pas vécu parmi vous d'une manière désordonnée ; nous n'avons demandé à personne de nous donner le pain que nous avons mangé, mais, dans la peine et la fatigue, de nuit et de jour, nous avons travaillé pour n'être à la charge d'aucun de vous. Bien sûr, nous en avions le droit, mais nous avons voulu être pour vous un exemple à imiter. En effet, lorsque nous étions près de vous, nous vous donnions cet ordre : Si quelqu'un ne veut pas travailler, qu'il ne mange pas non plus ! Or, nous entendons dire qu'il y en a parmi vous qui mènent une vie désordonnée, affairés sans rien faire. A ces gens-là, nous adressons, dans le Seigneur Jésus Christ, cet ordre et cette exhortation : qu'ils travaillent dans le calme et qu'ils mangent le pain qu'ils auront eux-mêmes gagné. Quant à vous, frères, ne vous lassez pas de faire le bien. (2 Th 3.6-13)

Ce passage nous met en garde contre la paresse et encourage le travail qui empêche la pauvreté. Nous devons aussi encourager les croyants à développer une bonne compréhension du travail. Ceci a été fait par le passé. En effet, les missionnaires ne se contentaient pas de prêcher le

---

[126] Davis, *Your Wealth in God's World*, p. 64.
[127] Stott, *New Issues Facing Christians*, p. 48.

salut spirituel ; ils montraient aussi à nos parents comment travailler et améliorer leurs cultures. Ils leur présentaient tout l'Évangile qui affecte tant la vie spirituelle que la vie physique.

Donner l'aumône

Les Écritures enseignent clairement que les croyants, riches ou pauvres, doivent donner l'aumône d'un cœur enthousiaste et généreux. Le Nouveau Testament comporte plusieurs références parlant des dons réguliers et systématiques faits par des congrégations afin de combler les besoins des pauvres (Ac 4.34 ; 1 Co 16.2 ; 2 Co 8-9). S'il y a quelque chose à apprendre de l'église primitive, c'est que les chrétiens doivent répondre aux besoins des pauvres et plus particulièrement ceux qui sont au milieu d'eux. Galates 6.10 dit clairement : « Donc, tant que nous disposons de temps, travaillons pour le bien de tous, surtout celui de nos proches dans la foi. »

Nous ferions aussi bien de méditer sur les paroles d'un père africain de l'Église africaine, Augustin, qui dit :

> Ce pain que tu gardes appartient à l'affamé ; ce manteau que tu gardes dans ta garde-robe appartient à celui qui est nu ; ces chaussures qui sont usées chez toi appartiennent à celui qui n'a pas de chaussures ; l'or que tu as gardé dans la terre appartient aux nécessiteux. C'est pourquoi toutes les fois que tu as l'occasion d'aider les autres et que tu refuses de le faire, tu leur fais du mal[128].

Chaque église devrait toujours se demander : « Que faisons-nous pour nourrir les affamés et aider les pauvres parmi nous ? Que faisons-nous pour garantir la justice aux pauvres ? Que faisons-nous pour défendre la cause des nécessiteux ? »[129]

Mettre en place des politiques qui aident les pauvres

Les politiques gouvernementales peuvent fragiliser l'économie et causer du tort aux pauvres. Au Nigéria, la mauvaise gestion économique et l'introduction ultérieure du programme d'ajustement structurel ont conduit à la flambée des prix des biens et services, alors que le revenu des

---

[128] Alcorn, *Money, Possession and Eternity*, p. 223.
[129] *Ibid.*, p. 255.

travailleurs baissait. Ces programmes imposés au gouvernement ont eu un impact négatif sur l'économie de plusieurs pays africains :

> Les programmes de stabilisation et d'ajustement préconisés par le FMI et la Banque Mondiale et adoptés par plusieurs pays africains n'ont pas réussi à redresser l'économie dans la plupart de ces pays ; ils ont même été à la base de la détérioration progressive de l'économie. En outre, à plusieurs égards, ces programmes éloignent les économies africaines d'une structure souhaitable à long terme particulièrement parce qu'elles fragilisent les avantages comparatifs dans l'agriculture et l'industrie modernes[130].

Les gouvernements doivent adopter des programmes qui réduisent les difficultés économiques. Ces programmes doivent viser les pauvres ruraux, les fonctionnaires, les veuves et les orphelins. Au Nigéria, par exemple, le gouvernement a mis sur pied le Family Economic Advancement Programme (FEAP) afin d'octroyer des prêts aux familles et leur permettre de commencer une petite activité. La Women's Rights Advocate and Protection Agency (WRAPA) a également été créée pour protéger les droits des femmes qui sont parfois avilies et maltraitées dans la société nigériane. Des programmes similaires représentent des moyens extraordinaires pour obéir à la recommandation de Dieu, à savoir prendre soin des pauvres. Chacun de ces programmes cherche à réduire la souffrance et à soulager les pauvres et non à produire une équité artificielle.

Les programmes doivent aussi s'étendre à l'échelle internationale afin d'alléger la dette des pays pauvres. Il y a des précédents bibliques de riches qui ont aidé les pauvres en annulant leur dette.

Soutenir les programmes lancés par les églises et les Organisations non gouvernementales (ONG)

Les programmes menés par les églises et les ONG jouent un rôle important dans l'aide apportée aux pauvres. Dans la plupart des pays africains, les organismes ont longtemps travaillé dans les programmes de développement visant à réduire la pauvreté. Ils ont fourni des soins sur le plan éducatif et médical et ont amélioré la production agricole pour que

---

[130] Francis M. Stewart, « Short-Term Policies for Long –Term Development », cité dans Walden F. Bello, *Dark Victory : The United States, Structural Adjustment and Global Poverty*, London, Pluto Press, 1999, p. 33.

les agriculteurs soient capables de prendre soin d'eux-mêmes et de leurs familles.

Les ONG chrétiennes qui œuvrent à élever le niveau de vie des pauvres comprennent :

- The Christian Rural and Urban Development Association of Nigeria (CRUDAN), qui promeut le « développement holistique des chrétiens en permettant à l'église au Nigéria d'équiper les pauvres au nom de Jésus-Christ[131] ».

- People Oriented Development (POD) de l'ECWA vise « à créer des conditions de vie meilleures et durables par une mobilisation communautaire effective et le renforcement des capacités des communautés pauvres du Nigéria[132] ». Elle a fourni un système d'approvisionnement durable en eau potable, a encouragé les pratiques agricoles durables, a amélioré les soins de santé et d'assainissement communautaires, et s'est concentré sur un programme d'équipement des femmes et des jeunes pour les aider à être économiquement indépendants.

- La Almanah Rescue Mission aide les veuves souvent violentés et exploitées par leur famille et par la société[133].

- La Daughters of Abraham Foundation (DOAF) cherche à atteindre les prostituées à Abuja[134].

Ce qui est formidable c'est que chacun de ces programmes a identifié son groupe cible vers lequel ses efforts doivent être orientés. Les autres ONG chrétiennes présentes en Afrique devraient essayer faire de même et leurs efforts devraient être soutenus par des églises plus riches à l'étranger.

---

[131] CRUDAN : Our Vision. Cité le 1 mai 2008. Site web : www.crudan.org/visionmission.htm.

[132] POD of ECWA : Mission. Cité le 1 mai 2008. Site web : www.podecwa.org/mission.html.

[133] Almanah Rescue Mission. Cité le 1 mai 2008. Site web : www.almanahrescuemission.org.

[134] Daughters of Abraham Foundation. Cité le 1 mai 2008. Site web : www.doafnigeria.com/home.html.

Conclusion

La Bible dit clairement que Dieu se soucie des pauvres et veut que les chrétiens en fassent de même. En effet, ne pas prendre soin des pauvres amène le jugement de Dieu. Nous devons donc veiller à maintenir une attitude de compassion. Nous ne devrions pas nous laisser aller à devenir insensibles et durs face aux conditions critiques des pauvres ou prétendre que leur condition de vie actuelle n'est pas si mauvaise, de considérer qu'ils sont responsables de leur malheur, ou même de penser que nous faisons déjà bien assez pour eux. Chacun d'entre nous doit, comme le dit Jacques Ellul, « faire face aux pauvres, soit maintenant, soit devant le Juge[135] ». Prendre soin des pauvres comme Dieu le fait revient à apporter la bonne nouvelle en Afrique.

Afin d'apporter une réponse appropriée au problème de la pauvreté, nous devons étudier en profondeur ce problème ainsi que ses effets qui sont réels, envahissants, dégradants et déshumanisants. Nous devons aussi étudier les types de solutions à proposer. Une redistribution forcée et égale des richesses semble être une solution simple, mais la confiscation des biens, que ce soit par des processus politiques pacifiques ou par la violence, n'est pas biblique et crée plus de problèmes qu'il n'en résout. Toute solution au problème de pauvreté doit prendre en compte non seulement des remèdes économiques, mais aussi des solutions spirituelles et morales.

Nous avons terminé ce chapitre par une liste de principes bibliques et chrétiens que nous devons garder à l'esprit alors que nous essayons de résoudre le problème de la pauvreté. Nous avons dit, entre autres, que l'Église doit prendre en main ses responsabilités spirituelles et sociales ; elle doit donner avec générosité, encourager le gouvernement à aider les pauvres en allégeant leurs dettes et à travailler avec des organisations qui sont subventionnées par des églises ou des organisations non gouvernementales pour initier des programmes et des projets visant à aider un groupe spécifique.

L'Église doit s'armer de ces principes théologiques et pratiques afin d'aider les pauvres en son sein. C'est ainsi qu'elle reflètera son Maître et Seigneur dans la proclamation de la bonne nouvelle aux pauvres en Afrique.

---

[135] Jacques Ellul, cité dans Sly, « Africa ».

Questions

1. Décrivez le problème de la pauvreté dans votre localité. Comparez-le avec celui vécu dans les régions voisines ou dans d'autres régions de votre pays. Quelle est son ampleur dans votre localité ? Y a-t-il des groupes particuliers que vous pouvez cibler ?

2. Comment les facteurs de pauvreté se manifestent-ils dans votre localité ?

3. Quels passages bibliques (et quels principes spirituels) cadrent le plus avec la situation prévalant dans votre localité ?

4. Laquelle des approches et recommandations présentées dans ce chapitre est mise en pratique dans votre localité ? Quels sont les résultats ? Laquelle de ces recommandations vous semble la plus appropriée ?

11

La corruption

La corruption est une caractéristique de la vie sociale, politique et même religieuse de l'Afrique, avec des conséquences désastreuses. Comme nous l'avons dit au chapitre précédent, la corruption freine non seulement le développement économique, mais elle accroît aussi la pauvreté en rendant quelques individus très riches et la grande partie de la population très pauvre. La BBC n'a pas exagéré lorsqu'elle a dit :

> La corruption est illégale partout en Afrique ; mais partout, elle est profondément ancrée dans la vie quotidienne. De la bouteille de whisky glissée sous le comptoir afin d'accélérer le passage d'un voyageur à la douane, aux présidents et ex-présidents vivant au-dessus de leurs moyens déclarés. L'on peut donc dire qu'aucune affaire ne peut être réglée en Afrique sans échange de présents[136].

Même si les Africains savent que la corruption sous toutes ses formes est illégale et indésirable, elle semble avoir une emprise sur eux partout où ils vont. Même les gardiens de la morgue doivent être soudoyés pour rendre un service. Les fonctionnaires demandent des pots-de-vin avant toute opération de change et d'importation et avant d'établir une licence. Un pot-de-vin peut réduire les taxes ou les quittances d'eau et d'électricité. « Même la police, censée appliquer la loi, reçoit des pots-de-vin pour qu'elle n'administre pas la justice[137]. »

---

136 Elizabeth Blunt, « Corruption "cost Africa billions" ». *BBC News*, mercredi 18 décembre 2002. Cité le 21 novembre 2007. En ligne : news.bbc.co.uk/1/hi/world/africa/2265387.stm.

137 Eric E. Otenyo, *Ethics and Public Service in Africa*, Nairobi, Quest and Insight Publications, 1998, p. 60.

Définition de la corruption

La corruption peut être défini comme le fait de rendre quelqu'un corrompu moralement ou de devenir moralement corrompu soi-même. Certains moyens par lesquels la corruption pervertit l'intégrité sont définis ci-dessous.

- *La subornation* consiste à donner de l'argent ou un cadeau à une personne qui est dans une position de confiance, afin de pervertir son jugement ou de corrompre son attitude. Elle vise à amener une personne à agir de manière illégale, injuste ou immorale. Celui qui donne de l'argent ou le cadeau et celui qui le reçoit, c'est-à-dire le corrupteur et le corrompu, sont tous deux responsables de la subornation.

- *L'extorsion*, ce mot dérive d'un mot signifiant « presser », il renvoie à « l'action d'obtenir quelque chose, tel que l'argent d'une entité (une personne, un groupe, une entreprise ou une institution), par des menaces, la violence ou l'utilisation abusive de son autorité[138] ».

- *La fraude* comprend les crimes financiers tels que la contrefaçon et la hausse des prix. On parle également de fraude lorsque « les fonds déboursés pour des activités visant à la réduction de la faim, les bourses pour la pension des enfants pauvres et l'assistance aux personnes handicapées dans la société ne sont pas utilisés à ces fins[139] ».

- *Le népotisme* survient lorsqu'une personne nomme ses proches et amis à certains postes ou leur octroie des contrats immérités. Ce phénomène conduit à la domination d'un groupe ethnique et par conséquent, influence négativement la construction de la nation, comme précédemment vu au chapitre consacré à la guerre et à la violence.

La corruption se manifeste également par le vol pur et simple, le truquage des matches, la fraude aux examens, les pots-de-vin, l'attribution illégale de contrats et toutes autres choses semblables. Dans le milieu politique, elle se manifeste par le truquage des votes, l'achat et la vente des

---

[138] Stanley J. Grenz et Jay T. Smith, *Pocket Dictionary of Ethics*, Downers Grove, IVP, 2003, p. 38.

[139] Otenyo, *Ethics and Public Service*, p. 59.

votes et la falsification des résultats des élections. En fait, la corruption prend tellement de formes qu'il est impossible de toutes les aborder dans ce livre. Ainsi, nous allons nous attarder uniquement sur la subornation et l'extorsion. Nous étudierons le lien qu'il y a entre eux et la culture et la tradition, leurs impacts sur la société et ce que les Écritures disent sur ces deux phénomènes.

Les cadeaux traditionnels et les pots-de-vin

Les fonctionnaires sont censés accomplir leurs tâches sans aucune incitation externe. Ils ne devraient pas avoir à recevoir des cadeaux pour les persuader d'agir. Dans certains pays du monde, il est même interdit aux fonctionnaires d'accepter des cadeaux. Cependant, le fait de faire des cadeaux aux supérieurs était courant dans les sociétés traditionnelles africaines. Ces cadeaux étaient-ils en réalité des pots-de-vin, extorqués par eux avant d'accomplir leur tâche, ou étaient-ils destinés à leur faire faire quelque chose d'illégal ou d'immoral ? Autrement dit, faire un cadeau dans les sociétés traditionnelles, était-il l'équivalent du pot-de-vin que l'on donne aujourd'hui ? Pour répondre à cette question, examinons tout d'abord les circonstances dans lesquelles ces cadeaux étaient faits traditionnellement.

- *Lorsqu'on s'approchait des dieux.* L'on devait s'approcher des dieux avec un cadeau en mains afin d'apaiser ces derniers pour le mal que l'on avait commis ou leur dire merci pour les choses qu'ils ont faites à l'instar d'une bonne moisson, la naissance d'un enfant ou la première pluie. Ces dons ne pouvaient pas être considérés comme des pots-de-vin visant à amener les dieux à faire quelque chose d'immoral, car ces derniers n'étaient pas des malfaiteurs.

- *Lorsqu'on approchait un chef ou un roi ou même un ancien de la communauté.* Se présenter devant son supérieur les mains vides était considéré comme irrespectueux et incorrect. Ces dons n'étaient pas des pots-de-vin dans la mesure où ces anciens, qui avaient souvent le rôle de juges, devaient être justes dans leur sentence et dans l'accomplissement de leurs devoirs.

- *Lorsqu'on consultait les devins et les prêtres.* Les devins et les prêtres étaient considérés comme des intermédiaires entre les dieux et les hommes. Les soudoyer pour qu'ils interprètent mal le message des dieux était impensable ! Toute tentative d'agir ainsi attirerait le jugement sur soi. L'on raconte même qu'une personne avait corrompu un prêtre afin d'obtenir un champ, et que cette personne et le prêtre corrompu sont morts dans un feu mystérieux.

- *Lorsqu'on consultait des tradipraticiens.* Un cadeau était souvent nécessaire pour garantir l'efficacité du médicament prescrit. Étant donné que certains tradipraticiens étaient prêts à employer des méthodes peu orthodoxes et diaboliques, le cadeau pouvait bien constituer un pot-de-vin visant à les persuader d'utiliser leurs pouvoirs pour rendre quelqu'un fou, pour tuer quelqu'un ou faire tomber amoureux.

Ces exemples montrent que la motivation pour donner quelque chose est importante pour déterminer s'il s'agit d'un pot-de-vin ou non. Ainsi, tout cadeau donné dans le but d'amener une personne à agir de façon malhonnête ou infidèle constitue un pot-de-vin. Cependant, si la motivation d'un cadeau n'est pas de gagner la faveur ou d'imposer une certaine obligation dans le présent ou le futur, alors ce don est moralement permis[140].

Étant donné qu'il est parfois difficile de connaître la véritable motivation, les dons se confondent souvent avec le désir d'imposer certaines obligations et obtenir des faveurs. Eric Otenyo a étudié l'éthique du service public en Afrique. Il a observé que « les cadeaux faits dans le cadre des services publics en Afrique s'avèrent être des pots-de-vin ou des incitations, au point où la règle de "pas de cadeau, pas de service" prévaut dans de nombreux services publics au Kenya, au Nigéria, en Éthiopie, au Zaïre, en Tanzanie et dans bien d'autres pays africains[141]. »

Les conséquences de la corruption

- *Certains acceptent la corruption arguant que les choses se font ainsi en Afrique.* Cependant, ce fléau a des conséquences graves que nous ne devrions pas ignorer.

---

[140] Grenz et Smith, *Pocket Dictionnary of Ehtics*, p. 15.
[141] Otenyo, *Ethics and Publics Service*, p. 42.

- *Dégradation des valeurs morales.* La corruption pervertit le sens du bien et du mal d'une nation. Dans les sociétés corrompues, le bien devient le mal et le mal devient le bien.

- *Croissance du mal social dans la société.* La corruption favorise le tribalisme, le népotisme, la fraude, la malhonnêteté et l'égoïsme et peut même conduire au meurtre.

- *Manque de transparence.* La corruption encourage les autorités à éviter la transparence et la responsabilité. Les appels à la transparence et à la responsabilité aboutissent aux réponses défensives et vindicatives des fonctionnaires.

- *Non-respect des règles et des lois.* La corruption encourage les individus, les entités et les institutions à brûler les étapes et à ignorer les exigences juridiques. Dans ce contexte, il est difficile d'obtenir la justice.

- *Oppression des faibles.* Dans les sociétés corrompues, les faibles et les sans pouvoir souffrent parce que seuls les riches et les puissants ont accès aux tribunaux.

- *Perte de la confiance publique.* La corruption rend les gens cyniques car ils ne croient pas que la vérité sera révélée ou que la bonne chose à faire sera faite. Ils n'ont plus confiance dans le gouvernement et le système en place.

- *Adoption d'une éthique utilitaire.* La corruption amène les gens à penser que la fin justifie les moyens. Chacun est donc libre d'employer des méthodes immorales et d'abuser de la confiance de leurs concitoyens afin de satisfaire leurs intérêts égoïstes. Certains peuvent même devenir tellement sans pitié qu'ils sont capables de faire des sacrifices humains afin d'assurer leur propre succès.

- *Destruction de la structure morale de la société.* La corruption tue la conscience du peuple et aboutit au non-respect de la vie et des biens.

- *Faible productivité et incompétence.* Dans les sociétés corrompues, les fonctionnaires ne mettent pas l'accent sur la qualité du service à rendre. Par conséquent, les mauvais services deviennent la norme. Les standards de l'éducation chutent parce que les enseignants permettent aux élèves de tricher lors des examens ; les élèves non qualifiés achètent les notes pour passer en classes supérieures. La sécurité des gens est compromise puisque les inspecteurs des bâtiments et la police acceptent des pots-de-vin. La qualité de fabrication est sacrifiée, parce que les inspecteurs s'accordent afin d'ignorer les défauts des produits. Les contrats commerciaux sont signés sur la base de celui qui a donné le plus gros pot-de-vin. Les approvisionnements de mauvaise qualité ou même les mauvais approvisionnements peuvent être commandés parce qu'un vendeur a été corrompu par un fournisseur. Les banques font faillite pendant que les banquiers s'enrichissent avec les épargnes des clients. Les membres du gouvernement blanchissent l'argent afin de financer les gangs criminels.

• *Développement et administration inefficaces.* Les gouvernements corrompus ne font aucun effort pour développer leurs pays. Au contraire, ils permettent aux riches d'échapper aux impôts et de détourner les fonds prévus pour les subventions et les pensions pendant que les hôpitaux et les infrastructures de transport se dégradent. Pendant qu'ils acceptent les pots-de-vin afin de réduire les impôts de certains, ils extorquent de l'argent à d'autres individus et institutions. Les fonds orientés vers le développement sont détournés vers leurs comptes personnels.

• *Limitation des investissements nationaux et internationaux.* Les investisseurs nationaux et étrangers se méfient d'investir dans les pays corrompus à cause de l'instabilité politique et économique qui accompagnent généralement la corruption. Les rapports négatifs des médias sur la corruption démontrent que l'argent investi dans un tel pays sera de l'argent perdu.

• *Non-respect de la démocratie.* Bien que plusieurs pays africains aient adopté le système démocratique, la corruption menace le fondement même de la démocratie. Ainsi, les élections sont truquées, les dirigeants s'imposent, les chefs d'états refusent de quitter le pourvoir. La corruption a souvent été employée pour justifier les prises de pouvoir par les militaires dans les prétendus systèmes démocratiques.

• *Sous-développement généralisé*. Bien que le Nigéria soit le premier producteur de pétrole, la corruption affecte son développement. Plus de 60 % des citoyens vivent en dessous du seuil de pauvreté. Sous le règne de Mobutu Sese Seko, le Zaïre (aujourd'hui la République Démocratique du Congo), souffrait du sous-développement dû aux diverses formes de corruption. Le sous-développement caractérise également les pays comme le Libéria, le Ghana et bien d'autres pays africains.

La complicité des chrétiens

Beaucoup de chrétiens semblent accepter ou même bénéficier de la corruption. Par exemple, au Nigéria, environ 50 % de la population (140 millions) se disent chrétiens, mais la corruption continue de courir les rues. Les chrétiens hauts placés dans le gouvernement ont été accusé de corruption et certains d'entre eux ont été jugés coupables des pratiques de corruption. Un rapport d'un groupe d'experts a indiqué qu'entre septembre 1988 et juin 1991, 12.4 milliards de dollars de la recette pétrolière nigériane a disparu dans des comptes dédiés et spéciaux[142]. L'ancien chef d'État, le Général Abacha et ses amis ont volé des milliards de naïra et beaucoup de chrétiens étaient impliqués dans ce vol qui a ruiné l'économie du pays.

Bien que l'on estime à 96 % la population chrétienne de la RDC, l'Église congolaise a semblé impuissante lorsque Mobutu Sese Seko et ses compatriotes ont pillé les ressources du pays, au point d'être l'un des hommes les plus riches au monde, alors que son pays était l'un des plus pauvres.

Par ailleurs, malgré le nombre élevé de la population chrétienne au Kenya, il est néanmoins l'un des pays les plus corrompus en Afrique. En outre, bien que la Côte d'Ivoire soit l'un des pays les plus développés d'Afrique et qu'il y ait eu un président catholique dévoué en la personne de Félix Houphouët Boigny, il demeure très corrompu.

Nous pourrions donc conclure que l'Église ne joue plus son rôle en tant que sel de la terre et lumière du monde.

---

[142] *The Economist*, 22 octobre 1993.

Principes bibliques sur la corruption

Les auteurs des Saintes Écritures vivaient dans un monde où la situation concernant la corruption était similaire à celle de l'Afrique traditionnelle. Le mot traduit par « pot-de-vin » dans l'Ancien Testament peut aussi être traduit par « récompense » ou « cadeau ». C'est l'intention de celui qui donne, clairement formulée dans le contexte, qui détermine s'il s'agit d'un cadeau ou d'un pot-de-vin. Ainsi, il est clair que Exode 23.8 renvoie au pot-de-vin : « Tu n'accepteras pas de cadeau ; car le cadeau aveugle les clairvoyants et compromet la cause des justes » (voir aussi Dt 16.18-20 ; Es 1.23). Lorsque la racine du même mot est employée comme un verbe, elle signifie généralement soudoyer quelqu'un afin de pervertir la justice. Ces divers usages de pot-de-vin sont strictement condamnés. La justice doit être pratiquée car les Israélites doivent être saints comme leur Seigneur : « Car c'est le Seigneur votre Dieu qui est le Dieu des dieux et le Seigneur des seigneurs, le Dieu grand, puissant et redoutable, l'impartial et l'incorruptible, qui rend justice à l'orphelin et à la veuve, et qui aime l'émigré en lui donnant du pain et un manteau » (Dt 10.17-18 ; voir aussi 2 Ch 19.7).

L'extorsion - le fait de demander un pot-de-vin - est aussi condamnée avec fermeté : « Mais cela aussi est vanité, que l'oppression rende fou le sage, et qu'un présent perde le coeur » (Ec 7.7). Dans Psaume 62.11, l'extorsion est liée au vol : « Ne comptez pas sur la violence : ne vous essoufflez pas en rapines. Si votre fortune augmente, n'y mettez pas votre coeur » (voir aussi Es 33.15 ; Jr 22.17).

Il y a d'autres formes de corruption que la Bible condamne comme l'emploi de balances fausses afin d'escroquer l'acheteur (Os 12.8 ; Am 8.5) et le fait de tromper son prochain pour prendre ce qui lui appartient (Lv 5.21). La Bible condamne également le type d'abus qui a conduit à la mort de Naboth et à la confiscation de sa vigne (1 R 21).

Malgré la condamnation de la corruption, elle était tout de même pratiquée. Le livre des Proverbes mentionne l'histoire d'une personne adultère essayant d'apaiser le mari offensé avec un pot-de-vin (Pr 6.35). Le roi Asa a essayé de corrompre Ben-Hadad afin de violer un traité politique (1 R 15.18-20). Dans le Nouveau Testament, Judas a été corrompu afin de livrer Jésus (Lc 22.3-5), et les principaux sacrificateurs ont corrompu ceux qui gardaient la tombe de Jésus (Mt 28.11-15). Félix, un officier corrompu, voulait avoir un pot-de-vin avant de relâcher Paul (Ac 24.26). Ceux qui font ce qui est bien sans demander un pot-de-vin sont appréciés (Es 45.13).

La culture de la corruption a amené à penser que tout devait se vendre. C'est ainsi qu'un homme du nom de Simon a essayé d'acheter la puissance du Saint-Esprit. Paul a fortement condamné cette action car il n'est pas convenable d'acheter ni de vendre ce qui n'est pas destiné au commerce (Ac 8.18-24).

Non seulement les Saintes Écritures condamnent la corruption comme pratique foncièrement mauvaise ; mais aussi elles reconnaissent ses méfaits sur ceux qui la pratiquent, « Qui pratique la rapine jette le trouble chez lui, mais qui déteste les pots-de-vin vivra » (Pr 15.27), et sur la nation qui tolère cette pratique, « Par l'exercice du droit un roi rend stable le pays, mais celui qui est avide d'impôts le ruine » (Pr 29.4 ; voir aussi Mi 3.11). Cependant, la première raison pour rejeter toute forme de pot-de-vin, c'est le fait qu'il transgresse le commandement fondamental d'imiter Dieu. Le commandement : « Soyez saints, car je suis saint » est répété dans l'Ancien et le Nouveau Testament (Lv 19.2 ; Mt 5.48). Notre Dieu ne prend pas des pots-de-vin, et nous ne devrions pas en prendre non plus.

La réponse chrétienne à la corruption

La tradition chrétienne a jusqu'ici fermement condamné la corruption. L'Église reconnaît que la corruption, manifeste dans la subornation, ne peut être condamnée de façon isolée ; car il est question ici d'une réflexion sur la nature corrompue du cœur de l'homme (Jr 17.9). Sa simple condamnation ne peut rien changer. Seul Dieu peut opérer une transformation radicale à travers l'œuvre de Jésus-Christ. Comme le dit 2 Corinthiens 5.17 : « Si quelqu'un est en Christ, il est une nouvelle créature. Le monde ancien est passé, voici qu'une réalité nouvelle est là. » Ainsi, la première réponse à la corruption consiste à prier afin que Dieu transforme les cœurs et à prêcher l'Évangile du Seigneur Jésus-Christ.

La deuxième étape consiste à proclamer publiquement que la corruption sous toutes ses formes est inacceptable et à interpeller les autorités afin qu'elles ne se limitent pas à la condamner (comme le font la plupart des pays africains sur le papier), mais à prendre des mesures concrètes afin de poursuivre les personnes suspectes de pratiquer la corruption et de les punir si elles sont jugées coupables. Nous ne devrions pas nous limiter à punir uniquement les fonctionnaires ordinaires, car ces derniers ne font qu'imiter leurs supérieurs. Pour que le message soit fort, il faut que quelques gros poissons passent à la poêle. Lorsqu'un haut responsable du gouvernement est puni pour la corruption, tout le monde comprendra que la corruption n'est pas payante. C'est ce que la Commission des crimes économiques et financiers du gouvernement fédéral du Nigéria a essayé de faire. En effet, le fait que l'ancien inspecteur général à la police nigériane, accusé de corruption, ait été trainé en justice, menottes aux mains, a envoyé un signal fort dans toute la nation. Jamais auparavant une haute personnalité n'avait été arrêtée pour corruption. Ainsi, son arrestation a restauré un certain respect pour les entreprises nigérianes. Comme la « corruption est un crime prémédité et non impulsif[143] », elle a également eu un impact sur les forces de l'ordre, au niveau inférieur de la hiérarchie.

La prochaine étape consiste à travailler de telle sorte que l'honnêteté, la compétence et le travail soient reconnus et récompensés dans nos églises et nos entreprises. Les affiliations ethniques des individus ne devraient pas être un critère de nomination ou de récompense. Nous ferions bien d'appliquer les principes cités dans la Convention du Nigéria du chapitre précédent dans tous les aspects de la vie de notre église et entreprise.

Au niveau de la société civile, nous devons appliquer le principe selon lequel tous les hommes sont égaux devant la loi. La loi ne devrait pas favoriser certains et défavoriser d'autres sur la base des affiliations ethniques et religieuses. La loi doit être également appliquée aux riches et aux pauvres, aux forts et aux faibles, aux puissants et aux minorités.

Les chrétiens doivent être redevables et vivre dans la transparence à tous les niveaux du gouvernement, local ou national. Les dirigeants et pasteurs d'églises doivent être des modèles dans ce sens, en rendant des comptes aux membres de l'église et en étant ouvert à propos de la gestion financière.

---

[143] Chander Merh, *Corruption: Dealing with the Devil*, Nairobi, Shiv Publications, 2000, p. 35.

Il est important que les normes éthiques universelles soient acceptées et que tous reconnaissent que la corruption est une honte et ne devrait être justifiée sur aucune base. Cela veut peut-être dire que certaines valeurs traditionnelles doivent changer car les systèmes éthiques en vigueur dans certains groupes d'un pays donné peuvent envoyer de mauvais signaux. Par exemple, certains groupes traditionnels trouvent normal que ses membres volent chez un groupe voisin pour enrichir leur propre groupe. De tels points de vue continuent d'avoir une profonde influence sur la reconnaissance des lois et tribunaux habituels. C'est pourquoi, certains fonctionnaires nigérians ne considèrent pas qu'ils soient là pour servir le public, mais plutôt leur groupe ethnique. C'est ainsi qu'ils abusent du caractère fédéral du pays, en détournant les deniers publics afin de s'enrichir eux-mêmes et leurs tribus.

La lutte contre la corruption portera du fruit si et seulement si les principes universels du bien et du mal deviennent partie intégrante de la mentalité nationale.

Conclusion

La corruption est un péché et un crime qui détruit une nation et pervertit son sens du bien et du mal. Elle coûte jusqu'à 150 milliards de dollars à l'Afrique par an, ce qui montre que la société toute entière souffre lorsque ce fléau est toléré. Le seul moyen de lutte consiste à rejeter radicalement les pratiques corrompues et à adopter la transparence et la responsabilité devant Dieu et devant nos concitoyens.

Par ailleurs, nous devons suivre l'exemple de ceux qui se sont levés pour combattre la corruption, l'extorsion, la subornation, la fraude aux examens et des choses semblables à l'instar du révérend William Okoye. Ex-aumônier à la présidence du Nigéria, il a refusé d'être corrompu par des millions de naïra. Certains juges et avocats chrétiens ont refusé des pots-de-vin visant à pervertir leur sens de la justice. Des policiers, chrétiens engagés ont refusé de prendre des pots-de-vin lors de l'arrestation des criminels, des malfrats politiques et des fonctionnaires corrompus. Les enseignants chrétiens ont également refusé de prendre des pots-de-vin visant à les amener à falsifier des notes. Leurs actions démontrent que Dieu a toujours eu des témoins. Bien que la corruption soit présente et qu'elle ait beaucoup d'adeptes, il existe des hommes et des femmes qui craignent Dieu et vivent dans la transparence et l'honnêteté. Ceux-ci sont prêts à ne pas laisser la corruption souiller leurs mains et leurs cœurs.

Questions

1. Jusqu'où la corruption est-elle pratiquée dans votre société ? La considérez-vous comme une pratique incontournable ?

2. Identifiez et analysez une situation de corruption que vous avez vécue. Comment pourriez-vous la gérer dans une perspective chrétienne ?

3. Identifiez les situations dans lesquelles des cadeaux sont donnés dans votre société. Ces dons sont-ils des pots-de-vin ou de simples dons acceptables ?

4. Comment le développement du caractère chrétien empêche-il la corruption d'une manière efficace ? Citez quelques passages bibliques pour soutenir votre réponse.

5. Quel est le rôle de l'église dans la lutte contre la corruption dans votre société ?

6. Identifiez les éléments pertinents dans la lutte contre la corruption, contenus dans la Convention du Nigéria du chapitre précédent. Donnez des exemples de chrétiens qui ont vécu selon les idéaux présentés dans cette convention.

12

Mobilisation de fonds

Les individus, les associations et les gouvernements ont tous besoin de mobiliser des fonds pour réaliser leurs projets. Ainsi, une personne peut avoir besoin de mobiliser des fonds pour construire une maison. Une Organisation non gouvernementale (ONG) peut avoir besoin de fonds pour construire et équiper une clinique ou un centre pour les personnes vivant avec le VIH/SIDA et pour payer le salaire des employés. Le gouvernement a besoin de fonds pour construire les routes, les ponts ou les logements, et les églises peuvent également mobiliser des fonds pour leurs projets.

Plusieurs options se présentent à celui qui veut mobiliser des fonds pour construire une maison. Il peut soit demander un prêt, soit travailler et épargner de l'argent pendant plusieurs années avant de commencer son projet de construction. Il peut également détourner l'argent de son employeur, tromper des personnes naïves ou prendre une arme et commettre un vol à main armée. Il y a donc plusieurs options possibles, mais elles ne sont pas toutes justifiables d'un point de vue éthique.

Dans le même ordre d'idée, une église qui veut construire une maison pour son pasteur, a plusieurs options se présentant à elle. Elle peut ainsi lancer une offrande spéciale, imposer un certain montant aux membres de la communauté, envoyer des demandes d'aide aux donateurs ou organiser une collecte de fonds. Une question se pose alors : ces méthodes sont-elles ou non conformes à l'éthique ?

Dans ce chapitre, nous allons étudier les différentes approches de mobilisation de fonds et répondre aux questions suivantes : Qu'est-ce qu'une technique particulière de mobilisation des fonds dit à propos de notre théologie ? Comment devons-nous évaluer les différentes méthodes de mobilisation des fonds ? La Bible présente-t-elle des exemples et des principes à suivre en matière de mobilisation de fonds ?

Les techniques traditionnelles de mobilisation de fonds

La technique traditionnelle de mobilisation de fonds consistait à inviter les amis et les proches. Ceux-ci apportaient leurs contributions tant matérielles que physiques pour aider à la réalisation des grands projets comme la construction des routes, des maisons, le défrichage d'un champ pour la plantation, la récolte des produits agricoles et bien d'autres projets. Cette approche était tellement fréquente qu'il y avait des mots pour la désigner. Parmi les Haoussas du nord du Nigéria, l'invitation de la communauté à participer à la réalisation d'un projet était appelée un *gaiya*. Chez les Yoruba, on parlait de *owe*. En swahili, l'idée de travailler ensemble sur un projet est exprimée par le mot *harambe*. Cet esprit de soutien mutuel se retrouve dans la pensée moderne de la mobilisation de fonds. Ainsi, la mobilisation de fonds n'est pas une pratique étrangère en Afrique, mais elle a été modifiée pour satisfaire nos besoins actuels.

Les techniques modernes de mobilisation de fonds

Ces dernières années, les organisations chrétiennes, les dénominations et les églises locales ont employé plusieurs méthodes pour mobiliser des fonds.

Le lancement de projets a été jusqu'ici une méthode populaire de mobilisation de fonds. Par cette méthode, l'église ou l'organisation s'accorde d'abord sur l'objectif à atteindre. Ensuite, une campagne de sensibilisation est lancée afin d'informer le public sur le projet et les besoins relatifs. La sensibilisation peut être faite à travers la radio et la télévision ou la distribution de dépliants. Ainsi, les célébrités et le grand public sont invités à contribuer à atteindre l'objectif. La publicité est faite sur les grands donateurs et les sommes données ou promises sont annoncées publiquement.

Une autre approche consiste à faire appel directement à la philanthropie de certains particuliers qui peuvent être chrétiens ou non. Quelquefois, une pression supplémentaire survient lorsqu'un homme ou une femme de Dieu dit avoir reçu une révélation du montant qu'un individu doit donner pour l'œuvre de Dieu.

Les organisations et les églises encouragent parfois ses membres à faire des promesses de foi. En d'autres termes, elles nous encouragent à considérer le montant que Dieu peut nous donner et à nous engager à donner ce montant. Certaines églises exigent de le faire annuellement de telle sorte que pendant une période de l'année, tous les membres donnent le montant qu'ils ont promis. Certaines encore encouragent de tels dons en parlant non seulement de bénédictions spirituelles, mais aussi de récompenses financières ou de promotions dans le cadre du travail qui viendront à ceux qui donnent.

Des prospectus, des lettres et des coupons[144] sont parfois utilisés pour informer des besoins financiers et solliciter le soutien. Ainsi, à une certaine période de l'année, les jeunes gens représentant des associations tels que Boys Brigade au Nigeria, font du porte-à-porte ou des allées et venues dans les rues, cherchant les dons pour leurs associations. Quelquefois, les membres de l'église doivent faire de même afin d'aider leur église à mobiliser des fonds pour la réalisation d'un projet spécifique.

Avant d'évaluer les avantages de ces approches et autres techniques, écoutons tout d'abord ce que la Parole de Dieu nous dit sur la mobilisation des fonds.

Principes bibliques sur la mobilisation de fonds

L'Ancien et le Nouveau Testaments contiennent beaucoup d'exemples de mobilisation de fonds et des enseignements sur le don et l'intendance. Manfred W. Kohl nous présente une liste de quelques héros de la foi et leur stratégie de mobilisation des ressources pour l'œuvre de Dieu[145] :

- *Moïse a mobilisé des fonds pour la construction du tabernacle.* Les méthodes qu'il a employées comprenaient : l'organisation de grandes rencontres, la collecte des offrandes et la mobilisation d'une main-d'œuvre volontaire et qualifiée (Ex 20-34 ; 35.4-36.7).

---

[144] Le coupon est un bout de papier qui ressemble un peu à une feuille coupée du carnet de chèque avec l'entête qui présente le nom du projet et l'indication du montant que le donateur devra donner.

[145] Les informations présentées ici sont le résumé d'un séminaire du Dr Manfred W. Kohl, « Principles of Giving, Publicity, Marketing, and Accountability », tenu à l'Institute for Excellence in Global Theological Education, Accra, Ghana, 2001.

- *Le roi David a mobilisé des fonds pour la construction du temple.* Les méthodes employées étaient : planifier du temps à passer seul avec Dieu, encourager les dons en nature, rencontrer les dirigeants et collecter les dons de ces dirigeants et des chefs de famille (1 Ch 28.12, 19 ; 29.2-9).

- *Néhémie a mobilisé des ressources pour les rénovations et la reconstruction du mur de Jérusalem.* Ses méthodes comprenaient la prière personnelle, l'appel à un principal donateur, une demande d'aide au gouvernement, une planification par le comité exécutif, une rencontre avec les principaux dirigeants, l'appel aux volontaires, des conseils en matière de dette et l'action en faveur de la réduction des dettes et des salaires des cadres, l'encouragement des dons individuels par les chefs de familles, et les dons faits par les chefs et par le public (Né 1.4-11 ; 2.1-18 ; 3.1-5, 18 ; 7.70-72 ; 10.37-39).

- *Esdras a mobilisé des fonds pour la reconstruction du temple.* Il s'est appuyé sur un grand donateur, les offrandes et les dons volontaires des leaders (Esd 2.68-69 ; 7.1-23).

- *Le roi Ézéchias a institué un programme de financement annuel pour la réalisation des projets.* Sa méthode consistait à demander au peuple de faire des dons individuels et à faire des annonces afin d'encourager les dons et créer un service de développement (2 Ch 31.1-21).

- *Elie devait alimenter régulièrement le fonds général afin de maintenir son ministère en vie.* Il a utilisé trois méthodes : il s'est appuyé sur la providence miraculeuse de Dieu, il a demandé des dons aux donateurs et a enseigné sur l'intendance (1 R 17.1-16).

- *Aggée avait des besoins liés au ministère et à la construction.* Il a enseigné sur l'intendance (Ag 1.1-14).

- *Jésus avait un fonds général.* Il le maintenait à travers ses relations personnelles dans le ministère et en multipliant les ressources disponibles (Lc 8.2-3 ; Mt 14.17-21).

- *Les apôtres avaient besoin de fonds pour leurs ministères bénévoles.* Ils avaient mis en place des organisations et des comités et encourageaient les dons individuels (Ac 4.32-5.11).

- *Paul a mobilisé des fonds pour les ministères sociaux.* Il envoyait des lettres à des grands groupes, enseignait sur l'intendance et utilisait des représentants sur le terrain (1 Co 16.1-3 ; 2 Co 8.1-24).

La variété de ces stratégies employées pour obtenir des financements afin de satisfaire certains besoins montre qu'il existe plusieurs approches légitimes de mobilisation de fonds. Nous sommes libres d'avoir recours à certaines des stratégies contemporaines employées dans notre monde, pourvu qu'elles soient compatibles avec les Écritures.

Questions éthiques relatives à la mobilisation de fonds

Nous allons à présent aborder quelques questions éthiques concernant certaines techniques de mobilisation de fonds et voir ce que la Bible dit de ces dernières.

Demander des dons aux non-chrétiens

Les exemples du Nouveau Testament montrent que les appels de mobilisation de fonds devraient se concentrer sur la maison de Dieu. Cependant, devrait-on se limiter aux chrétiens ? La question de la contribution des non-croyants est controversée. D'une part, certains pensent qu'il n'y a pas de problème à demander de l'aide financière aux non-chrétiens, y compris les riches musulmans. Les adeptes de cette position soutiennent que Dieu est celui à qui appartiennent toutes les ressources et tous les hommes ; de ce fait, si Dieu touche le cœur d'une personne à donner pour sa gloire, ils accepteront. Ils disent également que des dirigeants comme Esdras et Néhémie ont accepté des dons de non-croyants pour accomplir l'œuvre de Dieu.

D'autre part, d'autres ont peur que recevoir des fonds des non-croyants puisse amener des croyants à compromettre leur foi. Ils citent le dicton suivant : « Si tu acceptes de l'argent d'un lépreux (une personne qui est considérée comme un mendiant débraillé) et lui coupe les cheveux, tu es dans l'obligation de lui couper aussi la barbe. » Ce qu'ils veulent dire c'est que l'on sera tenté de faire des compromis pour ceux qui ont fait des dons. Par exemple, si l'on accepte de l'argent de musulmans pour construire ou entretenir une école biblique, l'on pourrait être soumis à la pression d'y enseigner le Coran même si l'école est chrétienne.

Afin de répondre à cette question délicate, nous devons considérer les motivations des donateurs. Lorsque Néhémie demandait des fonds au gouvernement, il traitait avec les responsables dont le rôle était de gouverner tous les citoyens – les juifs et les non-juifs. Leur position était similaire à celle occupée par un gouverneur musulman au Nigéria ; il gouverne non seulement les musulmans, mais aussi les citoyens des autres religions. Le gouvernement attribue généralement des fonds pour le développement commun et religieux. Tout mouvement religieux, musulman ou chrétien, a droit à ces fonds. Dans ce cas spécifique, il ne semble rien n'y avoir de mal à accepter ou même demander des fonds pour réaliser un projet chrétien.

Qu'en est-il quand il s'agit d'approcher un non-croyant qui méprise ouvertement la cause du Christ ou du christianisme ? Ou que penser des membres du gouvernement allouant des fonds à tous, mais qui imposent leur volonté sur l'orientation ou la réalisation d'un projet ? Est-il convenable de demander de l'argent à de telles personnes ? Cette fois, la réponse doit être non. Nous ne pouvons pas accepter des fonds de donateurs qui demandent que les bases doctrinales ou le nom de l'église changent afin de refléter une perspective plus universaliste. Accepter de l'argent dans ces conditions mettra en danger la mission de l'organisation.

Annoncer le montant des fonds perçus

Dans plusieurs pays anglophones, le mot « launching », dans le sens du lancement, n'est pas associé à la mobilisation de fonds. Cependant, dans certains pays en Afrique, l'idée de lancement est souvent associée à la mobilisation de fonds en public. Ainsi, le lancement est un moyen employé pour faire de la publicité et mobiliser des fonds pour un projet en particulier, qui peut aller de la construction d'une église, d'une école, de ponts et de routes, à l'achat d'instruments de musique ou la production d'un album musical.

Le montant à collecter, par exemple 1 000 dollars, est souvent précisé sur l'invitation distribuée. Après la distribution des invitations, suit une campagne publicitaire agressive à la radio ou à la télévision et à travers les contacts personnels du comité d'organisation. Des invitations spéciales sont envoyées à ceux qui ont été choisis pour être le maître de cérémonie, le président, le secrétaire, et à toutes personnes ayant un rôle important à jouer.

Le maître de cérémonie est en général une personne charismatique qui peut motiver les gens à donner ou à s'engager à beaucoup donner. Le parrain est généralement une personne à la fois riche et généreuse, parce qu'on s'attend à ce qu'il ou elle donne la somme la plus importante afin de motiver les autres à faire de même. C'est la première personne à donner et l'annonce du montant donné est accueillie dans un tonnerre d'applaudissements.

Le président, quant à lui, est aussi une figure assez importante. Il délivre un petit discours et présente son don, généralement une forte somme. Viennent ensuite les invités spéciaux qui doivent également donner. Ils sont souvent assis sur des fauteuils spéciaux au premier rang avec des boissons alignées sur des tables bien décorées à leur disposition. On les appelle à tour de rôle pour présenter leurs dons dont le montant est annoncé publiquement.

Il n'y a rien de mal à lancer un projet et à demander à des personnes d'y contribuer. Il est possible d'avoir des occasions où il y a besoin de lancer un appel spécial pour que les gens donnent généreusement. Moïse, Esdras et Néhémie se sont tournés vers le public pour mobiliser des ressources. Cependant, il est important de noter que les lancements de projets de mobilisation de fonds aujourd'hui ne respectent pas certains principes bibliques clairement formulés dans la Bible. Le premier principe violé est celui de la publicité associée aux dons. Même si certaines personnes ne veulent pas que leurs dons soient connus publiquement, leurs souhaits sont en général ignorés. Cependant, la Bible enseigne que lorsque nous donnons pour l'œuvre de Dieu, la motivation ne doit pas être d'impressionner les autres. Les pharisiens faisaient ce genre de dons en public et ne recevait aucune récompense divine. Nous ferions bien de faire attention à ces mots de Jésus :

> Quand donc tu fais l'aumône, ne le fais pas claironner devant toi, comme font les hypocrites dans les synagogues et dans les rues, en vue de la gloire qui vient des hommes (...) Pour toi, quand tu fais l'aumône, que ta main gauche ignore ce que fait ta main droite, afin que ton aumône reste dans le secret ; et ton Père, qui voit dans le secret, te le rendra (Mt 6.2-4).

Il y a une deuxième objection à ce type de lancement : l'attention est portée sur les riches tandis que les pauvres et les inconnus sont ignorés.

C'est triste de voir comment les riches et les personnes célèbres qui mènent parfois une vie immorale, reçoivent une reconnaissance alors que les pauvres sont conduits hors de l'église – et ceci malgré l'avertissement de Jacques contre le favoritisme (Jc 2.1-9). En outre, l'attention portée sur les riches oublie la récompense de Jésus à la pauvre veuve qui avait donné peu mais généreusement, sans chercher à impressionner qui que ce soit (Mc 12.41-44).

Pour conclure, il n'y a pas de mal à apprécier les donateurs et à leur être reconnaissant, mais il faut le faire discrètement. Leurs noms et le montant donné ne devraient pas être rendu publics.

Croire que la fin justifie les moyens

Les mobilisateurs de fonds cherchent parfois à embarrasser les gens afin qu'ils donnent. En effet, l'une des méthodes consiste à annoncer publiquement le montant donné ou à demander aux donateurs de présenter leur somme pour que Dieu et les personnes présentes puissent voir ce qu'ils donnent. Une autre méthode consiste à rejeter un don publiquement lorsqu'on pense que le donateur aurait dû donner plus. Il y a au moins une personne qui refuse régulièrement l'argent d'un donateur en public, disant à ce dernier d'augmenter le montant. Lorsqu'on confronte une telle personne pour lui parler de la gêne qu'une telle attitude suscite et son éthique douteuse, elle hausse les épaules et dit que c'est le seul moyen de mobiliser de l'argent pour les projets. Elle ne voit rien de mal en cela. Elle est devenue célèbre, ou notoire pour sa technique de mobilisation de fonds !

Certains seraient d'accord avec une telle personne, en disant que ses méthodes sont acceptables dans la mesure où l'objectif est atteint. En d'autres termes, la fin justifie les moyens. Cependant, si l'on considérait que cet argument est une conclusion logique, l'on pourrait alors dire qu'il serait moralement justifiable de mobiliser des fonds sous la menace d'une arme !

Les chrétiens qui croient en la Bible ne devraient jamais être si absorbé par l'accomplissement d'un objectif qu'ils deviennent aveugles aux moyens qu'ils utilisent pour les atteindre. Forcer des personnes à donner contredit directement le principe biblique selon lequel le don doit être volontaire (2 Co 9.7). Tertullien, théologien de l'église du IIe siècle, a dit :

« Chaque mois, chacun peut faire un petit don ; mais seulement si c'est fait avec plaisir et selon ses capacités car ce n'est pas une obligation, tout est volontaire. Ces dons sont, comme ça toujours été le cas, un versement pieux[146]. »

Promettre des récompenses matérielles

Une autre technique employée pour manipuler les donateurs est l'appel à l'avidité. Certains évangélistes et dirigeants d'églises aiment à promettre aux donateurs des récompenses financières en retour du don apporté à Dieu : « Si vous donnez 10 000 dollars, vous recevrez 100 000 dollars dans un mois. » Un évangéliste a même donné des mouchoirs comme gage de la récompense généreuse que recevront ses donateurs.

Faisons attention lorsque des prédicateurs citent des passages bibliques hors contexte pour soutenir l'idée que faire un don résultera en une récompense matérielle instantanée car un tel enseignement contredit les paroles suivantes de Jésus :

> Et si vous prêtez à ceux dont vous espérez qu'ils vous rendent, quelle reconnaissance vous en a-t-on ? Même des pécheurs prêtent aux pécheurs pour qu'on leur rende l'équivalent. Mais aimez vos ennemis, faites du bien et prêtez sans rien espérer en retour. Alors votre récompense sera grande (Lc 6.34-35).

Lorsque nous donnons, nous ne devons rien attendre en retour. Nous devons d'abord donner dans le but d'investir dans l'éternité. Comme Jésus l'a si bien dit : « Ne vous amassez pas des trésors sur la terre (...) mais amassez-vous des trésors dans le ciel, où ni les mites ni les vers ne font de ravages, où les voleurs ne percent ni ne dérobent. Car où est ton trésor, là aussi sera ton cœur » (Mt 6.19-21). Paul va dans le même sens lorsqu'il dit à Timothée :

> Aux riches de ce monde-ci, ordonne de ne pas s'enorgueillir et de ne pas mettre leur espoir dans une richesse incertaine, mais en Dieu, lui qui nous dispense tous les biens en abondance, pour que nous en jouissions. Qu'ils fassent le bien, s'enrichissent de belles œuvres, donnent avec largesse, partagent avec les autres. Ainsi amasseront-ils pour eux-mêmes un bel et solide trésor pour l'avenir, afin d'obtenir la vie véritable (1 Tm 6.17-19).

---

[146] Cité dans Eugene B. Habecker, « Biblical Guidelines for Asking and Giving », *Chritianity Today*, 15 mai 1987, p. 32.

Lorsque l'argent et le matérialisme prennent une place centrale dans les vies des chrétiens et des organisations chrétiennes, ils sont distraits et ne cherchent plus à faire ce qui honore et plaît à Dieu. Les choses célestes sont reléguées au second plan, voire même au troisième. Dieu nous a plusieurs fois avertis contre cette tentation. Il en a parlé aux Israélites avant même qu'ils n'entrent dans la terre promise (Dt 8.11-14), mais les paroles du prophète Osée montrent qu'ils n'ont pas prêté attention à cet avertissement : « Aussitôt arrivés au pâturage, ils se rassasièrent, une fois rassasiés, leur cœur s'est enflé, c'est pour cela qu'ils m'ont oublié » (Os 13.6). Qu'il n'en soit pas ainsi pour nous[147] !

Demander un don

Ces dernières années, il est devenu de plus en plus fréquent que quelqu'un avec une réputation « d'homme de Dieu » aborde des personnes riches en leur disant clairement ce qu'elles doivent donner comme biens matériels ou comme argent. Par exemple, un pasteur s'approche d'un membre de l'église et lui dit que Dieu lui a dit que le membre doit lui donner sa deuxième voiture pour l'œuvre de Dieu.

Les chrétiens doivent avoir le discernement et être prudents quand on leur présente une telle demande. L'un de mes enseignants au séminaire m'avait dit que quand quelqu'un me dit que Dieu lui a parlé, j'ai le droit de lui demander comment être sûr que ce n'est pas le diable qui lui a parlé. Nous devons comprendre que si Dieu est capable de parler à celui qui a besoin du don, il est également capable de parler au potentiel donateur. Chacun doit être capable d'écouter la voix de Dieu en ce qui concerne le don.

Accepter des dons de la part d'étrangers

On se pose une autre question sensible : est-il justifiable de mobiliser des fonds à l'extérieur de l'Afrique ? Il nous faut avant tout affirmer qu'il n'y a rien de mal à demander des aides à nos frères et sœurs dans les églises chrétiennes dans le monde. Les Écritures présentent des exemples d'églises qui en soutenaient d'autres (2 Co 8). Ainsi, une assemblée locale peut en soutenir une autre.

---

[147] Un livre beaucoup lu à ce sujet est celui de Randy Alcorn, *Money Possession and Eternity*, Carol Stream, IL, Tyndale House, 1989.

Cependant, il convient de noter que les églises de la Macédoine mentionnées dans 2 Corinthiens n'étaient pas riches. Paul les décrit comme des églises menacées par « des multiples détresses » et une « pauvreté extrême » (2 Co 8.2). Pourtant, elles ont supplié Paul pour qu'il les laisse venir en aide à l'église à Jérusalem (2 Co 8.4). Généralement, nous associons la supplication avec les mendiants, mais ces églises « mendiaient » le privilège de donner – et non de recevoir[148]. Dans le Nouveau Testament, ce n'était pas seulement les riches qui donnaient.

Dans notre contexte actuel, nous avons peur que les églises pauvres en Afrique deviennent dépendantes des riches églises occidentales[149]. Pour remédier à cette situation, il faut que l'Église en Afrique soit encouragée à contribuer à l'œuvre en Occident. La pauvreté ne devrait pas être une excuse, mais plutôt une motivation à continuer de donner ce que l'on a. Le don peut ne pas être financier, car l'Église en Afrique a beaucoup à offrir à l'Occident en termes de spiritualité et de croissance d'église.

Une mobilisation de fonds efficace

Après la critique des techniques populaires utilisées dans la mobilisation de fonds, il est temps de considérer comment les organisations chrétiennes et églises peuvent mobiliser des fonds d'une manière chrétienne convenable[150].

La stratégie

Une étude des exemples bibliques de mobilisation de fonds montre qu'il y avait une bonne planification et un développement de stratégie pour répondre aux besoins. Beaucoup de mobilisateurs de fonds africains ont des projets très vagues – ils cherchent de l'argent pour des projets qui ne sont pas toujours très bien définis. Il est capital de bien réfléchir aux besoins du projet, aux sources de financement et aux limites en termes de temps, de ressources et de rapport coût-efficacité.

---

[148] Glen J. Schwartz, *When Charity Destroys Dignity: Overcoming Unhealthy Dependency in the Christian Movement*, Bloomington, Authorhouse, 2007, p. 157.

[149] Glen J. Schwartz, à vraiment traiter de ce sujet dans son livre intitulé *When Charity Destroys Dignity*.

[150] Certains conseils contenus dans cette section sont basés sur Manfred W. Kohl's Paper, « Principle of Giving ».

La première étape dans l'élaboration d'un plan stratégique consiste à développer une claire compréhension de la vision et de la mission de votre organisation ou église. En d'autres termes, vous devez savoir pourquoi vous existez, quelles sont vos valeurs, ce que vous devez faire pour remplir votre mission et quel devrait être votre impact si les fonds étaient disponibles.

Ensuite, vous devez fixer des buts précis et des objectifs pour la campagne de mobilisation de fonds. Les buts peuvent être généraux, mais les objectifs doivent être spécifiques, faciles à atteindre, mesurables, réalisables dans le temps fixé. Sans de tels objectifs, il peut être difficile d'évaluer les forces et les faiblesses de la mobilisation des fonds.

Alors seulement nous pourrons décider des actions à mener qui donneront les grandes lignes des activités précises nécessaires pour atteindre les objectifs et les buts. Pour chaque action, il est important de définir « qui doit faire quoi et quand ».

Si nous voulons demander des fonds à des sources externes à l'instar des ONG ou d'une organisation nationale ou internationale (ou même pour développer un dépliant pour les potentiels donateurs), nous devons fournir les informations suivantes :

- Une description de l'organisation

- Les grandes lignes de sa mission

- Une liste des principales réalisations

- Un sommaire de la situation financière actuelle

- Une présentation des buts, des principaux projets et des cibles visées

- Une liste des besoins

L'intégrité

En tant que croyants, nous devons faire preuve d'intégrité, c'est-à-dire qu'il ne doit pas y avoir de différence entre qui nous semblons être et qui nous sommes vraiment. Ainsi, non seulement nous honorons Dieu, mais cela encouragera également les gens à donner leur argent et leurs ressources parce que nous aurons montré que nous sommes dignes de confiance. Les facteurs suivants sont tous importants :

- *Des motivations pures.* Les motivations à la fois du donateur et de celui qui reçoit doivent être pures. Le roi David est un exemple dans ce sens. Après avoir donné le matériel pour la construction du temple, il a prié ainsi, « Seigneur notre Dieu, toute cette masse de choses que nous avons préparée pour te bâtir une Maison pour ton saint nom, tout cela vient de ta main et t'appartient. Je sais, mon Dieu, que tu sondes le cœur et que tu agrées la droiture : pour moi, c'est dans la droiture de mon cœur que j'ai offert volontairement tout cela » (1 Ch 29.16-17). De tels donateurs reconnaissent que tout ce qu'ils ont leur vient de Dieu avant tout. Ceux qui demandent des dons « doivent s'assurer que la motivation de leur demande ainsi que celle de leur donateurs sont pures[151] ».

- *L'honnêteté et la transparence.* Il faut toujours dire la vérité. Pour peu que les donateurs soupçonnent que vous leur cachez quelque chose, ils ne vont, à juste titre, rien donner du tout. Nous devons dire la vérité dans tous les détails de l'information que nous fournissons. The Evangelical Council of Financial Accountability (ECFA), une organisation chrétienne au Nigéria souligne que :

  Toutes représentations de fait, description de la situation financière de [l'organisation] ou tout récit à propos d'événements doivent être récents, complets et précis. Les références aux activités et événements passés doivent être datées. Il ne doit pas y avoir des omissions ou des exagérations de faits ou des photos trompeuses ou même toute autre communication qui prêterait à créer une fausse impression ou malentendu[152].

- *Des projets louables.* Les donateurs veulent s'assurer que leur argent sera utilisé pour une cause noble. Il n'est pas nécessaire de nous excuser d'avoir demandé de l'argent si la cause est noble.

- *Une responsabilité financière.* Lorsque des personnes donnent de l'argent pour un projet spécifique, assurons-nous que nous avons

---

[151] Habecker, « Biblical Guidelines », p. 32.

[152] Evangelical Council for Financial Accountability, « Standards 7: Fund-Raising ». *ECFA Standards*. Cité le 28 novembre 2007. Site web : www.ecfa.org. Il convient de voir tous les onze points dans la déclaration du ECFA sur la mobilisation des fonds ainsi que les commentaires. Parmi les points mentionnés, il y a le fait que les organisations ne devraient pas accepter des dons qui « mettrait expressément un fardeau sur les donateurs ou qui compromettraient le bien-être futur du donateur ».

bien utilisé cet argent pour réaliser ce projet et non un autre. Ne partez pas du principe que parce que vous faites l'œuvre de Dieu, les gens doivent vous faire confiance. Les donateurs veulent voir que leur argent a été utilisé à bon escient. Gardez des rapports financiers précis, indiquant les montants donnés et toutes les dépenses effectuées pour le projet pour lequel les fonds ont été mobilisés. Il serait bien de faire auditer le rapport financier par un commissaire aux comptes indépendant et professionnel.

- *Des projets à superviser.* L'argent investi, même dans les plus beaux projets et avec les meilleures intentions, peut être perdu si ces projets ne sont pas supervisés par des personnes compétentes. C'est pourquoi pendant le séminaire auquel j'ai participé au Nigéria, un comité technique constitué d'un ingénieur en génie civil, un architecte, un expert-métreur, un ingénieur électricien et un ingénieur des ponts et chaussées a été mis en place pour donner des conseils techniques et professionnels sur tous les projets de construction. Lorsque j'ai présenté les détails de nos projets aux donateurs potentiels, les donateurs ont été impressionnés par le fait que le travail serait supervisé par des professionnels intègres et engagés dans le séminaire. Grâce à ces informations, ils ont compris que les responsables du séminaire connaissaient l'importance d'avoir des professionnels qui se chargent des projets demandant des compétences techniques et cela les a encouragés à donner des fonds.

- *Informations régulières aux donateurs.* Les donateurs souhaitent qu'on les tienne au courant de l'évolution du travail. Soyez en contact avec eux à travers des bulletins d'information ou en les invitant à vous rendre visite et à voir ce à quoi leurs dons ont servi. Vous pouvez également leur rendre visite ou leur adresser une lettre personnelle. Cette attitude va encourager les donateurs à donner davantage.

- *Implication des donateurs dans vos activités.* Invitez les donateurs aux événements et montrez-leur qu'ils sont importants. Aidez-les à sentir qu'ils font partie de votre organisation car ils en font vraiment partie.

- *Apprécier tous les dons.* Les donateurs aiment recevoir des remerciements et de la reconnaissance.

- *Éviter la folie des grandeurs*. Les fonds ne sont pas mobilisés pour notre propre gloire, mais pour bâtir le royaume de Dieu. Comme nous le dit Henri J. M. Nouwen, « mobiliser les fonds, c'est donner l'opportunité aux gens de choisir d'investir ce qu'elles ont dans l'œuvre de Dieu[153] ». Ceux qui donnent investissent dans l'éternité.

Les erreurs à éviter

Tout comme il existe des méthodes pour susciter des dons, il y a également des pratiques et attitudes à éviter dans la mobilisation de fonds :

- *Évitez de faire pression*. Les donateurs n'aiment pas la pression. Évitez de forcer la main aux donateurs. Vous ne devez jamais forcer des personnes à donner ce qu'elles ne veulent pas donner.

- *Évitez de déformer la vérité*. N'exagérez pas ou ne minimisez pas la vérité. Si le projet va coûter six millions, ne dites pas aux gens qu'il va coûter cinq millions ou dix millions.

- *Gardez-vous de la manipulation*. Résistez à toute tentation d'exploiter les autres afin d'atteindre des objectifs. Ce genre de manipulation comprend les annonces publiques du montant donné.

- *Ne faites pas de l'argent une fin en soi et le but de tout*. L'argent ne peut pas résoudre tous les problèmes.

- *Ne favorisez pas la confrontation ou l'antagonisme*. Donnez l'occasion aux donateurs de donner librement sans qu'ils s'y sentent obligés et acceptez la possibilité qu'ils décident de ne pas donner.

- *Ne mettez pas dans l'embarras les donateurs potentiels*. Certains donateurs peuvent prendre du temps pour étudier vos projets et peuvent attendre avant de s'y engager.

- *Ne mendiez pas*. La Bible ne nous demande pas de mendier pour le royaume de Dieu. Elle nous invite plutôt à investir dans l'édification du royaume de Dieu.

---

[153] Henri J. M. Nouwen, *The Spirituality of Fund-Raising*, Upper Room Ministries in Partnership with Henri Nouwen Society, 2004, p. 25. Cité le 30 avril 2008. www.parkerfoundation.org/PDFs/SpiritualityOfFundraising.pdf.

Conclusion

La mobilisation de fonds doit être faite d'une manière qui honore le Seigneur. Les techniques et méthodes employées ne devraient pas être en contradiction avec des principes bibliques tels que donner volontairement, donner pour honorer Dieu et investir dans l'éternité. « Les mobilisations de fonds chrétiennes, dans toutes leurs activités (y compris le marketing et la publicité), ne devraient présenter que la vérité. Parole et action, promesses et réalisation, doivent aller ensemble (2 P 2.3a ; Mt 5.37)[154]. »

Questions

1. Décrivez comment vous, ou d'autres personnes, avez utilisé certaines des techniques de mobilisation des fonds décrites dans ce chapitre. Étaient-elles en accord avec l'enseignement biblique sur la question ? Qu'est-ce qui pourrait être amélioré pour de futures mobilisations de fonds ?

2. Est-ce qu'un ou plusieurs des problèmes évoqués dans ce chapitre a déjà soulevé des controverses dans votre communauté ? Comment ont-elles été gérées ?

3. Évaluez un projet de mobilisation de fonds actuel avec lequel vous êtes familier, à la lumière des principes présentés dans ce chapitre (stratégie et intégrité). Dans quels domaines ces principes ont-ils été respectés (ou non respectés) ? Qu'est-ce qui doit être amélioré dans le futur ?

---

[154] Kohl, « Principles of Giving ».

Section C

Mariage et famille

Introduction aux questions liées au mariage et à la famille

Le foyer représente la principale institution qui influence l'individu et la société. Si les familles sont déformées, la société le sera également. Ainsi, il est capital que toute étude éthique traite également des questions éthiques touchant la famille.

Nos opinions sur les questions du mariage, de la sexualité et de la procréation reflètent inévitablement notre vision africaine du monde et nos influences occidentales. Cependant, il est aussi capital de considérer ces questions du point de vue chrétien et biblique. En outre, il nous faut réfléchir aux éléments positifs du mariage comme l'amour, le plaisir, la procréation et l'amitié, sans pour autant négliger les éléments négatifs et sensibles comme l'infertilité, le divorce, la violence familiale, la mort et le veuvage.

Avant toute discussion importante sur la question du mariage et de la famille, nous devons savoir ce qu'est le mariage. Le mariage est essentiellement le type d'union que Dieu a établi entre un homme et une femme depuis la création. À partir de cette union ancienne entre un homme et une femme, des peuples et des cultures ont émergé et ont rempli le monde. Les différents peuples du monde perçoivent différemment le mariage selon leur conception du monde, leurs cultures, leurs croyances et leurs valeurs fondamentales.

Les différences entre les perceptions africaines et occidentales du mariage ont abouti à beaucoup d'incompréhensions et ont entrainé le fait que beaucoup de questions éthiques n'ont pas été correctement traité dans les textes écrits pas des Occidentaux. L'un des points de divergence concerne les personnes qui sont impliquées dans le mariage. Les Occidentaux ont tendance à oublier que le mariage est vécu en société. Celle-ci a un impact sur le sens, les attentes et les aspirations de cette union.

À cause de leur perception individualiste du monde, les Occidentaux pensent au mariage uniquement en termes de l'homme et de la femme impliqués dans l'union. Cependant, une telle approche est trop étroite pour l'africain. Lors d'une cérémonie de mariage en Afrique, il ne serait pas inhabituel que le pasteur dise à la mariée :

> « Tu n'es pas mariée à ton mari Paul mais à sa famille. Autrement dit, tu dois t'identifier entièrement aux siens, veiller sur eux, prendre soin d'eux, faire tout ton possible pour les rendre heureux. Si tu le fais, tu n'auras rien à regretter. » Et au marié, il dit « toi, Paul, tu dois faire de même avec la famille de Mapule. Sa famille est ta famille[155].

L'accent mis sur les liens communautaires en Afrique veut dire que tout débat sur la sexualité, l'éthique de reproduction et de relation du mariage africain doit prendre en compte la communauté toute entière. Cette communauté comprend les vivants – parents, frères et sœurs, oncles et tantes, grands-parents, cousins, nièces et neveux, la famille élargie et tout le village ; et aussi les morts vivants (ancêtres) et les futurs membres de la famille qui vont naître. Ainsi, John Mbiti dit ceci à propos du mariage : « Toutes les dimensions du temps se rencontrent ici, et tout le théâtre de l'histoire est répété, renouvelé et revitalisé. Le mariage est comme une pièce de théâtre dans lequel chacun devient un acteur ou une actrice et non juste un spectateur[156]. »

En ce qui concerne la question de l'utilité du mariage, nous pouvons avancer cinq raisons possibles d'après la Bible :

- *L'unité*. Le désir d'unité trouve son fondement dans Genèse 2.24, avec l'insistance sur le fait qu'un homme et sa femme deviennent « une seule chair ». Cette unité est rappelée par Jésus dans Matthieu 19.3-6. Cet aspect du mariage est très fort dans la pensée africaine où un homme non marié est considéré comme un homme incomplet. Il n'est pas un vrai homme. C'est aussi le cas pour une femme non mariée. L'idée même d'un homme ou d'une femme non marié est inimaginable dans la plupart des sociétés traditionnelles africaines.

- *L'amitié*. Le désir d'amitié est également enraciné dans l'ordre de la création où Dieu dit « il n'est pas bon pour l'homme d'être seul.

---

[155] Magesa, *African Religion*, p. 111.
[156] Mbiti, *African Religions and Philosophy*, p. 133.

Je veux lui faire une aide qui lui soit accordée » (Gn 2.18). Cette idée est également importante dans la culture africaine où une personne non mariée est considérée comme solitaire, misérable et impuissante. Le mariage est impératif si l'on veut avoir l'amitié, l'amour, le respect et la dignité.

- *La procréation.* Dans Genèse 1.28, Dieu dit au nouveau couple qu'il a établi : « Soyez féconds et prolifiques » et Psaumes 127.3-5 célèbre la joie d'avoir une grande famille – une joie partagée par les Africains.

- *L'amour et le plaisir.* Dans Ecclésiaste 19.9, il est recommandé aux lecteurs de « [Goûter] la vie avec la femme que tu aimes ». Cette motivation au mariage n'est pas très connue en Afrique, mais il est clair que lorsqu'il y a de l'amour et du plaisir, le mariage a de meilleures chances de tenir et d'être un bon environnement pour élever les enfants.

- *Lutter contre la fornication et l'adultère.* Dans 1 Corinthiens 7.1-2, Paul conseille le mariage en tant que moyen de protection contre l'immoralité sexuelle.

Ces raisons ne sont pas listées par ordre d'importance. La priorité peut être accordée à l'une ou à l'autre selon les coutumes, les croyances et les valeurs fondamentales. Cependant, les problèmes peuvent surgir lorsque l'accent est mis uniquement sur un ou deux de ces facteurs et que les autres sont exclus.

La Parole de Dieu nous donne un aperçu des bénédictions attachées au mariage, mais aussi des défis et des problèmes qui y sont liés. La chute de l'homme (Gn 3) a eu un impact considérable sur le mariage. Le péché et la rébellion contre Dieu ont changé ce qui aurait dû être une relation d'amour permanente et durable, en une relation qui peut produire la haine et le divorce. Le péché a également affecté le corps humain tout entier, y compris son système de reproduction. Par conséquent, nous devons faire face à des maternités difficiles, à l'infertilité, à l'impuissance et à la stérilité. Voici le type de sujets que nous allons aborder dans cette section du livre. Ils sont axés sur les problèmes liés à la procréation et l'amitié. Nous n'allons pas traiter des questions relatives à la recherche du plaisir sexuel hors mariage, car ces dernières seront abordées dans une autre section consacrée au sexe.

Vu l'importance que les Africains donnent à la procréation, que se passe-t-il lorsqu'un couple n'arrive pas à concevoir ? Cette question, traitée au chapitre 13, présente des principes visant à aider les couples qui sont confrontés au problème de l'infertilité. Si la situation est appropriée, ils devraient être encouragés à recourir à la médecine. Certaines interventions médicales soulèvent cependant de sérieuses questions éthiques. Le chapitre 14 sera donc consacré à un aperçu de certaines techniques de reproduction et aux questions éthiques qu'elles soulèvent.

Tout comme le manque d'enfant apporte beaucoup de stress dans un couple, la présence de trop d'enfants constitue aussi un problème. Il est donc important de faire une mise au point sur la contraception. Constitue-t-elle un péché ? Certaines méthodes de contraception sont-elles plus acceptables que d'autres d'un point de vue éthique ? Ces questions sont abordées au chapitre 15. Certaines femmes désespérées pourraient aussi essayer d'avoir recours à l'avortement ou à l'abandon du nouveau-né afin de limiter le nombre d'enfants. Cependant, l'avortement et l'infanticide ne seront pas abordés dans cette section, mais à la section intitulée « Questions médicales ».

Après le thème de la procréation, nous parlerons des questions qui menacent l'amitié dans le mariage. Est-il possible d'avoir plus d'un compagnon dans le mariage ? Le chapitre 16 est consacré à la polygamie. Et que se passe-t-il lorsqu'il n'y a plus d'amitié dans un couple parce que l'un des conjoints est violent ? La violence familiale est abordée au chapitre 17.

Enfin, nous devons parler de la fin d'un mariage. Ainsi, un mariage chrétien peut-il se terminer par un divorce ? Cette question est abordée au chapitre 18. Lorsqu'un conjoint décède, quel est le sort réservé à ceux qu'il laisse derrière lui ? Certaines questions éthiques relatives au traitement des veuves et des orphelins sont abordées au chapitre 19.

13

Procréation et stérilité

Dans les sociétés occidentales, la procréation n'occupe pas une place aussi importante que l'amitié et la satisfaction du désir sexuel. Ainsi, les Occidentaux ne comprennent pas toujours le désir ardent des Africains d'avoir des enfants. Pour les Africains, le manque d'enfants laisse un vide dans l'union du mariage : « Le but premier du mariage est celui de donner l'opportunité de naître aux membres de la famille qui ne sont pas encore nés. Celui qui, pour diverses raisons, ne parvient pas à avoir des enfants est l'un des membres les plus malheureux de la société parce qu'il sera méprisé et vu comme un membre dans l'impasse[157] ». Abordant ce sujet plus en détails, Mbiti dit :

> C'est une obligation religieuse au moyen duquel un individu contribue les semences de la vie vers la lutte de l'homme contre la perte de l'immortalité originelle. Le mari et la femme sont reproduits biologiquement dans leurs enfants, perpétuant ainsi la chaîne de l'humanité [...] Ainsi, une personne qui n'a pas de descendance éteint le feu de la vie et meurt pour toujours, car sa ligne de continuité physique est rompue s'il ne se marie pas et ne procrée pas. C'est une compréhension et une obligation sacrée qui ne doit être ni abusée, ni méprisée[158].

Les Africains valorisent donc bien plus la procréation que les autres aspects du mariage tels que l'amour, l'amitié et la satisfaction du désir sexuel. L'infertilité est perçue comme étant un refus de la vie, la destruction de l'individu et de la communauté. Cette conception de la vie

---

[157] John Mbiti, « African Concept of Human Relations », *Ministry* 9, 1969, p. 160.
[158] Mbiti, *African Religions and Philosophy*, p. 133.

ne diffère pas de celle des Hébreux du passé, qui considéraient la mort sans progéniture comme un sort terrible (Ps 109.13). C'est une part de la souffrance du Serviteur souffrant, dont la mort prématurée signifie une absence de descendance (Es 53.8).

Au lieu d'endurer la honte de l'infertilité, certains feront tout pour avoir des enfants. Même les chrétiens iront chez les marabouts et féticheurs, et toutes sortes de médecins pour résoudre leur problème autant que possible, peu importe le coût. Si ces tentatives échouent, beaucoup ont recours au divorce et à la polygamie. Il est donc important de voir ce que la Bible dit à propos du mariage et de la procréation.

Les principes bibliques sur la procréation

Certains couples chrétiens occidentaux se sentent libres de choisir de ne pas avoir d'enfants. Les chrétiens africains, en revanche, soutiennent que le commandement « soyez féconds et prolifiques » (Gn 1.28) s'applique à tous les mariages. Ces derniers disent également que la fécondité figure au nombre des bénédictions de Dieu sur son peuple : « il n'y aura de stérilité chez toi ni pour les hommes ni pour les femmes, ni non plus pour ton bétail » (Dt 7.14 ; voir aussi Ex 23.26). Sur cette base, ils insistent sur le fait que :

> La procréation est le but de la cohabitation et le premier objectif du mariage. À celui qui craint le Seigneur, il est dit : « Ta femme est comme une vigne féconde (...) » (Ps 128.3). Ce n'est qu'en tant que mère des enfants qu'elle a présenté à la famille qu'une femme jouit d'une certaine considération dans la société. C'est ce qui la rend « féconde » ou non[159].

Les Africains disent également que les Écritures décrivent les enfants comme étant « la couronne des grands-parents » (Pr 17.6). Les fils sont particulièrement décrits comme étant « des plants d'olivier autour de la table » (Ps 128.3) – cette image laisse entendre qu'ils sont la nouvelle branche annonçant les productions futures et l'abondance dans les jours à venir. Les enfants sont également décrits comme étant « telles des flèches aux mains d'un guerrier, tels sont les fils de votre jeunesse. Heureux l'homme qui en a rempli son carquois !» (Ps 127.4-5). Ces

---

[159] D. H. Pretorius, « Childlessness », dans T. D. Verryn, sous dir., *Church and Marriage in Modern Africa*, Groenkloof, South Africa, Ecumenical Research Institute, 1975, p. 112.

enfants défendront leurs parents et pourvoiront à leurs besoins dans leur vieillesse.

Étant donné l'accent traditionnel mis sur l'importance de la procréation dans le mariage, il n'est pas surprenant que le même accent soit mis sur cet aspect du mariage lors des enseignements dans l'église en Afrique. Plusieurs églises pentecôtistes et de nouvelles églises mettent l'accent sur le besoin d'avoir une descendance. Ils croient que la stérilité et l'impuissance sont l'œuvre du diable et des mauvais esprits et que ces maux peuvent être guéris par les prières spéciales d'un homme ou d'une femme de Dieu. Afin de soutenir leur position, ils citent des exemples bibliques tels que Rachel et Anne dans l'Ancien Testament (Gn 30.6, 23-24 ; 1 S 1.8). La Synagogue Church of All Nations à Lagos, Nigéria, par exemple, est devenue un lieu de pèlerinage pour les chrétiens en provenance de toute l'Afrique et même d'autres pays comme la Hollande. Le célèbre pasteur de cette église, T. B. Joshua, dit qu'il a le pouvoir miraculeux de guérir des maladies comme le cancer, le SIDA, le diabète, l'hypertension, la stérilité, l'impuissance et l'infertilité. Il dit qu'il a reçu le pouvoir de Jésus, afin de permettre aux femmes stériles de concevoir et avoir des enfants. Une ou deux fois par an, cette église organise un événement spécial, télévisé et diffusé au niveau national. Pendant cet événement, des centaines femmes montrent leurs bébés, supposément conçus et nés après les prières du pasteur.

L'affirmation selon laquelle c'est la volonté de Dieu que chaque couple ait une descendance est une position extrême trouvée chez les chrétiens. On trouve l'autre position extrême chez des missionnaires occidentaux et certaines dénominations :

> D'un point de vue psychologique, l'expression de l'unité de l'amour est le principal but des relations sexuelles dans le mariage. La passion biologique de procréer et le besoin psychologique de la récréation s'effacent derrière l'expérience du désir psychologique pour l'amour de l'union. Par exemple, dès que l'amour de l'homme envers sa femme est éclipsé par son désir d'être père, ce dernier devient une menace à l'amour. Le mariage peut être décrit comme étant la reconnaissance et la réalisation publique d'un amour grandissant entre un homme et une femme. Vu sous cet angle, les enfants ne constituent pas un élément essentiel du mariage[160].

---

[160] *Ibid.*, p. 124.

Selon cette position, la procréation n'est pas un aspect important. Cela suggère que les couples sans enfants devraient juste accepter leur situation et trouver leur épanouissement dans leur mariage même s'il n'y a pas d'enfants.

Ces deux positions extrêmes doivent être rejetées. Il est dangereux d'isoler une finalité du mariage et de la décrire comme étant la principale quand l'ordre donné à la création dans Genèse 1 et 2 révèle que le but du mariage est aussi bien l'amitié, l'unité, que la procréation. Ceux qui rejettent le besoin biologique de procréer ont besoin de se rappeler que la Bible dit clairement que le désir d'avoir des enfants est normal et a le soutien divin (Gn 1.28). La survie de la société et de l'humanité en général peut seulement être assurée par la procréation. Il est tout à fait normal pour les couples d'être préoccupés s'ils n'arrivent pas à avoir d'enfants.

Ceux qui insistent sur le fait qu'avoir des enfants dans le cadre du mariage est essentiel doivent se rappeler que les mariages sans enfants peuvent quand même être remplis d'amour, d'amitié et d'épanouissement sexuel. La présence d'enfants n'est pas la garantie que ces autres aspects importants du mariage sont en fait présents.

Au lieu d'attribuer la cause de toute infertilité à l'œuvre des démons, il faut considérer prudemment et dans la prière d'autres causes physiques et psychologiques résultant du péché originel qui a fait son entrée dans le monde par Adam, plutôt qu'un acte pécheur particulier fait par le couple ou dirigé contre eux. Certaines des causes physiques de l'infertilité peuvent être traitées par la médecine moderne. L'église locale devrait être équipée pour traiter des aspects spirituels pour conseiller les couples chrétiens confrontés au problème de l'infertilité. Elle devrait également pouvoir fournir à ces couples des conseils sur l'éthique des différentes techniques à utiliser.

Les causes de l'infertilité

L'infertilité n'est pas nécessairement la même chose que la stérilité. En effet, une personne stérile est incapable de procréer alors que l'infertilité renvoie à une défaillance de la capacité normale de reproduction qui peut parfois être réparée.

Les causes de l'infertilité peuvent être spirituelles, physiques ou psychologiques (émotionnelles). Dans ce chapitre, nous n'allons pas nous attarder sur les causes psychologiques ; mais plutôt sur les causes physiques. Tout d'abord, il nous faut rappeler à ceux qui s'attendent à ce qu'une femme mariée tombe enceinte pendant la nuit de noce que, sur le plan médical, un couple ayant des rapports sexuels réguliers n'est seulement considéré comme infertile que si la grossesse ne survient pas après un an.

Il est également important de réfuter la croyance traditionnelle selon laquelle l'infertilité vient toujours de la femme, car cette position a conduit à beaucoup d'abus envers les femmes stériles. Parmi les Bajju du Nigéria, une femme stérile est appelée *anakwu*, c'est-à-dire « une femme affligée par le désir d'avoir un enfant ». Ce mot est proche du mot *dukwu* qui veut dire « la mort » et indique que c'est comme si elle était morte. Lorsqu'elle décède, un prêtre s'approche entre ses jambes et dit « va-t'en, femme sans valeur ». Les Igbo du Nigéria appellent une femme stérile *nwanyi aga*, qui veut dire littéralement qu'elle est improductive, incapable d'avoir un enfant. Elle peut également être appelée injurieusement un « homme », pour dire que c'est pour cette raison qu'elle est incapable d'avoir des enfants.

Les hommes ainsi que les femmes peuvent souffrir des problèmes physiques qui causent l'infertilité.

Les causes physiques de l'infertilité chez les hommes

L'infertilité masculine est encore gardée secrète en Afrique à cause de la honte qui y est associée. Chez les Bajju, un homme impuissant est inhumé avec la phrase : « Qu'aucun homme de ta trame ne naisse plus jamais dans notre communauté. »

Les raisons physiques de l'infertilité chez l'homme peuvent être regroupées dans les grandes catégories suivantes :

- *L'impuissance.* Le mot « impuissance » vient du grec impotens, qui veut dire manquer de force. Il est employé pour faire allusion à un homme ne pouvant pas avoir d'érection ou ne pouvant pas l'avoir assez longtemps pour les rapports sexuels. Les hommes qui en souffrent affirment parfois que leurs femmes les ont ensorcelés.

Ainsi, ils ignorent les autres raisons possibles qui peuvent être psychologiques, physiques comme un mauvais état de santé ou un apport sanguin insuffisant au pénis, ou comme les maladies (y compris les maladies sexuellement transmissibles), ou même parfois des effets secondaires à des médicaments. Beaucoup de ces problèmes peuvent être traitées par des médicaments ou grâce à une opération chirurgicale, mais les hommes impuissants deviennent souvent renfermés et anxieux et refusent de se faire aider ou même d'admettre qu'ils ont un problème. Ils savent que beaucoup d'hommes et de femmes les mépriseraient. Il faut donc essayer d'apporter des conseils à ces hommes et essayer de changer la perception que le public a de l'impuissance, en amenant les gens à comprendre qu'un homme impuissant est un homme à part entière et peut vivre une vie épanouie.

- *Les problèmes liés à l'éjaculation.* Certains hommes sont infertiles parce que leur sperme n'atteint pas l'ovule de la femme pour le féconder. Ce problème peut être causé par une éjaculation précoce, c'est-à-dire que l'homme éjacule avant de pénétrer suffisamment loin dans le vagin. Chez certains, le sperme n'est même pas éjaculé du pénis mais va plutôt vers leur vessie. Ce problème peut parfois provenir des effets secondaires de certains types de médicament.

- *Le problème du manque de sperme.* Certains hommes n'ont pas de sperme, soit à cause de certains troubles dans les testicules, soit parce que le passage du sperme est bloqué par une malformation physique (parfois causée par une maladie sexuellement transmissible). On dit d'un homme qui se trouve dans cette situation qu'il « tire sans balles ». D'autres hommes encore peuvent avoir du sperme en faible quantité, c'est-à-dire que cette quantité ne peut pas féconder l'ovule.

- *Le sperme infecté.* Des problèmes hormonaux ainsi que certaines infections peuvent endommager le sperme si bien que même lorsque la conception survient, l'ovule fécondé ne survit pas.

Les causes physiques de l'infertilité chez les femmes

L'infertilité chez la femme a également plusieurs causes physiques. Ces dernières peuvent être regroupées en plusieurs grandes catégories :

- *Les déséquilibres hormonaux.* Les déséquilibres hormonaux signifient que certaines femmes ne relâchent pas un ovule qui peut être fécondé, pendant que d'autres peuvent seulement avoir des menstrues occasionnellement ou pas du tout. Ces problèmes peuvent être causés par des maladies au niveau de l'appareil reproducteur ou par des problèmes physiques comme la malnutrition.

- *Les problèmes anatomiques au niveau de l'utérus, du col de l'utérus ou des ovaires.* Une anomalie comme l'utérus retourné dans lequel le col est mal placé par rapport au vagin, rend difficile la fécondation de l'ovule. La présence de fibromes ou de cicatrices sur les ovaires peut affecter négativement la conception. Les tumeurs ou les blocages dans les trompes de Fallope peuvent empêcher l'ovule fécondé de se déplacer vers l'utérus et se développer pour devenir un bébé.

- *Les maladies et les infections vaginales.* Plusieurs maladies, y compris certaines maladies sexuellement transmissibles, peuvent causer l'infertilité chez la femme. Une femme qui souffre de la gonorrhée ou de la chlamydia n'est pas forcément une femme infidèle. Elle peut avoir été infectée par un mari infidèle. Certaines femmes ne sont pas stériles, elles tombent vite enceintes mais ne peuvent pas avoir d'enfants parce qu'elles souffrent de fausses couches ou font des enfants morts-nés. Ces problèmes peuvent avoir des causes génétiques ou physiques, bien que traditionnellement ils sont attribués à la sorcellerie et à des causes spirituelles.

Beaucoup des causes physiques de l'infertilité chez l'homme ou chez la femme peuvent être traitées médicalement.

Les causes spirituelles de l'infertilité

La vision occidentale du monde ne tient en général pas compte du côté spirituel de l'infertilité, mais ce n'est pas le cas des Africains. Magesa décrit cette situation en disant : « Dieu, les ancêtres, la mère et le père doivent tous travailler ensemble pour que la conception ait lieu. Le père et la mère s'unissent sexuellement afin d'engendrer ensemble et donner naissance, pendant que Dieu pour sa part intercède afin de créer, et enfin les ancêtres protègent la création contre les puissances maléfiques[161]. »

Ainsi, les Africains travaillent à étudier et à trouver les causes spirituelles de l'infertilité. Selon eux, les péchés contre les parents ou les ancêtres, ou la violation de certains interdits peuvent être à l'origine du problème. Une femme peut être accusée d'« avoir mangé ses ovules » ou « manger ses enfants », une façon de dire qu'elle a elle-même détruit ses enfants qui ne sont pas encore nés. La croyance que les femmes peuvent faire cela est soutenue par les confessions des femmes qui ont été accusées de sorcellerie.

Il peut être dit d'autres femmes qu'elles sont victimes de la sorcellerie. Certains groupes pensent que les enfants morts à la naissance ou qui meurent peu après leur naissance ont été envoyés précisément pour tourmenter leurs parents et peuvent se réincarner et renaître encore et toujours, seulement pour mourir à nouveau. Les Igbo du Nigéria appellent de tels enfants *ogbanje* tandis que les Yoruba les appellent *abiku*.

La Parole de Dieu dit également que l'infertilité peut avoir des causes spirituelles. En effet, les cas d'infertilité dans la Bible étaient interprétés comme une honte (Lc 1.25), un châtiment envoyé par Dieu (Gn 16.1-2 ; 29.31) ou comme une conséquence d'un péché (Gn 20.18). En outre, les femmes victimes de l'infertilité priaient Dieu pour qu'il leur accorde des enfants (1 S 1.10-16).

Une approche chrétienne de l'infertilité

Afin d'aider les couples, les familles et les communautés qui font face aux problèmes stressants de l'infertilité, les pasteurs et conseillers devraient mettre l'accent sur les principes suivants :

- *Le besoin d'avoir une bonne compréhension du mariage.* Le mariage n'est pas défini par la procréation, mais par une union d'amour, permanente, engagée et confiante entre un homme et une femme qui se sont unis pour mener une vie qui honore Dieu. Les chrétiens africains doivent mettre l'accent sur l'unité, l'engagement, la confiance et l'amour dans le mariage. Un couple sans enfant peut quand même avoir un mariage épanoui.

---

[161] Magesa, *African Religion*, p. 82.

- *Comprendre le problème de l'infertilité à la lumière des Saintes Écritures.* Les enfants sont une merveilleuse bénédiction de Dieu ; mais le péché en général, pas nécessairement le péché commis par le couple, peut contrarier cet aspect du mariage. Leur infertilité peut être une maladie comme toute autre maladie et problèmes physiques venus dans le monde à cause de la chute. Ils ne devraient pas répondre à ce problème d'une manière qui déplaise à Dieu. Ils devraient plutôt rechercher la grâce de Dieu pour les aider à faire face à l'infertilité, tout comme ils le feraient face à tous les autres problèmes de la vie. Quelle que soit l'écharde qu'il y avait dans la vie de l'apôtre Paul, Dieu n'a pas enlevé cette affliction malgré ses prières. La réponse de Dieu à la prière de Paul est importante pour les couples qui luttent avec l'infertilité. « Par trois fois, j'ai prié le Seigneur de l'écarter de moi. Mais il m'a déclaré : "Ma grâce te suffit ; ma puissance donne toute sa mesure dans la faiblesse" » (2 Co 12.8-9).

- *Éviter de conclure à la hâte les causes et le traitement de l'infertilité.* Les deux conjoints devraient faire des examens médicaux, afin de savoir si le problème les empêchant d'avoir un enfant est physique. D'ailleurs, certains de ces problèmes peuvent être traités par les nouvelles techniques de reproduction. Toutes les causes psychologiques et spirituelles devraient également être minutieusement étudiées.

- *Ne pas penser que l'infertilité est une malédiction, éviter la stigmatisation.* Même une femme stérile peut être heureuse : « Pousse des acclamations, toi, stérile, qui n'enfantais plus, explose en acclamations et vibre, toi qui ne mettais plus au monde ; car les voici en foule, les fils de la désolée, plus nombreux que les fils de l'épousée, dit le Seigneur » (Es 54.1). Un couple ayant douze enfants peut être plus malheureux qu'un couple sans enfant qui a appris à faire confiance à Dieu et qui s'aime.

- *Considérer les autres options.* L'adoption des enfants est un bon moyen pour remédier à l'infertilité. De nos jours où beaucoup d'enfants deviennent orphelins à cause du SIDA, les couples chrétiens peuvent adopter des enfants et les élever d'une manière chrétienne. En effet, un couple qui a adopté des enfants n'est pas sans enfants, mais parents de leurs enfants adoptés.

Questions

1. « Un mariage sans enfants n'est pas un mariage ». Cette déclaration est-elle correcte ?

2. Quelles sont les réponses culturelles fréquentes concernant le problème de l'infertilité dans votre communauté ? En quoi ces réponses cadrent-elles avec les principes bibliques et théologiques présentés dans ce chapitre ?

3. Comment les problèmes de stérilité se manifestent-ils dans votre ministère ? Comment pouvez-vous répondre à ces besoins de manière pratique et théologique ?

14

Les techniques de reproduction humaine

Certains des problèmes médicaux qui empêchent les couples d'avoir des enfants peuvent être résolus assez facilement. Cependant, dans certains cas, les solutions médicales classiques ne rencontrent pas toujours de succès. Que doit faire un couple qui est réticent à adopter à un enfant ou à abandonner le rêve d'avoir ses propres enfants ? Quelles questions éthiques se cachent derrière l'usage des techniques de reproduction ? Il est impossible de répondre entièrement à cette question dans un seul chapitre ; mais nous espérons que cette introduction nous encouragera à réfléchir à ce sujet important. Certaines de ces techniques ne sont pas encore facilement accessibles en Afrique ou sont encore très coûteuses, mais d'autres sont en train de devenir accessibles. Les dirigeants d'églises, les pasteurs et les chercheurs doivent étudier sérieusement les questions éthiques liées à ces techniques.

Ce chapitre entend également aborder d'autres questions morales soulevées par les avancées technologiques. Cela concerne aussi le dépistage d'un enfant dans le sein de sa mère, afin de détecter les défauts génétiques ou déterminer le sexe de l'enfant.

Les solutions traditionnelles à l'infertilité

Dans le contexte traditionnel africain, lorsqu'un homme et sa femme entretenaient des rapports sexuels mais n'arrivaient pas à concevoir d'enfant (ou de garçon), ils se tournaient vers des tradipraticiens afin d'obtenir de l'aide. Si l'intervention de ces derniers ne réussissaient pas à leur donner d'enfants, ils passaient à d'autres options. L'homme était souvent encouragé à prendre une deuxième ou même une troisième femme pour avoir l'enfant ou le fils tant désiré.

Nous pouvons voir cette option dans l'histoire d'Abraham et Sara. En effet, lorsque Sara se rend compte qu'elle ne peut pas concevoir un enfant avec Abraham, elle suggère à son mari : « Va donc vers ma servante, peut-être que par elle j'aurai un fils » (Gn 16.2). C'est ainsi qu'Abraham a des rapports sexuels avec Hagar pour avoir un fils. Les Saintes Écritures ne soulèvent aucun débat éthique sur cet acte ; mais il peut être évalué à la lumière de ses conséquences à long terme. La jalousie qui est née de cette relation a entraîné des années de conflits au Proche-Orient (Gn 16.12 ; 25.18). En outre, nous savons que ce n'était pas le moyen par lequel Dieu voulait que Sara ait un enfant, car il avait promis un fils à Abraham à travers Sara et non Hagar et que le fils de Sara serait le fils de la promesse (Gn 17.19).

Dans le cas où l'homme était infertile, sa femme l'abandonnait pour un autre homme, ou prenait le chemin qu'un étudiant pasteur m'a décrit. Un couple dans son église voulait avoir des enfants depuis des années. Ils avaient essayé de faire plusieurs examens médicaux pour déterminer la cause de leur infertilité. Quelque temps après, le mari a arrêté les examens. La femme, frustrée, est allée coucher avec un autre homme. Elle est tombée enceinte et le mari a pensé que c'était son enfant biologique. Au moment de présenter l'enfant à l'église, la femme a confessé son adultère au pasteur parce qu'elle n'avait pas la conscience tranquille.

Une autre approche traditionnelle, soumise à de strictes lois rituelles, permettait à un frère ou un cousin d'un mari impuissant l'opportunité d'avoir des rapports sexuels avec sa femme, afin de lui donner une descendance. Cette pratique est quelque peu similaire à la loi du lévirat dans l'Ancien Testament, bien que dans ce dernier cas, on le faisait uniquement lorsque le mari décédait sans laisser un héritier. Son frère devait prendre la veuve afin de donner une descendance au mari décédé (Dt 25.5-10). C'est pourquoi Juda avait dit à son fils Onân : « Va vers la femme de ton frère. Agis envers elle comme le proche parent du mort et suscite une descendance à ton frère » (Gn 38.8). De tels mariages maintenaient les droits de propriété et le nom du défunt. En outre, ils garantissaient une certaine sécurité et le statut de leurs veuves. En refusant de donner une descendance à son frère, Onân a manifesté une indifférence vis-à-vis des autres et Dieu a jugé cet acte tellement méchant qu'il a tué Onân (Gn 38.10).

Une autre possibilité traditionnelle consistait pour le frère du mari impuissant à donner au couple un ou deux enfants à élever comme leurs enfants légitimes. Ainsi, l'homme impuissant était considéré comme le père de ces enfants.

Les solutions techniques à l'infertilité

Les techniques occidentales offrent plusieurs options aux couples confrontés à l'infertilité :

> L'insémination artificielle de la femme avec le sperme de son mari, l'insémination artificielle d'une femme avec le sperme d'un donneur, l'insémination artificielle de l'ovaire d'une femme avec le sperme de son mari et son implantation dans son utérus ; le transfert de l'ovule d'un donneur dans l'utérus de la femme avant la fécondation ; le transfert de l'embryon d'un donneur à l'extérieur de l'utérus, aussi appelé ectogénèse ; le clonage ; ou la transplantation du noyau[162].

Certaines de ces méthodes sont devenues si répandues qu'elles paraissent presque routinières. D'autres sont encore en train d'être améliorées. Cependant, si ces nouvelles méthodes offrent beaucoup d'espoir aux couples, elles soulèvent aussi de sérieux dilemmes moraux et éthiques. Cela ne veut pas dire qu'elles doivent être rejetées d'emblée ; comme nous le rappelle Colson, « bien que beaucoup de progrès étonnants dans le domaine de la biologie soient effrayants si nous n'apprenons pas à appliquer des restrictions morales, il n'y a jamais une cause de désespoir[163] ». Nous devons peser le pour et le contre de ces méthodes, au lieu de les condamner en bloc.

L'insémination artificielle par le mari

Plusieurs raisons peuvent être à l'origine de l'incapacité d'un homme à féconder sa femme. L'une des raisons peut être l'impuissance, c'est-à-dire l'incapacité de maintenir une érection à cause d'un accident ou d'une

---

[162] George H. Kieffer, *Bioethics: A Textbook of Issues*, Reading, MA, Addison Wesley, 1979, p. 68.
[163] Charles W. Colson, « Contemporary Christian Responsibility », dans John F. Kilner, Rebecca D. Pentz, et Frank E. Young, *Genetic Ethics: Do the Ends Justify the Genes?*, Grand Rapids, Eerdmans / Carlisle, Paternoster, 1997, p. 226.

maladie. La faible quantité de son sperme peut être une autre raison ; le peu de sperme qu'il éjacule ne parvient pas à atteindre l'ovule afin de le féconder (voir chapitre 13). Il peut aussi avoir été longtemps séparé de sa femme pour des raisons professionnelles ou pour cause de guerre. Dans de tels cas, l'un des traitements consiste à pratiquer l'insémination artificielle, une simple procédure qui consiste à transférer le sperme du mari dans l'utérus de sa femme.

Certains rejettent cette pratique, arguant qu'elle n'est pas naturelle et qu'elle s'écarte du plan originel de Dieu selon lequel les enfants doivent provenir des rapports sexuels. Cependant, il est important de noter l'impact de la chute sur nos corps humains. Si le péché n'était pas entré dans le monde, il n'y aurait pas de maladie ou d'infertilité de l'homme et les enfants seraient toujours conçus par la voie idéale. Malheureusement, à cause de la chute, notre système de reproduction, tout comme les autres systèmes corporels, peut avoir besoin d'aide médicale afin de fonctionner normalement. Si nous raisonnons comme ces critiques, nous ne devrions pas non plus chercher à corriger les défauts des yeux, puisque Dieu n'avait jamais prévu que nous portions des verres correcteurs !

D'autres disent qu'ils ne sont pas d'accord avec cette méthode parce qu'elle pousse l'homme à se masturber afin d'éjaculer le sperme. Leur objection n'est pas tout à fait correcte comme le sperme peut parfois être collecté pendant les rapports sexuels (soit par coït interrompu ou grâce au préservatif) ou après les rapports, en le recueillant dans le vagin de la femme. Dans le cas où la masturbation est nécessaire, il faut se rappeler que l'objectif ici est de créer la vie et d'apporter la joie et l'épanouissement au mari et à la femme.

L'insémination artificielle avec donneur

Un homme peut parfois être stérile, c'est-à-dire qu'il n'a pas de sperme pour féconder l'ovule de sa femme. Cet état peut être dû à un problème génétique, à la pollution de l'environnement ou à certaines maladies. Dans ces cas-là, certains couples ont recours à un donneur de sperme, souvent anonyme. D'autres ont essayé de rapprocher cette pratique avec l'histoire d'Abraham, de Sara et d'Hagar ou avec l'histoire d'Onân et de Tamar. Cependant, ces histoires bibliques se rapprochent plutôt de la polygamie et de l'héritage de la veuve. Elles n'impliquent pas non plus une insémination artificielle par un donneur qui ne participe pas à élever l'enfant.

Ces histoires bibliques et l'insémination artificielle avec donneur ont par contre en commun le fait que les relations compliquées qui en résultent peuvent aboutir à des problèmes. Il y a quelques années, un grand politicien et homme d'État au Nigéria avait joué le rôle de donneur pour aider la femme de son ami à concevoir et donner naissance à deux enfants. Plus tard, le mari a engagé des procédures de divorce, disant que sa femme avait commis l'adultère. Il est vrai qu'on ne sait pas si sa femme a eu des rapports sexuels avec ce monsieur ou s'il a juste donné son sperme.

Afin d'évaluer l'éthique de l'insémination artificielle avec donneur, il faut souligner en premier lieu que tout rapport sexuel hors mariage constitue un adultère. Avoir des rapports sexuels hors mariage, même avec les meilleures intentions, est clairement condamné dans les Saintes Écritures (Ex 20.14). Alors, la question suivante se pose : l'insémination constitue-t-elle un adultère, étant donné l'absence de contact physique entre le donneur et la femme ? Certains diront que oui, parce que la femme porte le sperme d'un homme autre que son mari. Est-ce là cependant la vraie définition de l'adultère ?

Le théologien allemand Helmut Thielicke donne deux raisons pour lesquelles l'insémination artificielle avec donneur ne constitue pas un adultère. Premièrement, le médecin impliqué dans l'affaire est centré sur la procréation en tant que procédure médicale. Il n'y a pas de contact physique entre la femme et le donneur qui est un homme qu'elle n'a jamais rencontré et qu'elle ne rencontrera probablement jamais. Deuxièmement, le médecin ne peut procéder à l'insémination que lorsque le mari et la femme donnent leur consentement. En d'autres termes, leur consentement mutuel veut dire que l'un ne devrait pas accuser l'autre d'infidélité. Cependant, comme le révèle l'exemple du Nigéria raconté plus haut, cet arrangement peut parfois être révoqué après la grossesse. La raison de cette révocation peut découler de la question de la paternité de l'enfant. Thielicke dit ceci :

> La fusion du sperme et de l'ovule n'est pas une simple question de fusion dans l'organisme de la femme. Au contraire, dans la genèse de l'enfant, une « tierce personne » indépendante vient à l'existence. Ce n'est pas sans conséquence pour la mère, mais cela peut (...) avoir

des répercussions extrêmes sur le père. Même si cela ne devrait pas être le cas, le père peut cependant afficher une certaine hostilité envers l'enfant qui, pour le père, apparaît comme un rappel constant de sa propre faiblesse. Cette réaction psychologique normale serait donc le symptôme d'un fait plus profond, « existentiel », c'est-à-dire que la totalité psycho-physique de l'union maritale est indivisible[164].

John Jefferson Davis soutient le même point de vue en disant que l'insémination artificielle avec donneur « introduit un déséquilibre dans la relation entre le mari et la femme. Les fonctions maternelles ont été remplies, mais celles de l'homme ne le sont pas. L'enfant devient donc un rappel constant de l'échec biologique du mari, et l'ombre de la tierce personne anonyme menace la relation[165] ».

Il n'y a pas de doute que ce type de stress peut se produire, mais le fait selon lequel il doit forcément se produire est faible, car le même problème peut se poser si le couple adopte des enfants. Un enfant adopté n'est pas un enfant biologique et peut aussi être un rappel constant d'un échec.

Certaines critiques de l'insémination artificielle avec donneur disent qu'il vaut mieux adopter un enfant que de recourir à cette pratique. Cependant, la plupart des couples préféreraient plutôt avoir un enfant qui est biologiquement celui de la femme :

> Le désir de satisfaire la volonté d'avoir des enfants, non par l'adoption, mais plutôt de telle façon que l'enfant engendré artificiellement peut être au moins 50 % physiquement une part du mariage, peut provenir sans aucun doute de façon subjective du désir de combler son propre mariage et d'avoir un lien psycho-physique spécial avec l'enfant ainsi conçu[166].

L'insémination artificielle avec donneur en utilisant les nouvelles techniques est de loin préférable à la tradition qui veut que le frère ou le cousin couchent avec sa femme, car cela est clairement adultère.

---

[164] Helmut Thielicke, *The Ethics of Sex*, trad. John W. Doberstein, New York, Harper and Row, 1964, p. 262.

[165] John Jefferson Davis, *Evangelical Ethics: Issues Facing the Church Today*, Phillipsburg, NJ, Presbyterian and Reformed, 1985, p. 73.

[166] Thielicke, *The Ethics of Sex*, p. 260.

Maternité par substitution

Une mère porteuse est une femme qui porte l'ovule et le sperme d'un autre couple. Elle n'est pas la mère biologique de l'enfant qu'elle porte. Elle porte l'enfant à terme et lorsque l'enfant naît, elle le remet aux parents biologiques. Un couple peut choisir de faire un tel arrangement si la femme ne parvient pas à concevoir ou si elle fait des fausses couches et ne peut pas garder la grossesse, ou encore si elle a de sérieux problèmes de santé durant la grossesse. Dans certains cas, une grand-mère est même devenue une mère porteuse pour une fille qui ne peut pas porter un enfant.

L'ovule implanté dans l'utérus de la mère porteuse peut être celle de la femme fécondée par le sperme de son mari ou par le sperme d'un donneur. Dans d'autres cas, l'ovule est donné par une autre femme et fécondée par le sperme du mari.

La maternité par substitution soulève plusieurs problèmes juridiques et éthiques. Qui est en réalité le parent légitime de l'enfant ? Que se passe-t-il lorsque le couple qui a donné l'ovule et le sperme divorce ? Et que deviendra l'enfant s'il est rejeté par ses parents légitimes et biologiques, comme cela peut arriver si l'enfant naît avec une malformation physique ? En Occident, plusieurs affaires relatives à la garde de tels enfants ont secoué les tribunaux.

Cette pratique soulève une autre question tout aussi importante que les autres : l'utilisation de cette technique aboutit souvent à la fécondation de plusieurs ovules, mais seulement deux à cinq de ces ovules sont implantées dans l'utérus de la mère porteuse. Le reste des embryons est jeté – ce qui est l'équivalent de jeter des vies humaines, car la vie commence avec la fécondation.

Ces problèmes nous amènent à faire attention lorsque nous pensons avoir recours aux mères porteuses et à bien réfléchir sur la question aussi bien du point de vue éthique que scientifique.

Le dépistage des déficiences et le choix du sexe

De nos jours, il est possible de connaître beaucoup de choses sur l'enfant que l'on porte bien avant sa naissance. L'échographie et l'amniocentèse (un processus par lequel un médecin prélève du liquide amniotique dans l'abdomen maternel à des fins d'analyse) peuvent révéler des informations importantes sur certains défauts physiques et génétiques de l'enfant. Aujourd'hui, il est possible de savoir si l'enfant encore dans le ventre a le syndrome de Down ou le spina-bifida. De telles informations peuvent être utiles. Par exemple, il est maintenant possible de faire une intervention chirurgicale nécessaire à la survie de l'enfant avant même qu'il ne naisse[167]. Tous les problèmes détectés avant la naissance ne peuvent cependant pas tous être résolus.

Cependant, ces informations peuvent être utilisées comme une excuse pour ôter la vie, comme quand un couple décide d'avorter parce que l'enfant naîtra avec une maladie débilitante. Les Écritures condamnent clairement le meurtre et même celui d'un enfant encore dans le sein maternel (Gn 9.6 ; Ex 21.22-25)[168]. Au lieu d'être encouragé à avorter, le couple devrait recevoir une aide et des conseils qui les aident à se préparer aux besoins particuliers de leur enfant.

En outre, l'échographie permet de connaître le sexe de l'enfant avant sa naissance. Cette information peut être utile dans la mesure où elle permet aux parents de préparer des vêtements et de choisir le nom de l'enfant. Elle permet également de reconnaître l'enfant en tant qu'être humain avec sa propre identité, ce qui aidera les parents et d'autres personnes de la communauté à se familiariser avec lui comme un individu à part entière, avant sa naissance. Cependant, l'information peut être mal utilisée car certains en profitent pour avorter, disant que l'enfant est du « mauvais » sexe.

Grâce à l'insémination artificielle, il est même possible pour les parents de choisir le sexe de l'enfant car les recherches ont montré que le sexe de l'enfant est déterminé par le sperme. Le sperme contenant les chromosomes Y produit des garçons alors que le sperme contenant les chromosomes X produit des filles. Ainsi, les spécialistes peuvent séparer les deux types de sperme et utiliser celui qui a le plus de probabilités de produire le sexe désiré lors de la fécondation de l'ovule.

Une autre méthode pour le choix du sexe consiste à féconder l'ovule de la femme dans un laboratoire et d'examiner pour voir si les chromosomes indiquent que l'enfant sera un garçon ou une fille. Ainsi,

---

[167] Randy Alcorn, *Pro-Life Answers to Pro-Choice Arguments*, Sisters, OR, Multnomah, 2000, p. 33.
[168] Voir aussi le débat sur l'avortement au chapitre 26.

après l'examen, l'ovule contenant le sexe désiré est implanté dans l'utérus de la femme pendant que les autres sont, soit conservés pour être implantés ultérieurement, soit détruits malgré le fait qu'ils soient déjà des vies humaines.

Les défenseurs des procédures de choix du sexe disent que cette pratique permet de mieux gérer le planning familial. En Afrique où l'on préfère les garçons, les couples continuent souvent de faire des enfants jusqu'à ce qu'ils obtiennent un fils (même si des parents ayant beaucoup de garçons peuvent aussi continuer à faire des enfants dans l'espoir d'avoir une fille). En outre, le choix du sexe pourrait engendrer des familles plus petites. Les partisans de cette pratique pensent aussi qu'elle évite les négligences ou maltraitances envers les enfants car certains bébés sont abandonnés ou maltraité parce qu'ils ne sont pas du sexe désiré. Une fille peut être appelée Bvokanbyin (« une autre fille ») ou Nyanang ou même Nyamindiyi (« qui me donnera un fils ? »). Ils soutiennent également que la capacité des parents de faire un garçon les rend plus heureux. Ainsi, ils ne subiront pas de moqueries parce qu'ils n'ont pas d'héritier et ne seront pas dans la peur de l'extinction après leur mort.

Cependant, les chrétiens doivent faire attention à ne pas tomber dans le piège d'adhérer aux techniques de reproduction juste parce qu'elles promettent une fin heureuse. La fin ne justifie pas les moyens. En outre, le choix du sexe et le dépistage génétique posent de nombreux problèmes. D'abord, ces pratiques peuvent conduire à l'avortement des enfants non désirés tels que les enfants avec des défauts génétiques ou n'étant pas du sexe désiré. Elles pourraient finir par amener les parents à pouvoir commander « des bébés préfabriqués » avec la taille désirée, la couleur de peau et d'autres caractéristiques désirées. Cependant, afin d'obtenir un tel enfant, les parents doivent rejeter, c'est-à-dire tuer, d'autres progénitures qui ne satisfont pas à leurs exigences. Même si ces enfants sont à l'état encore embryonnaire, ils sont des êtres humains.

Le désir incontrôlé d'avoir des garçons a également causé de sérieux problèmes dans certains pays comme l'Inde et la Chine. Dans ces pays-là, il y a actuellement très peu de jeunes femmes au point où les jeunes hommes ont des difficultés à se marier.

Les stéréotypes sexuels n'aident pas ; qui peut dire qu'il existe un sexe inférieur à un autre ? Dieu a fait l'un et l'autre. C'est tout de même rassurant de savoir que la conception selon laquelle les garçons ont plus de valeur que les filles commence à changer en Afrique. Les parents se rendent compte que les filles sont parfois plus utiles à leurs parents que les garçons.

Les problèmes liés aux techniques de reproduction

Les nouvelles techniques de reproduction offrent de nouvelles possibilités très intéressantes aux couples souffrant d'infertilité et de stérilité. Cependant, comme nous vivons dans un monde déchu, les techniques de reproduction peuvent aussi être utilisées d'une manière qui va à l'encontre de la loi de Dieu et qui encourage des comportements immoraux. Certains de ces problèmes éthiques ont déjà été mentionnés ci-dessus. D'autres sont déjà perceptibles en Occident et l'Afrique doit en être avertie.

- En Occident, le recours aux techniques de reproduction plutôt qu'à l'union maritale traditionnelle comme moyen pour avoir un enfant a conduit certains à considérer les rapports sexuels comme une simple recréation.

- La déshumanisation de la personne humaine aux premiers stades de la vie peut conduire à un taux d'avortement élevé. En effet, certaines procédures consistent à produire plusieurs embryons et à en choisir certains au détriment des autres. En outre, les couples pourraient passer du désir d'avoir un enfant à celui de penser qu'ils ont le droit d'avoir l'enfant exact qu'ils souhaitent. S'ils ne sont pas contents du sexe de l'enfant ou s'ils sont informés que l'enfant a des défauts, ils pourraient choisir d'avorter.

- Le nombre de famille monoparentale pourrait augmenter, étant donné que les hommes ou les femmes qui ne veulent pas faire face aux difficultés du mariage choisissent d'avoir un enfant seul. Les partenaires homosexuels et les lesbiennes peuvent choisir d'avoir des enfants par l'insémination artificielle. Les enfants nés et élevés dans de telles conditions ne sauront jamais que le mariage est une structure divinement instituée dans laquelle les enfants sont élevés par un homme et une femme.

- La définition de la vie humaine deviendra vague, car les scientifiques cherchent à utiliser des embryons, les plus petits êtres humains pour leurs expérimentations scientifiques. Beaucoup d'embryons sont déjà congelés à ces fins.

- La prostitution des organes de reproduction deviendra monnaie courante, étant donné que les jeunes hommes vendent leur sperme et les femmes louent leurs utérus ou vendent leurs ovules pour de l'argent.

Une réponse chrétienne aux techniques de reproduction

Certains chrétiens pensent que l'acceptation de toute technique de reproduction est la première étape vers une mauvaise pente. Sans toutefois encourager les extrémismes, nous devons tout de même être conscients que les techniques les plus récentes comme le clonage, le transfert d'embryon et l'épissage présenteront des problèmes éthiques encore plus sérieux. Mitchell nous rappelle ceci :

> La révolution génétique est arrivée. Ce qui autrefois était de la science-fiction est devenu une réalité (...) Cependant, comme toute autre technologie, la génétique a des avantages et des inconvénients. Neil Postman a prévenu que « la technologie n'est pas un élément neutre dans la pratique de la médecine : les médecins n'utilisent pas simplement les technologies, mais ils sont aussi utilisés par les technologies[169] ».

Pendant que certains scientifiques sont tentés de se prendre pour Dieu, l'Église ne doit pas être dans l'ignorance sur ce qui se passe. Sinon, nous nous rendrons compte que ces techniques sont comme un génie échappé de sa lampe et utilisées sans questionnement ni réflexion morale sérieuse. Nous devons nous tenir informés des avancées en génétique et dans le domaine de la reproduction, afin de contribuer au débat éthique sur ces questions. Que dirons-nous à ceux qui préconisent l'usage des techniques de reproduction pour cloner des êtres humains importants

---

[169] C. Ben Mitchell, « The Church and the New Genetics », dans John F. Kilner, Rebecca D. Pentz, et Frank E. Young, *Genetic Ethics: Do the Ends Justify the Genes?*, Grand Rapids, Eerdmans ; Carlisle, Paternoster, 1997, p. 230, 233.

ou très intelligents, vivants ou morts ? Ou à ceux qui perçoivent les êtres humains comme n'étant rien d'autre qu'« un complexe chimique[170] ».

Au fur et à mesure que les nouvelles techniques de reproduction deviennent disponibles en Occident, elles seront de plus en plus recherchées par les riches couples africains, et plus tard par d'autres quand les procédures deviendront plus routinières. Quels conseils donnerons-nous aux membres de nos églises qui se tourneront vers nous pour savoir s'ils devraient avoir recours à ces techniques pour mettre fin à leur manque d'enfants ?

La première chose à faire consiste à leur présenter une vue plus holistique et objective du sujet de l'infertilité, en démystifiant les mythes qui empêchent les couples d'avoir un mariage épanoui et satisfaisant quelle que soit la situation dans laquelle Dieu les a placés.

Malheureusement, beaucoup d'hommes africains ont peur de parler de la sexualité et de la procréation. Ainsi, ils s'accrochent aux mythes selon lesquels l'infertilité vient de la femme et c'est elle qui détermine le sexe de l'enfant. En outre, ils hésitent à rechercher l'aide médicale pour des problèmes sexuels. C'est pourquoi, les pasteurs, les dirigeants d'églises et les leaders des communautés doivent avoir le courage de parler du sexe. Ils doivent aider les couples à comprendre que l'infertilité peut être causée par des conditions physiques auxquelles l'on peut remédier. Ils doivent être également capables de leur fournir des informations claires sur les nouvelles techniques de reproduction. C'est ainsi qu'ils fourniront de l'aide sur le plan psychologique et physique aux couples chrétiens qui sont confrontés à l'infertilité.

Enfin, pour les couples, nous devons voir si leur désir d'avoir recours au choix du sexe, à l'insémination artificielle avec donneur ou à la fécondation in vitro, indique le refus d'accepter le plan de Dieu pour eux. Ce refus est souvent basé sur le préjugé inconscient selon lequel la fécondité est une affaire impliquant uniquement l'homme et la femme. Dieu est celui qui détermine qui va vivre sur terre (Gn 20.18 ; 29.31 ; Ac 17.26) ; les êtres humains ont tendance à essayer d'améliorer et de changer le plan de Dieu pour leur vie. Les couples chrétiens ont besoin d'être encouragés à rechercher et à trouver leur épanouissement dans la

---

[170] Feinberg et Feinberg, *Ethics for a Brave New World*, p. 286.

volonté de Dieu. Être sans enfants ou adopter des enfants ne veut pas dire que le couple est incomplet, si c'est ce que Dieu a prévu pour eux.

Questions

1. De quelles manières les techniques de reproduction peuvent-elles être avantageuses ? De quelles manières peuvent-elles être dangereuses ?

2. Quelles sont les techniques de reproduction disponibles dans votre pays ? Comment les solutions qu'elles proposent sont-elles perçues vis-à-vis des approches traditionnelles de l'infertilité ?

3. Quelles sont les questions auxquelles votre église doit répondre concernant les techniques de reproduction ? Comment votre église ou votre dénomination les traite-t-elles ? Quelle approche le pasteur ou la dénomination doit-il adopter face à des questions particulièrement compliquées et controversées ?

15

La contraception

Dans les deux chapitres précédents, nous avons considéré la situation des couples qui désirent avoir des enfants mais ne parviennent pas à en avoir. Cependant, il existe également des couples ne voulant pas ou du moins plus d'enfants. Ceux-ci ont généralement recours aux contraceptifs pour éviter les grossesses non désirées. Cette pratique est-elle biblique ? Toutes les formes de contraception sont-elles acceptables d'un point de vue éthique ? Ces questions seront abordées dans ce chapitre.

Les idées traditionnelles sur la contraception

Traditionnellement, l'on pensait que c'était dans l'ordre naturel des choses que les rapports sexuels dans le mariage aboutissent à la conception et à la naissance d'un enfant. L'acte sexuel perdrait son sens et son objectif s'il ne produisait pas d'enfant. C'est pourquoi les rapports sexuels étaient parfois un tabou lorsqu'une femme ne pouvait ou ne devrait pas concevoir, par exemple lorsqu'elle allaitait un enfant. Car beaucoup croyaient que si la femme qui allaitait devenait enceinte, son lait serait contaminé et le bébé nourrit au sein mourrait.

C'était considéré comme une grande bénédiction pour une jeune mariée de concevoir et une femme ayant beaucoup d'enfants et surtout des garçons, était très favorisée par son mari, la famille et la société. Les familles ayant huit ou plus de huit enfants n'étaient pas rares. Toute tentative d'éviter une grossesse était non seulement perçue comme étant anormale mais aussi mauvaise.

La venue du christianisme et de la Bible a renforcé ces croyances. Ainsi, avoir des enfants était considéré comme une obéissance à l'ordre divin : « Soyez féconds et prolifiques » (Gn 1.28).

De nos jours, cette passion d'avoir beaucoup d'enfants a diminué et ceci pour plusieurs raisons. L'une des raisons vient du fait qu'il est plus facile de prendre soin de trois que de dix enfants. Dans le passé, les enfants aidaient dans les travaux champêtres et n'étaient pas obligés d'aller à l'école ; mais de nos jours, ils doivent être éduqués, ce qui coûte cher aux parents. Beaucoup de couples craignent de devenir pauvres s'ils ne contrôlent pas le nombre d'enfants ou s'ils n'espacent pas les naissances.

Ce changement d'attitude sur la taille de la famille a été accompagné d'un changement d'attitude vis-à-vis du sexe et de son lien avec la procréation. En Occident de nos jours, les rapports sexuels sont considérés comme une simple recréation, et même en Afrique, on peut entendre des personnes dire qu'avoir des relations sexuelles même dans le mariage ne signifie pas vouloir un enfant. C'est pourquoi, les croyants et les non-croyants ont recours aux contraceptifs afin d'éviter des grossesses non désirées.

Les méthodes de contraception et le contrôle des naissances

Bien que les termes « contrôle de naissance » et « contraception » soient souvent employés comme des synonymes, il existe une nuance entre ces derniers. Le contrôle des naissances signifie empêcher la naissance d'un enfant et peut parfois comprendre l'interruption d'une grossesse avancée. Pour des raisons bibliques, éthiques et théologiques, nous sommes contre l'avortement. La contraception par contre, veut dire empêcher la fécondation de l'ovule par le sperme. Ainsi, la contraception empêche la grossesse et non la naissance d'un enfant ; elle n'interrompt pas non plus une grossesse[171].

Les méthodes employées pour empêcher la conception peuvent être physiques ou chimiques.

---

[171] John T. Noona, Jr., définie la contraception comme étant « l'utilisation des moyens physiques et chimiques pour empêcher que les rapports sexuels aboutissent à la conception d'un enfant », (« Contraception ». *Westminster Dictionary of Christian Ethics*, p. 123).

Les méthodes physiques de contraception

Les méthodes physiques sont reparties en trois groupes :

- *Les méthodes naturelles.* La méthode généralement appelée méthode naturelle est une méthode rythmique. Une femme est capable de concevoir uniquement pendant la période d'ovulation. Ainsi, si elle connaît ces jours et s'abstient d'avoir des rapports sexuels pendant cette période, elle peut éviter les grossesses. Notons que c'est la seule méthode de contraception approuvée par l'Église Catholique Romaine.

Une autre méthode naturelle est le *coitus interruptus*, une expression latine qui veut dire « rapport sexuel interrompu ». Cette méthode consiste à retirer le pénis sur le point d'éjaculer dans le vagin. C'est la méthode qu'Onân a employé lorsqu'il « laissait la semence se perdre à terre », après avoir eu des rapports sexuels avec la femme de son frère décédé, empêchant cette dernière de tomber enceinte et de donner ainsi un fils à son frère (Gn 38.9-10).

- *Les méthodes de contraception locale.* Selon ces méthodes, certaines barrières sont mises en place pour empêcher le sperme d'atteindre l'ovule. Un homme peut donc mettre un préservatif sur son pénis ou une femme peut insérer prudemment un diaphragme spécial dans son vagin. Le diaphragme couvre le col de l'utérus et empêche le sperme d'atteindre l'ovule. L'usage du préservatif offre une certaine protection non seulement contre la conception, mais aussi contre les maladies sexuellement transmissibles.

- *Les méthodes chirurgicales.* La méthode chirurgicale la plus employée chez les femmes consiste à couper les trompes de Fallope, une pratique qui empêche l'ovule de se déplacer de l'ovaire vers l'utérus et le sperme d'atteindre l'ovule. Cette méthode a une conséquence irréversible car la femme qui a subi cette opération ne pourra plus jamais concevoir. L'opération équivalente chez l'homme est la vasectomie, une procédure médicale qui consiste à rompre le *vasa defentia*, le tube dans lequel circule le sperme. Une fois qu'un homme subit cette opération, il peut avoir les rapports sexuels mais ne peut plus jamais féconder l'ovule d'une femme.

Les méthodes chimiques de contraception

Les méthodes chimiques sont classées en deux groupes.

- *Le dispositif intra-utérin ou stérilet* : c'est une combinaison de la méthode physique et la méthode chimique. Ce dispositif est inséré dans l'utérus à travers le col. La matière dont il est composé provoque des changements chimiques qui aident à empêcher la fécondation. Si malgré tout la fécondation a lieu, le dispositif empêche l'ovule fécondé de s'implanter sur la paroi de l'utérus et par conséquent, le rejette.

- *Les spermicides* sous formes de gel, de suppositoires, de crèmes et de mousse, peuvent être insérés dans le vagin avant les rapports. Les produits chimiques contenus dans les spermicides tuent le sperme, pendant que la substance elle-même agit comme une barrière empêchant le sperme d'atteindre l'ovule.

- Les pilules contraceptives agissent sur l'organisme de la femme et empêchent l'ovulation ; par conséquent, elle ne peut pas tomber enceinte tant qu'elle prend ses pilules régulièrement.

- Les injections contraceptives agissent comme les pilules avec la seule différence que leurs effets durent trois mois.

Les principes bibliques sur la contraception

Les Saintes Écritures ne donnent pas assez d'enseignement précis sur le planning familial. Ainsi, toute compréhension évangélique de la contraception doit provenir des principes bibliques sur la nature de la sexualité humaine et les projets divins dans l'institution du mariage. Trois éléments clés sont alors à considérer.

L'ordre de se multiplier

Après avoir créé Adam et Eve, Dieu leur a donné les instructions suivantes : « Soyez féconds et prolifiques, remplissez la terre et dominez-la. Soumettez les poissons de la mer, les oiseaux du ciel et toute bête qui remue sur la terre ! » (Gn 1.28). Après le déluge, un ordre similaire est donné à Noé et ses fils : « Soyez féconds et prolifiques, remplissez la terre » (Gn 9.1). Cette bénédiction et cette recommandation ont été données à des moments déterminants de l'histoire de l'humanité. Adam et Eve formaient le premier et le seul couple de la création et devaient se multiplier pour peupler la terre. Noé et ses fils étaient les seuls survivants après le déluge. Il y avait donc un besoin urgent de repeupler la terre.

Un simple coup d'œil autour de nous montre qu'Adam et Noé ont obéi à ce commandement. Le nombre de leurs descendants s'élève actuellement à plus de six milliards ! Cependant, est-ce que ce commandement a été donné à tout le monde ? Un examen minutieux du texte montre que le commandement était premièrement destiné à Adam et Eve et plus tard à Noé et ses fils, mais non pas à tous leurs descendants. Ce point de vue est soutenu par l'observation selon laquelle tous les êtres humains ne peuvent pas obéir à ce commandement, tout simplement parce que tout le monde ne peut pas avoir d'enfants. Les femmes stériles et les hommes impuissants par exemple ne peuvent pas obéir à ce commandement quel que soit leur désir. Cela veut dire que les paroles de Genèse 1.28 et 9.1 ne peuvent pas être considérées comme un commandement universel ; mais plutôt un ordre donné à des personnes bien précises.

Un cas de contraception coupable

Le comportement d'Onân est souvent cité pour dire que Dieu s'oppose aux méthodes de contraception. Cependant, nous devons tenir compte du contexte dans lequel Onân a agi.

> Juda dit alors à Onân : « Va vers la femme de ton frère. Agis envers elle comme le proche parent du mort et suscite une descendance à ton frère. » Mais Onân savait que la descendance ne serait pas sienne ; quand il allait vers la femme de son frère, il laissait la semence se perdre à terre pour ne pas donner de descendance à son frère. Ce qu'il faisait déplut au Seigneur qui le fit mourir, lui aussi. (Gn 38.8-10)

Onân a clairement eu recours au rapport sexuel interrompu parce qu'il ne voulait pas donner une descendance à son frère. Selon le mode de pensée de cette époque, « chaque homme est né afin de préserver la race toute entière. Ainsi, si quelqu'un mourait sans enfant, il y avait une rupture dans l'ordre des choses. Porter le nom d'une personne décédée était donc considéré comme un acte humanitaire[172] ». La motivation d'Onân était clairement égoïste et son attitude outrageante et méchante a attiré le jugement divin sur lui. Ce cas ne peut donc pas être cité comme une interdiction universelle de la contraception car c'est un cas particulier de jugement d'un homme égoïste.

La responsabilité de prendre soin de sa famille

Paul ne parle pas de contraception quand il dit : « Si quelqu'un ne prend pas soin des siens, surtout de ceux qui vivent dans sa maison, il a renié la foi, il est pire qu'un incroyant » (1 Tm 5.8). Cependant il soulève un point important sur la responsabilité de chacun vis-à-vis de sa famille. Il ne dit pas que concevoir et donner naissance à des enfants est le plus important des devoirs de quelqu'un. Ce que Dieu attend le plus de nous, c'est que nous prenions soin de nos familles. Ne pas le faire signifie renier la foi, car celui que ne le fait pas serait pire qu'un non-croyant. Sur cette base, l'on pourrait dire qu'il est mieux de ne pas donner naissance à des enfants si l'on ne peut pas pourvoir à leurs besoins, et que dans ce sens, la contraception est une option sage.

Objections à la contraception

Ceux qui s'opposent à la contraception sous toutes ses formes avancent de solides arguments que nous ne devons pas négliger, car ils contribuent à notre compréhension des questions éthiques qui y sont liées.

- *L'usage des contraceptifs est contraire à la loi naturelle.* Entendons par loi naturelle qu'elle dicte certains types de comportements pour tous les êtres humains. Ces comportements cadrent avec la nature et la structure de l'univers et donc avec la loi de Dieu. Par exemple, Dieu a doté les êtres humains d'organes de reproduction afin qu'ils puissent procréer. Ainsi, l'usage de ces organes à d'autres fins que la procréation signifie aller à l'encontre de la nature. La loi naturelle veut donc que chaque acte du mariage soit ouvert à la transmission de la vie. Cependant, cet argument présente des failles et n'est même pas en accord avec l'ordre naturel auquel il fait appel.

---

[172] John Calvin, *Commentary on the First Book of Moses called Genesis: Volume 2* (Traduit du latin par John King, 1847), réédité par Grand Rapids, Baker, 2005, p. 281.

Une femme ne peut concevoir que pendant certains jours du mois. Il y a donc des jours pendant lesquels la conception ne pourrait pas avoir lieu. En outre, plus une femme prend de l'âge, plus elle perd sa capacité à concevoir, bien qu'elle puisse continuer à avoir du plaisir lors des rapports quand elle n'est plus en âge de procréer. De plus, une femme stérile peut avoir des rapports sexuels même si elle ne peut pas avoir d'enfants. Nous ne pouvons donc pas dire que la nature montre que tout acte sexuel doit être associé à la procréation.

- *Les contraceptifs peuvent encourager la promiscuité.* Savoir que le risque d'une grossesse est peu élevé peut encourager les hommes et les femmes mariés et non mariés à s'engager dans des comportements sexuels irresponsables.

- *Certains produits appelés contraceptifs provoquent en réalité l'avortement.* Tout appareil qui empêche un ovule fécondé de s'implanter dans l'utérus ou qui force le corps de la femme à évacuer l'embryon une fois implanté est une autre forme d'avortement.

- *Les contraceptifs peuvent avoir des effets secondaires.* En effet, certains contraceptifs augmentent le risque médical de coagulation sanguine (même si les chercheurs disent que ces effets secondaires dangereux sont moins fréquents que les effets secondaires dangereux liés à la grossesse). De façon indirecte, en encourageant la promiscuité, les contraceptifs contribuent à la propagation des maladies vénériennes.

- *Les contraceptifs peuvent amener à se dévaloriser les uns les autres.* Si personne n'a de comptes à rendre à personne, le sexe perd son sens d'intimité avec l'autre et d'engagement envers l'autre. Les partenaires sexuels sont traités comme des moyens pour atteindre un but plutôt que comme des êtres humains.

Le mariage et la contraception

Les arguments avancés ci-dessus sont assez forts, mais ce n'est pas parce qu'il y a des abus que l'utilisation de ces produits et méthodes devrait être défendue en toute circonstance. Nous devons réfléchir aux questions sérieuses soulevées par la contraception concernant le sens du mariage, de la sexualité et de l'amour.

Dans l'introduction de cette section sur la question du mariage et de la famille, nous avons présenté une liste des raisons pour le mariage. La première raison est l'amitié, être ensemble (Gn 2.22). Adam était seul et avait besoin d'une compagne adéquate et Dieu a fait Eve pour combler ce besoin. Cependant, la relation du mariage va au-delà de la simple amitié. C'est pourquoi, la deuxième raison est d'entrer dans une relation unique et spéciale dans laquelle l'homme et la femme deviennent une seule chair (Gn 2.24). La troisième raison du mariage est la procréation (Gn 1.28 ; 9.1). Avoir des enfants est une attente naturelle du mariage. Le fait de ne pas avoir d'enfants n'est pas naturel et doit être considéré comme une exception à la règle. Pour les chrétiens particulièrement, le mariage leur donne l'opportunité d'élever des enfants dans la crainte de Dieu.

En Afrique, l'amitié et la procréation ont été jusqu'ici les principales motivations pour le mariage. Cependant, les Saintes Écritures présentent d'autres raisons pour le mariage qui ne devraient pas être négligées. L'une d'elles est le fait que le mariage devrait être une source d'amour et de plaisir (Ec 9.9). Ainsi, les rapports sexuels peuvent légitimement être centrés sur l'amour et le plaisir et non seulement sur la procréation.

L'apôtre Paul n'a pas mis l'accent sur la procréation comme la raison du mariage lorsqu'il s'adressait aux Corinthiens. Certains d'entre eux luttaient face aux tentations sexuelles et il leur a conseillé de se marier afin de satisfaire leurs besoins sexuels (1 Co 7.1-9). Il n'a même pas mentionné les enfants. Les couples n'ont donc pas besoin de s'abstenir du sexe afin d'éviter d'avoir des enfants. Ils peuvent utiliser les méthodes de contraception qui sont moralement acceptables, sans être en conflit avec la Parole de Dieu qui reconnaît leurs besoins sexuels.

Conclusion

La contraception soulève plusieurs questions éthiques pour les chrétiens. Par conséquent, les couples devraient prendre cette question au sérieux. Ils devraient demander conseil auprès de professionnels et évaluer les valeurs éthiques et médicales des différentes méthodes contraceptives. Cependant, ils ne devraient pas avoir de doutes sur le fait que, d'un point de vue biblique, théologique et éthique, la contraception est moralement justifiable.

Questions

1. Pourquoi les contraceptifs sont-ils en train de devenir plus répandus en Afrique ? Dans quelle mesure leur disponibilité affecte-t-elle la société ?

2. Les risques associés à l'utilisation de certains contraceptifs sont-ils bien compris ? Quelles sont les incompréhensions courantes dans votre communauté ? (Par exemple, y a-t-il une trop grande confiance dans le préservatif comme moyen de prévention contre toutes les maladies sexuellement transmissibles ?)

3. Quels sont les conseils, les instructions et les directives que vous pouvez donner à propos de la contraception ? Quelles autres sources d'information sont disponibles ? Que pouvez-vous faire afin que ceux que vous servez puissent avoir les meilleures et les plus récentes informations sur le sujet ?

4. Quelles sont vos convictions sur les différentes méthodes de contraception ? Quels conseils donneriez-vous aux couples sur les options disponibles ?

16

La polygamie

Autrefois l'on supposait que la pratique de la polygamie serait en déclin, à cause de la hausse « du coût de la vie et du coût de la dot[173] ». Pourtant, ces prédictions ne se sont pas réalisées et c'est plutôt la prédiction de David Barrett en 1968 qui semble se vérifier aujourd'hui. En effet, il avait déclaré que :

> La disparition des sociétés polygamiques n'est pas à envisager dans un avenir proche. Même si les changements économiques et sociaux futurs parviennent à quasiment abolir cette pratique, cela n'implique pas pour autant que la polygamie cessera d'être une pierre d'achoppement. (...) Dans les 580 tribus qui pratiquent la polygamie (dont 78 % des tribus de l'Afrique au Sud du Sahara) leur passé polygame sera certainement défendu avec véhémence[174].

En Afrique, la polygamie n'est pas en voie de disparition. Elle a encore cours chez les vieux et les jeunes, chez les lettrés et les illettrés, chez les religieux et les païens, chez les chrétiens et les non-chrétiens. Il s'avère donc important pour les chrétiens de comprendre la polygamie, et surtout de comprendre la position de la Bible vis-à-vis des polygames ayant contracté des mariages polygames avant leur conversion. Sont-ils des adultères, comme le soutient l'opinion traditionnellement affichée par l'Église ? Les polygames devraient-ils être admis dans l'Église ?

---

[173] S. Aylward, *African Culture and the Christian Church*, Maryknoll, Orbis, 1974. Voir aussi G. C. Oosthuizen, *Post-Christianity in Africa: A Theological and Anthropological Study*, Grand Rapids, Eerdmans, 1968, qui affirme que la situation économique contemporaine est défavorable à la pratique de la polygamie.

[174] D. B. Barrett, *Schism and Renewal in Africa: An Analysis of Six Thousand Contemporary Religious Movements*, Nairobi, Oxford University Press, 1968, p. 241. Se fondant sur un vaste programme de recherche mené en Afrique de l'Est, il soutient que l'héritage culturel, la » polygamie, le culte des ancêtres et la religion traditionnelle ont encore de beaux jours devant eux en Afrique.

Dans ce chapitre, nous examinons la relation que l'Église a entretenue avec la polygamie en Afrique au cours de l'histoire ainsi que les données bibliques sur la polygamie. Nous essayerons ensuite de formuler une éthique chrétienne africaine de la polygamie.

La polygamie en Afrique

Avant d'aborder les raisons pour lesquelles la polygamie est largement pratiquée en Afrique, il importe de rejeter une fausse raison souvent suggérée : la polygamie n'est pas poussée par des élans sexuels incontrôlés[175]. Ceux qui soutiennent ce point de vue disposent de très peu de connaissances sur l'Afrique. Ils sont influencés par la pensée victorienne selon laquelle les sociétés primitives sont plus actives sexuellement. En réalité, la polygamie remplit un certain nombre de fonctions :

> [La polygamie] assure une fonction de procréation en permettant de donner naissance à une progéniture nombreuse, ce qui favorise la transmission du statut et de l'héritage familial ainsi que la croissance de la famille dans le temps et l'espace (...) [La polygamie] contribue à la prospérité et à la croissance de la famille élargie et promeut le rôle et le statut de la femme dans des sociétés où elles n'ont pour autre vocation que de se marier et de donner naissance à des enfants pour la postérité de leurs époux (...) [La polygamie] permet de répondre aux besoins des femmes dépourvues de soutien dans une société qui ne tolère pas les femmes indépendantes (...) [Et elle fournit] une solution au problème des femmes stériles[176].

La plupart de ces fonctions sont similaires à celles jouées par la polygamie dans l'Ancien Testament, particulièrement en ce qui concerne le lévirat.

Traditionnellement, la polygamie n'était pas considérée comme un adultère. En réalité, l'adultère, c'est-à-dire les rapports sexuels entretenus avec une personne autre que le conjoint légitime, était considéré comme un sujet de honte, non seulement pour ceux qui le pratiquaient, mais aussi pour l'ensemble du clan. Des rites de purification spéciaux étaient nécessaires pour ôter la honte et la culpabilité attachées à un tel

---

[175] R. D. Winter, « Polygamy: Rules and Principles », *Church Growth Bulletin* 3, March 1969, p. 355.
[176] Shorter, *African Culture*, p. 173.

comportement. Par exemple, dans une tribu du Nigéria, on faisait boire les excréments d'un chien noir à la personne adultère ; ensuite, on suspendait les testicules d'un bouc (symbole de promiscuité) autour de son cou. Puis on le promenait dans tout le village pour que tout le monde puisse voir sa honte[177]. John Mbiti fait remarquer que « lorsqu'ils sont découverts, les cas d'adultère sont sévèrement punis. Dans certaines sociétés, les personnes coupables (surtout les hommes) sont fouettées, lapidées à mort, condamnées à payer un dédommagement ou mutilées au niveau de leurs têtes ou d'autres parties de leurs corps[178] ».

Les réactions face à la polygamie en Afrique

L'histoire des missions et des implantations d'églises en Afrique démontre clairement un manque d'appréciation des facteurs sociaux justifiant la polygamie en Afrique. Comme ils pratiquaient la monogamie, les missionnaires ont souvent perçu la polygamie comme une forme d'adultère contraire à la loi naturelle et à la loi de Dieu. La conférence missionnaire d'Édimbourg en 1910 a qualifié la polygamie d'« un des vices les plus grossiers de la société païenne, qui, comme les meurtres habituels ou l'esclavage, devrait être abolie[179] ». On l'a, de ce fait, taxé de :

> immorale au sein de l'Église de Christ, même si les personnes impliquées s'y sont engagées par ignorance. 1) Parce que Christ déclare qu'il s'agit d'un adultère. 2) Parce que selon Dieu, il s'agit d'une pratique contraire à l'institution divine du mariage. 3) Parce qu'il est écrit « Que chaque homme ait sa propre femme, et chaque femme son propre mari[180]. »

Par conséquent, les premiers missionnaires en Afrique exigeaient que les polygames répudient toutes leurs épouses à l'exception d'une seule. Ainsi, lorsque Kasagama, l'Omukama (roi) du royaume Toro en Ouganda,

---

[177] Pour une analyse plus détaillée de ces rites de purification, voir C. Mckinney, « The Bajju of Central Nigeria: A Case Study of Religious and Social change, Southern Methodist University », thèse de Doctorat, 1985.

[178] Mbiti, *African Religions and Philosophy*, p. 147.

[179] B. Kisembo, L. Magesa, et A. Shorter, *African Christian Marriage*, London, Geoffrey Chapman / Nairobi, Pauline Publications Africa, 1977, p. 104.

[180] W. Knight, « Missionary Secretariat of Henry Venn, D. D. » 1880, p. 353 cité dans A. Hastings, *Christian Marriage in Africa: Being a Report Commissioned by the Archbishops of Cape Town, Central Africa, Kenya, Tanzania, and Uganda*, London, SPCK, 1973, p. 12.

s'est converti au christianisme, il a dû répudier onze de ses épouses et n'en conserver qu'une seule[181].

Cette vision rigide et antipathique de la polygamie a persisté. Aussi récemment qu'en 1964, Kenneth Taylor a rapporté un incident survenu lors de sa rencontre avec un groupe enthousiaste de missionnaires évangéliques en Afrique. L'un d'eux lui a raconté comment un chef local avait accepté le Seigneur Jésus comme Sauveur. Il a pris soin de préciser que la première chose qu'il lui a enjoint de faire après s'être débarrassé de ses idoles et de ses fétiches, était de se débarrasser de toutes ses épouses à l'exception d'une seule. Tous les autres missionnaires ont loué le Seigneur quand ils ont appris ce que ce chef avait fait[182].

La question de la polygamie a fait l'objet d'études sérieuses par des chercheurs occidentaux et africains[183]. Certains affirment même sa légitimité. À cet effet, Robert Holst, un missionnaire œuvrant parmi les Ipilis de la Papouasie, affirme qu'« Il n'existe pas de raisons empêchant un homme et plusieurs femmes d'être une seule chair[184] ». De tels points de vue ne sont d'aucune utilité et n'apportent que confusion dans un débat aussi sérieux que la polygamie.

Les principes bibliques sur la polygamie

Le point de départ de notre analyse de la polygamie devrait, sans aucun doute, être l'idéal biblique du mariage tel que présenté dans les chapitres liminaires du livre de la Genèse. Cependant, la plupart des passages que nous étudierons par la suite ont un caractère descriptif et non prescriptif. En d'autres termes, ils se contentent de décrire les actions des personnages dans des situations bien précises et ne se prononcent pas sur

---

[181] C. Byaruhanga, *Bishop Tucker of Uganda and the Africanization of the Church*, Nairobi, WordAlive, 2008, p. 135.

[182] K. N. Taylor, « Is Polygamy Ever Permissible? », *Eternity*, juillet 1964, p. 25.

[183] Au nombre des chercheurs connus, on peut citer E. Hillman, *Polygamy Reconsidered*, Maryknoll, Orbis, 1975 ; A. Hastings, *Christian Marriage in Africa* ; S. Duncan, *An Enquiry into the Biblical Data on Polygamy*, Western Conservative Baptist Seminary, Portland Oregon ; N. G. Inyamah, « Polygamy and the Christian Church », *Concordia Theological Monthly*, mars 1972, p. 138-143 ; I. Gaskiyane, *Polygamy: A Cultural and Biblical Perspective*, Carlisle, Piquant, 2000 ; et W. F. Luck, « The Morality of Biblical Polygamy », dans *Divorce and Remarriage: Recovering the Biblical View*, San Francisco, Harper & Row, 1987.

[184] R. Holst, « Polygamy and the Bible », *International Review of Missions* 56, no. 222, avril 1967, p. 209.

la valeur morale de leurs actions. La Bible ne contient pas d'affirmation tranchée condamnant ou interdisant la polygamie telle que pratiquée dans l'Ancien Testament. On se trouve donc confronté à un problème récurrent : peut-on passer d'un exposé de faits à un jugement de valeurs ? Autrement dit, peut-on déduire des commandements à partir de simples descriptions ?[185]

Différents auteurs ont tiré des conclusions diverses à partir de passages descriptifs. Cependant, puisque Dieu commente certains des faits rapportés, nous espérons que toute conclusion que nous en tirerons reflète la volonté de Dieu pour le mariage et relève les effets du péché qui est à la base de la polygamie.

La plupart des données bibliques sur la polygamie viennent de l'Ancien Testament, ce qui soulève la question de comment les chrétiens devraient utiliser les passages de l'Ancien Testament lorsqu'ils réfléchissent à des questions éthiques. Nous ne pourrons pas aborder cette question en profondeur dans ce chapitre. Nous retiendrons cependant le principe de base suivant : « Là où le contenu de la loi de Moïse (...) et la loi du Christ présentent des points communs, la référence à l'Ancien Testament est appropriée. En effet, l'Ancien Testament peut offrir une explication plus complète d'un principe et de la pensée de Dieu sur ce principe que ce nous trouvons dans le Nouveau Testament[186]. Par exemple, quand on l'a interrogé au sujet du mariage et du divorce, Jésus s'est référé à l'ordonnance de la création en Genèse 1 et 2 et a ainsi confirmé le plan de Dieu par rapport au mariage (Mt 19.2-9 ; Mc 10.2-11). Nous pouvons donc aussi nous référer à cette ordonnance dans notre analyse de la polygamie.

En tant que chrétiens, nous devons prêter attention à l'exemple donné par les apôtres. Paul a fait la recommandation suivante à ses lecteurs : « Tous ensemble imitez-moi, frères, et fixez votre regard sur ceux qui se conduisent suivant l'exemple que vous avez en nous » (Ph 3.17; voir aussi 2 Th 3.7). Le « nous » dont il est question ici doit inclure les responsables de l'Église, qui devaient remplir la condition d'avoir une seule épouse (1 Tm 3.2; Tt 1.6).

---

[185] Feinberg et Feinberg, *Ethics for a Brave New World*, p. 19.
[186] *Ibid.*, p. 39.

L'idéal biblique du mariage

La monogamie constitue, sans aucun doute, l'idéal de Dieu en ce qui concerne le mariage. Dieu n'a créé qu'une seule femme pour Adam (Gn 1.28 ; 2.24). S'il avait souhaité que la polygamie constitue la norme, il ne se serait pas arrêté à une seule femme. John Stott résume la notion du mariage telle qu'elle apparait dans Genèse 2.24 en ces termes : « une alliance hétérosexuelle exclusive entre un homme et une femme, prescrite et scellée par Dieu, rendue publique à travers la séparation d'avec les parents et l'engagement dans un partenariat de soutien mutuel, couronnée, en temps normal, par le don des enfants[187]. » Il s'agit du type de relation que Jésus défend dans Matthieu 19.4-6. L'Église doit soutenir cette position.

Étant donné que l'union monogamique et indissoluble entre un homme et une femme constitue l'idéal de Dieu concernant le mariage, il s'ensuit que la polygamie et le divorce apparaissent comme une déviance par rapport à cette norme. Un mariage polygame constitue donc un « type de mariage moins satisfaisant que le mariage monogamique et qui n'honore pas à sa juste mesure l'esprit même du mariage chrétien. Cependant, dans certains cas, les chrétiens peuvent le tolérer au même titre qu'ils tolèrent l'esclavage, les gouvernements dictatoriaux et bien d'autres choses[188] ».

La polygamie dans l'Ancien Testament

L'étude de la polygamie dans l'Ancien Testament implique une analyse minutieuse des circonstances dans lesquelles elle était pratiquée et des individus la pratiquant.

Lamek (Gn 4.19-25)

Le premier polygame mentionné dans la Bible est Lamek qui a eu deux épouses. C'était un homme vindicatif qui a suivi les traces de Caïn, en tuant pour venger une simple blessure. Son mauvais caractère a souvent été interprété comme l'indicateur de la dépravation morale qui régnait dans d'autres domaines de sa vie. Ainsi, Keil et Delitzch, deux

---

[187] John Stott, *Involvement: Social and Sexual Relationships in the Modern World, Vol. II*, Old Tappan, NJ, Fleming H. Revell, 1978, p. 163. Pour une analyse plus approfondie des buts du mariage, voir l'introduction de la présente section relative aux questions matrimoniales.

[188] Kisembo, Magesa, et Shorter, *African Christian Marriage*, p. 105.

commentateurs du XIXe siècle l'ont accusé de luxure. Pour eux, le fait qu'il ait deux épouses démontre qu'il était « le précurseur de la polygamie qui a transformé les fondements éthiques du mariage, institués par Dieu, en convoitise des yeux et convoitise de la chair ». Ils ont par ailleurs soutenu que les noms même des épouses de Lamek sont des indicateurs de « son attirance sexuelle vis-à-vis de Ada (signifiant "parure, beauté"), et Cilla ("le tremblement" ou le "scintillement")[189] ». Toutefois, est-il juste de prendre l'exemple de la polygamie de Lamek comme référence pour juger la pratique de la polygamie ?

Pour répondre à cette question, nous devons resituer ce passage dans son contexte. Dans les chapitres 4 et 5 de la Genèse, un contraste est établi entre les descendants impies de Caïn et les descendants pieux de Seth : « La lignée de Caïn culmine avec le portrait du personnage violent et arrogant de Lamek qui présente des similarités avec son ancêtre Caïn (...) Lamek, sixième de la lignée de Caïn à partir d'Adam est tout l'opposé d'Enosh, sixième de la lignée de Seth à partir d'Adam[190]. » Jean Calvin affirme ceci : « Dieu a voulu que la corruption du mariage licite provienne de la maison de Caïn et précisément de Lamek, pour que les polygames aient honte de cet exemple[191]. »

Certains théologiens pensent que tout ce qui est associé à la descendance de Caïn doit être condamné. Pourtant, nous devons aussi des choses positives à cette descendance, notamment les instruments de musique et les instruments en fer (Gn 4.21-22).

Condamner la polygamie sur la base du caractère méchant de Lamek pose un autre problème : « pour chaque exemple de mauvais polygame, on peut citer un homme droit qui avait plus d'une épouse : Abraham, Jacob, David, pour ne citer que ces exemples[192]. » Étant donné que le caractère moral de bon nombre des polygames de la Bible est différent de celui de Lamek, nous ne pouvons pas, de toute évidence, utiliser le caractère du polygame comme critère pour juger si la polygamie est bonne ou

---

[189] C. F. Keil et F. Delitzch, *Commentary of the Old Testament in Ten volumes, Vol.I. The Pentateuch*, Grand Rapids, Eerdmans, 1988, p. 118.

[190] Duncan, « An Enquiry », p. 226.

[191] J. Calvin, *Commentaries on the First Book of Moses Called Genesis, Vol I*, Grand Rapids, Eerdmans, p. 217, cité par Duncan dans « An Enquiry», 1554, p. 25.

[192] Luck, *Divorce and Remarriage*, p. 234.

mauvaise. Le faire reviendrait à la légitimer pour certains et pas pour d'autres[193].

Il semblerait donc que la référence à la polygamie de Genèse 4.19 devrait être interprétée comme une simple narration de faits, « dépourvue de tout commentaire et jugement moral[194] ». Si la polygamie de Lamek doit être jugée, ce jugement doit se faire sur la base du principe selon lequel la polygamie constitue une déviance par rapport à la norme prescrite (monogamie).

Les hommes avant le déluge (Gn 6.1-7)

L'association de la polygamie avec les envies sexuelles qu'on trouve chez Keil et Delitzch, auteurs cités plus haut, apparait aussi dans les écrits de Dwight, un autre commentateur du XIXe siècle. Il remarque que « la deuxième et seule référence à la polygamie avant le déluge se trouve dans Genèse 6.1-7[195] », un passage traditionnellement interprété comme étant à propos de la luxure. Il y est dit qu'au fur et à mesure que la population augmentait, les hommes épousaient toutes les femmes de leur choix. Par ailleurs, Kaiser fait mention de ce passage et affirme que « le despotisme et la polygamie sont les raisons pour lesquelles Dieu a décidé de détruire la terre à travers le déluge[196] ».

Le problème posé par ce passage est que son interprétation est très difficile. L'argument selon lequel la polygamie est à l'origine du déluge devrait être pris avec réserve.

La famille d'Abraham (Gn 16-17 ; 28-30)

On rencontre le cas suivant de polygamie dans la famille d'Abraham. Celui-ci est sans doute issu d'une famille polygame : « Le fait qu'Abraham ait épousé sa demi-sœur, fille de son père, et non de sa mère (Gn 20.12), sous-entend qu'il est probable que (...) Tèrah a eu des concubines ou plusieurs épouses[197]. »

---

[193] Duncan, « An Enquiry », p. 28-29.

[194] R. Davidson, *Genesis I:I-II*, Cambridge, Cambridge University Press, 1973, p. 56, cité par Duncan, « An Enquiry », p. 30.

[195] S. E. Dwight, *The Hebrew Wife*, New York, Leavitt, Lord, 1836, p. 5.

[196] W. C. Kaiser Jr, *Towards Old Testament Ethics*, Grand Rapids, Zondervan, 1983, p. 183.

[197] Duncan, « An Enquiry », p. 31.

Face à sa stérilité avérée, Sarah, qui soupirait après un enfant, a encouragé Abraham à faire un enfant avec son esclave égyptienne Hagar (Gn 16.1-16). Certains commentateurs affirment que cette situation ne constitue pas un exemple de polygamie. Dwight affirme que « cela prouve simplement qu'un homme sans enfant pouvait, avec le consentement de son épouse, entretenir une liaison temporaire avec son esclave de sexe féminin. De toute évidence, cela ne constitue nullement un cas de polygamie[198] ». Dans la même lancée, Kaiser affirme que Sarah a convaincu Abraham d'avoir « des rapports sexuels temporaires » avec Hagar[199].

L'argument de Kaiser n'est pas fondé, puisque le contexte indique clairement qu'il n'était pas seulement question de rapports sexuels temporaires. En effet, Hagar est tombée enceinte et sa grossesse semble avoir influencé son statut. Alors que jusque-là, elle n'était qu'une esclave ordinaire, elle a insisté pour être traitée comme une concubine. Elle voit sa grossesse comme lui donnant droit à un statut supérieur à celui de sa maîtresse. « Elle est élevée au rang de concubine légitime et même d'épouse avec tous les droits y afférents. Ce qui implique que ses besoins doivent être satisfaits (...) sur le plan nutritionnel, vestimentaire et des devoirs conjugaux (Ex 21.8-11)[200]. » Il va donc sans dire qu'Abraham a entretenu une relation polygame, au moins pendant une certaine période.

Dieu ne condamne pas le comportement d'Abraham comme immoral. Dieu insiste simplement sur le fait qu'Ismaël n'est pas le fils de la promesse et que l'enfant de la promesse sera donné à Sarah (Gn 17.15-21). Si Dieu ne condamne pas l'acte d'Abraham, nous ne devrions pas non plus le faire (ce qui ne revient pas à dire qu'Abraham avait raison de céder aux exigences de sa femme).

Les petits-fils d'Abraham, qui étaient jumeaux, ont également suivi ses traces en choisissant la polygamie. Ésaü a épousé deux hittites (cananéennes), au grand désarroi de ses parents (Gn 26.34-35), et la fille d'Ismaël (Gn 28.9). Toutefois, ce qui causait le désarroi d'Isaac et

---

[198] Dwight, *The Hebrew Wife*, p. 7. Dwight soutient que bien qu'approuvée par les coutumes de l'époque, la polygamie n'a jamais été autorisée par la loi divine.

[199] Kaiser, *Toward Old Testament Ethics*, p. 183.

[200] G. Jasper, « Polygamy in the Old Testament », *African Theological Journal* 2, 1969, p. 40. Il affirme que « la polygamie est un type de famille acceptable comme le montrent l'exemple du patriarche Abraham et de plusieurs héros d'Israël ».

de Rébecca n'était pas le nombre d'épouses d'Ésaü, mais leurs origines cananéennes (Gn 28.1-9).

Jacob a épousé deux sœurs et a également eu des enfants avec leurs servantes (Gn 29.1–30.22). Il est intéressant de relever que certains de ceux qui condamnent la polygamie d'hommes tels qu'Ésaü et Lamek, ne condamnent pas celle de Jacob. Dwight, par exemple, explique que « Laban et ses enfants étaient païens, pourtant, la polygamie ne faisait pas partie du plan de vie de Jacob. On lui a imposé Léa par le moyen de la ruse, et il s'est vu obligé d'accepter au risque de perdre Rachel[201] ». Kaiser, par contre, est cohérent dans son raisonnement, dans la mesure où il condamne à la fois la polygamie de Jacob et d'Ésaü[202].

Le lévirat (Gn 38.6-10 ; Dt 25.5-10 ; Ruth)

Le lévirat, que nous avons déjà abordé dans le chapitre sur la procréation, est une coutume selon laquelle, le frère ou le plus proche parent d'une personne défunte se voyait obligé d'épouser la veuve du défunt et de lui donner une descendance. Le principal objectif du lévirat était d'éviter que le nom du défunt soit effacé et ses biens dilapidés[203]. Vu la forte probabilité que l'homme épousant la veuve soit déjà marié, cette pratique constituait une « forme de polygamie autorisée[204] ».

Le premier cas de lévirat mentionné dans la Bible est antérieur à la loi mosaïque. Er, le fils de Juda, décède et son frère Onân est appelé à épouser sa veuve Tamar et à lui donner un fils qui doit perpétuer son nom et hériter de ses biens. Cependant, Onân « feignait d'accomplir la loi et répandait sa semence à terre, empêchant ainsi la conception de se produire (Gn 38.8-10)[205] ». Le refus d'Onân de faire un enfant à Tamar a conduit à sa mort.

La loi du lévirat est officiellement édictée dans Deutéronome 25.5-10. Ce passage démontre clairement que tout homme qui refuse d'avoir des enfants avec la veuve de son frère et de donner ainsi une descendance à son frère commet une injustice sociale grave. Il s'attirerait ainsi la honte

---

[201] Dwight, *The Hebrew Wife*, p. 7.

[202] Kaiser, *Toward Old Testament Ethics*, p. 183.

[203] *Ibid.*, p. 39. Le mot « lévirat » « est dérivé du terme latin levir, qui est la traduction du mot hébreu yavam "beau-frère" » (p. 190).

[204] Duncan, « An Enquiry », p. 36.

[205] Kaiser, *Toward Old Testament Ethics*, p. 191.

et une sanction sévère : « Il se tiendra là et dira : "Je n'ai pas envie de l'épouser." Sa belle-sœur s'avancera vers lui, en présence des anciens ; elle lui retirera la sandale du pied et elle lui crachera au visage ; puis elle prendra la parole et dira : "Voilà ce qu'on fait à l'homme qui ne reconstruit pas la maison de son frère !" » (Dt 25.8-9).

Le deuxième cas de lévirat mentionné dans la Bible concerne Ruth. Dans son cas, il n'y avait pas de beau-frère qu'elle pouvait épouser. Elle a dû recourir à Boaz qui avait « le droit de rachat » sur elle (Rt 3.9), car « le but et le résultat des mariages basés sur le droit de rachat étaient les mêmes que ceux du lévirat[206]. »

> Ainsi, Boaz a épousé Ruth, la veuve d'Elimélec, l'un de ses cousins, après qu'un parent plus proche a publiquement déclaré son incapacité à accomplir son devoir. Cependant, puisque Boaz était déjà entré en possession de son héritage, on est en droit de penser qu'il était déjà marié. Ruth est donc devenu sa seconde épouse sans honte ni reproche ; bien au contraire, ce statut mettait fin aux difficultés du veuvage pour elle et pour sa belle-mère Noémi[207].

Kaiser semble dérouté par cette légitimation apparente de la polygamie. Il explique « qu'il s'agit de la seule exception qui permet de réaffirmer le but de la famille selon Dieu. Dieu peut permettre et bénir de telles exceptions. Lui seul peut modifier ses ordonnances afin d'accomplir ses desseins[208] ».

Il convient de faire quelques observations importantes sur ce qui précède. Si le lévirat constituait « une forme courante de polygamie[209] », il s'ensuit qu'être polygame ne veut pas dire commettre l'adultère.

Si la polygamie constituait un adultère aux yeux de Dieu, il contredirait sa sainteté en permettant de tels mariages, comme dans les cas de lévirat. La polygamie n'apparait donc pas comme un adultère, mais plutôt comme une forme de mariage acceptée d'un point de vue légal et culturel, que Dieu permettait et même approuvait.

---

[206] *Ibid.*
[207] Jasper, « Polygamy », p. 39.
[208] Kaiser, *Toward Old Testament Ethics*, p. 192.
[209] G. Parrinder, *The Bible and Polygamy: A Study of Hebrew and Christian Teaching*, London, SPCK, 1958, p. 23.

David (2 S 11-12)

La relation de David avec Bethsabée, l'épouse d'Urie le Hittite, est caractérisée par la convoitise, l'adultère et le meurtre. Chacun de ces péchés est clairement interdit dans les dix commandements (Ex 20.13-14, 17), l'adultère et le meurtre étant passibles de mort (Lv 20.10; Dt 22.23, Nb 35.31). Même David, le monarque absolu, ne pouvait échapper à cette punition[210]. Son adultère a eu pour conséquences le viol public de ses concubines et une effusion de sang permanente au sein de sa famille (2 S 12.9-11).

La réaction de Dieu vis-à-vis des péchés de David apporte aussi un éclairage sur le lien qui existe entre l'adultère et la polygamie. En effet, le message communiqué à David par le prophète Natan contient une allusion explicite à la polygamie :

Ainsi parle le Seigneur, le Dieu d'Israël : C'est moi qui t'ai oint comme roi d'Israël et c'est moi qui t'ai délivré de la main de Saül. Je t'ai donné la maison de ton maître et j'ai mis dans tes bras les femmes de ton maître ; je t'ai donné la maison d'Israël et de Juda ; et si c'est trop peu, je veux y ajouter autant (2 S 12.7-8).

Ceux qui rejettent la moralité de la polygamie soutiennent que lorsque Dieu disait : « Je t'ai donné la maison de ton maître et j'ai mis dans tes bras les femmes de ton maître », il ne sanctionnait pas le mariage de David avec Ahinoam, la mère de son épouse Mikal (1 S 14.50), et Riçpa, la concubine de Saul (2 S 3.7). En effet, si David avait épousé Ahinoam, il aurait transgressé la loi qui interdit de se marier avec la mère de son épouse et aurait été condamné à mort pour inceste (Lv 18.17, 29). De plus, nous ne disposons d'aucune preuve du mariage de David avec Riçpa. Les propos du Seigneur pourraient simplement signifier qu'il a donné à David tout ce que Saul avait, y compris ses épouses. Selon Kaiser, Dieu a placé toutes les femmes de Saul sous la responsabilité de David[211].

Une question demeure cependant, à savoir pourquoi, dans le contexte d'adultère et de punition de David, Dieu fait allusion aux « épouses » ou

---

[210] Kaiser Jr, *Toward Old Testament Ethics*, p. 183, cite ces propos de Dwight Edward « le fait que neuf des treize [polygames de l'Ancien Testament] étaient des monarques absolus qu'aucun tribunal ne pouvait appeler à comparaitre ou punir pour leur conduite. » Même si cette assertion est vraie, il importe peu qu'un tribunal humain ne puisse punir un monarque puisque Dieu, lui a le pouvoir de le punir.

[211] *Ibid.*, p. 188.

« femmes » supplémentaires. Ces femmes ne sont d'ailleurs pas les seules présentes dans la vie de David, puisqu'il est rapporté qu'il avait plus d'une épouse (2 S 3.1-5). Pourtant, Dieu ne punit pas David pour sa polygamie, mais pour son adultère : « David a commis l'adultère, non pas avec ses nombreuses épouses, mais avec l'épouse d'un autre homme[212]. » Cette interprétation de l'adultère dans le cas de David rejoint celle de la notion d'adultère tel qu'elle est comprise dans l'Ancien Testament.

Si Dieu n'a pas puni David pour sa polygamie, pourquoi devrions-nous punir les polygames aujourd'hui ? Accorder un traitement défavorable aux polygames est contraire à l'esprit de l'Ancien Testament. C'est l'adultère, et non la polygamie de David, qui est sévèrement puni.

Cependant, la Bible démontre aussi clairement les effets négatifs de la polygamie de David. Ses mariages avec plusieurs femmes ont pour conséquences la rivalité pour la succession au trône, la division de la nation pendant la rébellion d'Absalom (2 S 15-18) et même, vers la fin de la vie de David, la rivalité entre le fils de sa première femme et Salomon, le fils de Bethsabée (1 R 1).

Salomon (1 R 11)

D'après le passage de 1 Rois 11.3, Salomon avait « sept cents femmes de rang princier et trois cents concubines ». Ces multiples mariages avec des étrangères sont le résultat « d'alliances politiques par le biais du mariage[213] » et sont clairement condamnés dans 1 Rois 11.1-13 et Néhémie 13.26. Pourquoi la polygamie de Salomon était-elle immorale, alors que celle de David ne l'était pas ?

La réponse à cette question se trouve dans Deutéronome : le nombre impressionnant des femmes de Salomon constituait une violation directe du commandement de Dieu selon lequel le roi ne devait pas avoir de nombreuses femmes (Dt 17.17). « Salomon constitue l'exemple de la violation de la loi interdisant de prendre de nombreuses épouses[214]. » Comme l'avait prédit Deutéronome, les épouses étrangères ont incliné le cœur de Salomon vers d'autres dieux.

---

212 K. N. Taylor, « Is Polygamy Ever Permissible? », *Eternity*, juillet 1964, p. 25.
213 Duncan, « An Enquiry », p. 51.
214 *Ibid.*, p. 39.

Conclusion

Les passages de l'Ancien Testament que nous avons examiné montrent que la polygamie constitue une déviation du principe formulé en Genèse 2.24. Cependant, sa pratique par Lamek, Abraham, Jacob, Ésaü et David n'a pas été condamnée en tant qu'adultère ou acte immoral. De plus, le lévirat constituait une forme de mariage acceptée par Dieu et qui souvent débouchait sur la polygamie. L'adultère constituait, par contre, une grave violation de la loi divine entrainant le jugement. Dieu a également interdit aux rois d'avoir une multitude d'épouses étrangères puisque cela pouvait les détourner de lui, comme ce fut le cas pour le roi Salomon qui a violé cette loi.

D'une manière générale, il semble juste de conclure que, même si la polygamie est une pratique négative puisqu'elle constitue une déviation de l'idéal qu'est le mariage monogame, on ne peut pas l'assimiler à l'adultère. Jasper a raison quand il dit :

> Selon l'Ancien Testament, un mariage polygame est un mariage au sens plein du terme et jouit de toute la protection nécessaire de la loi et des anciens d'Israël. Un Israélite qui avait deux femmes n'était en aucun cas considéré comme une personne ayant chuté dans sa foi ou ayant désobéi aux principes de sa foi[215].

La polygamie dans le Nouveau Testament

Tandis que l'Ancien Testament comporte de nombreux exemples de polygamie, le Nouveau Testament ne fait mention d'aucun. Cependant, il existe des passages qui abordent ce sujet de manière indirecte.

L'enseignement de Jésus sur le divorce et le remariage (Mt 19.9, Mc 10.11, Lc 16.18)

En réponse à une question posée par des pharisiens, Jésus déclare : « C'est à cause de la dureté de votre cœur que Moïse vous a permis de répudier vos femmes ; mais au commencement, il n'en était pas ainsi. Je vous le dis : Si quelqu'un répudie sa femme – sauf en cas d'union illégale – et en épouse une autre, il est adultère » (Mt 19.8-9). Certains ont appliqué ces paroles non seulement au divorce, mais aussi à la polygamie. Ainsi, Johann Gerhard a écrit au XVIIe siècle que : « Si répudier une épouse et

---

[215] Jasper, « Polygamy », p. 41.

en épouser une autre constitue un adultère, combien plus constitue-t-il un péché d'en épouser une autre pendant qu'on est encore marié ?[216] » Dwight reprend ce raisonnement au XIXe siècle en ces termes :

> Cependant, on pourrait se demander en quoi consiste l'adultère commis par l'époux. Il ne consiste pas simplement à répudier son épouse. Cet acte pourrait être qualifié de cruauté, mais pas d'adultère (...) L'adultère réside dans le fait qu'ayant une épouse, il en épouse une autre et entretient des rapports sexuels avec elle avant que la première ne décède ou ne divorce légalement. Selon la loi originelle du mariage expliquée par Christ, l'homme marié qui épouse une autre femme avant de divorcer légalement de la première, est coupable d'adultère. Pourtant, puisque c'est ce que fait tout polygame, tout polygame est donc coupable d'adultère. En effet, sur la base de la loi originelle du mariage, la polygamie constitue un adultère[217].

William Luck prend le contrepied de ce raisonnement et affirme qu'il est hors de propos dans le débat sur la polygamie. Il ajoute que « Jésus voulait simplement réaffirmer la condamnation de l'Ancien Testament d'un homme qui répudie son épouse afin d'en épouser une autre (Ml 2)[218] ».

Même si nous ne sommes pas d'accord avec ceux qui affirment que ce passage traite de la polygamie, nous ne sommes pas non plus d'accord avec Luck. Les principes enseignés dans ce passage sont en effet pertinents pour la discussion sur la polygamie. Cependant il convient de relever que l'accent est surtout mis sur le divorce et que toute application à la polygamie ne serait que déduction. Nous devons toujours nous assurer que toute conclusion que nous tirons d'un passage est valide et avérée dans le contexte original.

Pour une analyse approfondie des déclarations de Jésus au sujet du divorce, il faut se référer au chapitre 18. L'aspect sur lequel il faudrait insister est que Jésus met l'accent sur la norme du mariage selon Dieu : un homme et une femme, unis de manière indissoluble, de toute évidence, jusqu'à la mort de l'un ou de l'autre. Le divorce émane de cœurs désobéissants et

---

[216] *Loci Theologici*, Berlin, Gust. Schlawitz, 1869W VII, 1211ff., cité par William Bruce, « Polygamy and the Church », *Concordia Theological Monthly* 34, avril 1963, p. 224.
[217] Dwight, *The Hebrew Wife*, p. 12.
[218] Luck, *Divorce and Remarriage*, p. 234.

constitue un péché puisqu'il est contraire au commandement de Dieu en Genèse 2.24 (Mt 19.5-6).

En appliquant ce même principe à la polygamie, nous pouvons dire avec assurance qu'il s'agit aussi d'un péché, puisqu'elle viole aussi la norme divine du mariage qui implique un homme et une femme.

Jésus qualifie le remariage d'adultère en Matthieu 19.9, « parce que les juifs se débarrassent de leurs épouses dans le but d'en épouser d'autres[219] ». On pourrait donc dire qu'il condamne clairement la polygamie successive à travers un divorce facile.

Cependant, Jésus condamne-t-il également la polygamie simultanée telle qu'elle est pratiquée en Afrique où un homme est poussé à avoir plus d'une femme pour des raisons culturelles plutôt que par luxure ou par désobéissance volontaire à la loi ? Pour répondre à cette question, nous devons garder à l'esprit que les pharisiens avaient une bonne connaissance de l'ordonnance dans la Genèse et du concept de la monogamie. Cependant, ils connaissaient aussi la polygamie et le divorce. Par ailleurs, ils savaient sans doute que le lévirat, qui débouchait souvent sur la polygamie, était prescrit par la loi. Dans ce contexte, les propos de Jésus au sujet du divorce ne devraient pas en principe être compris comme une condamnation de toutes les formes de polygamie. Dire que par ses paroles Jésus soutient que la polygamie est « immorale dans l'Église du Christ même si elle a débuté dans l'ignorance, parce que Christ la qualifie d'adultère », va au-delà de ce que le texte dit.

La monogamie et les anciens (1 Tm 3.2, Tt 1.6)

Dans 1 Timothée 3.2 et Tite 1.6, Paul précise qu'un ancien doit être le « mari d'une seule femme ». S'il a jugé nécessaire de préciser que les responsables de l'Église doivent être monogames, c'est probablement parce que certains membres de l'Église primitive étaient polygames. Ces personnes « devaient avoir contracté leurs mariages polygames avant leur conversion, dans l'ignorance due à leur arrière-plan juif ou païen, et on leur a permis d'adhérer à l'Église sans qu'ils aient à répudier leurs épouses[220] ».

---

[219] R. C. H. Lenski, *The Interpretation of St Matthew's Gospel*, Minneapolis, Augsburg, 1961, p. 733.
[220] J. E. Karibwiji, « Polygamy and the Church in Nigeria: A Study of Various Christian Positions », M. Div. thesis, Trinity Evangelical School, Deerfield, I11, juin 1984, p. 210.

De toute évidence, les polygames de l'Église primitive n'étaient pas considérés comme adultères. L'adultère est un péché condamné à plusieurs reprises dans le Nouveau Testament. Paul affirme que les adultères n'hériteront pas du Royaume des Cieux (1 Co 6.9-10). L'auteur du livre d'Hébreux surenchérit en précisant : « Que le mariage soit honoré de tous et le lit conjugal sans souillure, car les débauchés et les adultères, Dieu les jugera » (Hé 13.4). Dans l'Apocalypse, Jean fait mention des personnes immorales destinées à la seconde mort (Ap 21.8 ; 22.14-15), mais les épîtres à Timothée et à Tite ne remettent nullement en question le salut des membres polygames de l'Église ; elles précisent seulement qu'ils ne doivent pas exercer des responsabilités.

Demeurer dans l'état où l'on a été appelé (1 Co 7)

Une question se pose : si la polygamie est un péché parce qu'elle ne répond pas à l'idéal de Dieu concernant le mariage, comment un polygame peut-il obtenir le pardon s'il continue à entretenir ce péché ? Le pardon n'exige-t-il pas le renoncement au péché ? Le passage de 1 Corinthiens 7.1-40 offre la réponse à ces questions. Paul y traite de certaines questions sur le mariage qui se posaient dans l'Église de Corinthe. L'une d'entre elles porte sur le mariage entre un croyant et un non-croyant. Paul recommande à ceux qui se trouvent dans cette situation ceci : « Que chacun vive selon la condition que le Seigneur lui a donnée en partage, et dans laquelle il se trouvait quand Dieu l'a appelé. C'est ce que je prescris dans toutes les Églises » (1 Co 7.17). Il réitère ce principe dans 1 Corinthiens 7.20 et 7.24 et l'applique à la condition socio-économique et physique des croyants, ainsi qu'à leur situation matrimoniale. « Le verset entier implique que, quelle que soit notre condition en venant au Seigneur, nous devons y demeurer sans chercher dans l'immédiat à la changer[221]. »

Certains pourraient objecter et dire que les exemples utilisés par Paul dans 1 Corinthiens 7.18-19, renvoient à la circoncision et à l'esclavage ; des conditions qu'un individu ne peut changer et qui ne constituent pas des péchés (tant pour le circoncis que pour l'esclave). Ces critiques soutiennent que Paul n'encourage nullement les gens à demeurer dans un état de péché tel que la polygamie.

---

[221] C. L. Bloomberg, *1 Corinthians, NIV Application Commentary*, Grand Rapids, Zondervan, 1994, p. 145.

Il convient cependant de tenir compte de l'opinion de Paul au sujet du mariage, formulée au chapitre 7.25-27. Il déclare : « Es-tu lié à une femme ? Ne cherche pas à rompre » (7.27). Ce principe sous-tend toutes les instructions précédentes au sujet des relations matrimoniales[222].

Il parait approprié de déduire d'après ce passage que les mariages contractés sur la base de normes culturelles acceptées devraient être tolérés par l'Église. En effet, le polygame qui s'est marié à ses épouses avant sa conversion, ne devrait pas chercher à divorcer d'elles lorsqu'il devient chrétien. Il devrait plutôt demeurer fidèle à la situation matrimoniale où il se trouvait lorsque Dieu l'a appelé.

La synthèse des données bibliques

L'idéal de Dieu pour le mariage est une union monogame et indissoluble entre un homme et une femme. Cet idéal doit être maintenu en dépit de la chute de l'homme. La polygamie est une pratique émanant du cœur corrompu de l'homme, puisqu'elle viole le commandement de Dieu formulé à la création. Cependant, l'Ancien et le Nouveau Testament n'assimilent pas les polygames à des personnes adultères.

La polygamie était moins courante à l'époque du Nouveau Testament. Cependant, nous pouvons supposer qu'il y avait des polygames dans l'Église. Ces derniers n'étaient pas considérés comme des adultères, mais étaient baptisés sur la base de leur repentance et de leur foi en Jésus-Christ. Ils étaient sans doute des membres à part entière de leurs assemblées locales. Nous pouvons aussi conclure que les chrétiens ne devraient pas essayer de changer leur situation matrimoniale.

En somme, notre étude de l'enseignement de la Bible au sujet de la polygamie a démontré que la Parole révélée de Dieu ne donne pas de réponses claires au sujet de la polygamie. Lorsque la Parole de Dieu ne se prononce pas, nous ne devons pas tirer de conclusions en faveur de nos inclinations culturelles et contraires à l'esprit même des Écritures.

---

[222] R. C. H. Lenski, *The Interpretation of St. Paul's First and Second Epistle to the Corinthians*, 1935, réimp., Columbus, Ohio, Wartburg Press, 1955, p. 298.

Le traitement accordé aux polygames dans l'Église

L'attitude intolérante des missionnaires et de certains responsables d'Églises contemporaines vis-à-vis de la polygamie a entrainé de nombreux problèmes d'ordre éthique et social. Elle a également engendré des générations d'épouses et d'enfants aigris et laissés pour compte sans personne pour subvenir à leurs besoins. Certains ont même dû recourir à la prostitution pour survivre. Cette situation soulève la question suivante : « Est-il moralement acceptable d'exiger qu'un polygame divorce de ses femmes à sa conversion ? » Quel est le péché le plus grave : la polygamie ou le divorce ?

Les remarques d'Adrian Hastings à cet effet semblent pertinentes :

En contractant plusieurs mariages, un non-croyant accepte des obligations à vie auxquels il ne peut se soustraire. En le faisant il commettrait une injustice vis-à-vis de ses épouses et de ses enfants. Imposer un tel traitement à d'autres personnes vulnérables constitue une façon peu orthodoxe de préparer le baptême. Les personnes souffrant le plus de ces séparations forcées ne sont pas les hommes mais les femmes et les enfants. Mettre un terme à un mariage polygame au nom du Christ, qui ne l'a jamais explicitement condamné, au profit du divorce qu'il a clairement condamné, revient à payer un prix trop fort pour se conformer à un aspect théorique de modèle chrétien[223].

Qu'adviendra-t-il des enfants ? En Afrique, être privé d'un parent entraîne de sérieux problèmes sociaux et a des répercussions psychologiques durables. Les enfants d'une épouse rejetée n'ont personne pour subvenir à leurs besoins et sont considérés comme des enfants illégitimes. Le petit-fils d'un polygame qui avait dix-sept épouses et de nombreux enfants exprime sa colère et sa frustration en ces termes :

Je pense que les législations qui interdisent la polygamie ont fait plus de mal que de bien. La position de l'Église n'est corroborée ni par les Écritures, ni par l'exemple des apôtres et encore moins par le bon sens. Chaque fois que l'Église brise des liens familiaux légitimes, elle transforme des enfants légitimes en bâtards et encourage indirectement l'adultère ou la prostitution. Tout ceci constitue un

---

[223] A. Hastings, *Christian Marriage in Africa*, London, SPCK, 1973, p. 77.

échec dans sa mission de porteuse de l'Évangile de Jésus-Christ à un monde malade[224].

La question demeure donc : « Jésus ou St Paul auraient-ils exigé d'un polygame qu'il se sépare de ses femmes et de ses enfants, afin de devenir chrétien ? »

Le divorce des polygames a eu pour autre conséquence la division de l'Église puisque certains polygames ont fondé des églises qui s'accommodent de leur mode de vie. Aujourd'hui, plusieurs églises fondées par des Africains acceptent et même encouragent la polygamie. Sont de ce nombre la Cherubin and Seraphim Movement Church (Église des Chérubins et des Séraphins) du Nigéria, l'United Native African Church (aujourd'hui First African Church Mission Inc.), certaines ramifications de l'Église Méthodiste et l'African Greek Orthodox Church (Église Grecque Orthodoxe Africaine)[225]. Cette division n'aurait certainement jamais eu lieu si l'Église avait aidé les personnes à demeurer dans la vérité, sans exiger des polygames qu'ils se séparent de leurs épouses supplémentaires.

Le rejet de la polygamie par l'Église a également poussé certains à rejeter totalement le Christ et à choisir de rester païens ou d'adhérer à l'islam. Les chefs traditionnels Yorubas ont refusé d'accepter un Dieu qui diviserait leurs familles.

La question de comment réagir face à la polygamie s'avère cruciale en particulier dans le nord du Nigéria où beaucoup de personnes sont polygames mais commencent à connaître le Seigneur Jésus. L'Église doit-elle exiger que ces polygames répudient leurs épouses avant d'être acceptés ? Dans l'une des villes les plus importantes (avec une population de 45 000 habitants), plus d'un tiers de la population a été perdu pour l'islam lorsque l'adhésion d'un homme influent à une église locale a été refusée parce qu'il était polygame. Le jeune responsable de l'église concernée a imposé une stricte interprétation de l'idéal de la monogamie quand l'homme influent a accepté le Christ et a manifesté son désir de

---

[224] N. G. Inyamah, « Polygamy and the Christian Church », *Concordia Theological Monthly*, mars 1972, p. 142.

[225] G. C. Oosthuizen, *Post-Christianity in Africa: A Theological and Anthropological Study*, Grand Rapids, Eerdmans, 1968, p. 181. Dans sa recherche scientifique, Oosthuizen remarque que la polygamie est courante et encouragée dans les Églises africaines indépendantes.

recevoir le baptême. Incapable de répudier ses épouses, il s'est jeté à corps perdu dans l'islam. Sa famille et lui y sont encore jusqu'à ce jour[226].

Cette anecdote ne fait nullement comprendre que les chrétiens doivent sacrifier la vérité afin de garder les convertis dans l'Église. La gestion de la polygamie requiert du tact et de la compréhension d'autant plus que la Bible ne l'assimile pas explicitement à l'adultère.

Conclusion

La polygamie constitue une violation des normes du mariage institué par Dieu : la monogamie et son caractère indissoluble. De ce point de vue elle ne satisfait pas aux exigences du plan de Dieu pour le mariage. Cependant, les données bibliques relatives à la polygamie indiquent que Dieu, dans sa souveraineté, tolère la polygamie. En outre, les polygames de l'Ancien Testament étaient des membres à part entière du peuple de Dieu. Les déductions du Nouveau Testament indiquent clairement que, même si les polygames n'étaient pas autorisés à exercer des responsabilités au sein de l'Église, ils en étaient membres à part entière.

Au vu de ce qui précède, la relégation passée et actuelle des polygames au rang d'adultères n'est pas biblique, encore moins éthique et s'avère même dangereuse. On ne devrait pas exiger des polygames ayant contracté leurs mariages avant leur conversion de divorcer, ils devraient plutôt être acceptés comme membres à part entière du corps du Christ. Refuser de se soumettre à ce principe reviendrait à occulter la justice, la miséricorde et l'amour au cœur même de l'Évangile[227]. Le divorce demeure négatif, même dans des cas de polygamie, et entraine des conséquences graves pour les épouses et les enfants.

Nous devons tenir compte de l'opinion avisée du Professeur Danfulani Kore, un théologien conservateur respecté, de nationalité nigériane et appartenant au courant évangélique :

Lorsque des polygames deviennent chrétiens, l'Église ne doit pas leur imposer le divorce d'avec leur deuxième épouse comme une condition pour leur salut ou leur adhésion à l'Église. Cette attitude

---

[226] T. A. Adejumobi, « Polygamy », dans Victor E. W. Hayward, sous dir., *African Independent Church Movements*, New York, Friendship Press, 1963, p. 58.
[227] Hastings, *Christian Marriage in Africa*, p. 79.

n'est pas biblique. Le divorce est un péché. De plus, une telle action est préjudiciable pour la femme et les enfants. Personne ne peut refuser à un polygame le salut s'il met sa foi en Jésus-Christ. Il devrait pouvoir recevoir le baptême conformément au commandement du Christ (Mt 28.19-20) (...) Et il devrait, par conséquent, être admis à la sainte cène[228].

Dans leur zèle pour « proclamer un Évangile dans sa forme la plus pure et comportant des idéaux chrétiens des plus élevés, [les missionnaires] ont souvent oublié que passer des principes de la Parole de Dieu à des idéaux, requiert du temps[229] ». Par conséquent, l'Église africaine devrait « tolérer la polygamie tout en la discréditant à travers la promotion de l'idéal supérieur qu'est la monogamie[230] ». Étant donné que l'Église enseigne la théologie biblique du mariage, il y a bon espoir que d'ici la deuxième et la troisième génération, l'ampleur de la polygamie aura diminué ou qu'elle sera purement et simplement éradiquée.

Questions

1. Décrivez l'état de la polygamie d'une communauté africaine que vous connaissez bien. Quelles sont les circonstances qui motivent sa pratique ?

2. Dans quelle mesure l'analyse des données bibliques a informé, transformé ou renforcé votre opinion au sujet de la polygamie ?

3. Quels problèmes rencontrez-vous dans votre Église au sujet de la polygamie ? Comment ces problèmes ont-ils été gérés dans le passé ? Aujourd'hui, sont-ils traités conformément à l'enseignement biblique ?

---

[228] D. Kore, *Culture and the Christian Home*, Jos, ACTS, 1995, p. 94-95. Voir aussi les commentaires relatifs dans 1 Corinthiens 7.17-27.

[229] R. D. Winter, « Polygamy: Rules and Principles », *Church Growth Bulletin* 3, mars 1969, p. 356.

[230] Hastings, cité par Kisembo, Magesa, et Shorter, *African Christian Marriage*, p. 105.

17

La violence familiale

La plupart d'entre nous condamnent la violence, mais nous ne nous rendons pas toujours compte à quel point elle est courante dans nos maisons. Ceci est vrai dans toutes les cultures, les races, les ethnies, les religions et les classes sociales. Beaucoup d'entre nous ont souffert de violence familiale soit en tant qu'épouse, soit en tant qu'enfant. Même si nous n'en avons pas souffert personnellement, nous avons probablement déjà vu une mère, une tante ou la femme d'un voisin être physiquement, verbalement ou psychologiquement maltraités. Une étude récente a été menée par une organisation kényane, Kenyan Women's Rights Awarness Program. Selon cette étude, 70 % des personnes interviewées connaissaient des voisins qui battaient leurs femmes.

La violence familiale représente donc un problème sérieux qui doit être traité en tant que pratique illégale et immorale. Cependant, beaucoup de cas de violence familiale ne sont pas signalés ; c'est pour cela que c'est souvent décrit comme l'un des secrets les mieux gardés au monde. Même des églises partout dans le monde sont complices parce qu'elle sont restées silencieuses face à la violence faite aux femmes[231].

La nature de la violence familiale

La violence familiale consiste à abuser de son pouvoir dans les relations intimes dans un foyer. Rendu plus simplement, un homme est coupable de violence lorsqu'il bat son épouse avec ses mains ou à l'aide d'un bâton

---

[231] Aruna Gnanadason, *No Longer a Secret: The Church and Violence Against Women*, Geneva, WCC, 1997, p. 1.

ou d'une ceinture. La violence familiale est également « liée au contrôle et à la manipulation de la victime par le coupable et il peut accomplir cela de bien des manières sans avoir recours à la violence physique[232]. » Ainsi, un homme est également coupable de violence lorsqu'il force sa femme à porter un fardeau plus lourd que le sien ou s'il lui transmet une maladie sexuellement transmissible comme le VIH/SIDA, ou encore l'oblige à endurer des grossesses successives. Les hommes peuvent également procéder à l'abus psychologique, une forme de violence dans laquelle le mari, au lieu d'apprécier sa femme, lui fait subir une peur de sa violence physique et de son humiliation en public et devant toute la famille. Les maris violents contrôlent tous les mouvements de leurs femmes et ce qu'elles peuvent et ne peuvent pas faire. Abandonner sa femme constitue une autre forme de violence, car celle-ci se retrouve sans ressources.

La violence familiale peut également exister dans la relation parent-enfant. Selon la American Psychological Association, environ 40 à 60 % des hommes qui maltraitent leurs femmes, maltraitent également leurs enfants[233]. Il est possible que des adultes (parents et proches) frappent, négligent ou abusent sexuellement de leurs enfants à la maison. Il se peut que les aînés maltraitent leurs cadets. Il est aussi possible que des baby-sitters maltraitent les enfants laissés à leur charge. La violence subie par les enfants peut ne pas seulement être physique, mais prendre aussi d'autres formes comme la moquerie, la brimade, l'intimidation, le harcèlement psychologique et sexuel.

La violence féminine envers les hommes est un cas rare. Lorsqu'elle survient, elle peut prendre la forme de vengeance verbale ou physique après des attaques répétées sur elle ou sur les enfants. Dans ce cas, l'on parle souvent de résistance, c'est-à-dire que la victime voit dans la vengeance le seul moyen d'échapper à plus de violence.

---

[232] Helen L. Conway, *Domestic Violence and the Church*, Carlisle, Paternoster Press, 1978, p. 6.

[233] American Psychological Association, *Violence and the Family: Report of the American Psychological Association Presidential Task Force on Violence and the Family*, Washington, APA, 1996, p. 8.

Les causes des violences familiales en Afrique

Voici les principales causes de la violence familiale en Afrique :

* *Démonstration de pouvoir et de contrôle.* Selon les croyances traditionnelles africaines, la femme est la propriété de l'homme. Ainsi, afin de prouver son pouvoir et garder son image de « lion » dans la famille, l'homme ne permet aucune désobéissance de la part de sa femme et de ses enfants. Il a recours à la violence physique et verbale, afin de maintenir son contrôle sur ces derniers[234]. Cette situation n'est pas un cas unique à l'Afrique.

* *Refus du sexe.* Comme la femme est souvent considérée comme la propriété de l'homme, ce dernier pense qu'il a le droit d'avoir des rapports sexuels avec sa femme selon son bon vouloir. Si sa femme ose lui résister, alors, il se peut qu'elle soit maltraitée verbalement ou battue (voir aussi le chapitre 20 sur le viol).

* *La jalousie et la nature possessive du conjoint.* Certains hommes sont tellement jaloux et possessifs qu'ils ne veulent pas voir leurs femmes parler avec un autre homme. Tout échange, même le plus innocent avec un autre homme, aboutira à une confrontation. Si les réponses de la femme sont jugées insatisfaisantes, elle sera battue.

* *Habitude.* Les enfants apprennent à travers la vie de leurs parents. Si un garçon grandit dans une maison où règne la violence, il est probable qu'il soit lui aussi violent plus tard. L'environnement dans lequel il a grandi l'influence à l'âge adulte et affecte son mariage. La famille reste ainsi enfermée dans un cercle vicieux.

* *Les foyers polygames.* La jalousie, les mensonges et la mauvaise interprétation abondent dans les foyers polygames où les femmes se battent pour obtenir la faveur du mari. Par exemple, l'une des femmes peut mentir en disant que la co-épouse a volé l'igname dans son champ ou qu'elle essaye d'empoisonner le mari. De telles accusations conduisent souvent à des confrontations et à des maltraitances physiques ou verbales.

---

[234] Karen Burton Mains, *Abuse in the Family*, Elgin, David C. Cook, 1987, p. 15. Mains soutient que les hommes frappent sur leurs femmes parce qu'ils veulent les maintenir dans un état de dépendance et de soumission.

- *La tolérance sociale à l'égard de la violence.* Des membres de la famille comme les parents, les oncles et les tantes n'encouragent pas les femmes à quitter les relations marquées par la violence et les maltraitances. Au contraire, ils leur conseillent de rester, surtout lorsque les enfants sont encore jeunes, car elles ne pourraient pas s'en aller avec les enfants.

- *Impunité à l'égard des auteurs de la violence.* De nombreuses communautés n'ont pas prévu de contrôle ni de punition pour ceux qui maltraitent leurs femmes. Leur comportement est simplement justifié comme un défaut de caractère comprenant la mauvaise humeur ou le manque de maîtrise de soi.

- *Faiblesse physique et émotionnelle des femmes.* Les hommes sont considérés comme des êtres physiquement forts, alors que les femmes sont caractérisées comme étant passives, dépendantes et physiquement et émotionnellement faibles. Cette caractérisation rend difficile aux femmes de résister aux abus.

- *L'alcoolisme.* Certains hommes boivent trop d'alcool et d'autres consomment de la drogue. Dans leur état d'ivresse, ils ne tolèrent aucun désaccord de la part de leurs épouses ou de leurs enfants. Ils sont susceptibles d'interpréter toute action comme insulte et désobéissance, ce qui les amène à répondre avec violence.

Les conséquences de la violence familiale

La violence familiale est extrêmement destructrice pour les victimes qui vivent dans un climat de peur et d'intimidation. L'insécurité constante dans laquelle elles vivent peut même conduire à des insomnies. Certaines femmes subissant des abus fuient dans les activités hors de leur maison, par exemple dans les rencontres d'église, les réunions, les obsèques et bien d'autres activités, afin d'éviter de rester à la maison avec leur mari violent.

Par ailleurs, quand une femme fuit un mariage violent, il se peut qu'elle doive laisser ses enfants derrière elle, qui sont élevés sans l'amour maternel. Si elles ont le droit de partir avec leurs filles, ces dernières grandiront sans père. Cependant, même si la mère reste et endure la violence, les enfants seront marqués par leur environnement hostile. Les enfants apprennent de ce qu'ils voient autour d'eux. Ils apprendront la violence en voyant leur père battre et molester leur mère. Les enfants qui ont été maltraité deviennent souvent délinquants et violents envers les autres. Les tyrans dans les rues sont souvent des personnes ayant subi des violences physiques à la maison. Certains finissent même par avoir peur du mariage. Beaucoup de jeunes hommes ont exprimé leur crainte de devenir comme leur père qui passait son temps à battre leur mère, tandis que des jeunes filles ont manifesté leur peur d'épouser un homme violent.

Principes bibliques sur la violence familiale

Beaucoup de violences familiales viennent de la détermination d'un homme à prouver qu'il est le chef de sa famille. Certes, la Bible ne remet pas en cause son statut, car il est dit dans Éphésiens 5.23 : « le mari est le chef de la femme ». Cependant, la définition biblique de chef n'autorise pas l'homme à écraser sa famille. Au contraire, il doit être son serviteur et doit aimer sa femme « comme le Christ a aimé l'Église et s'est livré lui-même pour elle » (Ep 5.25).

Certains diront également que la Bible donne l'autorisation aux parents de frapper leurs enfants. Ils citent dans ce sens Proverbes 13.24 : « Qui épargne le bâton n'aime pas son fils, mais qui l'aime se hâte de le châtier. » Cependant, nous devons faire attention en lisant ce verset aujourd'hui. Dans certaines cultures occidentales, l'usage du fouet, du bâton ou de la ceinture pour discipliner un enfant est associé à une extrême violence ; mais dans les cultures africaines, c'est un moyen acceptable de discipline, pourvu que ce soit avec modération. Cette tradition a une longue histoire ; il y a même un proverbe égyptien qui dit : « Les oreilles d'un garçon sont situées sur son dos, si vous le frappez, il va écouter ».

Dans Proverbes 13.24, l'accent n'est pas mis sur « le bâton », mais plutôt sur le principe d'une correction infligée dans l'amour. Ce verset affirme qu'un parent doit manifester son amour envers son enfant en lui montrant le bon chemin. Une correction faite dans l'amour est très différente des coups infligés par un père ivre ou un homme qui veut juste prouver qu'il est le « lion » de la maison.

Hébreux 12.5-11 va dans le même sens, dans ce passage le Dieu d'amour est présenté comme un modèle en ce qui concerne la discipline : « Car le Seigneur corrige celui qu'il aime, il châtie tout fils qu'il accueille »

(Hé 12.6). La même attitude envers la discipline se trouve dans les mots de l'apôtre Paul : « Vous, parents, ne révoltez pas vos enfants, mais élevez-les en leur donnant une éducation et des avertissements inspirés par le Seigneur » (Ep 6.4). Une discipline incontrôlée produit souvent la peur, la rébellion et l'exaspération chez l'enfant, alors que la discipline empreinte d'amour consiste à travailler dur pour sa formation et son instruction.

Le dernier argument de la Bible contre l'abus des enfants peut être observé dans l'attitude de Jésus envers les enfants. Il a manifesté un intérêt profond et de l'amour pour ces derniers (Mt 21.16 ; Mc 10.16 ; Lc 18.15-16). Il a même enseigné que manifester de l'amour envers les enfants signifie manifester de l'amour pour lui (Mt 18.5-6). Maltraiter un enfant reviendrait alors à maltraiter Jésus lui-même.

Une réponse chrétienne à la violence familiale

Comme point de départ, nous devons établir que toute violence faite aux femmes et aux enfants n'est pas moralement acceptable. Les femmes et les enfants sont des êtres humains créés à l'image de Dieu et en tant que tels, ils ne sont aucunement inférieurs aux hommes. Ils ont donc le droit d'être traités avec respect.

Cette vérité doit être inculquée aux garçons et aux jeunes filles à un jeune âge. Les garçons ont besoin de savoir qu'ils ne sont pas supérieurs aux filles. Il est important de leur enseigner que les femmes doivent être respectées et traitées avec dignité. De même, les jeunes filles doivent savoir qu'elles ne sont pas inférieures aux garçons. Elles doivent apprendre à affirmer l'égalité entre hommes et femmes, et pouvoir dénoncer les actes d'agression contre elles et contre leurs enfants.

Dénoncer signifie que les victimes doivent reconnaître que la violence familiale n'est pas une affaire privée mais plutôt un crime. Par conséquent, toute violence doit être signalée à la police qui est censée punir le responsable et éviter des violences futures. Dans certains villages en Afrique, les femmes devraient s'adresser aux anciens qui peuvent facilement et de façon efficace empêcher les hommes d'abuser de leurs enfants et de leurs épouses. Il est également conseillé de rencontrer les pasteurs et les anciens d'église. La violence est perpétuée par le silence ; lorsqu'elle est dénoncée, elle peut être surveillée et vérifiée.

Il faudrait enseigner aux hommes que Jésus doit être leur modèle dans leur manière de traiter les femmes et les enfants. Lorsque les femmes sont aimées comme Jésus a aimé l'Église, il n'y a plus de place pour la violence physique et psychologique. De même, lorsque les enfants sont traités comme Jésus le ferait, il n'y a plus de place pour les abus, mais plutôt pour la discipline que Dieu applique sur nous, une discipline pleine d'amour.

Le gouvernement, les institutions et chacun d'entre nous doivent travailler dur afin de rompre le cercle vicieux de la violence familiale qui engendre la haine et plus de violence. Les familles aimantes et attentionnées produiront des personnes aimantes et attentionnées dans la société.

Questions

1. Quelles sont les formes de violence familiale qui existent dans votre communauté ? Lesquelles semblent poser le plus de problèmes ?

2. Quels sont les facteurs qui favorisent ces violences ?

3. Utilise-t-on parfois les Saintes Écritures pour justifier les violences familiales ? Comment répondriez-vous à ceux qui justifient la violence au nom de l'obéissance à Dieu ?

4. Quelles sont les mesures à prendre par votre église, afin de devenir leader dans la prévention de la violence familiale ?

18

Divorce et remariage

Beaucoup des thèmes abordés dans les chapitres précédents – infertilité, polygamie, violence – peuvent sérieusement affecter le mariage. Il en est de même pour les situations où l'un des partenaires contracte le VIH ou d'autres maladies. Comment un chrétien devrait-il réagir lorsque l'unité qui devait régner dans le mariage est brisée et que l'un des partenaires ou les deux pensent au divorce ? Quel est le statut d'un chrétien divorcé ? Un homme ou une femme divorcé peut-il être membre à part entière d'une église ? Sont-ils autorisés à se remarier ? Ces questions méritent d'être abordées d'urgence, d'autant plus que les sociétés africaines sont affectées par les valeurs occidentales. En effet, de nos jours, le divorce et ce qu'on pourrait appeler la « polygamie successive » sont facilement acceptés en Occident.

Les perceptions traditionnelles à propos du divorce

Afin d'aborder le thème du divorce, nous devons avoir en arrière-plan les buts du mariage. Traditionnellement, le but principal du mariage en Afrique était la procréation. Un couple qui ne parvenait pas à avoir d'enfants était donc un couple en crise. Les études menées par Danfulani Kore dans 34 groupes ethniques en Afrique, montrent que « la plus grande cause d'un divorce rapide (...) est la stérilité[235] ». Quelle que soit la satisfaction qu'une femme peut procurer à d'autres égards, si elle n'enfante pas, son mari divorce d'elle ou alors épouse une autre femme pour avoir des enfants. Parfois, il fait ces choses simplement parce que sa femme

---

[235] Kore, *Culture and the Christian Home*, p. 88.

n'accouche pas de garçon. « Il semble qu'avoir des enfants soit d'une plus grande importance que l'union du mariage elle-même[236]. »

Un autre penseur qui a fait une étude des mariages chrétiens en Afrique, dit que « l'église doit vraiment faire comprendre aux gens qu'un mariage sans enfants ne doit pas être considéré comme un mariage invalide et que les couples concernés devraient être encouragés à persévérer. Ce n'est pas juste de considérer la stérilité comme une base de la nullité d'un mariage[237] ». Cependant, il a également reconnu que « les enfants occupent une place tellement importante dans le mariage, qu'il serait plus facile pour l'église d'accepter la dissolution d'un mariage sans enfant qu'un mariage avec beaucoup d'enfants[238] ».

Les premières missions chrétiennes en Afrique autorisaient les chrétiens à divorcer d'un partenaire non-chrétien et à se remarier avec un chrétien. En outre, beaucoup d'églises d'origine africaine permettent le divorce et le remariage ainsi que la polygamie.

Les principes bibliques sur le divorce et le remariage

Au départ, Dieu avait prévu dans le cadre du mariage une telle unité fondamentale entre un homme et sa femme qu'ils profiteraient d'une vie conjugale heureuse et marquée par l'amour et la confiance (Gn 2.24). Cependant, avec la chute, le péché et la haine font partie de la condition humaine avec son corolaire le divorce.

L'on fait généralement appel à deux principaux passages bibliques dans les débats relatifs au divorce. Le premier passage est celui de Deutéronome 24.1-4 :

> Lorsqu'un homme aura pris et épousé une femme qui viendrait à ne pas trouver grâce à ses yeux, parce qu'il a découvert en elle quelque chose de honteux, il écrira pour elle une lettre de divorce, et, après la lui avoir remise en main, il la renverra de sa maison. Elle sortira de chez lui, s'en ira, et pourra devenir la femme d'un autre homme. Si ce dernier homme la prend en aversion, écrit pour elle une lettre de divorce, et, après la lui avoir remise en main, la renvoie de sa maison ; ou bien, si ce dernier homme qui l'a prise pour femme

---

[236] *Ibid.*

[237] *Ibid.*

[238] Adrian Hastings, *Christian Marriage in Africa*, London, SPCK, 1973, p. 90.

vient à mourir, alors le premier mari qui l'avait renvoyée ne pourra pas la reprendre pour femme après qu'elle a été souillée. (Bible Louis Segond 1910)

Contrairement à ce que l'on pense souvent, ce passage n'impose pas, ne recommande pas ou ne sanctionne pas le divorce. Il ne met pas du tout l'accent sur le divorce, ni sur la lettre de divorce. Il dit plutôt que « si un homme divorce de sa femme et lui donne une lettre de divorce, si elle se remarie et que son deuxième mari ne veut pas d'elle et divorce, ou meurt, alors son premier conjoint ne doit plus l'épouser[239] ».

Cependant, comme ce passage est la principale référence au divorce dans le Pentateuque, il est devenu un texte très important dans les débats juifs sur la question, avec un accent mis sur le vrai sens du mot hébreux *ervah*, qui indique les bases du divorce. Littéralement, ce mot signifie « nudité » ou « exposition honteuse », mais des versions bibliques le traduisent par « quelque chose d'infâme » (BDS), ou « quelque chose d'inconvenant » (Colombe), ou encore « quelque chose à lui reprocher » (BFC).

Le deuxième passage biblique généralement cité est celui où Jésus répond à la question des pharisiens sur sa position concernant la fameuse controverse soulevée entre l'école d'Hillel qui interprète Deutéronome 24.1 comme autorisant le divorce, quelles que soient les raisons avancées, et l'école de Shammai, qui n'autorise le divorce qu'en cas d'infidélité. Dans Matthieu 5.31-32, Jésus cite le passage de Deutéronome et apporte des éclaircissements :

> Il a été dit : *Si quelqu'un répudie sa femme, qu'il lui remette un certificat de répudiation.* Et moi, je vous dis : quiconque répudie sa femme – sauf en cas d'union illégale – la pousse à l'adultère ; et si quelqu'un épouse une répudiée, il est adultère.

La même idée est répétée avec des mots un peu différents dans Matthieu 19.9. Le sujet de dispute se trouve encore une fois dans l'exception donnée par la phrase : « sauf en cas d'union illégale ». Le mot grec *porneia* est traduit différemment selon les versions bibliques : « prostitutions » (Colombe), « inconduite » (TOB), « immoralité sexuelle » (Segond 21). Ces différentes traductions montrent qu'il est difficile de définir le sens

---

[239] Stott, *Involvement*, p. 165.

exact de ce mot et cela explique les controverses qu'il suscite. Le débat est centré sur la question : le divorce est-il justifiable dans certains cas exceptionnels ?

Plutôt que de répéter tous les débats exégétiques et théologiques de ces passages de Deutéronome et Matthieu, nous allons résumer les principales positions[240].

Pas de divorce du tout

Certaines personnes disent que le mariage est pour la vie et ne peut être annulé que par la mort. Les partisans de ce point de vue disent que les mots traduits par « sauf en cas d'union illégale » dans Matthieu 19.9, devraient plutôt être traduits par « même en cas d'union illégale ». Selon eux, aucun acte ne justifie le divorce et même s'il y a eu une séparation et que le couple n'a aucun contact physique, ils maintiennent que le mariage est toujours intact. Pour soutenir leur point de vue, ils citent l'analogie de Paul dans Romains 7.2-3 :

> Ainsi, la femme mariée est liée par une loi à un homme tant qu'il vit ; mais s'il vient à mourir, elle ne relève plus de la loi conjugale. Donc, si du vivant de son mari elle appartient à un autre, elle sera appelée adultère ; mais, si le mari vient à mourir, elle est libre à l'égard de la loi, en sorte qu'elle ne sera pas adultère en appartenant à un autre.

Bien que le sujet de l'argumentation de Paul ne porte pas sur le mariage, l'analogie qu'il utilise veut dire qu'un mariage dure tant que les conjoints sont en vie et que tout remariage avant le décès de l'un des époux est considéré comme un adultère. Paul fait la même remarque dans 1 Corinthiens 7.39 : « La femme est liée à son mari aussi longtemps qu'il vit. Si le mari meurt, elle est libre d'épouser qui elle veut, mais un chrétien seulement ».

---

[240] Il existe d'excellentes études de ces passages dans plusieurs commentaires de l'Ancien et du Nouveau Testament et dans les ouvrages tels que John et Paul Feinberg, *Ethics for a brave New World*, Wheaton, Crossway, 1993, p. 306-319 ; Benezeri Kisembo, Laurenti Magesa et Aylward Shorter, *African Christian Marriage*, Nairobi, Pauline Publications Africa, 1977, p. 56-83 ; William F. luck, *Divorce and Remarriage : Recovering the Biblical View*, San Francisco, Harper and Row, 1987 ; et William A. Heth et Gordon J. Wenham, *Jesus and Divorce*, Nashville, Thomas Nelson, 1984.

Cette approche cadre avec l'ordre donné dans les passages de Genèse 1.27 et 2.24, passages auxquels Jésus a fait référence dans ses commentaires sur le divorce. Jésus confirmait aussi Malachie 2.16 où Dieu dit clairement « Je déteste le divorce » (Segond 21). Cependant, la principale faiblesse de cet argument repose sur le fait qu'il ne répond pas clairement à la question posée à Jésus dans Matthieu 19.7 à savoir, pourquoi Moïse avait-il autorisé le divorce au peuple d'Israël :

> Jésus a enseigné que la concession de Moïse reflétait non pas le plan originel de Dieu ; mais plutôt la dureté du cœur de l'homme. Ainsi, le divorce ne fait pas partie du dessein parfait de Dieu. Si Moïse l'a permis, c'est parce que le péché peut être tellement abominable que le divorce est préféré à « l'indécence » continue, la complaisance dans une vie indécente. Ce n'est pas pour dire que celui qui, selon ce que Moïse a dit, divorce de son conjoint commettait un péché en le faisant, mais le divorce pourrait être considéré comme une preuve de la présence du péché dans le mariage. Ainsi, toute perception du divorce et du remariage (enseigné dans l'Ancien et le Nouveau Testament) qui considère le problème uniquement en termes de ce qui doit ou ne doit pas être fait, a d'office raté un aspect fondamental – le divorce ne doit jamais être enseigné comme un ordre de Dieu ou comme une option moralement neutre ; mais plutôt comme une évidence du péché et de la dureté du cœur de l'homme[241].

Divorce mais pas de remariage

Certains soutiennent que « quelque chose de honteux » mentionné dans Deutéronome 24.1 ne pouvait pas être l'adultère parce que la loi stipulait plutôt qu'un adultère devait être puni de mort et non le divorce. Ils admettent que selon Matthieu 19.9, Jésus autorisait le divorce en cas d'adultère, mais ils refusent d'admettre qu'il autorisait le remariage. En outre, ils disent que le remariage constitue l'adultère tant que l'autre conjoint est encore en vie. Les églises qui sont d'accord avec cette position admettront en leur sein un membre divorcé d'un conjoint adultère ; mais si ce membre se remarie, il cesse d'être un membre officiel de tous les groupes de l'église. En outre, il ne peut plus être élu à un poste de responsabilité et ne peut plus participer à la Sainte Cène. Il perd ainsi tous ses droits de membre.

---

[241] D. A. Carson, « Matthew », dans Frank E. Gaebelein, sous dir., *Matthew, Mark, Luke*, Vol. 8 de The Expositor's Bible Commentary, Grand Rapids, Zondervan, 1984, p. 413.

Cette position pose un grand problème, elle isole l'adultère comme un péché impardonnable et elle limite le sens du mot grec *porneia* dans Matthieu à l'adultère.

Divorce et remariage

Enfin, certains pensent que Jésus autorisait clairement le divorce en cas d'adultère. D'autres étendent cette autorisation à divorcer à d'autres raisons comme les troubles mentaux, la désertion du foyer conjugal, l'abandon de la foi (particulièrement lorsque ce conjoint devient sorcier ou lorsqu'il rejoint une secte pernicieuse), la condamnation pour une infraction, et l'emprisonnement suite à un crime grave comme le meurtre. Ils autorisent également le conjoint innocent à se remarier.

Certains théologiens vont encore plus loin en disant que, dans un sens métaphorique, les mariages eux-mêmes meurent et que cette « mort » dissout aussi bien l'alliance du mariage que l'union du mariage. Un mariage légal peut continuer d'exister ; mais le mariage en réalité n'existe plus. Le couple peut continuer de vivre ensemble, mais il n'y a plus d'amour, plus de rapports sexuels, plus d'intimité de quelque nature que ce soit. Ou alors, comme c'est souvent le cas en Afrique, les époux qui se sont mariés à l'église ou coutumièrement, finissent par vivre chacun de leur côté. Il est possible qu'ils vivent avec un autre homme ou une autre femme et qu'ils aient des enfants avec ces derniers. Dans de tels cas, le remariage est autorisé pour les deux partenaires[242].

La principale faiblesse de cette position repose sur le fait qu'au lieu de mettre l'accent sur le mariage comme union à vie, elle insiste plutôt sur la légitimité du divorce. Cette position peut également constituer une pente glissante comme en Occident où l'adultère, l'incompatibilité, la désertion ou le manque d'amour sont considérés comme des raisons suffisantes pour divorcer. Aux États-Unis, le divorce a même déjà été accordé sur la base de l'incompatibilité sexuelle, c'est-à-dire que la femme a avancé l'argument selon lequel les rapports sexuels avec son mari la rendaient malade.

---

[242] Kisembo, Magesa, et Shorter, *African Christian Mariage*, p. 75.

Une perspective théologique et pastorale

Bien que le divorce et le remariage ne soient pas encore aussi courant en Afrique comme c'est le cas en Occident, nous devons faire face aux réalités du divorce et du remariage ainsi qu'aux problèmes qui y sont liés. Les dirigeants chrétiens doivent avoir une position biblique, théologique et pastorale sur le mariage, afin de pouvoir donner un enseignement et des conseils adéquats aux membres de leurs congrégations qui font face à ces problèmes. Nous espérons que les points suivants les aideront à développer leur position.

Le mariage chrétien est une union à vie

- Selon les chrétiens, l'union du mariage est une union à vie entre un homme et une femme. Le mariage chrétien est monogame et indissoluble ; il doit être agréable et fructueux (Gn 2.24 ; Mt 19.5-6 ; Rm 7.2-3). Le divorce est le contraire du mariage et la réaction de Dieu par rapport au divorce est succincte : « Je déteste le divorce » (Ml 2.16, Segond 21).

Le divorce peut arriver

- Jésus voyait le divorce comme étant le résultat de la dureté du cœur de l'homme (Mt 19.8). Cette dureté ne se limite pas aux non-croyants, c'est aussi une réalité dans la communauté des croyants. Toute position théologique ou tout conseil qui ignore ce fait est voué à la frustration et ne saurait répondre aux besoins de l'homme face à cette tragédie. Notre approche pour les conseils relatifs au mariage doit être à la fois biblique, réaliste, holistique et thérapeutique.

Le divorce est destructeur

- Le divorce est indésirable, psychologiquement traumatisant et socialement bouleversant. Le divorce signifie la désunion, la séparation de deux personnes qui étaient unies. Comme le relève Danfulani Kore, « les dommages causés par le divorce sont irréparables. C'est l'une des pires tragédies de la vie humaine. Il met fin à l'espoir et aux aspirations de nombreuses familles[243] ».

---

[243] Kore, *Culture and the Christian Home*, p. 91.

John Stott fait la même remarque : « Le divorce est toujours une tragédie. Il va à l'encontre de la volonté de Dieu et empêche la réalisation de ses desseins ; il apporte au mari et à la femme une peine d'aliénation, de désillusion, de récrimination et de culpabilité aiguë et plonge les enfants dans une crise de confusion, d'insécurité et souvent de colère[244]. »

Les règles générales ne sont pas utiles

• Établir des règles générales pour tous les cas de divorce et de remariage n'est d'aucune aide car chaque cas est particulier. Plutôt que d'adopter une approche unique, nous avons besoin de sagesse et de perspicacité afin de répondre à chaque cas avec discernement. Souvenons-nous que « les cas difficiles font de mauvaises lois, tandis que les lois difficiles font de mauvais chrétiens[245] ». Nous ne devons pas élaborer des règles difficiles qui font fi des soins spirituels à apporter aux personnes divorcées et remariées. Par conséquent, nous devons reconnaître qu'« une compréhension insuffisante des valeurs, des croyances et des pratiques culturelles d'un conjoint, mais aussi un manque de sensibilité à ces valeurs peuvent également détruire les mariages[246] ». Prenons le cas d'une femme qui est devenue mentalement malade et a décidé de vivre seule comme une sans-abri dans une autre ville. Dans une telle situation, le mari et la famille ne l'ont pas vu depuis pas mal de temps. L'église a insisté sur le fait que le mari ne pouvait pas divorcer et se remarier parce que sa femme n'avait pas commis d'adultère. Cet argument est une application sans réflexion du principe sur le divorce. Nous devons imiter Jésus dans sa réponse empreinte de grâce à la femme samaritaine qui avait eu cinq maris (Jn 4) et à la femme surprise en fragrant délit d'adultère (Jn 8.1-11). Lorsque Jésus l'a pardonné, il n'a invoqué aucune règle sur ce qu'elle devait ou ne devait pas faire. Il a simplement dit : « Va, et désormais ne pèche plus » (v. 11). Il n'a pas non plus nié le fait qu'il existait des principes moraux, mais la compassion et la miséricorde ont triomphé du jugement sévère.

---

[244] Stott, *New Issues Facing Christians Today*, p. 320.
[245] Kisembo, Matesa and Shorter, *African Christian Marriage*, p. 79.
[246] Kore, *Culture and the Christian Home*, p. 90.

Il y a de l'espoir après le divorce et le remariage

• Le divorce ne devrait pas mettre fin à tous les privilèges d'un membre dans l'église. Le divorce et le remariage ne devraient pas être considérés comme des péchés suprêmes qui privent les chrétiens de tous les privilèges spirituels ou ecclésiastiques, bien que la lettre de Paul à Timothée dise que certaines responsabilités dans l'église ne peuvent peut-être pas être ouvertes aux polygames et aux divorcés (1 Tm 3.2). La triste ironie du divorce et du remariage est que, même si nous faisons face à la réalité du péché et à l'horreur du divorce et de ses conséquences, nous demeurons peu sympathiques et sans compassion envers les personnes concernées qui souffrent. Ce conseil donné par John Stott dans un contexte britannique et américain mérite d'être pris en compte :

Nous continuons d'être partagé par la tension qui existe entre la loi et la grâce, le témoignage et la compassion, le ministère prophétique et les soins pastoraux. D'une part, nous avons besoin de courage afin de résister aux vents de la permissivité qui gagnent du terrain et être prêts à soutenir le mariage tout en nous opposant au divorce. Certes, l'État continuera d'élaborer ses lois relatives au divorce, mais l'Église doit aussi témoigner de son Seigneur et pratiquer sa propre discipline. D'autre part, nous devons chercher à aider avec compassion ceux qui sont dans la souffrance parce que leur mariage a échoué et tout particulièrement ceux qui ont divorcé. Nous devons, selon la situation, nous sentir libres de conseiller la légitimité d'une séparation sans le divorce ou même le divorce sans le remariage comme autorisé dans 1 Corinthiens 7.11 (...) À la suite de Jésus, nous trouvons la sagesse, la justice et la compassion[247].

Karl Lehmann nous donne quelques recommandations utiles à garder à l'esprit pour quand nous considérons si nous devons ou pas admettre des personnes divorcées et des personnes remariées dans l'église.

(i) Le caractère indissoluble du mariage ne doit en aucun cas être remis en question. Les conjoints concernés et la communauté doivent bien comprendre que la situation est exceptionnelle et que l'aide est apportée uniquement en cas d'urgence. (ii) Toute faute ou responsabilité ayant causé la rupture du premier mariage doit être reconnue et confessée. En outre, tout dommage causé doit être

---

[247] Stott, *New Issues Facing Christians*, p. 344.

réparé autant que possible. Dans certaines circonstances, cela peut inclure le retour chez le premier partenaire. (iii) Si le retour s'avère impossible, il doit être démontré que même avec toute la volonté du monde, le premier mariage ne peut être restauré. L'on doit aussi s'assurer que la rupture était claire pour les deux partenaires. (iv) Un mariage contracté par la suite doit être testé : les deux partenaires ont-ils résisté à l'épreuve du temps ? Ce sera une indication de leur détermination à vivre ensemble pour toujours ; ont-ils une vie qui reflète une réalité morale ? L'on devrait également considérer si le maintien de cette deuxième union n'est pas devenue une nouvelle obligation morale pour les partenaires et les enfants qui sont issus de cette union. Les partenaires doivent démontrer qu'ils cherchent à vivre une vie chrétienne et demandent à partager la vie sacramentelle de l'église pour des raisons religieuses et après un examen de conscience sérieux. (v) Les deux parties ainsi que le pasteur qui les encadre doivent s'assurer que cette union ne cause aucun scandale dans la communauté et qu'elle ne donne pas l'impression que l'église ne prend plus au sérieux le caractère indissoluble du mariage[248].

Ces recommandations valent des réflexions sérieuses. Nous devrions particulièrement mettre l'accent sur les idées fondamentales suivantes :

- Le caractère indissoluble du mariage est une vérité chrétienne essentielle qui doit être enseignée et respectée dans la communauté chrétienne.

- Le péché dans le mariage doit être reconnu, confessé et abandonné. Manquer de faire face et de résoudre le péché dans le mariage est l'une des principales causes du divorce.

- Les couples doivent cultiver le pardon sans lequel le mariage ne survivra pas.

- Dans le cas où un mariage ne peut être sauvé, la communauté chrétienne toute entière doit connaître la ou les causes qui ont conduit à la rupture. Cette information doit être bien enregistrée et conservée en vue d'une référence future. Les mariages brisés et les remariages ont tendance à ne pas partir et à hanter l'église et les individus.

---

[248] Karl Lehmann, cité dans Kisembo, Magesa et Shorter, *African Christian Marriage*, p. 82-83.

- Le divorce est toujours le dernier recours et l'on ne devrait pas s'empresser de se remarier.

Conclusion

Les questions relatives au mariage, au divorce et au remariage continueront de dominer la vie de l'Église et de la communauté en Afrique. Le mariage représente la principale institution humaine ordonnée par Dieu. Il a prévu que le mariage soit une relation d'amour et permanente entre un homme et une femme, une relation dans laquelle les enfants naissent et grandissent dans la crainte de Dieu. Les problèmes relatifs au mariage méritent donc un examen et une réflexion sérieuse.

Questions

1. Avez-vous, vous et votre église, un engagement solide aux principes fondamentaux du mariage ? Quels aspects doivent être traités, avant de pouvoir répondre aux problèmes relatifs au divorce et au remariage de manière adéquate ?

2. Quelles sont les questions pratiques et pastorales relatives au mariage, au divorce et au remariage, auxquelles vous avez fait face ? Comment les avez-vous traitées ? Sur la base des informations présentées dans ce chapitre, comment votre réponse aurait-elle pu être différente ?

3. La déclaration de Paul disant que nous ne devons pas former un attelage disparate avec les non-croyants (2 Co 6.14), autorise-t-elle le chrétien à divorcer d'un partenaire qui se convertit à l'islam ?

4. Le divorce est-il une option légitime en cas de violence conjugale, de folie, de différences de caractère inconciliables, d'appétit sexuel insatiable, d'infection du VIH/SIDA ou de possession par un mauvais esprit ?

19

Les veuves et les orphelins

Les veuves et les orphelins ont toujours été le groupe le plus vulnérable et sans défense en Afrique. Leur vulnérabilité et leur nombre augmente avec les guerres, les conflits ethniques, les épidémies à l'instar du VIH/SIDA et les catastrophes naturelles qui tuent des millions de personnes.

Dans un continent caractérisé par un taux de chômage élevé et où le mari est généralement le seul soutien de la famille, la mort d'un homme signifie donc que sa veuve ainsi que ses enfants tombent dans la pauvreté. Les problèmes de ces derniers sont composés de la rupture des voies traditionnelles de leur prise en charge, l'analphabétisme de beaucoup de femmes et les difficultés à financer l'éducation des enfants orphelins. Beaucoup endurent des troubles émotionnelles inimaginables, la privation, la peine, l'angoisse et la maltraitance aux mains de leurs proches et de la société.

Il est donc important de réfléchir à la question éthique suivante : comment pouvons-nous répondre aux besoins des veuves et des enfants aujourd'hui ?

Le traitement traditionnel des veuves et des orphelins

Les sociétés traditionnelles africaines avaient leurs manières de s'occuper des veuves et des orphelins. Les pratiques comme l'héritage des veuves signifiaient qu'une veuve pouvait se remarier quelques mois après le décès de son mari. Les enfants n'étaient pas sous la seule responsabilité de leurs parents. En effet, ils étaient considérés comme appartenant à tout le monde dans la communauté. Les enfants de mon frère, mes oncles, mes tantes et mes cousins, qu'ils soient nés dans le cadre du mariage ou hors mariage, étaient aussi mes enfants. C'est pourquoi les sociétés traditionnelles africaines n'avaient pas de mots pour désigner l'« oncle », la « tante » ou le « cousin ». Maltraiter un enfant juste parce qu'il n'avait pas de père ou de mère était perçu comme méchant et immoral. Un enfant était adopté par les membres de la famille et était intégré dans la communauté.

Dans les sociétés traditionnelles, les veuves et les orphelins ont certes parfois souffert d'injustice et de mauvais traitement, mais c'était vraiment l'exception. Ils n'étaient pas soumis aux traitements inhumains et immoraux que nous observons de nos jours, comme le révèle le témoignage de Coleta Khamete Aduod :

> Je suis devenue veuve il y a presque trente ans. Mes biens avaient été confisqués par les membres de mon clan dans ce qu'on appelait l'héritage des biens, sans se soucier du fait que je devais prendre soin de quatre fils et quatre filles. J'avais laissé tomber mon travail dans la police pour prendre soin de nos enfants mais, après le décès de mon mari, j'ai été obligée de chercher un autre emploi. Je n'ai pas pu retourner à la police mais heureusement pour moi, étant formée dans le domaine médical, j'ai pu trouver un travail dans un hôpital missionnaire en tant qu'infirmière. Dans cet hôpital, je me suis rendu compte qu'en plus de la pauvreté extrême, les veuves font face à d'autres problèmes graves dans nos communautés : la violence familiale, l'abus sexuel, les pratiques indécentes lors des cérémonies de veuvage et des rites, l'expulsion, l'absence de domicile, la violation des droits de l'homme et des libertés, l'ignorance, pour ne citer que ceux-ci[249].

L'expérience d'Aduod l'a amenée à créer une association chrétienne appelée Widows in Resistance and Against Threats and Harassment in Africa (WRATH_Africa), c'est-à-dire les veuves en résistance et contre les menaces et le harcèlement en Afrique. Dans cette association, les veuves cherchent à soutenir d'autres veuves en Afrique.

---

[249] Koleta Khamete Aduod, cité dans widows in « Resistance and Against Threats and Harassment in Africa (WRATH_Africa ». Cite le 18 février 2008. Site web: www.widowsrights.org/wrath.htm.

Dans la citation ci-dessus, Aduod fait mention des « traitements indécents lors des cérémonies de veuvage et des rites ». Examinons ensemble ce qui peut être demandé à une veuve dans certaines cultures[250].

- Il se peut qu'on attende d'elle qu'elle s'habille en noir pendant la période de deuil qui peut durer plusieurs mois.

- Elle peut être suspectée d'avoir causé le décès de son mari. Ainsi, afin de prouver son innocence, elle doit subir des rites non hygiéniques comme par exemple, boire l'eau utilisée pour laver le cadavre de son mari.

- Elle peut être vue comme une femme impure, une source potentielle de danger et de souillure. Le rituel de purification peut consister à se laver nue devant la foule pendant les funérailles, avoir des rapports sexuels avec un proche de son mari afin d'empêcher « l'esprit du défunt de revenir pour avoir les rapports avec elle, que l'on croit être possible et dangereux ». Ce n'est qu'après avoir fini ce rituel que « le partenaire survivant (...) peut entrer en sécurité dans une nouvelle relation sexuelle avec la bénédiction de la famille du défunt[251] ».

- Elle peut être traitée comme une étrangère, une simple spectatrice lors des obsèques de son mari, n'ayant pas son mot à dire dans ce qui est décidé. Son seul rôle consiste à répondre aux messages de condoléances et à agir selon les instructions données par les autres.

- Elle peut être héritée par un proche avec les biens de son feu mari, ou elle peut avoir à se marier avec quelqu'un de la famille de son mari afin de continuer à donner des enfants en son nom. Elle peut être forcée d'épouser ce proche du défunt, peu importe qu'elle l'aime ou pas, que ce dernier ait déjà une ou plusieurs autres femmes.

- Elle peut être forcée à rendre tous les biens de son feu mari à la famille, y compris son carnet de chèque, ses voitures, ses vélos, ses habits et ses chaussures[252]. Dans certains cas, même la maison est

---

[250] Cette liste provient partiellement du travail effectué par le Widows and Orphans Ministry (WOM) dans quatre communautés près de Bolgatanga région du Nord-Est du Ghana. Cité le 18 février 2008. Site web : widowsrights.org/ghana I.htl. Des pratiques similaires sont récurrentes dans d'autres communautés à travers l'Afrique.

[251] Joe Simfukwe, « Funeral and Burial Rites », dans Tokunboh Adeyemo, sous dir., *Africa Bible Community*, Nairobi, WordAlive ; Grand Rapids, Zondervan, 2006, p. 1462.

[252] Une veuve témoigne que l'un de ses beaux-frères a commencé à porter les chaussures de son défunt mari juste un jour après son enterrement.

récupérée et la veuve chassée, surtout si elle n'a pas d'enfants ou si elle a fait uniquement des filles. On peut entendre régulièrement une femme dire « mes enfants et moi avons été frappés et chassés hors de la maison par le beau-frère. Nous vivons de la mendicité et dans une peur continuelle[253] ».

- Elle doit parfois envoyer ses jeunes enfants vivre avec les différents membres de la famille.

- On peut lui demander de supporter toute la charge financière des funérailles et des rites. Cela inclut la nourriture, les boissons, l'alcool et le tabac pour les participants, les cadeaux de nourriture pour ceux qui font les rites pour ramener chez eux après les funérailles. Elle doit parfois emprunter de l'argent pour couvrir ces frais. Ainsi, ses dettes contribuent davantage à son assujettissement.

Les détails de ces rituels peuvent varier d'une communauté à une autre. Voici une description de l'expérience traumatisante des veuves Efik dans l'État de Cross River au Nigéria :

Le décès d'un mari annonce une période d'emprisonnement et d'hostilité pour la ou les veuves. Le traitement peut ne pas être administré dans l'intention de nuire, mais dans tous les cas, les femmes en souffrent et sont soumises à des rituels constituant des risques pour leur santé et déchirant leurs cœurs (...) Les cheveux de la femme sont dénoués et négligés ; elle est habillée avec de vieux habits. Elle ne doit pas se laver. Les attaques verbales la font pleurer tout le temps et on s'attend à ce qu'elle pleure son mari trois fois par jour, publiquement et de manière audible, le matin, le midi et le soir. Les enfants sont emmenés chez leurs tantes qui ne prennent pas forcément soin d'eux, la mère n'est pas autorisée à prendre soin d'eux. La veuve ne doit pas manger et quitter son foyer tant que la période de deuil n'est pas terminée. Après quoi, elle porte une robe noire pendant des mois (...) Étant donné qu'elle n'a pas le droit à l'héritage, elle peut soit retourner dans sa famille, soit s'installer ailleurs à son propre compte si elle est une femme travailleuse. Dès lors, elle assure entièrement les responsabilités parentales de ses enfants en devenant pour eux le père et la mère[254].

---

[253] www.widowsrights.org/stories_eve.htm. Cité le 10 mars 2008.

[254] Rosemary N. Edet, « Christianity and African Women's Rituals », dans Mercy Amba Oduyoye, R. Musimbi et A. Kanyoro, sous dir., *The Will to Arise: Women, Tradition and the Church in Africa*, Maryknoll, NY, Orbis, 2001), p. 31-32.

La veuve moderne africaine dépend totalement de la bienveillance de sa belle-famille. Elle ne peut même pas se tourner vers la communauté pour avoir de l'aide car,

> Bien qu'elle soit considérée comme une personne ayant besoin d'aide et de sympathie, elle endure la violence émotionnelle et spirituelle. La veuve est considérée comme un interdit aux yeux des maris vivants et d'autres hommes. Elle est sujette au désespoir, à la punition, elle est négligée et l'objet de mépris ; elle est soupçonnée de tricherie et manque de soins adéquats. Elle est considérée comme une menace pour d'autres couples et soupçonnée de vivre dans l'adultère. Tout ceci pour dire que la veuve est généralement une femme isolée et abandonnée à elle-même[255].

Les orphelins en Afrique ne s'en sortent pas mieux car les structures qui autrefois prenaient soin d'eux se sont effondrées. De nos jours, ils manquent non seulement de père et de mère, mais aussi de nourriture, d'habits, de logement, de discipline et d'éducation. Beaucoup subissent des abus ou sont abandonnés et rejetés, sans famille chez qui se réfugier. Ceci a pour conséquence la croissance du nombre d'enfants chefs de familles, d'enfants soldats et d'enfants vivant dans la rue.

Comment la Bible traite les veuves et les orphelins

La Bible a beaucoup à nous enseigner sur le traitement des veuves et des orphelins. Elle évoque les points suivants :

- *Dieu est le défenseur des veuves et des orphelins.* Il « rend justice à l'orphelin et à la veuve, [il] aime l'émigré en lui donnant du pain et un manteau » (Dt 10.18). Par exemple, dans l'Ancien Testament, Dieu a établi des lois relatives au glanage (Lv 19.9-10 ; Dt 24.19-21), il a également insisté sur le fait que les veuves et les orphelins doivent bénéficier des festins religieux et des offrandes (Dt 26.12). Nous devons donc suivre l'exemple de Dieu et donner la priorité à leurs besoins, comme Ésaïe 1.17 le dit clairement : « Apprenez à faire le bien, recherchez la justice, mettez au pas l'exacteur, faites droit à l'orphelin, prenez la défense de la veuve ».

---

[255] Daisy N. Nwachuku, « The Christian Widow in African Culture », dans Mercy Amba Oduyoye, R. Musimbi et A. Kanyoro, sous dir., *The Will to Arise: Women, Tradition and the Church in Africa*, Maryknoll, NY, Orbis, 2001), p. 61.

- *Dieu punit ceux qui maltraitent les veuves et les orphelins.* Ceux qui maltraitent les veuves mourront et laisseront leurs propres femmes veuves : « Vous ne maltraiterez aucune veuve ni aucun orphelin. Si tu le maltraites, et s'il crie vers moi, j'entendrai son cri, ma colère s'enflammera, je vous tuerai par l'épée, vos femmes seront veuves, et vos fils orphelins » (Ex 22.21-23).

- *La piété consiste à prendre soin des veuves et des orphelins.* Ce point est mentionné dans l'Ancien et le Nouveau Testament. Dans l'Ancien Testament, Job associe la maltraitance des veuves et des orphelins au « forfait que punit mon juge, car j'aurais renié le Dieu d'en haut » (Jb 31.28). Il insiste sur le fait qu'il n'a pas « fait languir les yeux de la veuve », mais a plutôt partagé son pain avec l'orphelin : « Dès mon enfance il a grandi avec moi comme avec un père, et [à] peine sorti du ventre de ma mère je fus le guide de la veuve » (Jb 31.16-18). Dans le Nouveau Testament, Jacques nous rappelle cette vérité : « La religion pure et sans tache devant Dieu le Père, la voici : visiter les orphelins et les veuves dans leur détresse ; se garder du monde pour ne pas se souiller » (Jc 1.27).

Les recommandations

Dieu a recommandé à ses enfants de protéger les veuves et les orphelins et de prendre soin d'eux. Il a aussi clairement dit qu'il jugera ceux qui les maltraitent. L'Église doit donc être à l'avant-garde de leur protection ; mais qu'est-ce qu'elle devrait faire concrètement pour aider ces personnes vulnérables, sans force et sans défense ?

La législation

L'une des méthodes que Dieu a employées dans l'Ancien Testament pour aider les orphelins et les veuves consistait à élaborer des lois qui leur permettraient de survivre. Ainsi, nous devrions aussi encourager nos gouvernements à élaborer des lois et des règlements qui protègent les veuves et les orphelins. Par exemple, il faut des lois qui protègent leurs droits de propriété. À moins que le mari n'en ait décidé autrement avant son décès, tous ses biens devraient revenir à sa veuve et à ses enfants. Ces derniers devraient également avoir accès à l'emploi, à l'éducation et aux soins médicaux.

Nous devons également militer pour des lois interdisant l'obligation faite à une veuve de s'engager dans les rituels funéraires et autres pratiques qui vont à l'encontre de ses croyances religieuses. Sa participation devrait être volontaire et non forcée.

Certes dans certains pays, de telles lois existent mais sont souvent ignorées. Nous devons donc connaître les lois qui existent et rapporter toute violation de ces lois aux autorités pour que les enquêtes appropriées soient menées.

L'éducation

L'Église doit informer et sensibiliser les communautés sur le traitement des veuves et des orphelins, par exemple en organisant des séminaires sur ce sujet. Ces séminaires devraient aussi aider à diminuer la peur de certains hommes qui pensent que rédiger un testament signifie signer son propre arrêt de mort. Les membres de l'église devraient être encouragés à rédiger leurs testaments et spécifier comment leurs biens seront gérés après leur mort.

L'Église devrait aussi rappeler aux communautés que dans la tradition, les orphelins de père ou de mère étaient traités simplement comme des enfants ayant besoin de protection et de soins multiples, exactement comme leurs propres enfants. L'abandon, le rejet et la maltraitance des orphelins sont des pratiques non seulement contraires à la volonté de Dieu, mais aussi contraires aux valeurs africaines. Ainsi, l'Église devrait travailler à réorienter les croyants vers la nécessité de prendre soin des orphelins et des veuves avec respect, estime et amour. Comme tout autre enfant, ils ont besoin d'une maison et d'une famille dans laquelle grandir.

L'adoption et l'aide apportée aux orphelins

L'enseignement sur les besoins des orphelins devrait être accompagné d'actions concrètes. Les membres de l'église devraient être encouragés à adopter des orphelins, non seulement les orphelins des membres de leur église, mais aussi ceux de leurs communautés. Les familles qui ne peuvent pas adopter des orphelins devraient être encouragées à soutenir financièrement leur éducation, leur vêtement et leur nutrition. Les membres de l'église peuvent également être encouragés à soutenir les orphelinats dans leurs communautés. S'il n'y en a pas, plusieurs églises devraient travailler ensemble pour en créer un et construire une école avec un internat et donner des bourses d'étude aux orphelins.

L'un des meilleurs exemples dans ce sens est la Rafiki Foundation, créée en 1985 et dont l'objectif est « d'aider les orphelins et les enfants vulnérables en Afrique à devenir des personnes qui craignent Dieu et qui donnent leurs contributions à leurs communautés et dans le monde[256] ». Cette fondation a construit des Villages de Rafiki qui « offrent le logement et l'accès à l'éducation dans les pays africains où il y a beaucoup d'orphelins (...) Ces villages constituent un environnement chrétien propice, permettant aux jeunes hommes et aux jeunes filles de développer le leadership et les compétences personnelles essentielles qui contribuent à leur bien-être physique et spirituel[257]. » L'objectif n'est pas de faire adopter ces enfants par des étrangers ou de les éduquer à l'étranger. Au contraire, il est question de les élever dans leur propre communauté. Cette méthode est proche de l'approche traditionnelle africaine de l'adoption qui élevait les orphelins dans le contexte des amis de la famille.

Le soutien moral et matériel pour les veuves

L'Église devrait également apporter son soutien moral et matériel aux veuves. Pour commencer, nous devrions manifester notre respect en insistant pour que la veuve soit autorisée à être impliquée dans l'organisation des obsèques de son mari. Au lieu d'écouter seulement les proches de la famille, nous devrions nous rapprocher d'elle pour savoir quand, où et comment le défunt devrait être enterré.

L'Église doit également défendre la veuve au cas où la famille du défunt mari vient à réclamer ses biens. L'Église, et surtout le pasteur, devraient servir de médiateur entre les deux parties, afin de réduire les abus. Par exemple, nous étions dans un séminaire quand un étudiant est mort, laissant derrière lui sa femme et quatre jeunes enfants. Le père du défunt est bientôt arrivé avec un véhicule afin de tout récupérer, y compris

---

[256] www.rafiki-foundation.org/what/what_we_do.html. Cité le 10 mars 2008.

[257] www.rafiki.foundation.org/about-rafiki.html. Cité le 10 mars 2008. « L'objectif de Rafiki consiste à créer un village de formation dans chacun des dix pays suivants : Éthiopie, Ghana, Kenya, Libéria, Malawi, Nigéria, Rwanda, Tanzanie, Zambie et Uganda (...) Un village Rafiki comprend dix-huit maisons pour dix orphelins dans chaque maison, des écoles, des centres de formation professionnelle pour les jeunes filles et garçons vulnérables, des soins médicaux pour les occupants, des infrastructures de formation pour les églises africaines qui veulent reproduire les efforts de Rafiki. »

le relevé de banque. Ce n'est que grâce à l'intervention du pasteur que la veuve a pu garder tous les biens et les enfants.

Une fois que ces crises immédiates sont passées, l'Église devrait aider la veuve à trouver des moyens pour gagner sa vie. Il est possible que beaucoup d'entre elles soient sans instruction et sans formation et ne peuvent donc pas être employées. Certaines peuvent consentir à la polygamie afin de pouvoir subvenir à leurs propres besoins et ceux des enfants. Il est possible que les jeunes veuves se tournent vers la prostitution si aucune autre possibilité ne se présente à elles. L'Église doit prendre des mesures pour venir en aide à ces femmes vulnérables. Elle devrait les mettre en contact avec certaines associations chrétiennes et gouvernementales qui accordent des prêts, des dons et des aides semblables pour qu'elles puissent commencer une activité commerciale.

Conclusion

L'Église doit être à l'avant-garde de la protection des veuves et des orphelins. Comme nous le rappelle Jacques 1.27, une telle action représente un signe de « la religion pure et sans tache, devant Dieu le Père ».

Questions

1. Identifiez les rites que doivent subir les veuves lors des obsèques et des funérailles dans une société africaine que vous connaissez. Lesquels de ces rites sont acceptables ou inacceptables par rapport à l'enseignement biblique ?

2. Comment les veuves et les orphelins sont-ils traités dans la culture que vous avez identifiée ? Quels sont les bons et les mauvais aspects de la manière dont ils sont traités ?

3. Identifiez les passages bibliques relatifs aux veuves et aux orphelins. En quoi ces passages se rapportent-ils aux questions auxquelles font face les veuves et les orphelins dans votre localité ?

4. Comment votre église répond-elle aux besoins des veuves et des orphelins ? Élaborez un plan susceptible d'aider votre église à mieux prendre soin des besoins croissants des veuves et des orphelins.

SECTION D

Les questions sexuelles

Introduction aux questions sexuelles

Comme nous l'avons dit dans la section relative au mariage, les rapports sexuels constituent un aspect important du mariage et sont ordonnés par Dieu. C'est le moyen principal et naturel de la procréation, ainsi qu'une expression de l'amour, un moyen de satisfaction des désirs sexuels et une source de plaisir mutuel entre un homme et une femme. Paul dit clairement dans 1 Corinthiens qu'il est légitime pour certains hommes et femmes de se marier non parce qu'ils veulent avoir des enfants, mais parce qu'ils ont des besoins sexuels (1 Co 7.2, 9, 36-37). Cependant, l'accent mis sur les plaisirs sexuels ne veut aucunement dire que tous les types d'activités sexuelles procurant le plaisir sont légitimes :

> La sexualité peut être comparée à l'électricité. En effet, l'électricité est en principe une puissance débridée, capable de créer et de détruire. Pensons par exemple à la puissance indomptable de l'éclair. Cependant, les hommes ont appris à brider l'électricité, à la canaliser pour qu'elle soit constructive. C'est ainsi que l'électricité est devenue un moteur qui maintient les villes en vie. Il en est de même pour la sexualité : c'est une puissance naturelle qui, non canalisée, peut être destructrice. L'homme, image de Dieu, est appelé à canaliser ses pulsions sexuelles. Le but de la morale et des institutions humaines consiste à canaliser la sexualité afin qu'elle soit une puissance qui maintient l'humanité en vie et créative[258].

La Bible fait bien comprendre que les rapports sexuels devraient être entretenus uniquement dans le cadre du mariage. Ce n'est que dans ce cadre que l'homme et la femme peuvent se « connaître » vraiment, comme « L'homme connut Eve sa femme. Elle devint enceinte, enfanta Caïn » (Gn 4.1). Ici, le verbe « connaître » ne signifie pas une simple connaissance intellectuelle de la femme ; mais plutôt une connaissance intime de son être.

---

[258] J. Rinzema, *The Sexual Revolution : Challenge and Response*, trad. Lewis B. Smedes, Grand Rapids, Eerdmans, 1974.

Cette connaissance est tellement intime que certains pensent que le sexe est un facteur décisif qui détermine le moment du mariage. En d'autres termes, les rapports sexuels entre un homme et une femme les rendent mari et femme. Certains appliquent cette règle dans tous les cas, c'est-à-dire que le rapport soit consensuel ou forcé, que le couple ait une affection mutuelle réelle ou non. Les problèmes liés à cette position figurent dans les questions abordées au chapitre 20 portant sur le viol. Les auteurs du viol sont souvent des membres de la famille de la victime, c'est pourquoi le chapitre 21 sera consacré à la question de l'inceste.

Les femmes sont généralement les victimes des crimes sexuels. Ceci s'applique même dans les cas de prostitution et du trafic du sexe, questions traitées au chapitre 22. Les femmes sont également celles qui endurent la souffrance associée à l'excision, sujet abordé au chapitre 23.

Cependant, les hommes et les femmes peuvent être homosexuels. Cette question, qui a suscité beaucoup de controverses, est traitée au chapitre 24.

Les thèmes abordés dans cette section n'étaient pas vraiment traités dans les sociétés traditionnelles africaines ; mais, durant ces dernières années, ils ont beaucoup attiré l'attention. Il revient donc aux éthiciens chrétiens et aux dirigeants d'églises de les aborder et de formuler une position éthique chrétienne sur ces questions.

Dans notre discussion, nous devons avoir à l'esprit ces quelques mots de J. Rinzema :

> La question sexuelle est liée à la question de savoir comment les êtres humains sont liés les uns aux autres. Poser des questions sur la sexualité revient à demander ce qu'est vraiment l'homme, ce qu'il vaut et comment il peut vivre humainement avec son semblable. Le problème sexuel est plus qu'un problème biologique : il est entremêlé avec des questions de foi et une perspective sur toute la vie et sur le monde[259].

---

[259] *Ibid.*

20

Le viol

Le viol est un sujet rarement mentionné dans les sociétés africaines à domination masculine. Dans le meilleur des cas, une femme violée se confie à sa mère ou peut-être à une amie très proche à propos de ce qu'il lui est arrivé. En effet, elle se dit que si l'histoire était connue par d'autres personnes, elles pourraient conclure qu'elle était en fait consentante. Elle pourrait recevoir le statut de prostituée et avoir des difficultés à trouver un mari. Ce code de silence a conduit des hommes à violer impunément. Il est donc temps d'en finir avec cette mentalité.

Le mot « viol » vient d'un mot latin qui signifie « saisir ». Lors du viol, l'auteur saisit le corps de la victime et s'engage dans l'activité sexuelle sans son consentement. La violence est employée pour intimider et satisfaire des désirs sexuels[260].

La définition du viol en tant que crime perpétré par un homme est trop étroite. En effet, les femmes ne sont pas les seules victimes du viol. Un homme homosexuel peut violer un autre homme, une femme lesbienne peut violer une autre femme. Il existe également quelques cas rares où la femme est l'auteur et l'homme la victime du viol[261].

Par ailleurs, l'on peut également parler de viol lorsqu'un homme entretient des rapports sexuels avec sa femme contre sa volonté. Cet état des choses est courant en Afrique où l'on pense qu'une femme est la

---

[260] A. R. Denton, « Rape », dans David G. Benner, sous dir., *Baker Encyclopedia of Psychology*, Grand Rapids, MI, Baker, 1985, p. 973.

[261] Une enseignante aux États-Unis a été accusée d'avoir violé son élève garçon. Je me suis également entretenu avec un homme d'environ soixante-dix ans qui avait été violé par une femme dans sa jeunesse. Il était encore sous l'emprise de la culpabilité à son vieil âge.

propriété de son mari et que ce dernier a le droit d'entretenir des rapports sexuels avec elle quand il veut. Cependant, s'il le fait sans tenir compte de ses sentiments ou de ses désirs à elle, il est alors coupable de viol, c'est-à-dire d'un rapport sexuel sans le consentement du partenaire. Le sexe dans le mariage est censé être une expérience d'amour partagé et non de violence, d'égoïsme et de brutalité.

Les causes du viol

Plusieurs raisons sont à l'origine du viol. Cependant, avant de les énumérer, nous voulons tout d'abord écarter certaines fausses explications du viol, l'une étant l'argument selon lequel c'est toujours la faute de la femme : « si elle s'était décemment habillée, l'homme n'aurait pas été tenté. Son accoutrement était une invitation au rapport sexuel. »

Le mensonge caché derrière cet argument devient clair lorsque nous nous rappelons de toutes les femmes habillées de façon respectable qui ont tout de même été violées. Tamar, la fille de David devait avoir une robe qui couvrait son corps et ses pieds, et pourtant elle a été violée par son demi-frère (2 S 13.18). Ses vêtements n'avaient rien à voir avec la cause du viol, c'était plutôt le résultat de la convoitise de son frère.

Nous pouvons également réfuter cet argument en considérant les sociétés traditionnelles africaines. En effet, dans ces sociétés, les gens ne s'habillaient pas « convenablement » selon notre définition de la décence aujourd'hui. Les habits traditionnels couvraient juste les parties intimes du corps. Cependant, il n'existe pas de traces écrites disant que le viol était plus fréquent dans ces sociétés. Même si les femmes devraient s'habiller décemment et avec modestie, il est cruel et inacceptable de suggérer que la manière dont quelqu'un s'habille est une invitation au rapport sexuel.

Certains hommes réfutent également l'idée de viol et accusent les femmes d'être responsables du viol. Selon eux, lorsque la femme a dit « non », elle voulait tout simplement les défier pour qu'il prouvent leur ardeur. Ainsi, son « non » est interprété comme un « oui ». Cet argument est une insulte aux femmes car elles sont parfaitement capables de communiquer leurs désirs et peuvent dire « oui » si elles veulent des rapports. Lorsqu'elles disent « non », elles veulent dire « non », et leur réponse devrait être respectée.

Alors, quelles sont les vraies raisons du viol ? La convoitise en est une, comme ce fut le cas d'Amnon et de Tamar (2 S 13.1-2), mais la convoitise n'est pas toujours sexuelle. Parfois, c'est de la convoitise que de démontrer son pouvoir sur les faibles et les vulnérables. C'est pourquoi les soldats violent si souvent les femmes pendant les guerres. Ces viols sont une démonstration du mépris pour les hommes et les femmes qu'ils considèrent comme des ennemis.

Certains mythes encouragent également le viol. En effet, dans certaines communautés, l'on pense qu'avoir les rapports sexuels avec une fille vierge ou un bébé peut guérir du SIDA. Cette croyance a conduit à la multiplication des cas de viol de personnes vulnérables.

Les conséquences du viol

Le viol est une violation du corps, de la dignité et de l'autodétermination de la victime, et a des conséquences graves sur le plan physique, psychologique et social.

- *Sur le plan physique*, le viol cause un traumatisme au corps de la victime et peut lui transmettre des maladies sexuellement transmissibles (MST), y compris le VIH/SIDA. Lorsqu'un viol aboutit à une grossesse, il y a de fortes chances pour que la victime avorte et qu'un enfant innocent soit ainsi tué. En outre, les enfants violés souffrent de grands dommages physiques.

- *Sur le plan psychologique*, l'expérience du viol peut détruire l'estime de soi chez la victime. Celle-ci a un sentiment de culpabilité, de rage, de colère, de honte, d'impuissance, d'anxiété et de peur. Elle souffre souvent de dépression et a des difficultés à trouver le sommeil et à faire confiance aux autres. Afin de gérer ses émotions et d'empêcher que la scène se répète dans sa tête, il est possible qu'elle ait recours à l'alcool et à la drogue. Le viol peut également aboutir au dysfonctionnement sexuel et marital.

- *Sur le plan social*, la victime peut être blâmée et ostracisée et souffrir ainsi de l'injustice. Le désir de se venger du viol peut également conduire à la haine pouvant aboutir au meurtre et même à la guerre.

Principes bibliques sur le viol

La Bible ne se dérobe pas à la question du viol. Plusieurs histoires de viols, perpétrés à des périodes différentes de la vie du peuple d'Israël, y sont relatées. La première histoire est celle de Sichem, le fils d'un chef Hivvite, qui a violé Dina, la fille de Jacob. La Bible dit que « Sichem (...) la vit, l'enleva, coucha avec elle et la viola » (Gn 34.2). L'expression il « l'enleva » sous-entend le premier sens du mot : « saisir ». Le viol de Dina a abouti à la destruction de toute la communauté (Gn 34.25-29).

Un autre cas de viol rapporté dans les Saintes Écritures s'est produit au temps des juges. Certains hommes mauvais en Guibea ont planifié le viol homosexuel d'un lévite qui voyageait (Jg 19.22). Afin de se sauver, il leur a donné sa concubine qu'ils ont violée et ils ont abusé d'elle pendant toute la nuit (Jg 19.25). La guerre que cet acte odieux a déclenchée a presque éteint la tribu de Benjamin.

Un autre cas de viol a eu lieu au temps de David. Le fils de David, Amnon, a saisi sa demi-sœur Tamar et lui a dit « Viens, couche avec moi, ma sœur ». Elle lui répondit : « Non, mon frère, ne me violente pas, car cela ne se fait pas en Israël. Ne commets pas cette infamie » (2 S 13.11-14). Une fois de plus, le premier sens du mot viol est mentionné – violer, c'est attraper ou saisir par la force. C'est la violence et l'agression sexuelle sans le consentement, et même malgré l'objection sérieuse du partenaire. Ce viol a eu des conséquences désastreuses non seulement sur Tamar (2 S 13.19-20), mais aussi sur toute la famille de David car il marque le début de ses problèmes avec Absalom qui a vengé Tamar en tuant son frère Amnon.

La Bible ne mentionne pas seulement les cas de viol, mais présente également des lois relatives au traitement des auteurs de viols. Par exemple, dans Deutéronome 22.25-27, il est écrit : « Si c'est dans les champs que l'homme rencontre la jeune fiancée, la saisit et couche avec elle, l'homme qui a couché avec elle sera le seul à mourir ; la jeune fille, tu ne lui feras rien, elle n'a pas commis de péché qui mérite la mort. Le cas est le même que si un homme se jette sur son prochain et l'assassine ». La comparaison du viol avec le meurtre montre combien nous devons prendre au sérieux cet acte odieux de violence contre une victime innocente.

La loi ci-dessus concerne spécifiquement une fille qui est déjà fiancée. Dans la culture juive, une telle fille était considérée comme mariée, même si le mariage n'avait pas encore eu lieu. Par ailleurs, la Bible traite aussi la situation d'une fille qui n'est pas encore fiancée : « Si un homme rencontre une jeune fille vierge qui n'est pas fiancée, s'en empare et couche avec elle, et qu'on les prend sur le fait, alors l'homme qui a couché avec la jeune fille donnera au père de celle-ci cinquante sicles d'argent ; elle sera sa femme, sinon cela équivaudrait à l'avoir humiliée ; il ne pourra pas la renvoyer tant qu'il sera en vie » (Dt 22.28-29).

Certains chrétiens concluent que ce passage veut dire qu'une fille violée doit épouser le violeur. Cet argument est soutenu par la croyance selon laquelle le sexe est un facteur qui détermine le moment du mariage. Il est cependant important de reconnaître que cette loi n'est pas la seule relative au viol. Exode 22.15-16 indique clairement que les rapports sexuels n'aboutissaient pas nécessairement au mariage.

Le point soulevé dans cette loi relative au viol d'une jeune fille non fiancée est que les rapports sexuels irresponsables ont des conséquences graves. L'homme ne peut pas simplement violer une fille et la laisser dans une position où elle ne pourra pas trouver de mari, il doit plutôt assurer la responsabilité financière et matérielle de celle-ci. Avant d'appliquer cette loi dans notre contexte aujourd'hui, souvenons-nous que le viol ne disqualifie plus une fille pour le mariage. Une telle fille aurait parfois dû prendre la position de deuxième ou troisième femme, mais nous ne sommes plus dans une société polygame. Il n'est également plus obligatoire de forcer une fille violée à se marier avec un homme qu'elle n'aime pas, car ce serait l'engager dans un mariage et une vie malheureuses.

La réponse chrétienne au viol

Le viol, tout comme la violence, est un péché contre Dieu et un crime contre l'humanité. Cet acte déshumanise les victimes et détruit les communautés. L'Église ne devrait pas hésiter à le condamner fermement.

Quand l'Église condamne le viol, elle ne doit pas condamner les victimes du viol. Ces dernières ne doivent pas être stigmatisées ni blâmées. À l'instar de la Bible et du grand évêque Nord-Africain Saint Augustin d'Hippone (354-430 après J-C), nous devons dire « Si l'impureté reste le fait d'un autre que vous, elle ne vous souillera pas (...) Tant que l'âme garde ce ferme propos qui fait la sainteté du corps, la brutalité d'une convoitise étrangère ne saurait ôter au corps le caractère sacré que lui imprime une continence persévérante[262] ». Les victimes ont besoin d'être rassurées car elles ne sont pas coupables du crime commis contre elles. Elles ont également besoin de conseils pour les aider à gérer les conséquences physiques et psychologiques de ce crime.

L'Église doit encourager l'État à élaborer des lois qui protègent les victimes de la condamnation et du jugement de la société. Elle doit aussi encourager les victimes à dénoncer les agressions sexuelles. Essayer de traiter le viol en secret et en privé ne résout pas le problème, mais permet plutôt aux violeurs de prospérer.

La société doit apprendre à soutenir les victimes et à condamner le viol et toutes les autres formes de violence faites aux femmes. Il faudrait aussi des règlementations relatives à toutes formes de pornographie qui portent atteinte à la dignité de la femme en la présentant comme un simple objet sexuel ou comme appartenant à l'homme. Il devrait y avoir un effort délibéré pour montrer le respect pour les femmes qui sont, elles aussi, créées à l'image de Dieu.

Les coupables de viol ne devraient pas rester impunis, ils devraient recevoir des peines sévères. Cependant, l'objectif n'est pas seulement de les sanctionner, mais aussi de les éduquer sur le respect des vœux et des désirs des autres.

---

[262] Saint Augustine, *La cité de Dieu*, Tome premier, Paris, Charpentier, 1855, p. 38-39.

Questions

1. Pouvez-vous discuter des sujets comme le viol ouvertement avec les dirigeants du ministère ? Si non, qu'est-ce qui vous en empêche ? Qu'est-ce qu'il faudrait changer afin de pouvoir répondre à ces questions cruciales ?

2. En quoi la description des principes traditionnels africains sur le viol se rapproche-t-elle des opinions sur le sujet dans votre contexte ?

3. Que pensez-vous de la définition du viol qui est en évolution, particulièrement en ce qui concerne le cas d'une femme violée par son mari ?

4. Selon vous, qui est généralement le fautif dans le cas d'un viol ? Ceux qui sont le plus dans la faute sont-ils suffisamment tenus pour responsables des attaques ?

5. Jusqu'où votre localité a-t-elle été affectée par le mensonge selon lequel avoir les rapports sexuels avec une fille vierge ou avec un bébé peut guérir du VIH/SIDA ?

6. Que faites-vous pour aider ceux qui ont commis des viols et qui cherchent maintenant à se repentir ?

7. Comment votre église peut-elle s'occuper des victimes de viol en son sein et dans votre communauté ?

21

L'inceste

L'inceste renvoie à toute relation sexuelle entre les membres d'une même famille ; par exemple, entre frère et sœur, cousin et cousine, oncle et nièce, père et fille, mère et fils, beau-père et belle-fille, grand-père et petite-fille.

L'inceste et les valeurs traditionnelles

Dans les sociétés africaines, l'inceste constitue un péché grave contre la société, les dieux et la famille. Cependant, la définition d'un acte incestueux diffère d'un groupe ethnique à un autre. La plupart des groupes ont des lois strictes, interdisant les relations sexuelles entre des personnes de même sang telles que les frères et sœurs. Certains groupes cependant autorisent le mariage entre les cousins germains (ceux qui ont un grand-parent en commun), tandis que d'autres refusent un tel mariage et prolongent l'interdiction même jusqu'aux cousins au troisième ou au quatrième degré (ceux qui ont un arrière-arrière-arrière-grand-parent en commun).

Dans le passé, les lois interdisant l'inceste étaient strictement respectées et ceux qui osaient les enfreindre étaient soit tués, soit envoyés en exil.

Les causes et les conséquences de l'inceste

L'inceste est interdit dans presque toutes les sociétés ; cependant, il est quand même pratiqué et il prend aussi de l'ampleur. L'une des raisons de la récurrence de cette pratique est le changement social : dans les sociétés traditionnelles africaines, les membres de la famille de sexe opposé n'étaient pas autorisés à discuter des questions sexuelles intimes entre eux ou même autorisés à être ensemble tout seuls, surtout la nuit. Cette règle n'est plus observée et il y a ainsi plus d'occasions d'intimité sexuelle entre les membres d'une même famille.

La liberté sexuelle de l'époque contemporaine a aussi rendu les gens plus disposés à ne pas tenir compte du respect qu'ils étaient censés avoir envers les personnes du sexe opposé, y compris envers leurs propres familles. Il se peut que des beaux-pères séduisent leurs belles-filles, et même que des grands-pères exploitent leur proximité avec leurs petites-filles pour les attirer dans l'intimité sexuelle. Les femmes et les fillettes sont particulièrement en danger, étant donné qu'elles peuvent être maîtrisées par les hommes de la famille et ont peut-être trop peur ou se sentent trop menacées pour les dénoncer au reste de la famille.

Lorsque l'inceste aboutit à une grossesse, il est possible que l'enfant soit affecté par des maladies génétiques qui autrement seraient latentes dans la famille. Cependant, même s'il n'y a pas de grossesse, l'inceste cause des traumatismes spirituels et émotionnels profonds aux victimes. La culpabilité et la honte, entre autres, sont des conséquences similaires à celles du viol, sauf que dans le cas de l'inceste, le viol est perpétré par quelqu'un en qui la victime avait peut-être confiance.

Les principes bibliques sur l'inceste

L'inceste est une pratique qui date depuis longtemps et qui était déjà connue au temps biblique. En effet, la Bible raconte que les filles de Loth lui ont fait boire du vin et ont couché avec lui à son insu et sont devenues enceinte de lui (Gn 19.30-35) ; Ruben a couché avec la concubine de son père (Gn 35.22) ; et Amnon a violé sa demi-sœur Tamar (2 S 13). Dans le Nouveau Testament, la Bible évoque le cas d'un homme qui couchait avec la femme de son père, qui était probablement sa belle-mère (1 Co 5.1-5).

La loi de Moïse interdisait strictement l'inceste : « Nul d'entre vous ne s'approchera de quelqu'un de sa parenté, pour en découvrir la nudité. C'est moi le Seigneur » (Lv 18.6). L'intention cachée derrière ces lois était de conserver l'intégrité des relations maritales et familiales. Par conséquent, l'inceste était défini en termes des relations sexuelles entre parent et enfant, demi-frère et demi-sœur, oncle et nièce, tante et neveu, beau-père et belle-fille et les petits-enfants (Lv 18.7-16 ; voir aussi Lv 20.17-21).

Les conséquences de l'inceste pour le coupable, la victime, les membres de la famille et la société en général, sont clairement démontrées dans l'histoire d'Amnon et de Tamar qui a entraîné la haine, la vengeance et le meurtre.

La réponse chrétienne à l'inceste

Selon les normes bibliques et les lois sociétales, l'inceste est une pratique moralement mauvaise. Il déforme l'intégrité du mariage et des relations familiales, exploite le faible et le vulnérable et humilie les victimes. Nous ne devrions pas faire comme si l'inceste n'existait pas, nous devrions plutôt être prêts à parler de l'inceste en public et à discuter ouvertement des traumatismes et de la honte qu'il engendre, ainsi que des maladies génétiques qu'il peut transmettre. En outre, nos discussions sur ce sujet ne devraient pas se limiter aux adultes, mais devraient aussi s'étendre aux enfants ; ces derniers doivent connaître les limites dans les relations entre filles et garçons.

Nous devrions encourager le gouvernement à élaborer des lois afin de lutter contre l'inceste et à veiller à leur application en poursuivant les coupables en justice. Cependant, il ne faut pas se contenter d'enfermer les coupables de l'inceste car une fois libérés, il est possible qu'ils recommencent à faire la même chose ; il faudra plutôt leur offrir une aide psychologique et les réhabiliter, en reconnaissant que l'Évangile peut changer les cœurs. Les victimes devraient aussi recevoir une aide psychologique pour pouvoir surmonter leur honte.

La communauté toute entière doit recevoir un enseignement sur l'importance d'accueillir les victimes de l'inceste et du viol et de ne pas les rejeter parce qu'elles ne sont pas responsables de ce qui leur est arrivé. Nous devons également encourager le retour aux valeurs traditionnelles qui protégeaient les filles des situations d'intimité indésirables, les rendant vulnérables à l'inceste. Harrison résume bien notre pensée : « Le crime odieux de l'inceste qui survient souvent dans les situations familiales complexes, demande la pleine mesure des sanctions juridiques, morales, médicales et religieuses afin de trouver la sanction adéquate pour le coupable et de travailler à la réhabilitation de la victime[263]. »

Questions

1. Quelles sont les traditions qui se rapportent à l'inceste dans votre contexte ? Quelle comparaison pouvez-vous établir entre ces traditions et les lois de votre pays ?

2. Quelles sont les raisons qui expliquent la récurrence de l'inceste dans votre contexte ?

3. Comment pouvez-vous appliquer l'enseignement biblique relatif à l'inceste dans votre contexte ?

---

[263] R. K. Harison, sous dir., *Encyclopedia of Biblical and Christian Ethics*, Nashville: Thomas Nelson, 1992, p. 199.

22

Prostitution et trafic du sexe

Dans ce chapitre, nous allons aborder l'éthique de la prostitution et du trafic du sexe. Nous n'aborderons pas ici les questions de savoir : (1) si la prostitution devrait être criminalisée ou si elle devrait être reconnue comme un métier au même titre que le métier d'ingénieur par exemple ; (2) si la prostitution et l'industrie du sexe sont réellement des tentatives pour les hommes de contrôler les femmes ou si elles devraient être bannies parce qu'elles favorisent la transmission du VIH/SIDA. Nous ne traiterons pas non plus de la relation entre la prostitution, la pornographie, la violence, le viol et le crime organisé. Ce sont des sujets légitimes qui ont été traitées en détail par des féministes, des organisations des droits de l'homme, des éthiciens et les théologiens ; cependant, nous allons simplement porter notre attention sur la prostitution et le trafic du sexe en tant que fléaux sociaux qui affectent les vies de milliers de personnes et d'enfants en Afrique et partout dans le monde. La prostitution masculine existe aussi, mais cette pratique est moins fréquente que la prostitution féminine ; nous mettrons alors l'accent sur cette dernière.

La prostitution en Afrique traditionnelle

Dans les sociétés traditionnelles africaines, la prostitution et le trafic du sexe étaient des pratiques quasiment inconnues ; même s'il y avait des femmes légères dans toutes les communautés, elles ne vendaient pas le sexe pour gagner de l'argent.

Deux raisons peuvent expliquer pourquoi il n'y avait pas de prostituées professionnelles : (1) les filles étaient souvent mariées à un jeune âge, elles n'avaient pas l'option de rester célibataires ; (2) l'homme avait la liberté d'avoir autant de femmes qu'il désirait. Le début de la prostitution et du trafic du sexe en Afrique contemporaine remonte aux changements survenus dans les attitudes vis-à-vis du sexe et du mariage ; à l'émergence des villes, du chômage et de la pauvreté ; à la perte des valeurs traditionnelles ; aux échanges interculturels et aux voyages à l'international.

La prostitution et le trafic du sexe

Le mot « prostitution » vient du latin *prostituere,* qui veut dire exposer quelque chose pour la vente publique. Les prostituées vendent le plaisir sexuel en échange d'une récompense, qui peut être financière ou une faveur spéciale. Le texte de Proverbes 6.26 exprime bien ceci lorsqu'il dit : « La prostituée se contente d'un quignon de pain ». Selon une définition plus complète donnée par Nelson, la prostitution est « une pratique qui consiste à s'engager dans l'activité sexuelle pour une rétribution immédiate qui peut être financière ou tout autre bien. Dans une telle activité, l'affection et l'investissement émotionnel sont infimes ou absents et le choix du partenaire sexuel est relativement fait sans discrimination[264] ». Cette définition met l'accent sur trois aspects importants. Premièrement, la prostitution implique une rétribution immédiate. Deuxièmement, il y a peu ou pas d'affection ou d'émotion entre la prostituée et son client. Par opposition, dans le mariage, le sexe implique l'amour, l'engagement et la responsabilité. Troisièmement, presque n'importe quel partenaire est accepté : tout ce que le client souhaite c'est une personne qui peut lui procurer temporairement une satisfaction sexuelle et la prostituée souhaite seulement que le client paye.

Une distinction est parfois faite entre « la prostitution libre » et la « prostitution forcée ». On parle de « prostitution libre », lorsque des femmes choisissent librement ce métier. Quant à la « prostitution forcée », il s'agit de femmes qui ont été intimidées à travailler comme prostituées ou des enfants qui ont été forcés ou vendus dans l'industrie du sexe par leurs parents, les membres de leur famille ou les prédateurs sexuels. Ceux qui font cette distinction estiment que la prostitution libre est acceptable tandis que la prostitution forcée est mauvaise et devrait

---

[264] Jaes Nelson, « Prostitution », dans James F. Childress et John Macquarrie, sous dir., *The Westminster Dictionary of Christian Ethics*, Philadelphie, Westminster Press, 1986, p. 513.

être considérée comme un crime. Cependant, cette distinction peut être difficile à appliquer dans la pratique : si la pauvreté amène une femme à vendre son corps pour le sexe, choisit-elle cette option délibérément ou parce que les circonstances l'y obligent ? Si, comme je le soutiendrai, la prostitution implique toujours l'abus des femmes et des enfants, il n'y a pas vraiment de raison de distinguer la prostitution libre de la prostitution forcée.

Une distinction est également parfois faite entre la prostitution locale et la prostitution internationale. Le premier type renvoie au commerce du sexe par une prostituée locale dans une zone géographique comme une ville. La prostitution internationale, quant à elle, signifie que les prostituées ou les clients sont transportées d'un pays à un autre ou d'un continent à un autre. Une forme de prostitution internationale implique des femmes et des filles agissant comme des épouses temporaires. Elles offrent le sexe et font des travaux ménagers comme la cuisine, la lessive et le nettoyage pour une période donnée, par exemple deux mois. À la fin de cette période, elles partent servir un autre homme.

La prostitution internationale est une industrie car elle implique un grand nombre d'individus, d'institutions et des sociétés entières qui coopèrent à l'exploitation de femmes et d'enfants. Il y en a qui arnaquent les filles avec des fausses promesses de travail, souvent respectable en apparence, dans d'autres régions ou pays. Ils sont coupables de trafic de sexe, un « processus qui consiste à livrer des victimes à la prostitution. Il comprend le recrutement, l'hébergement, le déplacement et des méthodes pour contraindre les victimes à demeurer dans la prostitution. Ces méthodes peuvent être la violence, la coercition, les menaces, les dettes ou la manipulation culturelle[265] ». Ces victimes « peuvent être de la même ville ou du même pays que ceux qui les abusent, ou peuvent être trafiquées à partir d'autres pays ou continents[266] ».

Les faussaires ou les fonctionnaires corrompus fournissent la documentation qui rend possible les déplacements des victimes. La police corrompue peut être soudoyée afin d'ignorer l'existence des maisons closes, des salons de massage et les conditions critiques dans lesquelles

---

[265] Donna M. Hughes, « Prostitution : Causes and Solutions », p. 1. Cité le 13 mars 2008. Site web :www.uri.edu/artsci/wms/hughes/prostitution_spain_july04.pdf.
[266] *Ibid.*

vivent ces femmes. Les gestionnaires de ces maisons closes travaillent souvent en collaboration avec des gangs criminels, des trafiquants de drogues et leurs semblables. Ils maintiennent un réseau de proxénètes qui fournissent des prostituées pour satisfaire les hommes d'affaire, les politiciens, les touristes, les célébrités et les équipes de football. Ils peuvent même s'arranger pour fournir des prostituées d'une certaine tranche d'âge et d'une certaine race humaine.

Et enfin, il y a les clients, tous ceux qui achètent le sexe dans des maisons closes légales, des magasins pour adultes, des salons de massage, des bars, des bars à strip-tease, des motels et autres endroits similaires. Sans eux, l'industrie serait obligée de s'éteindre :

> Il ne peut pas y avoir d'offre de femmes et d'enfants sans la demande masculine pour le sexe de la prostitution ; sans la transformation des femmes et des enfants en marchandise par l'industrie du sexe ; sans l'approbation directe et/ou tacite des gouvernements qui encouragent le tourisme sexuel, par exemple, ou les zones de prostitution ; et sans l'exportation du libéralisme sexuel occidental qui décrit la prostitution comme le plaisir et la libération sexuelle, qui l'appelle métier et nous dit que la prostitution est à propos du droit d'une femme à contrôler son corps ![267]

Les facteurs qui font la promotion de la prostitution et du trafic de sexe

Toute l'industrie du sexe est entraînée par les questions d'offre et de la demande.

La demande du sexe

La demande du sexe est principalement faite par les hommes (bien qu'il y ait aussi une tendance croissante de femmes qui payent des hommes plus jeunes pour le sexe). Les raisons pour lesquelles les gens fréquentent des prostituées comprennent :

---

[267] Janice G. Raymond (co-directeur exécutif de la Coalition against Trafficking in Women), « Prostitution as Violence Against Women: NGO Stonewalling in Beijing and Elsewhere », *Women's Studies International Forum* 21, 1998, p. 1-9. Cité le 13 mars 2008. Site web: action.web.ca/home/catw/readingroom.shtml ?sh_itm46413d9acb7e9322a28fldf36d75637c.

- Le désir d'avoir un plaisir sexuel temporaire sans engagement : les clients ne recherchent pas une relation permanente, ils veulent juste satisfaire leur désir immédiat.

- La compensation par rapport à une relation sexuelle insatisfaisante avec sa femme (ou son mari).

- La séparation de son conjoint à cause de voyages d'affaire ou à cause de la guerre.

- La relaxation pendant les congés (connue sous le nom de tourisme sexuel).

- Le désir de satisfaire des goûts sexuels exotiques. Dans beaucoup de pays occidentaux de nos jours, les hommes veulent avoir des rapports sexuels avec « des femmes de pays en voie de développement, moins coûteuses et plus exotiques[268] » ou avec des enfants. Ces goûts contribuent au trafic du sexe et au commerce du sexe des enfants.

Tant qu'il y aura une demande pour le sexe et que les clients seront prêts à le payer, le commerce du sexe va continuer ; c'est pourquoi les tentatives de lutte contre la prostitution et le trafic du sexe ne doivent pas se concentrer uniquement sur les prostituées, mais aussi sur leurs clients.

L'approvisionnement en sexe

Les hommes désirent le sexe et les femmes et les filles le fournissent. Lorsqu'on demande à ces dernières qu'est-ce qui les pousse à le faire, la réponse est souvent très simple : la pauvreté. Les prostituées proviennent généralement des « populations marginalisées, pauvres et vulnérables (...) Il est possible que ce soit des femmes et des fillettes pauvres, sans éducation, naïves, et, par conséquent, faciles à dominer[269] ». Elles ont recours à la prostitution pour les raisons suivantes :

- C'est un moyen facile et rapide de gagner de l'argent pour les jeunes femmes sans formation ou éducation.

- Elles peuvent être attirées par la ruse ou forcées à se prostituer par le biais de leurs emplois. Les femmes et les filles qui vont en ville à la recherche d'un travail, trouvent souvent des emplois subalternes

---

339

comme ménagère, serveuse dans des maisons de prostitution, des bars, des hôtels, des restaurants et des centres d'affaire et de tourisme. Avec le temps, elles peuvent être forcées à avoir des rapports sexuels occasionnels avec des clients pour avoir une petite récompense financière et peuvent finir par devenir prostituées à plein temps.

- La prostitution peut être l'une des seules options pour les femmes qui ont vu leurs foyers brisés par la mort ou l'abandon de leur mari et par le divorce. Elles sont souvent seules à prendre soin de leurs enfants ; leur situation est encore pire si les proches de leurs maris les ont chassés de leur maison, les laissant ainsi sans abri et sans autre solution que d'offrir leur corps dans les rues pour survivre.

Notons cependant qu'il n'y a pas que les pauvres qui ont recours à la prostitution. Certaines prostituées sont « des personnes éduquées, des filles de classe moyenne, victimes d'abus sexuels au point où elles ont perdu leur intégrité corporelle et leur identité et ne savent plus comment faire pour résister à l'abus et à l'exploitation[270] ».

Les raisons qui poussent les femmes à se prostituer sont les mêmes pour les enfants pauvres. Ces derniers peuvent être envoyés en ville par leurs parents qui attachent trop d'importance aux biens matériels et insistent pour que leurs enfants gagnent de l'argent ; certains sont envoyés en ville parce que leurs parents ne peuvent pas les soutenir financièrement ; et d'autres sont des orphelins ou des enfants abandonnés, sans protection de leurs parents et du reste de la famille. Sans éducation, ils ne sont pas suffisamment équipés pour trouver un emploi décent. Ils s'engagent alors dans des petits commerces comme la vente des cacahuètes, des noix de cola et des friandises dans les rues et bientôt, ils commencent à s'engager dans des relations sexuelles afin de gagner plus d'argent.

---

[270] *Ibid.*

Le point de vue biblique sur la prostitution et le trafic du sexe

La prostitution existe depuis la nuit des temps. Elle est mentionnée pour la première fois dans la Bible en Genèse 34.31, où les frères de Dina sont outragés du fait que Sichem ait traité leur sœur comme une prostituée. Leur réponse montre combien la prostitution était un opprobre. Plus tard, Tamar, désespérée, a fait semblant d'être une prostituée et a été menacée de mort pour avoir agi ainsi (Gn 38.15-24). La Bible fait part aussi de Samson, l'un des juges en Israël, qui est allé vers une prostituée (Jg 16.1).

Même si les prostituées étaient méprisées à cette époque, certaines d'entre elles ont joué un rôle important dans l'histoire du peuple d'Israël. Lorsque les Israélites sont allés espionner la terre promise, ils ont été cachés par la prostituée Rahab qui est devenue une ancêtre de David et de Jésus (Jos 2.1 ; 6.17, 22, 25 ; Mt 1.5). La mère de Jephté, un des juges en Israël, était une prostituée (Jg 11.1). En outre, les prostituées avaient droit à la justice. Ainsi, le roi Salomon était prêt à juger une affaire d'enfant entre deux prostituées (1 R 3.16-27).

Une forme de prostitution récurrente dans l'Ancien Testament était la prostitution dans les lieux de culte. Les cananéens croyaient que le fait d'avoir des rapports sexuels avec les prostituées du temple stimulait les dieux dans l'activité sexuelle, ce qui aboutissait à la fertilité du sol. Dieu a spécifiquement interdit ces activités en disant : « Il n'y aura pas de courtisane sacrée parmi les filles d'Israël ; il n'y aura pas de prostitué sacré parmi les fils d'Israël » (Dt 23.18). Les prostitués étaient appelés, avec mépris, des « chiens » (Dt 23.19).

Selon la Bible, la prostitution sous toutes ses formes n'est pas moralement justifiable : il était interdit aux prêtres d'épouser les prostituées (Lv 21.7) ; l'argent et les biens acquis par la prostitution n'étaient pas acceptés comme dons au sanctuaire de Dieu (Dt 23.18-19) ; les hommes sont également mis en garde à plusieurs reprises contre les prostituées (Pr 7.10-27 ; 23.27 ; 29.3 ; voir aussi Lc 15.30). Cependant, il est intéressant de noter que si l'adultère était puni de mort, la prostitution sous sa forme ordinaire ne l'était pas, peut-être parce que certaines femmes étaient forcées de le faire.

Le commerce du sexe était interdit : « Ne déshonore pas ta fille en la prostituant, de peur que le pays ne se prostitue et qu'il ne se remplisse d'impudicité » (Lv 19.29). La Bible reconnaît clairement que le commerce du sexe encourage non seulement les immoralités sur le plan personnel, mais aussi accroît le mal en général à travers le réseau d'exploitation mis en place.

Dans la Bible, le mot « prostitution » est employé au sens large pour décrire tout acte sexuel illicite entre un homme et une femme, ou entre deux hommes, que cela implique une prostituée professionnelle ou simplement une personne qui offre gratuitement le sexe hors mariage. Ainsi, on ne sait pas si la description de la femme d'Osée comme une prostituée indique qu'elle était simplement une femme aux mœurs légères ou vraiment une prostituée (Os 1.2 ; 2.2-13). Le même mot est employé pour décrire le comportement du peuple de Dieu lorsqu'il est infidèle et se prostitue avec d'autres dieux (Ex 34.15-16 ; Lv 20.5-6 ; Dt 31.16 ; Jg 2.17 ; Jr 3.1).

Dans le Nouveau Testament, les prostituées sont classées dans le même groupe que les collecteurs d'impôt comme exerçant les professions les plus méprisées et les plus immorales (Mt 21.31-32 ; Lc 15.30). Paul dit clairement que les prostitués n'auront pas part au royaume de Dieu (1 Co 6.9-10).

Paul dit également que celui qui entretient des rapports sexuels avec une prostituée devient une seule chair avec elle (1 Co 6.16). Il ne veut pas dire que celui qui a des rapports avec la prostituée devient marié avec elle ; mais plutôt qu'une « union malsaine avec une prostituée est une perversion de l'union du mariage divinement établie par Dieu[271] ». Pour voir comment nous parvenons à cette conclusion, nous devons lire le verset dans son contexte. Dans 1 Corinthiens 6.12-20, Paul explique ce que l'union des croyants avec Christ signifie : il soutient que cette union spirituelle a des implications avec ce qu'ils font avec leurs corps physiques ; leurs corps appartiennent désormais à Christ et non à des prostituées ! En d'autres termes, il y a une contradiction entre leur union avec le Christ à travers sa résurrection et toute union avec une prostituée à travers l'immoralité sexuelle.

---

[271] Kenneth L. Barker et John R. Kohlenberger III, *The Expositor's Bible Commentary: New Testament*, ed. abrégée, Grand Rapids, Zondervan, 1994, p. 624.

Les propos de Paul démontrent clairement que l'union sexuelle avec une personne est plus qu'un simple acte physique. Elle a également des implications spirituelles : « l'homme tout entier se révèle dans tout ce qu'il fait. Celui qui s'unit à une prostituée partage son existence. Il n'est pas simplement question de péché sexuel. L'esprit de la prostituée et l'Esprit de Christ s'exclut l'un l'autre[272]. »

Si avoir des rapports sexuels avec une prostituée constitue un acte immoral et donc un péché, ce que fait une prostituée (donner des opportunités pour le péché sexuel) est aussi un mal et est inacceptable.

Pourquoi la prostitution et le commerce du sexe sont-ils immoraux ?

Bien que ce sujet soit rarement débattu, il est peut-être nécessaire d'expliquer clairement pourquoi l'on ne peut pas justifier moralement la prostitution et pourquoi tous ceux qui s'engagent à offrir le sexe, à demander le sexe et à soutenir cette pratique agissent de façon immorale.

Premièrement, les Écritures condamnent la prostitution et presque toutes les sociétés humaines sont d'accord avec cette condamnation. En effet, beaucoup des hommes et des femmes qui participent à la prostitution, soit en tant que fournisseurs ou en tant que clients, sont conscients de leur immoralité, même s'ils essayent de se justifier.

Deuxièmement, même s'il est vrai que certaines femmes y sont forcées contre leurs volontés, la majorité de celles qui travaillent dans l'industrie du sexe sont des personnes moralement libres. Les prostituées, les dames des maisons closes et les proxénètes pourraient opter pour d'autres emplois légitimes, mais ils ont choisi de s'impliquer dans ce qui est immoral, et de continuer de travailler dans l'industrie du sexe. Ils encourent ainsi la culpabilité morale ; cette culpabilité ne touche pas les personnes forcées à travailler comme prostituées.

Troisièmement, les motivations des prostituées, des trafiquants du sexe et de ceux qui utilisent les prostituées sont purement matérialistes, de courte durée et autodestructrices. La recherche du gain financier rapide et le plaisir égoïste sont leurs seules motivations. De telles motivations sont

---

[272] Horst Seebass, « Cleave », *New International Dictionary of the New Testament*, 130.

complètement opposées à celles prévues pour le sexe dans le cadre d'une relation maritale d'amour et exclusive.

Quatrièmement, la prostitution et le commerce du sexe dégradent les femmes : la prostituée est considérée comme un objet de satisfaction des besoins personnels et elle n'est plus traitée à sa juste valeur en tant qu'individu. Les femmes deviennent des objets sexuels vendus comme des marchandises. Lorsqu'elles vieillissent, tombent malades ou sont enceintes, elles sont mises de côté sans que l'on ne se soucie de leurs besoins.

Cinquièmement, la prostitution et le commerce du sexe sont des manifestations claires des problèmes sociaux et moraux sous-jacents. Ils prospèrent dans les pays où il y a des problèmes économiques, un déclin moral, un manque de respect pour la femme et un manque d'intérêt pour les autres.

Sixièmement, la prostitution expose les femmes à beaucoup d'autres maux : elles peuvent facilement contracter le VIH/SIDA et beaucoup d'autres maladies sexuellement transmissibles. En outre, le fait qu'elles soient considérées comme des objets sexuels plutôt que comme des personnes, veut dire qu'elles sont souvent violentées ; beaucoup sont victimes d'abus, frappées ou même tuées.

Les recommandations

L'Église a souvent été timide pour aborder la question de la prostitution et du commerce du sexe. Cependant, nous taire face à cette situation signifie tout simplement refuser de suivre notre Maître qui s'est soucié de tous, y compris des prostituées et des collecteurs d'impôts. Ainsi, notre approche doit être à trois volets :

La législation

Les gouvernements ne peuvent pas règlementer la moralité, mais ils peuvent et devraient contrôler, surveiller, et punir ceux qui sont trouvés coupables d'abus envers les femmes. La prostitution et le commerce du sexe contribuent à la déshumanisation et à l'abus des femmes. Nous devons mettre la pression sur les gouvernements afin qu'ils freinent ces pratiques et poursuivent les clients et les groupes qui encouragent le tourisme sexuel et le commerce du sexe[273].

Les gouvernements et les groupes communautaires doivent également être encouragés à améliorer la situation économique et sociale des jeunes, des veuves, des femmes divorcées et abandonnées. Les pauvres ne devraient pas être amenés à sombrer dans la prostitution et le commerce du sexe à cause de leurs conditions de vie difficiles.

L'éducation

Dénoncer la prostitution et appeler le gouvernement à agir n'est pas suffisant ; l'Église elle-même doit travailler à rehausser le statut de la femme en enseignant clairement que les femmes et les filles ne sont pas des objets sexuels, mais des êtres humains créés à l'image de Dieu. Par conséquent, elles ne doivent ni être exploitées ni subir des abus.

L'Église doit aussi promouvoir les valeurs familiales traditionnelles qui fournissent une base de sécurité et de protection pour les femmes et les enfants. Le divorce et la violence familiale poussent beaucoup de femmes et d'enfants entre les mains des prédateurs sexuels. Les abus sur les enfants éloignent beaucoup d'enfants de la maison et les rend vulnérables à l'industrie du sexe. Quand les enfants sont protégés des prédateurs sexuels, l'approvisionnement des enfants comme marchandises sexuelles sera réduit.

L'église doit aussi faire face au défi des croyances culturelles qui autorisent les parents à vendre ou envoyer leurs enfants dans des situations où ils peuvent faire l'objet d'abus.

La proclamation de l'Évangile

L'Évangile a le pouvoir de transformer les cœurs des personnes impliquées dans la prostitution et le commerce du sexe. Ainsi, l'Église d'aujourd'hui devrait aller à la rencontre de ceux qui sont méprisés par la société comme le faisait l'Église du Nouveau Testament. Elle devrait initier des programmes spéciaux afin de les atteindre par l'Évangile. Par exemple, il y a quelques années, l'Église Évangélique d'Afrique de l'Ouest au Nigéria (ECWA) s'est engagée dans un programme connu aujourd'hui

---

[273] Hughes, « Prostitution : Causes and Solutions », p. 3-4.

sous le nom de City Ministry. Entre autres projets, ce ministère cherche à rencontrer les prostituées et d'autres filles vulnérables pour leur partager l'Évangile. Elle les réhabilite et les aide aussi à retourner à l'école, à apprendre un métier utile et à apporter une contribution positive à la société. Dans le même ordre d'idée, la Daughters of Abraham Foundation au Nigéria cherche à rencontrer les prostituées et les filles vulnérables afin de les aider à retrouver leur dignité et à donner un sens à leur vie en s'engageant dans des activités utiles et constructives[274].

Conclusion

Chaque société doit faire face aux questions de la prostitution et du commerce du sexe. Ces problèmes étaient également d'actualité au temps de l'Ancien et du Nouveau Testament et étaient jugés comme étant immoraux. Cependant, le Nouveau Testament va plus loin en offrant aux prostituées la possibilité d'être transformées par la foi au Seigneur Jésus-Christ. L'Église ne doit pas se dérober à cette tâche.

Questions

1. Qu'entendez-vous par prostitution et commerce du sexe ? Observez-vous les effets de ces fléaux dans votre ministère ou votre environnement ?

2. Que dit la Bible sur la prostitution et le trafic du sexe ? Quels principes importants pouvons-nous tirer des enseignements bibliques ?

3. Quels sont les endroits où la prostitution et le commerce du sexe sont récurrents ? Le problème de la prostitution se pose-t-il dans les zones rurales (villages) ?

4. Comment les jeunes filles et les enfants deviennent-ils impliqués dans la prostitution ? Comment l'Église peut-elle aider afin d'éviter que cela ne se produise ?

5. Identifier quelques Organisations non gouvernementales (ONG) ou des ministères religieux qui vont à la rencontre des prostituées pour leur partager l'Évangile. Que pouvez-vous apprendre d'eux concernant ce que votre église peut faire dans votre communauté ?

---

[274] Pour plus d'informations sur la Daughters of Abraham, allez à www.daofnigeria.com/home.html.

23

Excision

L'excision est une pratique qui soulève beaucoup de controverses[275]. Ceux qui s'y opposent estiment que l'on devrait plutôt parler de mutilation génitale féminine. Ce terme a été officiellement adopté en 1990 par un comité Interafricain sur les pratiques traditionnelles affectant la santé des femmes et des enfants[276], lors de sa rencontre à Addis-Ababa, en Éthiopie. Cependant, nous n'allons pas employer ce terme dans ce chapitre parce que ceux qui pratiquent l'excision ne la perçoivent pas comme une mutilation, mais comme une initiation. Ils la considèrent comme un moyen d'inculquer des valeurs positives aux filles et aux femmes. En outre, comme le dit Gachiri, « le terme excision est employé aujourd'hui comme un terme poli pour s'adresser à des individus affectés par cette pratique, afin de respecter leur sentiment. En effet, personne ne souhaiterait être désigné comme étant mutilé[277] ».

Lorsqu'on a pour objectif de changer les attitudes vis-à-vis d'une pratique, il est toujours préférable d'être positif et respectueux plutôt que d'être négatif et de chercher la confrontation.

La pratique traditionnelle de l'excision

L'excision est pratiquée depuis des siècles dans de nombreuses parties du monde. Dans une grande partie de l'Afrique, c'est un rite de passage qui prépare la jeune fille à devenir une femme et qui la prépare au mariage. Le Fonds des Nations Unies pour la Population (UNFPA)[278] estime que plus

---

[275] L'appellation « Female circumcision » en anglais a un sens plus large que le terme « excision ».

[276] Le nom d'origine du comité en anglais : Inter-African Committee on Traditional Pratices Affecting the Health of Women and Children.

[277] Ephigenia W. Gachiri, *Female Circumcision with Reference to the Agikuyu of Kenya*, Nairobi, Pauline Publications Africa, 2000, p. 32.

[278] Site internet de l'UNFPA : http://www.unfpa.org/fr.

de 130 millions de filles et de femmes africaines dans environ vingt-huit pays sont passées par l'excision. Dans certains pays, le taux de femmes excisées s'élève à 98 %.

L'Organisation Mondiale de la Santé (OMS) définit l'excision, qu'elle appelle « mutilations sexuelles féminines », comme « toutes les interventions incluant l'ablation partielle ou totale des organes génitaux externes de la femme ou autre lésion des organes génitaux féminins pratiquées pour des raisons non médicales[279] ». Les mots « toutes les interventions » sous-entendent que l'excision peut avoir diverses formes selon les communautés. Ainsi, l'OMS identifie quatre grandes catégories[280] :

- Clitoridectomie : Ablation partielle ou totale du clitoris ;

- Excision : Ablation partielle ou totale du clitoris et des petites lèvres, avec ou sans excision des grandes lèvres ;

- Infibulation : La forme la plus grave, impliquant le rétrécissement de l'orifice vaginal avec recouvrement par l'ablation et l'accolement des petites lèvres et/ou des grandes lèvres, avec ou sans excision du clitoris ;

- Non classées : « Toutes les autres interventions nocives pratiquées sur les organes génitaux féminins à des fins non thérapeutiques, telles que la ponction, le percement, l'incision, la scarification et la cautérisation ».

Les étrangers ont tendance à réagir avec horreur à cette pratique, sans toutefois essayer de comprendre les valeurs religieuses et traditionnelles profondes qui sont à la base de l'excision. Jomo Kenyatta, l'ancien président kenyan disait que parmi les Gikuyu, « cette opération est encore considérée comme l'essence même d'une institution ayant de grandes implications sur le plan éducatif, social, moral et religieux (...) Actuellement, il est impossible pour un membre de la tribu d'imaginer une cérémonie d'initiation sans la clitoridectomie[281] ».

---

[279] « Mutilations sexuelles féminines ». Cité le 18 février 2016. Site web : http://www.who.int/topics/female_genital_mutilation/fr/

[280] OMS, *Éliminer les mutilations sexuelles féminines : Déclaration interinstitutions*, Genève, OMS, 2008, p. 28. Cité le 18 février 2016. Disponible sur : http://apps.who.int/iris/bitstream/10665/43902/1/9789242596441_fre.pdf.

[281] Jomo Kenyatta, *Facing Mount Kenya: The Tribal Life of the Gikuyu*, London, Secker & Warburg, 1938, p. 133.

Quelles sont donc ces valeurs éducatives, sociales, morales et religieuses auxquelles Kenyatta fait allusion ? Cette question primordiale doit être abordée afin de pouvoir progresser dans notre compréhension de ce qu'est l'excision. Ce rite implique beaucoup plus que la mutilation ou l'ablation d'une partie ou de tous les organes génitaux féminins. Il consiste également à transmettre des valeurs positives sur le mariage et la sexualité, l'hospitalité, l'entretien de la maison, la responsabilité de la femme vis-à-vis de son mari et de ses enfants, la vie en communauté, la solidarité avec d'autres femmes et la chasteté. Les initiées apprennent à éviter une vie de promiscuité, et la virginité est encouragée. Kibor dit que dans le passé, on enseignait aux filles que « la procréation était réservée uniquement aux personnes matures, c'est-à-dire les personnes excisées. La virginité était très précieuse. Selon la tradition, plus l'ouverture du vagin de la jeune fille était réduite, plus le cadeau qu'elle recevait de son nouveau mari était considérable. En effet, le cadeau servait de clé pour permettre à l'homme d'ouvrir la filière génitale de la femme lors du tout premier rapport sexuel[282] ».

Les défenseurs de cette pratique sont tellement engagés qu'ils sont parfois prêts à user de violence pour assurer sa continuité. Au Cameroun, « les associations engagées dans le combat contre ces pratiques, ont rencontré beaucoup d'oppositions de la part des hommes du chef. Ces derniers sont généralement un gang de voyous dont la survie dépend du palais et qui sont prêts à faire tout ce que les chefs leur demandent[283] ». Le pasteur John Ayuk a d'ailleurs perdu la vie suite à son opposition à la pratique de l'excision[284].

L'opposition contemporaine à l'excision

Les organisations qui militent pour la défense des droits des femmes, les organisations pour les droits de l'homme, les professionnels de la santé, les docteurs, les infirmières et les sages-femmes ont tous contribué à la sensibilisation sur les risques associés à l'excision. Cette

---

[282] Jacob A. Kibor, « Persistence of Female Circumcision among the Marakwet of Kenya: A Biblical Response to a Rite of Passage », thèse de doctorat, Trinity Evangelical Divinity School, Deerfield, III., 1998, p 151-152.

[283] Austine Arrey, « Female Genital Mutilation in Cameroon: Man of God Killed by Chief's Henchmen ». Cité le 12 mars 2008. Site web : www.fgmnetwork.org/articles/arrey_cameroon.php.

[284] *Ibid.*

cause a également été soutenue par des organisations internationales telles que l'Organisation Mondiale de la Santé, Amnesty International et United States Agency for International Development (USAID). Ces organisations ont fait des campagnes contre cette pratique en disant qu'elle est brutale, médicalement risquée, répugnante et qu'elle constitue une forme de violence faite aux femmes et présente un danger pour leur santé. Le programme d'action adopté par la Conférence internationale sur la population et le développement au Caire en 1994[285] a défini cette pratique comme étant « une violation des droits fondamentaux et un risque majeur et permanent pour la santé de la femme[286] ». Il a aussi vivement encouragé les gouvernements à « prendre d'urgence des mesures afin de mettre fin à cette pratique et de protéger les femmes et les fillettes des pratiques similaires superflues et dangereuses[287] ».

Les risques de santé liés à l'excision dépendent en partie du type de mutilation entrepris. L'infibulation, qui consiste à découper plusieurs parties des organes génitaux, a plus d'effets graves que le simple percement des grandes lèvres ; mais toutes les formes d'excision empêchent ou suppriment la sensation du plaisir sexuel lors des rapports. Elles peuvent aboutir à des complications : infections pelviennes et urinaires chroniques, hémorragies et chocs. Si le même instrument est employé pour exciser plusieurs filles, celles-ci peuvent alors contracter le VIH pendant l'opération. L'excision provoque aussi des complications lors de l'accouchement, augmentant les risques aussi bien pour la mère que pour l'enfant.

Des femmes victimes de cette pratique attestent que c'est une expérience pénible et amère. Elles sont très anxieuses à l'approche de l'opération et il leur reste ensuite les souvenirs terribles de cette expérience et des douleurs importantes si les blessures ne guérissent pas correctement. Elles se plaignent également de l'absence de plaisir lors des rapports sexuels et des complications lors de l'accouchement.

---

[285] http://www.unfpa.org/fr/conférence-internationale-sur-la-population-et-le-développement.

[286] « Human sexuality and Gender Relations: Basis for Action », Programme of Action of the United Nations International Conference on Population and Development, point 7:35. Cité le 12 mars 2008. Site web : www.iisd.ca/Cairo/program/p07011.html.

[287] « Human sexuality and Gender Relations: Basis for Action », Programme of Action of the United Nations International Conference on Population and Development, point 7:40. Cité le 12 mars 2008. Site web : www.iisd.ca/Cairo/program/p07011.html.

Même si ceux qui pratiquent ces rites ont de bonnes intentions et essayent d'inculquer des valeurs positives, les effets négatifs physiques et psychologiques mentionnés plus haut sont réels et doivent être pris en compte.

Les risques prouvés de l'excision et les critiques venant de la communauté internationale formulées à l'égard de cette pratique ont persuadé seize pays, y compris l'Érythrée, à la bannir. Cependant, cette interdiction est encore largement ignorée et cette pratique continue, même parmi ceux qui se disent chrétiens : « Il y a beaucoup d'exemples de jeunes femmes chrétiennes qui ont été excisées, même après le mariage – surtout celles qui se sont mariées dans des familles chrétiennes de nom ou dans des familles non-chrétiennes[288]. »

Les principes bibliques sur l'excision

La Bible ne parle pas d'excision : lorsque Dieu recommande à Abraham de se circoncire lui-même, de circoncire son fils Isaac et tous les hommes de sa maison, il ne fait aucune mention de Sarah ni d'autres filles de la maison.

> Voici mon alliance que vous garderez entre moi et vous, c'est-à-dire ta descendance après toi : tous vos mâles seront circoncis : vous aurez la chair de votre prépuce circoncise, ce qui deviendra le signe de l'alliance entre moi et vous. Seront circoncis à l'âge de huit jours tous vos mâles de chaque génération ainsi que les esclaves nés dans la maison ou acquis à prix d'argent d'origine étrangère quelle qu'elle soit, qui ne sont pas de ta descendance. L'esclave né dans la maison ou acquis à prix d'argent devra être circoncis. Mon alliance deviendra dans votre chair une alliance perpétuelle, mais l'incirconcis, le mâle qui n'aura pas été circoncis de la chair de son prépuce, celui-ci sera retranché d'entre les siens. Il a rompu mon alliance. (Gn 17.10-14)

Nulle part dans les Écritures ou dans l'histoire de l'Église, il n'est fait allusion à l'excision pour les femmes.

Nous pouvons aussi tirer quelques conclusions à ce sujet dans le débat relatif à la circoncision des garçons dans l'Église primitive. Les premiers croyants étaient majoritairement juifs et par conséquent, ils pratiquaient la

---

[288] Kibor, « Persistence of female Circumcision », p. 2.

circoncision. La conversion de plusieurs païens à l'Évangile a soulevé des débats dans l'église quant à leur circoncision : les païens convertis à Christ devaient-ils être circoncis ? Lors du concile de Jérusalem, ils se sont tous mis d'accord pour ne pas insister sur la circoncision des païens convertis à Christ. Ils ont compris que la circoncision n'était pas une exigence pour le salut et pour l'intégration à l'Église (Ac 15). Par conséquent, il n'y a pas besoin de l'excision pour prouver qu'une femme est vertueuse. Ceux qui appartiennent à Christ sont purifiés, régénérés et transformés (2 Co 5.17). Faire une discrimination contre les femmes non excisées revient à tomber dans le même piège que Pierre (Ga 2.11-21).

Comme l'affirme clairement le Nouveau Testament, le salut en Christ n'annule pas les valeurs traditionnelles comme l'hospitalité, la bonté, le travail, les vertus de la femme, le mariage, la sexualité, la procréation et l'amour. Ces valeurs universelles enseignées aux initiés lors de la circoncision doivent également être enseignées dans les Églises, car elles sont entièrement en accord avec l'enseignement biblique.

Le Nouveau Testament décourage toute action nuisible aux autres. Comme l'excision nuit à la femme sur le plan médical, physique et psychologique, l'Église doit décourager cette pratique et empêcher qu'elle se perpétue.

Enfin, d'un point de vue théologique, l'excision est moralement injustifiable parce qu'elle s'oppose aux desseins de Dieu dans la création des organes de reproduction féminins. Elle déforme et mutile ce que Dieu a créé de bon et beau et empêche les femmes de profiter du cadeau de la satisfaction sexuelle.

L'excision doit donc être condamnée comme étant une pratique non biblique et contraire à l'éthique.

Une réponse chrétienne à l'excision

Après avoir accepté que l'excision est contraire à l'éthique, nous devons trouver des moyens efficaces pour éradiquer cette pratique. Voici quelques principes pouvant nous aider à y parvenir.

Avoir du respect pour ceux qui pratiquent l'excision

Il est important de commencer par reconnaître que « les personnes qui pratiquent la mutilation sexuelle féminine (ablation des organes génitaux de la femme) sont des personnes honorables, justes, morales qui aiment leurs enfants et veulent le meilleur pour eux. C'est pourquoi elles le font et c'est pourquoi elles pourront décider d'arrêter cette pratique, une fois qu'un moyen sûr sera trouvé pour l'arrêter[289] ».

Comprendre la tradition

Les chercheurs et les Organisations non gouvernementales doivent mener des études sur la tradition culturelle de l'excision dans toutes les sociétés qui la pratiquent. Nous avons besoin de davantage de travaux de recherche, comme ceux de Gachiri et Kenyatta sur les Gikuyu, de Kibor sur les Marakwet du Kenya et de Mackie au Sénégal. Les études de cas sur des groupes ethniques spécifiques donneront plus d'informations sur les valeurs culturelles et croyances spécifiques à la base de cette pratique. Bien qu'il y ait des similarités entre les différents groupes, il existe des spécificités dans chaque contexte ; d'où la nécessité de faire une étude sur ces spécificités et de les évaluer avant d'émettre des recommandations sur son éradication.

Reconnaître que le changement doit venir de l'intérieur

L'expérience a montré que la condamnation venant de l'extérieur et la législation qui proscrivent l'excision ne fera pas cesser nécessairement cette pratique. Si l'on interdit au personnel médical de la pratiquer, d'autres personnes le feront. Cependant, si la communauté et plus particulièrement les femmes directement affectées en parlent et décident de mettre un terme à cette pratique, alors, il est fort probable qu'elle prenne fin. C'est ce qui s'est passé à Malicounda, un village de près de 3000 habitants au Sénégal. En effet, Tostan, une ONG travaillant en collaboration avec l'UNICEF et le gouvernement sénégalais, a passé deux ans à discuter de cette pratique avec les femmes du village. Après de sérieuses délibérations, les femmes elles-mêmes ont décidé que cette pratique devrait cesser. Par la suite, les femmes ont persuadé les responsables de la communauté

---

[289] Gerry Mackie, « A Way to End Female Genital Cutting ». Cité le 12 mars 2008. Site web : www.fgmnetwork.org/articles/mackie1998.html.

d'arrêter cette pratique. Elles ont continué en essayant de convaincre les villages voisins de suivre leur exemple[290].

Éduquer la communauté

L'éducation de la communauté et la sensibilisation sont des moyens très efficaces dans la lutte contre l'excision. Il ne s'agit pas d'attaquer les valeurs et croyances traditionnelles positives, mais plutôt de les encourager. Ainsi, il faut plutôt mettre un point d'honneur à encourager les valeurs positives que dénoncer la pratique elle-même en tant que rite de passage.

On pourrait penser à l'excision comme à un sac contenant des valeurs positives. Si vous insistez sur le fait qu'il faut que les gens jettent le sac, ils pourraient comprendre que vous voulez également détruire tout le contenu, c'est-à-dire les valeurs positives qu'ils veulent transmettre aux jeunes filles. Ainsi, tout programme visant à éradiquer l'excision devrait recommander aux chrétiens de démontrer les vertus chrétiennes dans leurs vies et dans leurs maisons tout en décourageant les moqueries et les remarques désobligeantes envers celles qui n'ont pas été excisées.

Le programme devrait inclure des enseignements dispensés par des professionnels de la santé ; ceux-ci peuvent fournir des informations sur les conséquences néfastes de cette pratique. Ils devraient par exemple informer les gens sur les risques d'infections, les complications lors de l'accouchement, l'absence du plaisir sexuel, et autres problèmes psychologiques et émotionnels associés à la pratique de l'excision. Des enseignements chrétiens sur le sujet devraient également être donnés ; par exemple, en rappelant que Dieu n'a jamais recommandé l'excision : il a créé les organes sexuels pour le plaisir sexuel, l'amour et la procréation. Cette pratique va donc à l'encontre du plan et du dessein de Dieu. Nous devons respecter les organes génitaux que Dieu a minutieusement créés, les protéger et en prendre soin.

L'éducation et la sensibilisation peuvent se faire à travers des sketches, des saynètes, des ateliers et des débats sur le sujet dans les programmes scolaires et les programmes à l'église comme l'école du dimanche, les programmes des jeunes et les programmes des hommes et des femmes. Cependant, le programme d'éducation devrait viser particulièrement les

---

[290] *Ibid.*

responsables de la communauté, c'est-à-dire les anciens, les exciseurs, les chefs, les femmes âgées et les femmes excisées. Ils doivent assister à l'animation des ateliers et des sessions de formation sur la question. Une fois que ce groupe de personnes est convaincu des effets négatifs de cette pratique, on peut espérer que cette pratique prendra fin – pourvu que ses promoteurs et ses partisans soient assurés du maintien et de la transmission des valeurs positives à la génération suivante des filles.

Trouver des substituts efficaces

Il a été prouvé à maintes reprises que les vieilles pratiques ne peuvent être abandonnées, à moins qu'il y ait une alternative mise en place. Arrêter l'excision sans mettre en place un rite de passage alternatif nous ramènera très vite à cette pratique, même si c'est clandestinement. Ainsi, certaines communautés au Kenya ont essayé de trouver un rite d'initiation alternatif similaire au rite d'initiation des garçons. Les filles peuvent maintenant faire une semaine de programme de passage à l'âge adulte, marquant le passage du statut de jeune fille au statut de femme. Cette pratique est appelée le Ntanira Na Mugambo ou l'excision par les mots.

Il n'y a rien de mal à avoir des rites chrétiens qui visent à enseigner et à transmettre des valeurs chrétiennes relatives à la femme, la sexualité, l'hospitalité, les relations entre le mari et la femme, l'éducation des enfants et ainsi de suite. En effet, l'Église en Afrique a encore besoin de réfléchir à comment célébrer les rites de passage d'une manière qui les relient à la vraie vie. Le baptême, par exemple, ne devrait pas être une autre exigence comme aller à l'école ou chanter à la chorale de l'église, mais devrait plutôt être une initiation chrétienne sérieuse au corps de Christ. Les candidats au baptême devraient être informés sur les vérités doctrinales fondamentales. La cérémonie devrait être la fin d'un processus d'initiation au cours de laquelle ils sont passés du statut d'enfants en Christ à celui d'adultes en Christ, enseignés sur les bases de la foi chrétienne et nés de nouveau pour vivre des vies transformées.

Introduire une législation

Une législation élaborée prématurément n'est pas efficace et est ignorée. Tout ce qu'elle peut faire, c'est amener les gens à pratiquer en cachette. Ce fut le cas quand le gouvernement kenyan a essayé d'interdire cette pratique au personnel médical. Les communautés kenyanes ont insisté sur le fait que « le gouvernement n'a aucune influence sur cette question coutumière. C'est le mode de vie des gens[291] ». Le respect pour les lois coutumières et les traditions a entraîné l'annulation de la législation. Comme le dit Mackie, « les interdictions légales et impopulaires ou les dures campagnes sont condamnées à rencontrer des résistances. C'est la nature humaine[292] ».

Cependant, si un travail préparatoire est fait à travers une bonne éducation et une bonne formation pour les femmes, les notables du village, les chefs et les responsables religieux, la législation servira à renforcer les interdictions que les communautés auront déjà adoptées.

Conclusion

Le dernier remède à l'excision consiste à présenter tout l'Évangile de Jésus-Christ avec un accent mis sur notre valeur et notre justification comme venant de Dieu, indépendamment de ce qui a été fait sur nos corps. L'accent mis par l'Évangile sur le fait que nous devons faire le bien, nous abstenir de faire le mal, et remercier Dieu pour tous ses dons, détruit tous les arguments en faveur de l'excision.

Questions

1. L'excision est-elle pratiquée dans votre groupe ethnique ? Si oui, quelles en sont les raisons ?

2. Est-il préférable de parler d'excision, de mutilation génitale de la femme (MGF), ou faut-il utiliser un autre mot ou une autre phrase ? Quel terme préférez-vous et pourquoi ?

3. Quelles sont les conséquences (positives et négatives) de l'excision ?

4. Que pouvons-nous déduire d'après la Bible en ce qui concerne l'excision ?

5. Comment vous y prendriez-vous pour éradiquer l'excision dans votre communauté ? Quelles alternatives fonctionnelles pouvez-vous proposer ?

---

[291] Kibor, « Persistence of female Circumcision », p. 3.
[292] Mackie, « A Way to End Female Genital Cutting ».

24

L'homosexualité

L'homosexualité désigne l'attirance sexuelle éprouvée par un individu pour une personne du même sexe. Les homosexuels sont des hommes ou des femmes (pour ce dernier groupe, on parle parfois de lesbiennes). L'homosexualité peut être constitutionnel (ou stable) ; dans ce cas, « l'attirance psychosexuelle est prédominante et persistante envers les personnes de même sexe[293] ». Cette préférence sexuelle est une réalité qui ne change pas dans la vie de la personne, que la personne agisse selon ses désirs sexuels ou non.

L'homosexualité peut être aussi « situationnelle » (ou dynamique), liée à la situation ou à l'environnement de la personne concernée. C'est le cas d'une personne ayant eu une série d'expériences homosexuelles pendant une période donnée. Par exemple, une personne peut pratiquer l'homosexualité pendant qu'elle est en prison ou pendant la guerre ; mais une fois qu'elle n'est plus dans ce contexte, elle redevient hétérosexuelle.

De nos jours, les tentatives de justifier l'homosexualité reposent sur la croyance selon laquelle certaines personnes sont homosexuelles de manière constitutionnelle, peut-être même au niveau génétique. Plusieurs arguments scientifiques et biologiques ont été avancés pour soutenir cette croyance. Les partisans de cette position soutiennent que les homosexuels n'ont pas choisi de l'être, tout comme les autres n'ont pas choisi d'être hétérosexuels. Leur orientation sexuelle fait partie de leur nature.

Une autre distinction proche de celle faite entre l'homosexualité constitutionnelle et situationnelle est celle faite entre un perverti et un

---

[293] James B. Nelson, « Homosexuality », *Westminster Dictionary of Christian Ethics*, p. 271.

inverti. Un perverti, tout comme un homosexuel situationnel, est quelqu'un qui est en réalité un hétérosexuel mais qui s'adonne occasionnellement aux pratiques homosexuelles. En d'autres termes, les pervertis déforment leur orientation sexuelle lorsqu'ils s'engagent occasionnellement dans les rapports homosexuels. Un inverti, par contre, est quelqu'un qui est réellement un homosexuel. Beaucoup pensent que les rapports homosexuels par les invertis ne constituent pas une perversion ou une déformation dans la mesure où ils agissent selon leur nature.

Les attitudes traditionnelles vis-à-vis de l'homosexualité

Dans l'Afrique traditionnelle, l'homosexualité et le lesbianisme, entendus comme rapports sexuels et mariage entre les personnes de même sexe, n'étaient pas des sujets de discussion en public ; si certains en parlaient, c'était seulement à voix basse. Vu l'accent mis sur la procréation, même l'idée d'avoir des rapports hétérosexuels sans avoir l'intention de procréer était impensable. Les rapports homosexuels étaient alors considérés comme des pratiques encore plus ignobles.

Deux dirigeants africains ont formulé ce fort sentiment contre l'homosexualité. Il s'agit de Daniel Arap Moi, l'ex-président kenyan, qui a apparemment dit : « Il n'y a pas de place, ni de temps pour les homosexuels et les lesbiennes au Kenya. L'homosexualité est une pratique qui va à l'encontre des normes et des traditions africaines, et même dans la religion, elle est considérée comme un grand péché. C'est un fléau qui va à l'encontre des enseignements chrétiens et de la tradition africaine ». Dans le même sens, le président zimbabwéen, Robert Mugabe a dit : « Je trouve très outrageant et répugnant à ma propre conscience que des organisations immorales et répulsives comme celles des homosexuels qui offensent à la fois la loi de la nature et la morale chrétienne épousées par notre société, trouvent des défenseurs au milieu de nous ou même ailleurs dans le monde[294]. »

Mugabe accuse les Occidentaux d'avoir introduit l'homosexualité en Afrique. Cependant, historiquement, il n'est pas juste d'affirmer qu'il n'y

---

[294] Cité par Jeremy Seabrook, « Gays and Globalism: Homosexuality and Progress ». Cité le 14 avril 2007. www.gayconspiracy.co.uk/pages52.html.

avait pas de relations sexuelles entre des personnes de même sexe dans l'Afrique traditionnelle. Certes, des cas de mariage entre les personnes de même sexe ne sont pas connus, mais les relations homosexuelles étaient pratiquées. Au Nord du Nigéria, certaines cultures avaient des prostitués homosexuels appelés *yan daudu*. Dans les années 1970, ces prostitués hommes sortaient une fois par an pour danser en public. Les femmes prostituées femmes étaient méprisées, et les hommes prostitués l'étaient encore plus : ils étaient considérés comme des dégénérés.

Les attitudes actuelles vis-à-vis de l'homosexualité en Afrique

Autrefois un sujet tabou, l'homosexualité est passée au-devant de la scène au cours de cette dernière décennie. L'un des faits marquant a été l'élection en 2003 d'un évêque ouvertement homosexuel, Gene Robinson, par l'Église épiscopale aux États-Unis. Cette action a créé une crise : beaucoup de dirigeants de l'Église anglicane en Afrique ont menacé de rompre avec la Communion anglicane, l'Église anglicane mondiale. Lors d'une rencontre des dirigeants anglicans à Zanzibar en 2007, le révérend Peter Akinola et six autres archevêques conservateurs ont refusé de prendre la communion avec Katherine Jefferts Schori, dirigeante des églises épiscopales américaines.

Les groupes qui militent pour la défense des droits des homosexuels et des lesbiennes souhaitent voir des législations pour la protection des homosexuels. En réponse à cela, les gouvernements des pays comme le Nigéria, le Kenya, le Zimbabwe et le Rwanda ont exprimé leur répugnance et leur colère à l'idée de devoir accepter les attirances sexuelles pour des personnes de même sexe et les mariages homosexuels. L'Afrique du Sud est le seul pays africain qui célèbre légalement de tels mariages.

Quels sont les principaux facteurs, mis à part l'élection de l'évêque Robinson, qui expliquent ce brusque changement ?

- *Les demandes pour la liberté d'expression et les droits de l'homme.* De nos jours, chacun a le droit d'exprimer son opinion, même si son opinion est celle de la minorité ou moralement mauvaise. En suivant l'exemple de leurs homologues occidentaux, les défenseurs de l'homosexualité en Afrique sont sortis de l'anonymat. Ils soutiennent leur pratique en brandissant la liberté individuelle et les droits de l'homme, avec le soutien indéfectible des associations des droits de l'homme.

• *Le désir de fonder la morale sur des données empiriques et scientifiques.* Les données psychologiques, sociales et empiriques ont remplacé l'autorité de la Bible et les convictions religieuses comme guides d'éthique et de la morale. En particulier, les défenseurs de l'homosexualité font étalage de toute évidence scientifique qui dit qu'être homosexuel n'est pas une affaire de choix, mais plutôt une nature, peu importe si la preuve est suffisante ou non. Pour eux, il faut accepter ce qui est inné.

• *L'érosion et l'abandon des valeurs et des croyances traditionnelles.* L'Afrique fait face à une érosion rapide des valeurs et des traditions qui maintenaient la communauté. Une nouvelle génération d'Africains rejette les croyances et pratiques traditionnelles en disant qu'elles sont dépassées et inacceptables à l'ère de la science et post-chrétienne. La communauté, autrefois l'arbitre de la morale, n'est plus considérée comme une autorité. Les anciens ont perdu leur place dans l'éducation et la formation des jeunes. Les pères ne peuvent plus dire à leurs fils ce qui est bien ou mal, ni les mères à leurs filles. Le dieu de l'individualisme a été encouragé par les tout-puissants médias et constitue la nouvelle source d'autorité et d'allégeance.

• *Le rejet de la révélation biblique et de la foi et des pratiques de l'Église.* La perception du monde n'est plus façonnée par les Écritures et l'Église, mais plutôt par la pensée séculaire et humaniste. Une telle pensée considère l'amour comme étant le facteur le plus important dans le mariage, et la question de savoir si ceux qui sont amoureux sont hétérosexuels ou homosexuels n'est pas pertinente ; c'est la présence de l'amour qui est déterminante. Par conséquent, la définition même du mariage est remise en cause. En Afrique du Sud, à l'origine l'acte de mariage définissait le mariage comme étant « l'union entre un homme et une femme ». Après la légalisation du mariage homosexuel, cette définition a changé et est devenue

« l'union volontaire entre deux personnes ». Un tel changement marque le rejet de la définition biblique et chrétienne du mariage.

- *Les progrès dans les techniques de reproduction.* En Afrique, le but de se marier était d'avoir des enfants. De nos jours, « la technologie a rompu le lien entre les rapports sexuels et la procréation et ceci a rendu le lien entre les relations sexuelles et le mariage inutile[295] ». Les homosexuels peuvent donc user d'options médicales leur permettant d'avoir des enfants sans s'engager eux-mêmes dans des relations hétérosexuelles.

Les principes bibliques sur l'homosexualité

L'homosexualité existe depuis des siècles. *Le Banquet* de Platon montre bien que l'amour entre les hommes était courant et accepté en Grèce antique. L'interdiction de l'homosexualité dans l'Ancien Testament indique également que cette pratique était répandue parmi les nations qui entouraient Israël.

Les premiers habitants du monde que Dieu a créé étaient un homme et une femme (Gn 1.27). Ce premier couple a établi le paradigme du mariage et de la sexualité, comme le narrateur de la Genèse le dit clairement : « Aussi l'homme laisse-t-il son père et sa mère pour s'attacher à sa femme, et ils deviennent une seule chair » (Gn 2.24). Cette position est réitérée par Jésus dans Matthieu 19.4-5. La relation entre Adam et Eve était clairement sexuelle car le verset suivant dit : « Tous deux étaient nus, l'homme et la femme, sans se faire mutuellement honte » (Gn 2.25). La relation sexuelle entre un homme et une femme est encore soulignée dans Genèse 4.1 : « L'homme connut Eve sa femme. Elle devint enceinte, enfanta Caïn » ; le mot « connut » renvoie clairement au rapport sexuel. Nous pouvons donc dire avec certitude que les Saintes Écritures enseignent l'hétérosexualité comme étant la norme. L'homosexualité doit donc être un écart à cette norme.

Dans sa description de l'homosexualité, la Bible ne dit pas si cette condition est constitutionnelle ou situationnelle. La Bible met plutôt l'accent sur la législation relative aux actes homosexuels et sur les incidents

---

[295] Rinzema, *Sexual Revolution*, p. 46.

du comportement homosexuel. Voici quelques passages bibliques importants concernant l'homosexualité :

- *Genèse 19.1-11.* Les hommes de Sodome qui voulaient violer les visiteurs de Loth étaient des homosexuels. Loth leur a dit que ce comportement était odieux, mais ils ont refusé de l'écouter. Leur attitude et leur manque de repentance ont attiré le jugement de Dieu sur la ville.

- *Lévitique 18.22 ; 20.13.* Ces deux versets forment ce que l'on appelle le Code de Sainteté dans Lévitique. Ils condamnent strictement le fait de « coucher avec un homme comme on couche avec une femme ». Ils qualifient cette pratique d'« abomination » et ordonnent la peine de mort pour les homosexuels masculins.

- *Juges 19* raconte l'histoire d'un lévite qui a vécu une situation similaire à celle des visiteurs de Loth. Il était en voyage et devait passer la nuit dans la ville de Guivéa. Un vieillard l'a accueilli chez lui mais, pendant la nuit, « les hommes de la ville, des vauriens, cernèrent la maison, frappèrent violemment contre la porte et dirent au vieillard, propriétaire de la maison : "Fais sortir cet homme qui est entré chez toi afin que nous le connaissions" » (v. 22-23). Ces hommes étaient clairement des homosexuels et étaient décidés à violer le voyageur, même si le vieillard a décrit leur action comme une « infamie ».

- *Romains 1.26-27.* Paul décrit l'homosexualité comme une idolâtrie et un mal, une pratique contraire à la nature des choses : « leurs femmes ont échangé les rapports naturels pour des rapports contre nature ; les hommes de même, abandonnant les rapports naturels avec la femme, se sont enflammés dans leurs désirs les uns pour les autres, commettant l'infamie d'homme à homme, et recevant en leur personne le juste salaire de leur égarement. » Il ne doute pas du fait que l'homosexualité est une pratique contre nature et une perversion de l'hétérosexualité que Dieu a établie à la création.

- *1 Corinthiens 6.9-11 ; 1 Timothée 1.9-10.* L'apôtre Paul met l'homosexualité dans le même groupe que d'autres péchés comme le meurtre, l'adultère et l'idolâtrie. Il affirme que ceux qui pratiquent ces choses « n'hériteront pas le Royaume de Dieu ».

Les Écritures ont un point de vue négatif sur les rapports homosexuels. Elles montrent clairement que ceux qui s'y engagent n'ont pas la faveur de Dieu et s'attireront un jugement et une condamnation présentes et futures. Toute tentative de justification de l'homosexualité et des actes homosexuels n'est pas en conformité avec les Écritures.

La réponse chrétienne envers les homosexuels

Au vu de ce que les Écritures disent de l'homosexualité, comment l'Église et les chrétiens devraient-ils agir envers les homosexuels et traiter le sujet de l'homosexualité ?

Premièrement, l'Église ne doit pas abandonner la position biblique. Nous devons garder à l'esprit que la Bible est l'autorité suprême et incontournable en matière de foi et de conduite. C'est elle qui donne les directives et les qualifications pour devenir membre de l'Église du Christ. Par exemple, une personne ne peut pas appeler Jésus Seigneur et confesser que Buddha est aussi seigneur, cela contredit l'enseignement biblique. De la même façon, nous ne pouvons pas être d'accord avec la sexualité entre deux personnes du même sexe alors que la Bible la condamne clairement. La Bible doit être notre référence pour discerner le bien et le mal.

Il s'ensuit que nous ne pouvons pas accepter le mariage entre les personnes de même sexe. Les Écritures disent que le mariage est une relation entre un homme et une femme. Elles affirment aussi que les rapports sexuels devraient seulement avoir lieu dans le cadre du mariage. Cependant, de nos jours, la société enseigne que le sexe a une fonction purement biologique, sans relation avec le mariage, lequel est supposé être entièrement basé sur l'amour. Cette manière de penser part du principe qu'aussi longtemps que deux personnes s'aiment et qu'elles prennent soin l'une de l'autre, il n'y a pas de problème si elles sont de même sexe. Nous devons travailler à corriger cette compréhension superficielle du mariage.

Certes nous devrions refuser de cautionner l'homosexualité et le mariage entre les personnes de même sexe, mais nous devons aussi être plein de compassion vis-à-vis des homosexuels. Nous n'avons pas à être d'accord avec leur comportement ou avec leurs arguments ; mais nous devrions les écouter avec compassion et respect. L'écoute ne veut pas dire compromettre notre position.

Souvenons-nous aussi que l'homosexualité n'est pas le seul des péchés abominables qui existent au monde. En plus de l'homosexualité, Paul cite d'autres péchés dans 1 Corinthiens 6.9-10 tels que les immoralités sexuelles, l'adultère, les envies, l'ivrognerie, la médisance et la fraude. Ces péchés sont également condamnables. Cependant, les personnes ayant commis ces péchés ont été acceptées dans nos églises, si elles se tournent vers Christ et se détournent de leurs mauvaises pratiques. Nous ne devons pas en faire moins pour les homosexuels. L'Église doit accepter les homosexuels qui ont changé de voies.

Conclusion

Le débat actuel sur l'homosexualité est complexe et inquiétant. Comme nous l'avons vu dans notre discussion ci-dessus, les problèmes impliqués comprennent « le sens de la sexualité humaine, l'interprétation des Écritures, l'usage des données empiriques et le critère d'évaluation de l'action morale[296] ».

Toute position selon laquelle certaines personnes sont homosexuelles par nature ou par choix affectera toute réponse aux arguments psychologiques, sociaux et biologiques relatifs à l'homosexualité. Ainsi en sera-t-il de tout point de vue sur la science, particulièrement concernant l'importance qui devrait être donnée aux informations expérimentales lorsqu'on émet des jugements sur la conduite humaine. Ceux qui ont une vue relativiste de la morale auront tendance à voir l'homosexualité comme une affaire purement subjective et personnelle.

Les chrétiens doivent peser les arguments empiriques et scientifiques, mais ne devraient jamais compromettre leur soumission à l'enseignement des Saintes Écritures. D'un point de vue biblique, l'homosexualité est une manifestation de notre nature pécheresse et est contraire aux enseignements bibliques. Comme le dit Helmut Thielicke,

L'homosexualité ne peut pas être mise au même niveau que l'ordre normal de la création du sexe ; il s'agit plutôt d'un écart ou d'une dépravation habituelle ou actuelle de cet ordre. Il s'ensuit donc que l'homosexuel ne doit pas affirmer son statut ou *a priori* l'idéaliser – pas plus que n'importe quel autre désordre pathologique ne doit

---

[296] Nelson, « Homosexuality », p. 273.

être affirmé *a priori* – mais doit plutôt regarder et considérer sa condition comme quelque chose qui doit être remis en question[297].

En d'autres termes, il se peut que l'homosexualité soit parfois vraiment innée, mais cela peut simplement refléter que la chute a corrompu notre nature humaine à plusieurs égards. Nous ne devrions pas de façon naïve changer un « doit » en un « est » : nous ne pouvons pas dire que parce que l'homosexualité existe, elle doit être acceptée.

Questions

1. La perception de l'homosexualité a-t-elle changé dans le contexte de votre ministère ? Si oui, comment et pourquoi ?

2. Comment l'Église africaine devrait-elle répondre à la pression internationale qui veut faire accepter l'homosexualité, telle que les actions de l'église épiscopale en Amérique ?

3. De quelles manières l'enseignement biblique sur l'homosexualité est-il déformé et perverti par ceux qui soutiennent que ce n'est pas un péché ?

4. Évaluez vos propres attitudes et celles des personnes dans le ministère. Quel enseignement biblique relatif au chrétien et à l'homosexuel avez-vous besoin de développer ? Quels sont les obstacles pour vous (et pour d'autres) qui vous empêchent d'adhérer à ces enseignements ?

5. Quelles sont les voies et les moyens qui permettent à votre ministère de traiter avec efficacité le problème de l'homosexualité, et surtout d'aider ceux qui sont directement concernés ?

---

[297] Helmut Thielicke, *The Ethics of Sex*, trad. John D. Doberstein, New York, Harper and Row, 1964, p. 201.

Section E

Les questions médicales

Introduction aux questions médicales

Avant l'arrivée de la médecine occidentale, les Africains pratiquaient déjà leur propre médecine pour soigner les malades. La médecine moderne a rendu possible la guérison de nombreuses maladies mortelles comme la variole, la rougeole, l'infertilité, les problèmes cardiovasculaires et le paludisme. Cependant, elle pose également de sérieux problèmes éthiques, comme nous l'avons vu précédemment dans la discussion sur l'infertilité et la contraception.

Dans cette partie, nous explorerons certains de ces problèmes. Nous commencerons par le chapitre 25 qui traite des questions éthiques soulevées par la pandémie du VIH/SIDA. Ce n'est pas le premier fléau de l'histoire de l'homme : en 1340, la peste bubonique a tué entre 25 et 50 millions de personnes en Europe pendant trois ans ; la variole a été une des principales causes de décès pendant des siècles ; et la grippe espagnole a tué entre 50 et 100 millions de personnes dans le monde entier entre 1918 et 1920. Pour chaque cas, l'Église a dû répondre aux besoins du peuple. Alors, comment devons-nous donc répondre aujourd'hui aux besoins des milliers de personnes vivant avec le VIH/SIDA ? Comment répondre aux besoins de ceux qui ne sont pas encore infectées ? Devrions-nous encourager l'utilisation des préservatifs ?

L'avortement est une autre épidémie qui tue des milliers de personnes ; ce sujet sera abordé au chapitre 26. Le débat sur l'avortement conduit naturellement au débat sur l'euthanasie et l'infanticide dont nous parlerons au chapitre 27 ; car toutes ces questions impliquent une vie qui est estimée non désirée. Des principes similaires concernant la valeur de la vie humaine sont à la base des réponses chrétiennes à toutes ces questions. Qui a le droit de décider si des vies humaines doivent continuer ou s'estomper ? Y a-t-il une différence si la vie concernée est chargée de douleur et de souffrance ?

Notre responsabilité humaine de prendre soin les uns des autres est mise en évidence au chapitre 28, qui traite d'un sujet concernant le personnel médical dont le premier devoir est de sauver des vies. Beaucoup de membres du personnel médical sont insuffisamment payés ; est-ce que cela justifie le fait qu'ils fassent la grève pour revendiquer de meilleures conditions de travail ?

La dernière question abordée au chapitre 29 porte sur l'usage de la drogue et de l'alcool. Ceci n'est pas souvent perçu comme une question médicale, mais il est clair que ceux qui sont dépendants de ces substances ont besoin d'aide médicale. La question posée est la suivante : Devrions-nous nous limiter à l'aspect médical de cette question ? Quels conseils devrions-nous donner à ceux qui veulent essayer l'alcool et la drogue ?

25

Le VIH/SIDA

Le Syndrome d'Immuno-Déficience Acquise (SIDA) est plus qu'une épidémie, c'est une pandémie, c'est-à-dire une épidémie mondiale. Depuis qu'il a été diagnostiqué en 1981, il a déjà causé la mort de plus de 25 millions de personnes[298]. Il continue de se propager rapidement en Inde, en Chine, en Indonésie, en Papouasie-Nouvelle-Guinée, au Vietnam, en Russie, en Ukraine, en Estonie et en Lettonie.

L'Afrique a été particulièrement touchée par ce fléau. En effet, selon UNAIDS, parmi les 36,7 millions de personnes vivant avec le VIH/SIDA dans le monde, 25,5 millions se trouvent en Afrique subsaharienne. En 2015, environ 1,4 million de nouvelles personnes en Afrique ont été infectées par cette maladie et 800 000 personnes en sont mortes[299]. Vu ces chiffres alarmants, il n'est pas étonnant que Kofi Annan, l'ancien secrétaire général des Nations Unies, appelle cette maladie une « arme de destruction massive ». Après tout, elle « réclame à elle seule plus de vies que toutes les guerres, les famines et les inondations et tout autre ravage causés par des maladies mortelles comme le paludisme[300] ». Les personnes affectées viennent des villages et des villes : hommes, femmes et enfants, personnes éduquées et personnes sans instruction.

---

[298] Les statistiques de « Worldwide HIV and AIDS Statistics ». Cité le 21 mars 2008. Site web : www.avert.org/worldstats.htm.

[299] Ces chiffres proviennent de UNAIDS, « AIDS by the Numbers », 2016. Cité le 23 août 2016. Site web: http://www.unaids.org/sites/default/files/media_asset/AIDS-by-the-numbers-2016_en.pdf.

[300] Nelson Mandela, à l'occasion de la 14e Conférence Internationale sur le SIDA, tenue à Paris en 2003.

Le SIDA est souvent appelé VIH/SIDA parce que la maladie connue sous le nom de Syndrome d'Immuno-Déficience Acquise, en abrégé SIDA, est transmise par un virus appelé le Virus de l'Immunodéficience Humaine, en abrégé VIH. Les personnes qui ont ce virus sont appelées séropositives. Ces personnes peuvent ne pas manifester les symptômes de la maladie, mais le virus présent dans leur organisme travaille à détruire leur système immunitaire et nerveux et à affaiblir leur résistance à toutes sortes de maladies. Lorsque ces systèmes sont suffisamment détruits, quelques années plus tard après l'infection, la maladie commence à se manifester.

Le VIH est présent dans des liquides biologiques, notamment le sang et les sécrétions génitales. C'est pourquoi la principale voie de transmission de la maladie est le rapport sexuel avec une personne infectée. Une autre source d'infection fréquente est le contact avec le sang d'une personne infectée. Un patient peut également contracter le VIH/SIDA lors d'une transfusion sanguine lorsque le sang n'a pas été bien analysé. Les personnes qui utilisent les drogues injectées par voie intraveineuse et même les infirmiers peuvent transmettre le VIH d'une personne à une autre, si une seringue infectée est utilisée pour plusieurs personnes et n'a pas été correctement stérilisée. La maladie peut également être transmise pendant la circoncision si la même lame est utilisée pour plusieurs circoncisions.

Le VIH/SIDA n'est pas la seule maladie transmise par ces différentes voies, mais elle est la maladie la plus dangereuse parce qu'elle est incurable et fatale. La seule chose que les médicaments actuels peuvent faire c'est de prolonger la vie des personnes infectées.

Aucun signe ne montre encore que cette pandémie est en train de reculer. La bataille contre cette maladie est encore à gagner.

Pourquoi la bataille continue-t-elle ?

Plusieurs raisons expliquent la propagation rapide du VIH/SIDA en Afrique :

- Pour remporter une victoire, il faut connaître son ennemi. Malheureusement, pour ce qui est de l'ennemi SIDA, beaucoup ignorent encore comment il se propage et ce qu'il faut faire pour le combattre. L'ignorance rend ainsi la population vulnérable à l'infection.

- Certains gouvernements africains ne voient pas la nécessité d'investir dans la lutte contre le VIH/SIDA. Kofi Anan a exprimé sa frustration face à cette attitude des gouvernements africains et de bien d'autres : « Je suis contrarié, je suis affligé, je me sens impuissant (...) de vivre dans un monde où nous avons suffisamment de moyens (...) pour aider tous ces patients, mais ce qui nous manque, c'est la volonté politique[301]. »

- La principale motivation des entreprises qui fabriquent les médicaments vitaux pour soigner le VIH est financière et non humanitaire. La plupart des Africains n'ont pas facilement accès à ces médicaments parce qu'ils sont très coûteux. Pendant que les riches vont à l'étranger pour se faire soigner ou achètent les médicaments nécessaires dans leur pays, les pauvres dépérissent et meurent.

- Les pratiques traditionnelles contribuent également à la propagation de la maladie. Par exemple, certaines communautés continuent de pratiquer l'héritage de la veuve, même si le mari est décédé du SIDA. La femme est donc probablement séropositive et susceptible d'infecter son nouveau mari qui pourra à son tour la transmettre à ses autres femmes dans le cas où il est polygame.

- Les comportements traditionnels envers le sexe constituent aussi un facteur de propagation de la maladie. Un homme séropositif ou qui a eu des rapports avec une personne infectée (soit sa femme, soit une autre femme) peut refuser de porter les préservatifs. Sans cette protection, la maladie se propage.

- Le refus de parler de la maladie rend difficile la lutte contre sa propagation. En effet, la maladie est souvent perçue comme une malédiction qui apporte la honte sur les victimes et leurs familles. Il y a un refus de se faire dépister ; et ceux qui sont diagnostiqués séropositifs refusent de l'admettre et leurs familles font tout pour que l'on ne sache pas que l'un des leurs est séropositif. On remarque

---

[301] Transcription de l'interview de Kofi Anan par BBC, vendredi, 28 novembre 2003 (cité le 17 mars 2008). Site web : www.un.org/issues/calendar/cache/bbc-sg-aids03.asp.

dans les églises ce même refus d'affronter la maladie et d'en parler ouvertement. Beaucoup d'entre elles ne savent pas comment soutenir et entourer les personnes atteintes du VIH.

Les questions éthiques soulevées par la pandémie du VIH/SIDA

Le VIH/SIDA soulève plusieurs questions éthiques pour les individus, leurs familles, la société, les entreprises et les dirigeants d'églises.

Sur le plan individuel, cette question éthique est liée au choix personnel. Si les hommes et les femmes évitaient les rapports sexuels avant le mariage et hors mariage et n'utilisaient pas les drogues illicites et les seringues non stérilisées, la propagation du VIH baisserait. La maladie nous oblige à reconnaître que nos décisions et nos choix moraux concernant notre style de vie ont des conséquences sur le plan personnel et social.

Cependant, il faut reconnaître que même si une série d'infections au VIH peut commencer avec une personne qui agit d'une manière immorale, le virus peut se propager à d'autres personnes qui vivent une vie morale. Le SIDA n'est pas comme le cancer, le diabète, la maladie mentale et autres maladies qui ne se transmettent pas d'une personne à une autre. Un homme infecté peut transmettre la maladie à sa femme et vice-versa. Les mères peuvent infecter leurs enfants, soit pendant l'accouchement, soit pendant l'allaitement. Lorsque des enfants meurent du VIH/SIDA, l'avenir de toute leur famille est en péril. Des familles entières ont déjà été éteintes par cette maladie.

Le SIDA affecte aussi les membres de la famille qui ne sont pas infectés. En effet, les grands-mères et les grands-pères doivent désormais prendre la responsabilité d'élever leurs petits-enfants orphelins lorsque leurs parents décèdent. Parfois, les enfants finissent par devenir les chefs de famille, essayant d'agir en tant que parent envers leurs cadets.

Les conséquences du SIDA ne se limitent pas au niveau familial, elles s'étendent à la nation toute entière. La plupart des victimes du VIH/SIDA en Afrique sont âgées de 18 à 35 ans. Cette tranche d'âge constitue généralement la majorité de la main d'œuvre de toute nation. Ainsi, lorsque des centaines de personnes de cette tranche d'âge décèdent, l'économie de la nation est affectée. Les ressources alimentaires deviennent rares à cause de la pénurie des personnes physiquement aptes à pratiquer l'agriculture. Les gouvernements et autres organisations doivent décider comment ils vont répondre à l'obligation morale consistant à apporter des soins avec compassion et des traitements médicaux pour leurs citoyens. L'argent alloué pour aider les personnes infectées du VIH devra être enlevé à d'autres secteurs comme l'éducation ou le développement.

Le VIH/SIDA pose également de sérieux problèmes éthiques aux entreprises. Les employeurs doivent décider comment gérer les employés séropositifs ou développant la maladie. Devraient-ils les renvoyer ou les garder afin de prendre soin d'eux ? Les entreprises pharmaceutiques qui fabriquent et vendent les médicaments sont obligées de gérer avec peine la question de pourquoi elles font ce travail. Leur seul objectif consiste-t-il à se faire de l'argent ou à assister ceux qui souffrent ? Combien doivent-ils gagner afin de continuer la recherche et la fabrication de nouveaux médicaments ?

Le VIH/SIDA appelle également l'Église à examiner son attitude vis-à-vis des maladies et particulièrement vis-à-vis de cette pandémie. Est-elle une sanction divine ? Comment répondre aux personnes infectées par le virus ? Les couples devraient-ils faire le test du SIDA avant de se marier ? Certaines églises insistent déjà sur cette question – mais ce test devrait-il être obligatoire ou volontaire ? Que faire lorsqu'un couple fiancé découvre qu'il est séropositif ? L'Église devrait-elle les unir ou non ? Et que faire si un seul des deux partenaires est infecté ? Comment nos réponses à ces questions respectent-elles le caractère confidentiel de la question ?

Toutes ces questions ne peuvent pas être traitées en un seul chapitre. Nous allons tout simplement présenter quelques principes visant à résoudre certains dilemmes éthiques posés par la pandémie du VIH/SIDA.

Les principes bibliques sur le VIH/SIDA

La Bible ne parle pas du SIDA parce que la maladie n'était pas connue à l'époque de sa rédaction. Cependant, elle parle du péché et de la souffrance et ce qu'elle dit sur ces sujets est important pour répondre aux questions que pose cette maladie. La Bible doit nous servir d'appui pour répondre à la question suivante : le VIH/SIDA est-il une sanction divine pour la promiscuité sexuelle ?

Il y a plusieurs années, j'ai interviewé environ une centaine de chrétiens au Nigéria. Presque 80 % des chrétiens interrogés étaient convaincus que les personnes infectées par le virus du SIDA étaient punies pour vivre un mode de vie condamné par Dieu. Il convient donc de répondre à la question de savoir si le VIH/SIDA est un châtiment divin. Pour cela, il nous faut tout d'abord corriger l'hypothèse erronée selon laquelle tous les cas d'infection au VIH sont dus à la promiscuité sexuelle.

> Nous ne pouvons pas dire avec certitude qu'un grand nombre de personnes mortes des suites du VIH/SIDA ou vivant avec le virus sont forcément à blâmer. Près de 5 millions de victimes du SIDA sont des enfants, qui bien évidemment n'ont pas choisi de naître séropositifs. Beaucoup d'autres victimes sont des femmes mariées qui ont été fidèles à leurs maris, mais qui ont été infectées parce que leurs maris avaient des rapports sexuels avec des prostituées. Beaucoup de femmes ne se rendent pas compte que leurs maris sont infectés jusqu'à ce qu'elles accouchent d'enfants séropositifs[302].

De plus, le VIH/SIDA ne se transmet pas uniquement par les rapports sexuels : des millions de personnes ont été infectées lors de transfusions sanguines ou par des seringues qui n'avaient pas été stérilisées correctement avant d'être réutilisées.

Au regard de ces faits, nous ne pouvons pas donner une simple réponse à la question posée ci-dessus. La réponse est à la fois oui et non, comme nous l'explique John Stott :

> Non, parce que Jésus nous a mis en garde contre le fait d'interpréter toutes les calamités comme étant des sanctions spécifiques de Dieu contre les méchants (Lc 13.1-5). Non aussi parce qu'il y a des personnes qui contractent la maladie sans que ce ne soit une conséquence de leur propre péché. Nous pensons aux enfants innocents qui ont contracté la maladie par leurs mères ; aux maris fidèles et surtout aux femmes fidèles qui ont été infectés par leurs conjoints infidèles ; et aux patients innocents qui ont contracté la maladie par des procédures médicales peu soignées. Oui, parce que

---

[302] David Perry, « The Global Distribution of AIDS Pharmaceuticals », p. 1. Cité le 18 mars 2008. Site web : www.scu.edu/ethics/publications/submitted/Perry/aids.html.

toute souffrance humaine est liée à la chute de l'homme. La maladie est entrée dans le monde à cause du péché[303].

Le péché est à l'origine de la souffrance humaine. Il se trouve à la source de toutes les maladies, car s'il n'y avait pas de péché, il n'y aurait pas de maladie.

Quand nous passons du péché en général aux péchés individuels et spécifiques, nous devons noter que, bien qu'il y ait un lien entre le péché et la maladie, ce n'est pas toujours le propre péché d'une personne qui produit la souffrance. Exode 20.5 montre que le peuple souffre parfois à cause du péché de ses ancêtres et dans 2 Samuel 24.1-17, la nation souffre à cause du péché du roi.

Certes, nous sommes d'accord avec ces exceptions, mais il est aussi vrai que l'on récolte parfois ce que l'on sème (Ga 6.7). Il y a un mécanisme de cause à effet à l'œuvre dans beaucoup de cas où des personnes décèdent du SIDA à cause de leur mode de vie. Par conséquent, nous devrions être prudents lorsque nous établissons un lien entre le VIH et le châtiment divin, mais notons aussi qu'il « serait irresponsable de n'y voir aucun lien[304] ». Stott dit que le fait que « les mauvaises actions produisent de mauvaises conséquences, semble avoir été inscrit par Dieu dans l'univers selon sa morale[305] ». Tout comportement insouciant déplaît à Dieu et nous rend vulnérable à la maladie et à la mort précoce.

Le châtiment de Dieu à cause d'un péché n'est pas toute l'histoire ; il est capital de comprendre la grâce et la miséricorde de Dieu pour pouvoir bien traiter ceux qui souffrent de cette pandémie. Cette miséricorde transparaît même dans son jugement :

Beaucoup des coupables de ce péché ne contractent pas le VIH. Beaucoup d'autres ont été contaminés seulement après plusieurs désobéissances. Dieu a été patient, espérant que le pécheur se repentirait. Même lorsque nous sommes contaminés, Dieu promet sa présence à ceux qui le désirent et se repentent. Dieu bénit les affligés même au milieu de leur affliction. En outre, la mort de Christ a payé le prix pour les conséquences éternelles de ce péché[306].

---

[303] John Stott, *New Issues Facing Christians Today,* London, Marshall Pickering, 1999, p. 353-354.

[304] D. A. Carson, *How Long, O Lord ? Reflections on Suffering and Evil,* Grand Rapids, Baker, 1990, p. 255.

[305] Scott, *New Issues Facing Christians,* p. 354.

[306] Feinberg et Feinberg, *Ethics for a Brave New World,* p. 205.

Dieu continue d'étendre son amour, sa miséricorde et son pardon à ceux qui ont contracté le VIH, que ce soit par leur propre péché ou par le péché des autres. Ainsi, le chrétien et l'Église doivent suivre l'exemple de Jésus. Avec le Seigneur, nous devons dire : « Moi non plus, je ne te condamne pas » (Jn 8.11). Nous ne sommes pas appelés à juger les autres (Lc 6.37). Comme Jérôme, un patient américain portant le VIH a dit, « Je vis sous mon propre jugement. Ce dont j'ai besoin, c'est que tu marches avec moi[307] ». Nous devons donc aller à la rencontre de ceux qui souffrent du VIH non pas pour les condamner, mais pour les accepter, les pardonner, les aimer et prendre soin d'eux.

Les dilemmes éthiques

La réponse chrétienne au VIH/SIDA doit avoir plusieurs facettes et doit être centrée sur l'Église et la communauté. Cette réponse implique divers dilemmes éthiques. Certains sont présentés ci-dessous.

Les membres de l'église infectés par le VIH/SIDA : le dilemme du pasteur

La croyance selon laquelle le VIH/SIDA est une conséquence de l'immoralité, a amené certains à parler comme si cette maladie touchait uniquement les non-croyants. L'on part alors du principe que les pasteurs n'auront pas de membres dans leur propre congrégation qui auront cette maladie. Cependant, un pasteur en Afrique du Sud a dit qu'il dirige les obsèques d'environ sept à huit membres de son église *par semaine*. Dans une petite ville du Nigéria, une église enterre environ trois membres chaque semaine. Le SIDA existe bel et bien dans les églises. Un bulletin d'information du programme de sensibilisation au VIH/SIDA de l'Église Évangélique de l'Afrique de l'Ouest (ECWA) le confirme :

À l'hôpital Evangel, nous avons récemment vu plusieurs membres de l'église qui souffraient du SIDA. Nous nous mentons à nous-mêmes si nous imaginons que cela ne va pas dévaster beaucoup de nos communautés chrétiennes. Le problème devient alors automatiquement un problème pour l'église. Des enfants deviennent

---

[307] Stott, *New Issues Facing Christians*, p. 354.

orphelins : que fait l'église ? Les laisse-t-elle à la rue ? Non. Une communauté chrétienne ne peut pas faire cela[308].

Le personnel médical devrait éduquer les dirigeants d'églises sur la manière de comprendre les victimes du VIH/SIDA faisant partie de leurs congrégations et leurs familles respectives. Malheureusement, par ignorance, beaucoup de pasteurs et de dirigeants d'églises ont inconsciemment blessé plus de membres qu'ils n'en ont aidé. Bien que la promiscuité soit la principale cause du SIDA, ce n'est pas une excuse pour éviter ou pour négliger les victimes du SIDA. Au lieu de les condamner, les pasteurs et l'Église devraient aller à la rencontre de ceux qui ont contracté cette maladie, avec amour et attention.

L'Église devrait même encourager ses membres à faire le test pour le VIH/SIDA, non seulement les couples qui sont fiancés, mais aussi tous les autres membres y compris les dirigeants. Le test pourra réduire les suspicions et la tension qui surviennent souvent, lorsque l'Église insiste sur le fait de faire le test avant le mariage. Un bon exemple a été donné lors de la huitième assemblée de la Conférence de toutes les Églises d'Afrique, la CETA tenue au Cameroun en 2003 : plus de 800 dirigeants d'églises représentant plus de 150 églises et 39 pays ont fait le test du SIDA. Toutes personnes séropositives présentes ont été encouragées à révéler leur statut afin de lutter contre la honte associée à cette maladie. Les dirigeants ont également promis d'apporter leur soutien inconditionnel à leurs frères et sœurs séropositifs[309]. Ce geste a encouragé d'autres personnes à faire leur test, à normaliser le test et à montrer comment les chrétiens devraient réagir envers les autres chrétiens souffrant de la maladie.

Les préservatifs : le dilemme de l'éducateur

Pour ce qui est de la question du SIDA, beaucoup sont dans l'ignorance. Certains refusent de croire que cette maladie existe vraiment et continuent à mener un style de vie qui contribue à sa propagation. Même des éminents dirigeants remettent en question le fait que le SIDA soit causé par le VIH. En outre, les membres de l'église ne comprennent

---

[308] ECWA Aids Programme Newsletter, mars 1998 (ECWA signifie l'Église évangélique d'Afrique de l'Ouest).

[309] BBC News, « African Church Leaders take HIV test ». Cité le 20 mars 2008. Site web : news. bbc.co.uk/1/hi/world/Africa/3239926.stm.

pas toujours les implications théologiques et religieuses du VIH/SIDA et ne savent pas comment s'identifier à ceux qui sont affectés.

Afin de remporter la victoire sur cette maladie, nous devons mobiliser une armée d'éducateurs sanitaires pour qu'ils enseignent les membres de l'église, les citoyens, les enfants et les élèves sur le VIH/SIDA. Il nous faut également corriger les différents mythes qui l'entourent. L'éducation est le meilleur moyen pour combattre l'ignorance, les préjugés, la peur et les comportements immoraux. Le programme de la formation doit fournir des informations de base précises sur la maladie, et encourager les participants à discuter de leurs croyances sur cette maladie et sur la manière dont elle se propage. Un tel programme démontre le respect envers les apprenants et donne l'opportunité à l'éducateur de répondre à leurs questions. De plus, comme les participants partagent leurs croyances et parfois leurs expériences avec ceux qui sont infectés, le programme sera aussi une occasion pour sensibiliser sur la manière dont le SIDA affecte la communauté et inciter cette dernière à prendre les mesures nécessaires en vue d'empêcher la propagation de cette pandémie.

Le programme doit inclure des informations sur la prévention du SIDA, par exemple sur les moyens d'empêcher la transmission de la maladie. Cela suscite beaucoup de controverses. Certains programmes encouragent l'usage des préservatifs afin de lutter contre la propagation de la maladie. Cette position est fortement soutenue par les médecins, les fonctionnaires et les hommes politiques. Cependant, certains dans l'église pensent qu'encourager l'usage des préservatifs, c'est tout simplement encourager à la promiscuité.

L'Église catholique romaine a adopté une position assez ferme sur l'usage des préservatifs. Cette position est en grande partie soutenue par la pensée d'Augustin (354-430 ap. J.-C.), le premier évêque d'Hippone en Afrique du nord. Selon ce dernier, le seul but des rapports sexuels était la procréation et non le plaisir. Ainsi, il qualifiait de péché toute technique visant à éviter la procréation. L'Église catholique rejette donc l'usage des préservatifs et de tous les autres contraceptifs parce qu'ils empêchent la conception. Kofi Anann a réfuté ce point de vue et a soutenu que ce qui est en jeu en Afrique n'est pas forcément les croyances d'une personne sur le sexe et la procréation mais plutôt le salut des vies humaines. Si les préservatifs servent à sauver des vies, alors leur usage est légitime. Après tout, la religion peut seulement atteindre les vivants et non les morts.

Comment devrions-nous répondre à ce débat ? Plusieurs points peuvent être soulevés ici. Premièrement, l'Église ne devrait pas être jugée trop sévèrement pour ses inquiétudes quant à la promotion des préservatifs. Dans certaines situations, leur usage soulève de sérieuses questions morales. Les responsables d'églises ont peur d'être accusés de jouer à un double jeu, prêchant contre l'immoralité sexuelle tout en l'encourageant. Ainsi, nous devons bien réfléchir : quand, comment, où et à qui devrions-nous encourager l'usage des préservatifs. Est-il convenable pour les prêtres et les pasteurs d'encourager leur utilisation aux membres de leurs congrégations ?

Le deuxième point important concerne l'efficacité des préservatifs. Il a souvent été démontré que les préservatifs ne sont pas sûrs à 100 % même lorsqu'ils sont utilisés convenablement, ce qui n'est pas souvent le cas. Pas une seule usine de fabrication de préservatifs ne peut garantir avec certitude à 99 % qu'elle peut empêcher la conception, encore moins la transmission des virus et des bactéries. Ainsi mettre toute sa confiance dans les préservatifs reviendrait à jouer à la roulette russe. Même si les chances favorisent la protection, le risque de contracter la maladie est trop élevé.

La position chrétienne est bien formulée par Patrick Dixon : « les préservatifs ne rendent pas le rapport sexuel sans risque, ils réduisent juste les risques. La sexualité sans risque n'est assurée qu'entre deux partenaires non infectés, c'est-à-dire un partenariat entre deux personnes qui étaient vierges et qui restent fidèles l'une à l'autre pour la vie[310]. » La conférence des évêques catholiques qui s'est tenue aux États-Unis a fait la même remarque : « l'abstinence avant le mariage, la fidélité dans le mariage et éviter l'injection des drogues injectées par voie intraveineuse sont les seuls moyens moralement corrects et médicalement sûrs pour éviter la propagation du VIH[311]. »

---

[310] Patrick Dixon, *The Truth about AIDS: What you Must Know; What you can Do*, Eastbourne, Kingsway, 1987, p. 171.

[311] The United States Conference of Catholic Bishops, *The Many Faces of AIDS: A Gospel Response*, Washington, United States Catholic Conference, 1987. Cité le 18 mars 2008. Site web:www.usccb. org/sdwp/international/mfa87.shtml#4.

Cependant, alors que l'Église insiste sur la fidélité morale, nous ne devons pas oublier que nous vivons dans un monde voué au péché. Il y a des hommes et des femmes qui ne seront pas fidèles à leurs conjoints et des célibataires qui continueront de commettre le péché sexuel. Leurs actions vont aider la propagation du VIH. À la lumière de cette réalité, il est important que l'Église éduque ses membres afin de les informer sur la maladie, c'est-à-dire sur comment la maladie est transmise et sur les moyens d'éviter les infections. Bien que les préservatifs en latex n'offrent pas une sécurité absolue, il est mieux de les utiliser plutôt que d'avoir des rapports non protégés. Leur utilisation pourrait protéger plusieurs époux fidèles contre cette maladie mortelle et pourrait empêcher les hommes et femmes sexuellement actifs de contracter ou de transmettre la maladie à leurs partenaires sexuels non affectés.

Il y a de fortes chances pour que la polémique entre les gouvernements, les fonctionnaires, les professionnels de santé et l'Église sur l'usage des préservatifs continue. Les gouvernements ont le droit de promouvoir l'usage des préservatifs et l'Église a également le droit d'encourager l'abstinence et l'éducation sexuelle ; les deux pouvant encourager ou non l'usage des préservatifs.

Le secret professionnel : le dilemme du médecin

Les normes éthiques entrent très souvent en conflits, surtout lorsqu'elles sont appliquées aux réalités quotidiennes. Nous avons fait allusion à ces conflits pour l'usage des préservatifs. À présent, réfléchissons aux conflits auxquels les médecins font face lorsqu'ils ont l'obligation de garder le secret sur l'état de santé d'un patient, tout en sachant que leur silence expose le conjoint du patient au VIH/SIDA ou à d'autres maladies sexuellement transmissibles. Les docteurs conseilleront certainement à leurs patients de parler de leur maladie à leur conjoint, mais que faire si le patient refuse de le faire ? Doivent-ils respecter le droit à la vie privée du patient, même s'il met la vie d'une autre personne en danger ?

Abordant la question sous un autre angle, un médecin devrait-il insister sur le fait qu'un patient, suspecté d'avoir contracté le VIH, doit faire le test ? Devrait-il obtenir la permission du patient avant de lui faire faire le test ou devrait-il le faire à l'insu du patient ? L'autonomie et l'intimité du patient sont-elles violées si le médecin n'obtient pas son consentement ?

La profession médicale s'engage à suivre la tradition qui consiste à assurer la confidentialité de toutes les informations concernant les patients. Cependant, cet engagement prend en compte certaines situations dans lesquelles d'autres obligations emportent sur ce devoir. Premièrement, les médecins ont le devoir d'empêcher leurs patients de se faire du mal. Ils peuvent alerter les autres si le patient menace de se suicider. Deuxièmement, ils ont le devoir d'empêcher le patient de faire du mal aux autres et peuvent donc alerter les autres si un patient menace de leur nuire.

Les médecins doivent donc décider si le danger que constitue le refus du patient de dévoiler son statut est assez significatif pour invoquer l'un de ces principes et rompre la règle du respect de la confidentialité. Cependant, la décision ne doit pas être prise à la légère car le patient peut perdre la confiance en son médecin et ne plus venir pour le traitement, ce qui peut apporter beaucoup de problèmes dans la famille.

Ce type de conflit moral, où deux principes éthiques entrent en conflits, n'existe pas uniquement dans le domaine médical. Comme nous l'avons vu au chapitre 6, les éthiciens ont proposé plusieurs réponses possibles face à de telles situations. Je suggère l'approche appelée absolutisme hiérarchique qui a une vue hiérarchique de l'éthique. Lorsque de réels conflits éthiques surviennent, nous devons déterminer l'obligation morale la plus importante et qui est susceptible de faire le plus de bien. Si nous l'appliquons à la situation du médecin, nous devons déterminer lequel des deux principes est le plus important : préserver la confidentialité du patient ou préserver des vies.

Si nous nous tournons vers l'Écriture, nous pouvons voir qu'il peut être affirmé que la Bible soutient la confidentialité. Elle condamne fermement le commérage qui consiste à débattre des problèmes d'une personne avec des personnes incapables de l'aider (Pr 18.8 ; 26.17), le bavardage (Pr 10.19, 29.20) et la révélation de secrets (Pr 11.13). La Bible enseigne également que certains devoirs et responsabilités priment sur d'autres. Jésus a réprimé les pharisiens en disant « Malheureux êtes-vous, scribes et Pharisiens hypocrites, vous qui versez la dîme de la menthe, du fenouil et du cumin, alors que vous négligez ce qu'il y a de plus grave dans la Loi : la justice, la miséricorde et la fidélité ; c'est ceci qu'il fallait faire, sans négliger cela » (Mt 23.23). Les mots « ce qu'il y a de plus grave dans la loi » indiquent que certains devoirs et responsabilités moraux sont de loin prioritaires. Jésus faisait allusion aux passages tels que Michée 6.8 et Zacharie 7.9-10 affirmant que la justice, la miséricorde, la bonté et la fidélité sont des responsabilités morales au-dessus des autres exigences. Les Écritures nous enseignent également que nous devons aimer notre prochain comme nous-mêmes (Lv 19.18). Jésus l'a particulièrement identifié comme le deuxième plus grand commandement (Mt 22.39). Puisque nous aimerions certainement être averti si quelque chose mettait nos vies en danger, il s'ensuit que nous avons l'obligation d'avertir nos prochains si leurs vies sont en danger. Cette obligation est plus importante que l'obligation de protéger la vie privée du patient. Alors, si un patient séropositif refuse de suivre toutes les tentatives du médecin de le persuader de révéler son statut aux autres potentiellement en danger, le médecin peut le menacer de le faire à sa place.

Selon ce même argument, il est moralement justifiable pour un médecin de faire subir le test à un patient suspect de VIH même sans son consentement.

Les rapports sexuels : le dilemme du conjoint

Un conjoint non infecté devrait-il continuer d'avoir des rapports sexuels avec son mari ou sa femme infecté du VIH/SIDA ? Les vœux de mariage, précisant que les deux sont unis « pour le meilleur et pour le pire, dans la santé et dans la maladie », sont-ils une obligation et un devoir absolu de continuer les rapports avec un partenaire infecté ? Ce problème ronge de nombreux couples chrétiens africains. Ces couples devraient recevoir une aide et des conseils pastoraux et médicaux.

Les rapports sexuels non protégés exposeront le conjoint à l'infection d'une maladie mortelle. L'abstinence peut donc s'avérer nécessaire parce qu'il est question de vie ou de mort. Cependant, l'abstinence ne constitue pas la seule option. Il y a une possibilité d'avoir une intimité sexuelle qui présente peu de risques pour la vie ou la santé du conjoint. Par exemple, le couple peut utiliser un préservatif solide et épais, il peut également réduire la fréquence des rapports tout en restant sensible aux besoins de l'autre, et éviter les embrassades trop profondes au cours desquels la salive peut passer d'une bouche à l'autre. Une femme infectée devrait probablement éviter la grossesse car il y a de forte chance pour le bébé d'être infecté[312].

Malheureusement, la triste réalité est que, même lorsqu'on conseille aux couples d'utiliser des préservatifs, le partenaire infecté (généralement l'homme) refuse souvent d'appliquer ce conseil. C'est un abus des vœux du mariage ; il ne manifeste pas l'amour sacrificiel pour sa femme tel que recommandé par les Écritures (Ep 5.25-29).

Le mariage : le dilemme de l'église

De nos jours, beaucoup d'églises exigent que les couples se fassent dépister avant de se marier à l'église. Certaines étendent ce test à toutes les autres maladies sexuellement transmissibles. Cette demande est-elle légitime ?

Pour les opposants à cette pratique, certains couples refusent de faire le test de peur qu'il ne compromette leur projet de mariage. Ils remettent à plus tard de faire le test, souvent à la semaine avant le mariage. Si l'un ou les deux sont séropositifs, ils n'ont pas assez de temps pour réfléchir à cette situation difficile. Sous le choc de cette nouvelle, ils peuvent soit annuler le mariage à la dernière minute, soit continuer le projet en fermant les yeux sur cette situation.

Cet argument cependant ne répond pas à la question de savoir si le test devrait être fait mais plutôt à quand il faut faire le test. Pour ma part, je recommande vivement que le test soit fait au moins six mois avant le mariage. Ainsi, le partenaire infecté aura le temps de réfléchir et de voir comment vivre avec cette maladie. Les membres de la famille auront également le temps d'accepter cette situation. Étant donné que le mariage en Afrique est une affaire de la communauté, il est donc important que la famille connaisse les résultats du test – mais pour préserver sa vie privée, le couple peut bien ne pas révéler ce résultat, si les vies des membres de la famille ne sont pas en danger. Le couple aura aussi le temps d'écouter des conseils et de reconsidérer leur projet de mariage, leur volonté de continuer ensemble avant que le mariage n'ait lieu. Généralement, lorsqu'un seul des partenaires est infecté, le mariage est souvent annulé.

---

[312] Dixon, *The Truth About AIDS*, p. 177.

Que devrait faire l'Église dans le cas où une personne est infectée et que les deux veulent tout de même se marier ? Par exemple, je connais une jeune femme dont le mari était décédé du VIH/SIDA et l'avait laissée séropositive. Un autre homme l'a demandé en mariage et bien qu'étant informé de son statut, a tout de même insisté pour l'épouser. Certains pasteurs refuseraient de bénir un tel mariage parce qu'il y a des chances pour qu'il conduise à la mort du marié. D'autres par contre, seraient prêt à le faire ; pourvu que le couple ait reçu tous les conseils sur les risques encourus et comment faire pour avoir des rapports protégés dans le mariage (voir la section précédente).

Conclusion

Pour conclure, citons John Stott : « la crise du VIH/SIDA nous met profondément au défi d'être l'Église en action et en vérité : être l'Église en tant que communauté de guérison. En effet, à cause de notre tendance à être satisfaits de nous-même, la communauté de guérison elle-même aura besoin d'être guérie par le pardon de Christ[313]. »

Questions

1. Quel impact le VIH/SIDA a-t-il eu dans la communauté dans laquelle vous exercez le ministère ? Quels sont les problèmes pratiques que cette maladie pose à vous et à votre église ?

2. Comment les pasteurs et d'autres personnes perçoivent-ils le SIDA d'un point de vue théologique ? Certains enseignements bibliques sont-ils privilégiés par rapport à d'autres ?

3. Demandez à plusieurs pasteurs de décrire comment eux et leurs églises s'y prennent pour répondre à la crise du VIH/SIDA. Quel est selon eux, le rôle de l'éducation dans leur réponse ? En quoi leurs commentaires se rapportent-ils aux principes présentés dans ce chapitre ?

4. Évaluez les réponses aux divers dilemmes éthiques présentés dans ce chapitre. Quelles sont les forces et les faiblesses de chacune d'entre elles ? Quelle est votre position sur chacune des questions soulevées dans ce chapitre ?

---

[313] Cité dans l'ouvrage de Stott, *New Issues Facing Christians*, p. 355.

26

L'avortement

Les statistiques sur l'avortement sont effrayants : le nombre d'avortements a été estimé entre 36 et 53 millions pour l'année 1987. L'écart est important parce qu'il est impossible de déterminer les chiffres réels, étant donné que beaucoup de cas d'avortement ne sont pas reportés. Toujours en 1987, parmi les 54 pays (principalement occidentaux) au monde où l'avortement est légalisé, il y a eu entre 26 et 31 millions de cas d'avortement. Parmi les 97 pays où l'avortement est illégal, on compte entre 10 et 22 millions de cas d'avortement[314].

En Afrique, seuls le Cap Vert, l'Afrique du Sud et la Tunisie ont légalisé l'avortement. Cependant, on estime qu'en Afrique plus de 4 millions de femmes et de filles subissent des avortements clandestins et risqués annuellement, avec 34 000 d'entre elles qui en meurent. En fait, 44 % des décès dans le monde suite à l'avortement clandestin se produisent en Afrique[315]. Il est probable que ces décès contribuent à élever le taux de mortalité maternelle au Nigéria où l'on estime qu'il y a 800 décès pour 100 000 naissances vivantes[316].

Dans ce chapitre, nous n'allons pas nous attarder sur la question de la légalisation de l'avortement ou des avortements clandestins ; nous nous concentrerons plutôt sur la grande question éthique selon laquelle tous les avortements détruisent les vies d'enfants qui ne sont pas encore nés.

---

[314] Les statistiques viennent du site internet abortionfacts.com. Cité le 20 mars 2008. www.abortionfacts.com/statistics/aworld_statistics.asp.

[315] Les statistiques viennent de « Ensuring Women's Access to Safe Abortion Care in Sub-Saharan Africa ». Cité le 20 mars 2008. Site web : www.ipas.org/publications/asset_upload_file219_2426.pdf.

[316] Ipas in Nigeria. Cité le 20 mars 2008. Site web : www.ipas.org/Publications Asset_upload_file435_3035.pdf.

Définition de l'avortement

Le terme « avortement » peut renvoyer à plusieurs choses, ce qui présente des problèmes éthiques différents. Les médecins, par exemple, parlent souvent d'*avortement spontané* qui survient lorsque l'ovule fécondé ne s'implante pas dans l'utérus de la femme et est rejeté de son corps pendant ses règles. Dans ce cas, la femme ne savait probablement même pas qu'elle était enceinte. Il est estimé qu'environ 30 à 50 % des ovules fécondés sont avortés de cette manière. Le terme « avortement spontané » est également employé par les médecins pour parler d'une fausse couche. La fausse couche survient lorsqu'un fœtus en développement est expulsé de l'utérus, sans que l'enfant ne soit apte à vivre hors de l'utérus.

Ce chapitre ne va pas traiter des questions éthiques ou théologiques relatives à l'avortement spontané. Nous allons plutôt considérer le type d'avortement appelé *avortement provoqué* : l'action délibérée visant à interrompre une grossesse et à tuer un fœtus en développement en l'évacuant de l'utérus[317].

L'avortement en Afrique traditionnelle

Il est difficile d'avoir un état précis des cas d'avortements dans les sociétés traditionnelles africaines, parce qu'il n'y a pas assez de traces écrites disponibles. Cependant, deux éléments sont à considérer à ce niveau. Premièrement, beaucoup de facteurs amenant à l'avortement aujourd'hui étaient absents dans le passé. Par exemple, il n'était pas possible de savoir si le fœtus était mal formé ou du « mauvais » sexe. En outre, les grossesses hors mariage étaient peu probables parce que la plupart des filles et des garçons se mariaient tôt – certains étaient promis au mariage dans leur enfance. La plupart des filles se mariaient vers l'âge de onze ans.

Deuxièmement, lorsqu'un homme et une femme entretenaient des rapports sexuels illicites et que la femme tombait enceinte, ceux qui étaient responsables de la grossesse étaient punis, pas le fœtus. Par exemple, si une femme mariée portait une grossesse d'un autre homme que son mari, les deux responsables devaient passer par des cérémonies

---

[317] Définition tirée de John S. Feinberg et Paul Feinberg, *Ethics for a Brave New World*, Wheaton, IL, Crossway, 1993. Cet ouvrage aborde de long en large la question de l'avortement du point de vue théologique, éthique et biblique.

rituelles afin de purifier la communauté de ce péché terrible. De la même manière, ceux qui commettaient l'inceste étaient sévèrement punis. Les auteurs étaient publiquement condamnés et parfois maudits par le père du garçon ou de la fille et par les anciens de la communauté. Ils pouvaient être bannis de la communauté, tués ou obligés de passer par des rites de purification rigoureux. Un sacrifice pouvait être fait afin d'apaiser les dieux et d'écarter la famine, la stérilité, la peste ou autre jugement sévère sur toute la communauté. Lorsqu'une grossesse incestueuse était découverte assez tôt, la fille pouvait être forcée à consommer du poison afin de provoquer l'avortement ou alors, elle pouvait épouser quelqu'un avant que la communauté ne s'aperçoive de sa grossesse.

Les raisons de l'avortement aujourd'hui

Les femmes ont recours à l'avortement pour différentes raisons. Certaines femmes le font lorsque des complications médicales surviennent pendant la grossesse et mettent la vie de la mère en danger. D'autres le font parce que les examens montrent que le fœtus présente un risque de handicap physique ou mental grave. Dans ce chapitre, nous n'allons pas entrer en profondeur dans une discussion sur ces raisons thérapeutiques et eugéniques des avortements. Nous allons plutôt nous focaliser sur les questions éthiques liées aux avortements effectués simplement pour le confort des parents ou suite à des pressions sociales.

Un grand nombre d'avortements sont faits parce les femmes ne peuvent pas faire face à la stigmatisation sociale associée au fait d'être une mère non mariée. Beaucoup de sociétés africaines désapprouvent de la grossesse avant le mariage. Les filles qui tombent enceintes peuvent être rejetées par leurs parents et expulsées de l'école, tandis que les femmes non mariées peuvent être renvoyées par leur employeur. Le désir d'avorter est encore plus grand lorsque la relation avec le père de l'enfant est instable et qu'il n'est pas intéressé par le mariage ou l'enfant en question.

Parfois, même lorsqu'un couple projette de se marier, la femme peut décider d'avorter – souvent à cause des exigences de l'église sur la question du mariage. En effet, beaucoup de grandes églises refusent de marier une femme déjà enceinte. Certaines églises exigent même que les femmes fassent un test de grossesse avant le mariage. Si le test s'avère positif, la femme est réprimandée et le mariage est reporté. Il n'est donc pas étonnant que certaines femmes considèrent l'avortement comme une meilleure solution plutôt que de couvrir leurs familles et elles-mêmes de honte !

Cette situation est encore plus stressante lorsque la fille du pasteur tombe enceinte ou lorsque son fils met une fille enceinte. Dans ce cas, la honte est encore plus embarrassante parce que les familles des pasteurs sont considérées comme des modèles pour toute la communauté. L'échec des enfants apporte la disgrâce au pasteur et à son appel. Un avortement peut donc être vu comme une solution de facilité.

Par ailleurs, même certaines femmes mariées interrompent leur grossesse. Elles peuvent le faire parce que le bébé est une fille et que le père refuse d'avoir une autre fille. D'autres pensent qu'elles ne pourront pas s'occuper d'un autre enfant, vu leur situation économique précaire, ou elles ont peur de perdre leur emploi en prenant des congés de maternité. D'autres peuvent se sentir submergées par le fait de prendre soin des enfants qu'elles ont déjà. Beaucoup d'entre elles auraient préféré avoir utilisé des contraceptifs pour éviter de tomber enceinte, mais ne l'ont pas fait, par ignorance, par manque d'information, ou tout simplement parce qu'elles n'ont pas facilement accès aux contraceptifs modernes.

L'infidélité est aussi l'une des raisons pour lesquelles les femmes mariées choisissent l'avortement. Si leur adultère était découvert, leur mari chercherait à divorcer, alors elles peuvent décider d'avorter plutôt que de garder le bébé.

L'on fait aussi recours aux avortements afin de mettre fin aux grossesses qui proviennent d'une relation incestueuse. De nombreuses cultures interdisent les relations sexuelles entre cousins, oncles et nièces, tantes et neveux. Ainsi, lorsqu'une grossesse incestueuse survient, la réponse immédiate est d'essayer d'éviter la honte par l'avortement.

Les procédures d'avortement

Afin de mieux comprendre les questions éthiques liées à l'avortement, il est important de savoir comment il est pratiqué. Il y a plusieurs options et le choix de la méthode dépend de l'évolution de la grossesse.

Pendant les trois premiers mois de grossesse, les techniques suivantes d'avortement peuvent être employées :

- L'aspiration : un instrument puissant est introduit dans l'utérus et met le fœtus et le placenta en morceaux, leur permettant ainsi d'être aspirés dans un pot. Certaines parties du corps peuvent être identifiées : des bras, des jambes ou une tête[318].

- La dilatation et le curetage : on dilate le col de l'utérus comme dans la méthode précédente pour permettre l'introduction à l'intérieur de l'utérus de la curette au moyen de laquelle le placenta est raclé et le fœtus est déchiqueté en morceaux lors du processus[319].

- RU 486 : un médicament connu sous le nom de RU 486 (ou mifépristone ou mifégyne) qui peut être soit injecté, soit avalé. Deux jours après, la femme reçoit un deuxième médicament à base de prostaglandine (soit injecté, soit avalé) qui provoquera des contractions et l'expulsion du fœtus de son corps.

Si la grossesse est de plus de trois mois, les médecins peuvent utiliser d'autres méthodes :

- La méthode saline : une longue aiguille est employée pour injecter une solution saline à travers l'abdomen de la femme, dans le liquide amniotique qui entoure le bébé. Cette solution empoisonne le fœtus. Ensuite, une injection de prostaglandine est administrée afin de forcer l'utérus à expulser le fœtus mort[320].

- La dilatation et l'extraction. La justification généralement avancée pour cette procédure, qui est faite uniquement vers la fin de la grossesse, est l'inquiétude pour la santé de la mère. Elle consiste à « dilater le col de l'utérus et à enlever le fœtus. La tête du fœtus est écrasée ou alors un cathéter est inséré et le cerveau est retiré pour que la tête puisse passer par le col de l'utérus. Pour les opposants à cette procédure, cette méthode consiste à accoucher partiellement d'un fœtus vivant pour ensuite le tuer[321] ». Warren Hern, un

---

[318] C. Everett Koop, *The Right to Live, The Right to Die*, Wheaton, IL, Thyndale House, 1976, p. 30-31.

[319] *Ibid.*, p. 30.

[320] *Ibid.*, p. 31.

[321] « Abortion Rullin Leaves III Women in Quandary ». Cité le 20 mars 2008. Site web : www.msnbc.msn.com/id/18204277/.

professionnel de la santé qui fournit des services d'avortement, décrit cette procédure comme suit :

> J'ai rompu les membranes et fait couler le liquide afin de réduire le risque d'embolie du liquide amniotique. Ensuite, j'ai inséré mes forceps dans l'utérus et les ai appliqués sur la tête du fœtus encore vivant, étant donné que l'injection fœtale ne peut pas être faite à ce stade de la grossesse. Puis, j'ai refermé les forceps, écrasant ainsi le crâne du fœtus et j'ai retiré les forceps. Le fœtus, à présent mort, sort du ventre plus ou moins intact[322].

Il est clair que cette méthode consiste à tuer le fœtus.

La dernière méthode d'avortement est l'hystérectomie qui consiste à enlever entièrement l'utérus. L'on procède généralement à cette opération en cas d'urgence médicale comme lors du diagnostic d'un cancer du col de l'utérus. Parfois, la femme est déjà enceinte lorsqu'on détecte le cancer. Ceci pose de sérieuses questions éthiques. La femme doit-elle être encouragée à accoucher avant de subir cette opération ou alors faut-il enlever le cancer le plus tôt possible afin d'accroître les chances de survie de la mère, même si cela aboutit à la mort du fœtus ? Une autre question éthique se pose lorsque la grossesse est tellement avancée que le bébé pourrait survivre hors de l'utérus, mais que ceux qui font l'hystérotomie le tue ou le laisse mourir par négligence.

Toutes les procédures d'avortement décrites jusqu'ici sont administrées par un personnel médical qui a été formé, mais ce n'est pas la manière dont la plupart des avortements sont effectués en Afrique. Les femmes en Afrique peuvent aller voir des sages-femmes ou des infirmières travaillant clandestinement hors des structures sanitaires. Elles peuvent également aller voir des pharmaciens qui ne leur disent pas toujours les dangers associés aux pilules abortives proposées ou ne leur recommandent pas de les prendre sous ordonnance médicale. Beaucoup de femmes vont voir des tradipraticiens et des herboristes. D'autres essayent de provoquer l'avortement elles-mêmes en introduisant un objet tranchant dans le col de l'utérus ou un irritant comme du gingembre, du piment fort ; ou alors une sorte d'argile appelée « craie locale » au Nigéria ou alun peut être inséré dans les parties intimes.

---

[322] Warren M. Hern, « Did I Violate the Partial-Birth Abortion Ban ? », *Slate Magazine*. Cité le 20 mars 2008. Site web : www.slate.com/id/2090215/.

De tels avortements sont vraiment risqués. Un avorteur sans formation peut facilement perforer ou endommager l'utérus de la femme. Ces dommages peuvent aboutir à des infections, des problèmes de santé, des handicaps à vie, la stérilité et même la mort. Voici la triste histoire d'une jeune fille nigériane : « Je suis diplômée et je travaille comme banquière. J'ai peur de me marier parce que je sais que sur le plan médical, je ne peux plus concevoir. Mon utérus a été enlevé alors que j'avais quinze ans. J'ai eu un avortement risqué qui a failli m'ôter la vie mais par la grâce de Dieu, j'ai survécu. » Chinyere Amalu, qui a raconté cette histoire, ajoute que « cet acte unique qui date de plusieurs années est aujourd'hui la source de sa misère et de son agonie. Mais tandis qu'elle est encore en vie pour nous raconter son histoire douloureuse, beaucoup d'autres comme elle ne le sont plus[323] ».

Les dangers ne se limitent d'ailleurs pas à ceux qui ont subi des avortements clandestins. Il existe également des risques liés aux avortements légaux :

> Quelles que soient les conditions, un avortement est toujours une entreprise dangereuse qui peut, comme c'est très souvent le cas, avoir des conséquences sur le plan physique et émotionnel. (...) Les effets négatifs des avortements comprennent : l'hépatite, la stérilité, les grossesses extra-utérines dans le futur, les accouchements prématurés, les avortements spontanés, et les douleurs abdominales qui peuvent inclure l'implantation anormale du placenta. Ces possibilités sont présentes que l'avortement soit fait pour des raisons de confort personnel ou pour sauver la vie de la mère[324].

Les questions éthiques relatives à l'avortement

Plusieurs questions éthiques importantes se posent dans tout débat sur l'avortement. Nous allons étudier certaines d'entre elles d'une manière générale avant de considérer ce que la Bible dit à propos de l'avortement.

---

[323] Chinyere Amalu, « Whither Women's Health between Unsafe Abortion and the Law », *Vanguard*, 10 avril 2007, p. 50.
[324] R. K Hahhison, « Abortion » dans *Encyclopedia of Biblical and Christian Ethics*, p. 2.

La question de la définition d'une personne

La manière dont nous répondons à la question « quand la vie humaine commence-t-elle ? » affecte tous nos points de vue sur l'avortement. Si le fœtus est seulement perçu comme étant un morceau de tissu indésirable (c'est-à-dire pas encore un humain) ou pas encore complètement humain, alors, l'avortement ne pose aucun problème. Si par contre, le fœtus est perçu comme un être humain à part entière, alors, l'avortement devient une question éthique qui mérite d'être abordée.

Ceux qui soutiennent que le fœtus n'est qu'une masse de tissu devraient réfléchir à ce que la science médicale nous dit sur le développement de l'enfant dans l'utérus.

- 18 jours après la conception : le cœur du bébé bat déjà.

- 2 mois et demi : l'enfant peut déjà plisser les yeux, bouger sa langue et commence à être sensible au toucher.

- 3 mois : le bébé peut sucer son pousse et reculer de douleur.

- 6 mois : le bébé devient sensible aux effets de la lumière et du son et il est possible qu'il survive hors de l'utérus.

- 7 mois : le système nerveux du bébé devient plus complexe.

- 8-9 mois : le bébé est en principe complètement développé.

Il est ainsi clair que le fœtus est de loin plus qu'une masse de tissu.

Certains sont d'accord avec cette position mais insistent quand même sur le fait que le fœtus n'est pas encore complètement humain. Contrairement à ceux qui pensent que le fœtus est une personne au moment où l'ovule est fécondé, d'autres estiment qu'il ne le devient que lorsque l'ovule est implanté dans l'utérus. Cette position a bien évidemment des implications dans l'évaluation de certains contraceptifs (voir le chapitre 15). D'autres encore soutiennent que le fœtus ne devient une personne que lorsque son cerveau peut être identifié ou lorsque les parties de son corps peuvent être clairement identifiées ou encore lorsqu'il est capable de survivre hors de l'utérus.

Dans certaines sociétés, un bébé ne devient une personne qu'après un an ! Ceux qui militent en faveur de la position sociale, psychologique ou du développement de la personne invoquent un argument semblable. Pour ces derniers, ce n'est pas simplement posséder une vie qui fait d'une personne un être humain, mais le fait de posséder une vie significative, qui a un sens. Il est question ici de la qualité de la vie. Pour être considéré comme un être humain, il faut avoir une conscience des événements externes et internes, être capable d'initier sa propre activité, avoir l'aptitude à communiquer à propos de différents sujets et contenus et avoir une idée de soi et une conscience de soi. Pour ceux qui sont d'accord avec cet argument, le fœtus ne peut pas être considéré comme une personne ; il n'est qu'une personne potentielle et ses droits sont inférieurs à ceux d'une personne à part entière. Le problème de cet argument réside dans le critère de définition de la personne : il est relatif, subjectif et ouvert à diverses interprétations. L'innocent, faible et sans défense peut facilement être écarté s'il ne remplit pas les exigences requises d'une personne à part entière. Une telle position a des conséquences terribles : les fœtus mal formés et les personnes âgées pourraient être tués sans crainte d'être condamné de meurtre.

La question des droits des femmes

En Occident, beaucoup soutiendraient que la mère a le droit de faire ce qui lui plaît de son corps. Si elle veut enlever un fœtus de son corps, personne ne devrait pouvoir l'en empêcher. Cet argument provient de la croyance occidentale qui veut que les droits des individus priment sur les droits de la communauté. Cette pensée individualiste est étrangère à la société traditionnelle africaine. Cependant, les Africains adoptent de plus en plus ce mode de pensée où chacun fait ce qui lui plaît. Ainsi, une fille qui tombe enceinte peut décider d'avorter si elle veut.

La principale faille dans cet argument, c'est de ne pas reconnaitre qu'en réalité, l'enfant n'appartient ni à son père, ni à sa mère mais plutôt à son Créateur : « le fœtus n'appartient (au sens le plus stricte du terme) ni à ses parents, ni à la société humaine en général, ni au gouvernement, mais à Dieu[325]. »

La question des enfants non désirés

Certains pensent qu'il serait mieux d'interrompre une grossesse non désirée que d'accoucher d'un enfant non désiré. Ils insistent sur le fait

---

[325] John M. Frame, *Medical Ethics : Principles, Persons and Problems*, Phillipsburg, NJ, Presbyterian and Reformed, 1988, p. 89.

que les enfants non désirés souffriront parce qu'ils ne seront pas aimés et appréciés. Ceci n'aurait certainement pas été le cas dans les sociétés traditionnelles africaines où aucun enfant n'était rejeté comme étant un « bâtard » ou négligé car les enfants appartenaient à tout le monde. Les enfants n'étaient pas sous la seule responsabilité de leurs parents biologiques, ils appartenaient à toute la communauté. Lorsque les parents d'un enfant étaient incapables de prendre soin de lui pour des motifs divers, les tantes, les grands-pères, les grands-mères, les cousins, les frères et sœurs et les belles-sœurs prenaient la relève.

Cependant, de nos jours, l'éthique communautaire perd de son importance et les bébés sont parfois rejetés et on les laisse mourir. Les enfants non désirés errent dans les grandes villes en Afrique, mendiant de l'argent ou de la nourriture. Les parents qui refusent d'accepter la responsabilité liée aux rapports sexuels sont souvent à l'origine de cette situation.

> Étant donné qu'une relation avant le mariage et extraconjugale est surtout recherchée pour le plaisir et la détente, comme la satisfaction de la libido, ceux qui s'y engagent sont généralement peu enclins à consentir aux sacrifices correspondants et à accepter la responsabilité qui y est liée. Dans cette mesure, il y a là un déni de l'un des buts essentiels de la sexualité, à savoir une relation personnelle supposée être permanente et la volonté d'accepter le rôle de parent[326].

La question de la pauvreté

Il est possible que la principale cause des avortements en Afrique soit la pauvreté. Il ne s'agit plus ici d'enfants non désirés mais plutôt de parents endurant le chômage et la souffrance et ne voyant pas comment ils pourraient subvenir aux besoins de l'enfant. Ainsi, ils optent pour l'avortement plutôt que d'accueillir un enfant dans une maison où il sera sous-alimenté, mal éduqué et soumis à une pauvreté écrasante.

Les principes bibliques sur l'avortement

En tant que chrétiens, les principes bibliques doivent orienter nos débats sur l'avortement. Cependant, il n'y a pas d'enseignement explicite

---

[326] Helmut Thielicke, *Ethics of Sex*, New York, Harper and Row, 1964, p. 201. Il conclut que la sexualité perd son essence lorsqu'elle est pratiquée hors mariage, sans respect de la personne de l'autre partenaire et acceptation de la paternité.

sur cette question dans la Bible. Par conséquent, nous devons adopter une position fondée sur ce qu'elle dit sur d'autres sujets relatifs. Par exemple, il est dit dans la Bible que les fausses couches peuvent être des signes de la malédiction de Dieu sur ceux qui lui désobéissent (Os 9.14). Ceux qui lui obéissent seront bénis avec beaucoup de naissances (Ex 23.26).

Ceux qui s'opposent à l'avortement avancent que le commandement : « Tu ne commettras pas de meurtre » (Ex 20.13) interdit d'ôter la vie humaine. Mais citer ce commandement ne répond pas à la question de savoir si un fœtus est un être à part entière ou non, ayant les mêmes droits et les mêmes privilèges que tout autre être humain. Cette question est cependant abordée indirectement dans plusieurs autres passages. Par exemple :

> Si des hommes, en se battant, heurtent une femme enceinte et causent un accouchement prématuré, mais sans qu'il y ait d'autre conséquence grave, l'auteur de l'accident devra payer une indemnité dont le montant sera fixé par le mari de la femme et approuvé par arbitrage. Mais s'il s'ensuit un dommage, tu feras payer vie pour vie, œil pour œil, dent pour dent, main pour main, pied pour pied, brûlure pour brûlure, blessure pour blessure, contusion pour contusion. (Ex 21.22-25, Semeur)

Ce passage ne traite pas de façon spécifique de l'avortement mais plutôt de l'accouchement prématuré provoqué par un accident. Les avortements ne sont pas des accidents, ce sont plutôt des actes bien planifiés visant à détruire le fœtus. Cependant, ce passage est souvent cité à tort par les partisans de l'avortement. Ils estiment que ce texte soutient leur point de vue selon lequel un fœtus n'est pas entièrement un humain. Selon cette loi, celui qui tuait une personne devait aussi mourir, comme cela transparaît clairement dans les mots « vie pour vie » dans la citation ci-dessus. Par conséquent, si la femme accidentée décède, le responsable doit également mourir. Cependant, l'offense n'est pas si « grave » lorsque c'est le fœtus qui meurt à cause d'une fausse couche. Le coupable doit juste payer une amende. Selon cette interprétation, la vie d'un fœtus est de loin inférieure à celle d'une personne et doit être considéré comme étant moins qu'un être humain à part entière.

Ceux qui ont recours à cet argument pour soutenir l'avortement semblent négliger les failles dans leur propre argumentation. La loi ne dit pas que le fœtus ne vaut rien, loin de là. Toute offense contre lui aboutit à la sanction, même si la sanction est réduite comme dans les cas d'homicides involontaires (Dt 19.1-13 ; Nb 35.10-34). Le simple fait qu'il y ait une sanction, indique que ce qui a été fait n'était pas bien et la société reconnaît que quelqu'un a été blessé.

En outre, cet argument manque de noter que cette loi ne traite pas le fœtus comme faisant simplement partie du corps de la mère et qu'elle peut en faire ce qu'elle veut. Deux personnes sont impliquées (la mère et l'enfant) et des sanctions différentes sont appliquées selon la personne à qui l'on a fait du tort. Chacune des deux personnes impliquées est unique et importante.

Enfin, cet argument ignore ce qui est dit deux versets plus haut : « Et quand un homme frappera avec un gourdin son serviteur ou sa servante et qu'ils mourront sous sa main, il devra subir vengeance » (Ex 21.20). Cette sanction ne semble pas être la peine de mort – cela veut-il dire qu'un esclave est moins qu'un être humain ?

L'argument des partisans de l'avortement comporte beaucoup de limites. Pire encore, ils font une mauvaise interprétation du verset. Le verset ne traite pas d'une fausse couche, mais plutôt d'un accouchement prématuré qui produit un enfant vivant, lequel pourrait développer des problèmes graves du fait qu'il est né plus tôt que prévu. La traduction littérale du texte hébreu est « au point où elle perd son fruit ». Le mot traduit par « fruit » est le même mot utilisé dans l'Ancien Testament pour décrire un enfant jusqu'à l'âge de 12 ans. Dans Genèse 44.20, ce mot est employé pour faire allusion à Benjamin et dans Exode 2.6, il renvoie à Moïse. Différents mots sont employés pour décrire une fausse couche (Jb 3.6 ; Pss 58.9 ; 139.16 ; Ec 6.3).

Cet argument pèse encore plus lorsque que nous considérons le verbe hébreu qui est traduit par « donner naissance ».

D'un point de vue linguistique, la traduction rendue par « fausse couche » n'est pas correcte. Le verbe *yatza*, lorsqu'il est employé isolément, comme c'est le cas ici, renvoie à une naissance d'enfant vivant et non à une fausse couche (Gn 25.25-26 ; 38.28-30 ; Jr 1.5 ; 20.18). *Yatza* est employé pour faire référence à un mort-né uniquement lorsqu'il est accompagné d'une certaine forme de *muth* « mourir », comme c'est le cas dans Nombre 12.12, et Jb 3.11 (...) Il existe un mot hébreu spécifique pour faire allusion à « fausse couche », il s'agit de *shakol* (Ex 23.26 ; Os 9.14) et ce mot n'est pas employé dans Exode 21.22-25. Par conséquent, la meilleure traduction de ces passages doit être rendue par accouchement prématuré et non fausse couche[327].

La loi du talion, « œil pour œil, dent pour dent, main pour main, pied pour pied, brûlure pour brûlure, blessure pour blessure, meurtrissure pour meurtrissure » s'applique donc aussi bien pour la mère que pour l'enfant[328]. Si la mère ou le nouveau-né souffre d'une blessure grave, le coupable devra recevoir une sanction équivalente.

Le Psaume 139.13-16 nous donne un aperçu de la personne et de la valeur du fœtus :

C'est toi qui as formé mes reins, qui m'as tissé dans le sein de ma mère. Je te loue de ce que je suis une créature si merveilleuse. Tes œuvres sont admirables, et mon âme le reconnaît bien. Mon corps n'était point caché devant toi, lorsque j'ai été fait dans un lieu secret, tissé dans les profondeurs de la terre. Quand je n'étais qu'une masse informe, tes yeux me voyaient ; et sur ton livre étaient tous inscrits les jours qui m'étaient destinés, avant qu'aucun d'eux existât. (Louis Segond 1910)

La « masse informe » dont il est question ici fait référence à l'embryon ou au fœtus. Dieu a créé et a veillé sur le psalmiste lorsqu'il était encore dans le sein de sa mère (en fait, avant même qu'il ne soit conçu – Jr 1.5 ; Lc 2.21). Il n'y a donc pas de doute sur le fait qu'un fœtus soit une personne à part entière : « À partir du moment de la conception, il a le nombre complet de chromosomes humains et est de ce fait, différent des embryons ou fœtus "inhumain." Depuis le tout début, il est un enfant humain, et son humanité est vérifiable dans toutes les cellules de son corps[329]. » Il est aussi déjà un être moral dans la mesure où même dans « son état embryonnaire dans la chambre close de l'utérus, la loi morale était inscrite dans son être[330] ». Il a déjà une âme qui est affectée par le péché qui souille toute la race humaine. C'est pourquoi le psalmiste peut dire, « Voici, dans la faute j'ai été enfanté et, dans le péché, conçu des ardeurs de ma mère » (Ps 51.7).

---

[327] Davis, *Evangelical Ethics*, p. 151.

[328] Jack A. W. Cottrell, « Abortion and the Mosaic Law », *Christianity Today* 17, 16 mars 1973, p. 6-7.

[329] Frame, *Medical Ethics*, p. 90.

[330] E. R. Dalglish, *Psalm Fifty-One in the Light of Near Eastern Patternism*, Leiden, Brill, 1962, p. 124.

En tant que personne créée par Dieu, l'enfant mérite notre respect. Détruire un fœtus c'est tout simplement détruire un être humain, ainsi que tout ce qu'il ou elle aurait accompli. Ce point se retrouve dans les paroles de Dieu adressées à Jérémie, « Avant de te façonner dans le sein de ta mère, je te connaissais ; avant que tu ne sortes de son ventre, je t'ai consacré ; je fais de toi un prophète pour les nations » (Jr 1.5). Paul fait la même remarque lorsqu'il parle de Dieu : « Celui qui m'a mis à part depuis le sein de ma mère et m'a appelé par sa grâce » (Ga 1.15). Ces grands hommes reconnaissent que Dieu les percevait comme des êtres humains à part entière quand ils étaient encore dans le sein de leurs mères (voir aussi Es 49.1, 5).

Cette vérité ne s'applique pas uniquement aux grands hommes. Job a reconnu que c'est Dieu qui a créé tout un chacun, les employeurs et les employés. Il dit ainsi : « Si j'ai méconnu le droit de mon serviteur ou de ma servante dans leurs litiges avec moi, que faire quand Dieu se lèvera ? Quand il enquêtera, que lui répondre ? Celui qui m'a fait dans le ventre, ne les a-t-il pas faits aussi ? C'est le même Dieu qui nous a formés dans le sein » (Jb 31.13-15 ; voir aussi Es 44.24).

L'enfant à naître ne doit pas non plus être considéré comme seulement potentiellement humain et actuellement sans émotion, passif et inactif. Toutes les mères portant des jumeaux reconnaîtront la description de l'expérience de Rébecca dans Genèse 25.21-25, qui dit que ses deux fils « se heurtaient dans son sein ». Le Seigneur connaissait déjà la destinée de ces deux enfants : « Deux nations sont dans ton sein, deux peuples se détacheront de tes entrailles. L'un sera plus fort que l'autre et le grand servira le petit. » Dans le Nouveau Testament également, Elisabeth dit à Marie : « Lorsque ta salutation a retenti à mes oreilles, voici que l'enfant a bondi d'allégresse en mon sein » (Lc 1.44). Même un enfant encore dans le ventre peut exprimer des émotions.

Une réponse chrétienne à l'avortement

Les bébés dans le sein maternel sont des créatures de Dieu et c'est lui qui façonne leurs vies. Il ne nous revient donc pas de décider de mettre fin à leur vie. Nous devrions plutôt encourager ceux qui cherchent à avorter à considérer d'autres options telles que l'adoption. Nous devrions également venir en aide financièrement et matériellement à ceux qui avortent à cause de leur situation économique précaire. Cette aide ne devrait pas être apportée seulement à la naissance, mais aussi pendant que l'enfant grandit.

Nous devons également reconnaître qu'une femme qui cherche à avorter devra étouffer sa conscience afin de tuer son enfant à naître et elle ne parviendra jamais à effacer cet acte de sa mémoire. Il y a de nombreux témoignages de femmes qui regrettent d'avoir tué leurs bébés (tout comme il y a beaucoup de témoignages de femmes se réjouissant d'avoir décidé de garder leurs bébés). Il ne sera pas non plus facile pour une femme d'admettre qu'elle a eu à avorter. La plupart des Africains croient que la seule raison poussant une femme à recourir à l'avortement est pour cacher un comportement honteux. C'est pourquoi les femmes qui ont avorté sont stigmatisées. Certaines femmes stériles sont mêmes accusées d'avoir avorté parce que l'on pense que celles qui avortent éprouvent des difficultés à avoir des enfants à nouveau.

Il y a cependant des cas exceptionnels pour lesquels nous devons bien réfléchir avant de donner un conseil. Que devons-nous dire par exemple à une femme dont la grossesse présente un danger pour sa propre vie ? Est-il préférable qu'elle laisse des orphelins derrière elle ou que nous lui permettions plutôt d'avorter ? Nous nous retrouvons dans une zone de conflit des valeurs morales. Dans le cas où il n'y a aucune autre option médicale possible, nous ne devrions pas demander à la mère de sacrifier sa vie pour son enfant. Cependant, toute décision d'avorter doit être prise avec un réel intérêt et chagrin pour la perte d'une vie qui résulte de ce que Tertullien a appelé « une cruauté nécessaire ».

Que dire aux parents qui savent que leur enfant naîtra avec des malformations graves ? Devrions-nous les encourager à continuer la grossesse, quelle que soit la manière dont leur enfant peut être profondément et douloureusement handicapé ? Une fois de plus, nous avons besoin de nous tourner vers les conseils des médecins pour comprendre la gravité de la malformation, pour voir si l'on peut faire quelque chose pour y remédier et ce qui peut être fait afin de soutenir aussi bien l'enfant que les parents. L'avortement devrait être la dernière option à considérer et ne devrait l'être qu'en cas d'extrême urgence, par exemple, quand le médecin s'assure que les malformations sont extrêmes et sont incompatibles avec la vie.

Une question se pose souvent : que doit-on faire des enfants conçus suite à un viol ou un inceste ? Les mères de ces enfants ont souvent été victimes de graves traumatismes. Nous ne devrions pas refuser de les écouter si elles pensent à l'avortement. Avant de prendre une décision, nous devons leur proposer une aide psychologique. Celui qui encadre doit leur faire comprendre que certains enfants conçus après un viol ou l'inceste, ont souvent été des puissants témoins pour le Seigneur. Si la femme se sent incapable de prendre soin d'un enfant dont l'existence rappelle des souvenirs terribles, le conseiller peut lui suggérer la possibilité de continuer à porter l'enfant et de le faire adopter après l'accouchement. De plus en plus, les couples sans enfants adoptent des enfants non désirés afin de leur donner un foyer. Les êtres innocents ne devraient pas être punis pour les péchés de leurs pères et de leurs mères.

Questions

1. L'avortement est-il très fréquent dans votre localité ? Que faites-vous pour venir en aide aux femmes qui veulent avorter ou qui ont déjà eu à avorter ?

2. Quelles sont les difficultés que vous rencontrez dans la prévention des avortements ou dans l'aide que vous apportez aux femmes qui ont déjà avorté ?

3. Quelle responsabilité relative à l'avortement les hommes devraient-ils assumer ?

4. Quelles décisions stratégiques du ministère relatives à l'avortement devez-vous prendre ? Par exemple, comment pouvez-vous enseigner sur ce sujet ? Comment pouvez-vous amener les autres à prendre soin des enfants non désirés et des mères que vous avez convaincu de ne pas avorter ?

5. Résumez les principes bibliques sur l'avortement. Comment ces principes devraient-ils façonner vos décisions dans le ministère ?

6. Faites des recherches sur les travaux menés par des organismes tels que Africa Cares for Life et Care Confidential. Leurs idées peuvent-elles vous aider dans votre ministère auprès des femmes qui portent des grossesses non désirées dans votre localité ?

27

L'euthanasie et l'infanticide

Le mot « euthanasie » vient de deux mots grecs, l'un des deux signifie « bon » ou « bien », et l'autre signifie « mort ». Ainsi, le débat sur l'euthanasie est donc au sens littéral un débat sur comment faire pour avoir une « bonne mort » et éviter de prolonger inutilement le processus de la mort.

Les technologies et les techniques médicales modernes nous permettent de vivre plus longtemps et dans de meilleures conditions. Elles peuvent effectuer des guérisons presque miraculeuses, mais elles ont également compliqué le processus de la mort. Des enfants qui autrefois mourraient juste après leur naissance, peuvent à présent être maintenus en vie. Ceux qui souffrent de maladies incurables et qui sont dans des phases terminales leur infligeant des souffrances intolérables et humiliantes peuvent être maintenus en vie pendant plusieurs mois, voire des années. À titre d'illustration, Chantal Sebire, une femme atteinte d'une tumeur faciale très douloureuse qui l'avait défiguré et lui avait fait perdre la vue, le goût et le toucher, avait fait appel au tribunal français afin de recevoir l'autorisation de mettre fin à sa vie avec l'assistance d'un médecin. Sa demande avait été rejetée, mais son suicide en mars 2008 a relancé le débat sur l'éthique de l'euthanasie[331].

L'euthanasie soulève un certain nombre de questions éthiques. Certaines d'entre elles sont similaires à celles soulevées par l'avortement. La question la plus importante est de savoir si l'euthanasie peut être moralement justifiée ou si la vie devrait toujours être préservée en toutes

---

[331] BBC, « Tumour woman's death not natural ». Cité le 23 mars 2008. News.bbc.co.uk/1/hi/world/Europe/7308746.stm.

circonstances. Cette question mérite une réponse, non seulement de la part des professionnels de la santé, mais aussi des patients, de leurs proches et même de la communauté toute entière.

Définition de l'euthanasie

Dans le passé, il était facile de savoir quand une personne était décédée. En effet, une personne était déclarée morte lorsque le battement de son cœur s'arrêtait et qu'elle ne respirait plus. De nos jours, les choses ne sont plus aussi simples, surtout en Occident. Les patients peuvent être branchés à des respirateurs artificiels qui pompent de l'air dans leurs poumons et maintiennent leur respiration. Ceux dont les reins ne fonctionnent plus peuvent être gardés en vie grâce à la dialyse. Les techniques de réanimation cardio-pulmonaire (RCP) peuvent restaurer le battement cardiaque et maintenir la circulation du sang après que le cœur se soit arrêté de battre. Les patients inconscients qui seraient morts auparavant peuvent maintenant être gardés en vie pendant longtemps.

Cette situation dans laquelle le corps peut maintenant continuer de fonctionner grâce à des machines a compliqué la définition de la mort. Nous ne pouvons plus simplement dire qu'une personne est morte lorsque son cœur et ses poumons ont lâché. Selon les médecins, la mort est maintenant définie par : « (1) l'arrêt irréversible des fonctions circulatoires et respiratoires (2) l'arrêt irréversible de toutes les fonctions du cerveau et du tronc cérébral[332]. » Certains insistent pour que la mort soit définie comme étant l'absence d'activité cérébrale dans la région du cerveau appelée néocortex, c'est-à-dire la partie du cerveau responsable des sens, du raisonnement spatial, de la pensée et du langage.

Il n'est pas vraiment nécessaire d'aller dans les détails concernant les différentes définitions de la mort parce que notre intérêt n'est pas tant pour les détails techniques en question que pour les décisions pratiques reflétant nos valeurs et nos croyances relatives à la mort. Par exemple, qui prend la décision de mettre fin à une vie ? Est-ce la personne qui souffre, auquel cas il s'agit de l'*euthanasie volontaire* ? Ou ceux qui s'occupent du souffrant, auquel cas il s'agit de l'*euthanasie involontaire* ? Un cas célèbre

---

[332] *Report of The President's Commission for the Study of Ethical Problems in Medicine and Biomedical and Behavioral Research*, 1981, p. 2. Cité le 28 mars 2008. Site web: www.bioethics.gov/reports/past_commissions/definig_death.pdf.

d'euthanasie involontaire est celui du mari de Terry Schiavo : il a décidé de retirer la sonde alimentaire qui a maintenu sa femme en vie pendant quinze ans, mais dans un état végétatif.

Le fait d'enlever les sondes peut également être décrit comme étant l'*euthanasie active* dans laquelle une personne réalise délibérément un acte qui met fin à la vie du patient. D'autres exemples d'*euthanasie active* consisteraient également à prescrire une dose excessive de médicament à un patient, à l'étouffer ou à tirer sur lui. L'*euthanasie passive,* par contre, consiste à ne plus administrer de soins médicaux au patient, ce qui lui permet de mourir naturellement.

Enfin, nous pouvons également distinguer l'*euthanasie directe* de l'*euthanasie indirecte.* Pour l'euthanasie directe, la personne qui veut mourir mène une action qui va causer sa mort en prenant, par exemple, délibérément une surdose de médicaments ou en arrachant le tuyau respiratoire. Pour l'euthanasie indirecte, par contre, quelqu'un d'autre agit à sa place : par exemple, lorsque celui qui administre des soins injecte au patient une dose mortelle de morphine.

L'euthanasie en Afrique traditionnelle

De nos jours, la question de l'euthanasie est souvent débattue en gardant à l'esprit le contexte des hôpitaux et des traitements médicaux de pointe mais cela ne veut pas dire que cette pratique n'existait pas en Afrique traditionnelle. La question de la mort est assez complexe dans le contexte africain. En effet, dans les sociétés traditionnelles, la mort va au-delà de la simple séparation de la vie du corps physique. Elle implique aussi de profondes questions religieuses, philosophiques, sociales et culturelles. Les causes de la mort et la question de savoir comment faire face à sa propre mort et à celle des autres, était (et continue d'être) liée aux superstitions, à la tradition et aux convictions religieuses. Nous ne pouvons pas parler en détails de ces questions dans cet ouvrage, mais quelques-unes sont abordées au chapitre 30 consacré à la sorcellerie.

Il existe une longue tradition d'euthanasie passive volontaire en Afrique. Par exemple, les personnes âgées de la tribu des Bajju au Nigéria peuvent dire à leurs enfants et leurs petits-fils qu'ils ne peuvent supporter l'idée qu'une main étrangère touche leur corps pendant les derniers jours de leur vie sur terre. Ainsi, ils refusent d'aller à l'hôpital lorsqu'ils sont malades. Pour eux, la bonne mort consiste à mourir chez soi, avec ses enfants à son chevet et leurs souhaits respectés.

Il y a aussi toujours eu en Afrique des cas d'euthanasie involontaire et active qui prennent souvent la forme d'infanticide, c'est-à-dire le fait de tuer des bébés. Les bébés malformés étaient considérés comme des mauvais esprits qui avaient pris la forme humaine, venus pour tourmenter la communauté. Ils étaient donc abandonnés au bord des fleuves qui pouvaient les transporter ailleurs ou les noyer. Ils étaient aussi laissés dans la forêt pour être dévorés par des animaux sauvages. Les jumeaux étaient également considérés comme des mauvais esprits dans certains pays comme le Bénin et le Nigéria et étaient tués – une pratique qui a scandalisé la célèbre Mary Slessor qui a travaillé dur pour y mettre fin. Ce type de traitement envers les enfants handicapés continue encore : il n'y a pas si longtemps, un bébé atteint du syndrome de Down a été abandonné dans un train au Nigéria. Certains enfants bien portants sont également abandonnés par leurs mères qui ne veulent pas d'eux. Ces pratiques n'existent pas qu'en Afrique. En effet, l'infanticide a été pratiqué dans de nombreuses cultures à travers le monde : le monde gréco-romain par exemple autorisait l'exposition des nourrissons filles non désirés et des nourrissons garçons faibles et malformés.

Les sociétés traditionnelles pratiquaient également l'euthanasie active pour mettre fin à la vie des personnes âgées très malades et sans espoir de guérison. Elles pouvaient être noyées, abandonnées ou empoisonnées.

Les méthodes employées ont peut-être changé, mais les raisons qui poussent les gens à mettre fin à la vie des personnes malades, mal formées, faibles et non désirées sont pratiquement les mêmes.

Les arguments en faveur de l'euthanasie

Les arguments en faveur de l'euthanasie sont en quelque sorte semblables à ceux de l'avortement et rencontrent presque les mêmes objections.

La qualité de la vie

L'éthicien Joseph Fletcher, partisan de l'éthique de situation, soutient qu'il n'est pas convenable de parler du caractère sacré de la vie (dans le sens où la vie est un don de Dieu et devrait être respectée, honorée et protégée), et dit que nous devrions plutôt mettre l'accent sur la qualité de la vie, c'est-à-dire la valeur de la vie pour un patient et pour la communauté. Il renchérit en disant que c'est une erreur de penser que toutes les vies ont une valeur et doivent être préservées à tout prix. Les enfants gravement malformés, les adultes dans le coma et ceux qui sont devenus estropiés suite à un accident ou une maladie peuvent rester vivants sur le plan clinique mais, ni eux, ni leurs familles ne font l'expérience de la joie, de la valeur et du sens de leur vie. Selon lui, il ne sert à rien de continuer à dépenser de l'argent et d'autres ressources pour maintenir une vie qu'on aurait mieux fait d'abréger.

La question de la dignité de la personne humaine

La question de savoir ce qui fait d'un individu une personne à part entière a été abordée au chapitre précédent consacré à l'avortement. La même question est très importante dans notre débat relatif à l'euthanasie. Si nous définissons l'être humain en termes de la qualité de sa vie, de ses réussites et de sa contribution économique à la société, il est facile de considérer un enfant malformé, des patients comateux, des personnes atteintes de graves handicaps mentaux ou une personne âgée comme étant moins que des êtres humains à part entière, et d'abréger leur vie. Si par contre, une personne à part entière a une plus large définition et que de telles personnes sont considérées comme des humains à part entière, la décision d'abréger leurs vies est bien plus difficile.

Le libre arbitre

Aujourd'hui, chacun doit, dit-on, pouvoir décider de quel type de mort il meurt. Bien que cet argument semble provenir de l'individualisme occidental, il est aussi soutenu dans les sociétés traditionnelles africaines. Comme mentionné plus haut, des personnes très âgées peuvent insister pour qu'on les laisse mourir à la maison, entourées de leurs familles.

L'aspect financier

Si l'approvisionnement en médicaments de premiers soins (médicaments courants, la nourriture et les fluides) est important, il arrive un moment où les coûts d'un traitement deviennent exorbitants. Par exemple, une famille devrait-elle se ruiner afin d'envoyer un parent âgé à l'étranger pour une opération, sachant qu'il ne pourra vivre que quelques mois ou années de plus ? Et si la famille ne paye pas ce traitement, est-elle coupable d'euthanasie passive ?

Le débat se complique avec le changement rapide de ce qui est considéré comme traitement onéreux ou très avancé. Ce qui était extraordinaire il y a cinquante ans ne l'est plus aujourd'hui. La greffe des reins qui était une pratique peu connue il y a trente ans est devenue une pratique courante et peut donner beaucoup d'années supplémentaires au patient. Néanmoins, ces solutions sont encore très coûteuses et hors de portée pour la plupart des Africains.

La Bible et l'euthanasie

La Bible ne traite pas directement de l'euthanasie. Cependant, elle comprend le désir de mourir. Job l'a bien exprimé dans sa lamentation : « Pourquoi donne-t-il la lumière à celui qui peine, et la vie aux ulcérés ? Ils sont dans l'attente de la mort, et elle ne vient pas, ils fouillent à sa recherche plus que pour des trésors » (Jb 3.20-21).

Certains incidents de la Bible peuvent être considérés comme des exemples d'euthanasie, dans la mesure où des individus ont demandé à d'autres de mettre fin à leur vie. Pour les cas d'Abimélek (Jg 9.54) et de Saul (1 S 31.4), leur fin était imminente et ils ne voulaient pas mourir dans la honte et l'humiliation. Certaines personnes ont mis fin à leur propre vie, à l'instar de Samson (Jg 16.29-30) ; celui qui portait les armes de Saul (1 S 31.5) ; Ahitofel (2 S 17.23) ; et Zimri (1 R 16.18). La plupart des commentateurs considèrent ces cas comme des suicides plutôt que des exemples de la bonne mort définie dans le débat contemporain. C'étaient des « actes désespérés d'individus profondément perturbés qui sont allés à l'encontre de la volonté de Dieu[333] ». La Bible considère ces cas comme

---

[333] Robert D. Bergen. *1, 2 Samuel*, New American Commentary, Nashville, Broadman and Holman, 1996, p. 282.

des suicides délibérés, une incohérence avec le commandement « Tu ne commettras pas de meurtre » (Ex 20.13).

La Bible comprend également le désir des membres de la famille, des patients et même des professionnels de la santé qui veulent abréger la souffrance des individus. Le Proverbe 31.6 ne parle pas de tuer quelqu'un lorsqu'il dit « Qu'on donne plutôt de l'alcool à celui qui va périr et du vin à qui est plongé dans l'amertume », mais reflète clairement le désir de soulager la souffrance. Même les Romains autorisaient les criminels sur le point d'être crucifiés à boire un vin spécial afin d'atténuer leur souffrance. C'est la raison pour laquelle ils avaient donné à Jésus du vin mélangé avec de la myrrhe, qu'il avait d'abord refusé (Mc 15.23). Plus tard, juste avant sa mort, il a accepté de boire du vinaigre (Mc 15.36).

Une réponse chrétienne à l'euthanasie

Quand la Bible ne présente pas de directives précises sur une question en particulier, les chrétiens doivent être guidés par les principes bibliques fondamentaux. Le premier principe est le suivant : tous les êtres humains, quelles que soient leurs conditions apparentes, leurs maladies, la pauvreté ou leur malformation, sont créés à l'image de Dieu (Gn 2.24). Personne ne peut être considéré comme étant sans valeur.

Le deuxième principe est que toute vie est un don de Dieu. C'est lui qui décide de donner la vie et du moment de la reprendre comme Job nous le rappelle lorsqu'il apprend la mort de ses enfants : « Sorti nu du ventre de ma mère, nu j'y retournerai. Le Seigneur a donné, le Seigneur a ôté : Que le nom du Seigneur soit béni » (Jb 1.21). Il serait orgueilleux de notre part de nous permettre de décider de quand une vie devrait se terminer. Non seulement c'est orgueilleux, mais c'est aussi clairement interdit. Les raisons économiques, sociales, physiques ou mentales ne peuvent pas être invoquées comme des bases solides pour abréger la vie d'une personne. Une telle mort équivaut au meurtre, lequel est condamné dans les Écritures (Ex 20.13). Millard Erickson résume la similitude entre l'euthanasie et le meurtre comme suit : c'est (1) intentionnel, (2) prémédité, (3) malveillant, (4) contraire au désir ou à l'intention de la victime, et (5) contre une personne qui n'a rien fait pour mériter la peine capitale[334].

Nous utilisons le mauvais indicateur si nous pensons que la valeur d'une vie humaine doit être mesurée uniquement en termes de son utilité, sa joie ou son apport dans la société. La vie n'est pas importante pour ce qu'elle produit mais simplement parce qu'elle *existe*. En outre, il y a de la valeur dans la souffrance et nous ne devrions pas simplement chercher à la fuir. La souffrance est également une conséquence de la chute de l'homme. Elle ne cessera que lorsque nous serons dans la félicité céleste (Ap 21.4). À travers la souffrance, Dieu nous enseigne beaucoup de choses importantes sur lui, sur le monde et sur nous-mêmes. Nous pouvons apprendre des choses sur l'amour et sur comment prendre soin les uns des autres, et aussi sur la dépendance et la confiance en Dieu (Jc 1.2-4 ; 1 P 1.6-7). L'apôtre Paul lui-même, lorsqu'il avait une maladie physique, était encouragé par Dieu qui lui a dit : « Ma grâce te suffit ; ma puissance donne toute sa mesure dans la faiblesse » (2 Co 12.9).

Bien que nous nous opposions à l'euthanasie, nous devons accepter qu'un jour ou l'autre, la mort est inévitable (Hé 9.27). La technologie ne peut jamais complètement mettre fin à la mort et la souffrance. Après avoir fait tout ce qui est en notre pouvoir pour aider une personne, ce n'est pas un mal que de laisser la nature suivre son cours. Nous ne sommes pas obligés de remuer ciel et terre pour empêcher la mort ou prolonger indéfiniment la souffrance.

> La vie a une fin appelée la mort. La mort n'est pas une chose que nous devons rechercher ardemment, mais ce n'est pas non plus une chose que nous devons éviter à tout prix. Dieu a mis une limite à notre vie et nous devons l'accepter ainsi (...) Reconnaître ces limites veut également dire permettre à des personnes de mourir lorsque le moment est arrivé et ne pas chercher à les garder indéfiniment attachés à des sondes et des machines[335].

Ce que nous pouvons faire, c'est soulager la souffrance des patients. Alors, ils n'auront pas besoin de demander la mort. C'est l'un des objectifs

---

[334] Millard J. Erickson et Ines E. Bowers, « Euthanasia and Christian Ethics », *Journal of the Evangelical Theological Society* 19, 1976, p. 16-19.

[335] Mark W. Foreman, *Christianity and Bioethics: Confronting Clinical Issues*, Joplin, MS, College Press, 1999, p. 140.

du mouvement des soins palliatifs (ou mouvement des hospices), un exemple marquant d'une réponse qui va au-delà de la simple condamnation du mal et qui cherche à offrir une alternative morale. Les hospices apportent le confort et le soulagement de la douleur à ceux qui souffrent de douleurs atroces. Ces soins, qui peuvent être apportés dans un hospice ou au domicile du patient, réduisent grandement la tentation d'avoir recours à l'euthanasie et permettent aux patients de mourir dans la dignité et avec un minimum de douleur. Nous devons donc soutenir et encourager les organisations, telles que Hospice Africa, qui travaille avec ceux qui souffrent du cancer et du SIDA[336].

Enfin, il est important de nous rappeler que dans la perspective biblique, la mort est étroitement liée à la résurrection et la transformation. Selon la Bible, la mort est une intrusion « non naturelle » dans l'univers que Dieu a créé bon. Sa présence est une conséquence directe de la chute de l'homme (Gn 2.17 ; 1 Co 15.56). Cependant, pour le chrétien, la mort n'est pas la fin de tout ; c'est simplement le dernier ennemi, un ennemi qui sera définitivement vaincu à la résurrection, au retour de Christ (1 Co 15.26-56).

Questions

1. Votre culture a-t-elle des traditions concernant l'euthanasie et l'infanticide ?

2. Quels aspects de cette compréhension traditionnelle de la mort sont remis en cause par l'enseignement biblique ?

3. Les nouvelles idées et technologies affectent-elles la manière dont vous et ceux que vous servez, percevez l'euthanasie ?

---

[336] Pour plus d'information sur Hospice Africa, allez sur http://hospiceafrica.org.

28

Les grèves et les services médicaux

Au chapitre 9, nous avons abordé de manière générale les questions soulevées par la grève. À présent, nous allons discuter d'un cas de grève en particulier : le corps médical, les médecins et les infirmiers devraient-ils se mettre en grève afin de résoudre leurs problèmes concernant leur rémunération et leurs conditions de travail ? De nombreux principes présentés dans ce chapitre pourront également être appliqués à d'autres professions du domaine des urgences, telles que la police et les sapeurs-pompiers.

L'éthique médicale

Il y a de cela plusieurs millénaires, le médecin grec Hippocrate de Cos (environ 460-377 av. J.-C.) a posé les bases de l'éthique médicale. Il a élaboré ce qui est aujourd'hui connu sous le nom de serment d'Hippocrate que nous présentons en partie ci-dessous :

> Je jure par Apollon médecin, et Asclépios, par Hygie et Panacée, par tous les dieux et toutes les déesses, les prenant à témoin, de remplir, selon ma capacité et mon jugement, ce serment et ce contrat : (...)

> J'utiliserai le régime pour l'utilité des malades, suivant mon pouvoir et mon jugement ; mais si c'est pour leur perte ou pour une injustice à leur égard, je jure d'y faire obstacle. Je ne remettrai à personne une drogue mortelle, si on me la demande, ni ne prendrai l'initiative d'une telle suggestion. De même, je ne remettrai pas non plus à une femme un pessaire abortif. C'est dans la pureté et la piété que je passerai ma vie et exercerai mon art[337].

---

[337] J. Jouanna, trad., *Hippocrate*, Paris, Fayard, 1992, Annexe 1.

Ce serment a été adopté par les chrétiens et les musulmans comme un guide éthique pour la médecine. En Afrique et dans beaucoup d'autres pays, ce serment ou certaines de ses variantes modernes, est encore utilisé aujourd'hui comme un guide pour les diplômés en médecine tout juste sortis de l'école.

Bien que ce serment historique ait une origine païenne, les chrétiens peuvent s'identifier à ce dernier, vu l'accent mis sur le fait qu'un guérisseur rendra des comptes aux dieux pour lui-même, ou dans notre cas, rendra des comptes au Dieu de la Bible. En tant que chrétiens, notre perception du bien et du mal doit être liée à notre croyance en Dieu. C'est lui qui doit façonner notre conception de l'éthique dans le domaine médical.

L'éthique de la rémunération

La question de savoir ce que les médecins devraient recevoir comme rémunération pour leurs services ou même de savoir s'ils devraient être payés du tout est ancienne et controversée. Hippocrate, qui était un homme riche, a dit que puisque les médecins sauvent des vies, aucun salaire ne suffirait à rembourser leur dette. Tout ce que le médecin reçoit d'un patient reconnaissant devrait ainsi être considéré comme un don et non un paiement. Cependant, il a reconnu que certains médecins avaient besoin d'argent afin de survivre et que dans ce cas, le salaire était nécessaire. Il a donc ajouté que si un paiement était nécessaire, le médecin devrait être prévenant « au bon cœur et prêt à adapter son salaire à la situation du patient[338] »

Les contemporains d'Hippocrate ont également débattu sur ce sujet. Ces derniers se demandaient plutôt si la médecine était un commerce ou une profession. « Aristophane a soutenu que la médecine était un art, mais Sophocle a plutôt affirmé que le médecin était simplement un ouvrier qualifié.[339] » Socrate pour sa part est resté neutre et a remarqué que la question de l'argent était importante : « À moins que l'argent

---

[338] David Schiedermayer, « Wages Trough The Ages: The Ethics of Physician Income. » «Cité le 4 avril 2008. Site web : http://religion.llu.edu/bioethics/resources/bioethics-library/wages-through-ages-ethics-of-physician-income. Il traite également de ce sujet dans « The Profession at the Fault Line : The Ethics of Physician Income, », dans John Kilner, Nigel M. De S. Cameroon, et David L. Shiedermayer, sous dir., *Bioethics and the Future of Medicine : A Christian Appraisal*, Carlisle, Paternoster, 1995.

[339] *Ibid.*

n'accompagne l'art (...) il n'y aura pas de profit pour l'artisan, et par conséquent, il n'aura pas la volonté de se soucier de ceux qui souffrent[340].

Le cœur du problème consiste à savoir comment les médecins pourraient concilier leur profession et leur besoin financier. Que devrait faire le personnel médical si leurs salaires ne leur permettent pas de satisfaire leurs besoins fondamentaux ? Ont-ils le droit de se mettre en grève afin de revendiquer un meilleur salaire même si leurs actions sont susceptibles de nuire à leurs patients ?

Les membres du personnel médical qui sont tentés de se mettre en grève devraient réfléchir sur ces quelques mots de Galien, médecin du IIe siècle : « Il est impossible de poursuivre l'objectif principal de la médecine si l'on considère l'argent comme étant plus important que la vertu et si l'on apprend le métier, non pour aider des patients, mais plutôt pour s'enrichir matériellement[341]. » En d'autres termes, il est question de priorités : Qu'est-ce qui est prioritaire et qu'est-ce qui est secondaire dans la pratique de la médecine ? Une lecture minutieuse du serment d'Hippocrate révèle que les professionnels de la santé sont premièrement appelés à servir Dieu et ensuite l'humanité – particulièrement les malades. Leur objectif doit être de soulager la souffrance humaine. La rémunération et les intérêts personnels sont des questions secondaires. Ainsi, ceux qui se joignent à une grève générale ont abandonnés leur premier devoir pour poursuivre des affaires secondaires et ils dénaturent leur vocation.

La Bible et les grèves médicales

Les principes éthiques cités jusqu'ici sont basés sur le serment d'Hippocrate. Nous allons maintenant voir ce que la Bible dit à propos de ces questions. En tant que chrétien, la Bible doit être notre premier guide pour les valeurs qui devraient gouverner nos actions.

La Bible ne présente pas de discussion spécifique sur les grèves et ne fait aucune mention de guérisseurs qui se sont mis en grève. Cependant, elle présente l'exemple d'amour démontré par Jésus. Il est notre Seigneur, celui à qui nous devons d'abord rendre des comptes et celui dont nous devons suivre l'exemple. Il a guéri beaucoup de malades qui sont venus à

---

[340] *Ibid.*

[341] *Ibid.*

lui. Il aurait donc facilement pu devenir un homme riche s'il avait choisi de faire payer ses services, mais il ne l'a pas fait car son objectif était de servir et non d'augmenter ses propres richesses.

La parabole du bon samaritain démontre également comment les médecins chrétiens devraient se comporter lors d'une grève. Ce que le bon samaritain a fait allait à l'encontre de toutes les normes et exigences culturelles de sa société. Il a fait tout son possible pour faire le bien. Non seulement il aimait Dieu, mais il aimait aussi son prochain. Il a donné à l'homme blessé les premiers soins et l'a confié à un aubergiste (Lc 10.25-37).

La réponse chrétienne

Dans des situations où la survie d'un patient est critique, les médecins et les infirmiers chrétiens ne peuvent pas croiser les bras, dire qu'ils sont en grève, et regarder le patient mourir. Une telle action est non seulement antithétique au serment d'Hippocrate, mais aussi immorale et non biblique. C'est un refus de leur appel à soigner.

Certes le fait de vouloir à tout prix servir les patients pourrait attirer la persécution de la part des autres. Pendant de tels moments, les médecins ont besoin de se souvenir que Jésus aussi a été persécuté. Ceux qui désirent garder une éthique chrétienne personnelle et biomédicale doivent choisir d'obéir à Dieu, plutôt qu'aux hommes et ceci peu importe le prix à payer. Ils doivent également examiner constamment leurs motivations, leurs objectifs et leurs comportements, afin de voir s'ils obéissent bien à Dieu ou s'ils disent simplement qu'ils lui obéissent tout en poursuivant leurs propres intérêts.

L'objectif que doivent poursuivre tous les chrétiens est celui d'achever leurs vies avec la conscience tranquille afin de pouvoir se tenir devant Dieu et de l'entendre dire : « c'est bien, bon et fidèle serviteur » (Mt 25.21). Malheureusement, beaucoup d'entre nous sont devenus des serviteurs infidèles. Nous nous sommes prostitués aux dieux de la terre et avons choisi de survivre ou de réussir, plutôt que d'obéir à Dieu. Par conséquent, nos vies et notre éthique, comme celles de nos collègues non-chrétiens, sont fondées sur des valeurs égoïstes et temporaires, plutôt que sur Dieu et sur ses vérités éternelles.

Au lieu de se mettre en grève ou d'adopter une approche de laisser-faire, c'est-à-dire penser que la manière dont nos collègues sont traités nous importe peu, nous devons oser prendre la parole et présenter notre cause à travers des arguments solides et persuasifs qui ne tordent ni la vérité, ni la justice.

Conclusion

L'un des problèmes que l'action syndicale soulève pour le personnel médical est que ce dernier ne traite pas les patients pendant les grèves. Ne pas soigner une personne malade, avec pour seul objectif d'améliorer son niveau de vie, est un comportement égoïste et va à l'encontre du serment d'Hippocrate avec sa promesse de ne pas travailler pour la perte des patients. Nous devons nous rappeler cette question que la Bible nous pose : « Et que servirait-il à un homme de gagner tout le monde s'il perdait son âme ? » (Mt 16.26, Louis Segond 1910). Une grève générale peut permettre à quelqu'un de percevoir un bon salaire et d'améliorer son niveau de vie (profits matériels), mais l'on pourrait également perdre son âme professionnelle dans ce processus.

Questions

1. Répondez aux questions suivantes en vous basant sur une grève médicale dont vous avez été témoin :

   a) Quelles étaient les raisons de la grève ?

   b) Comment a-t-elle été menée ?

   c) Qu'est-ce qui a été fait après la grève ?

   d) Quels ont été les coûts ou les dommages causés par cette grève ?

   e) Quels ont été les objectifs non atteints ?

2. Demandez à quelques chrétiens et non-chrétiens faisant partie du corps médical, leurs opinions sur les grèves et la rémunération dans leur domaine. Comparez leurs opinions avec les principes présentés dans ce chapitre.

3. Quelles suggestions pratiques pourriez-vous faire à quelqu'un dans la profession médicale pour l'aider à avoir une approche plus biblique de la grève ?

29

La toxicomanie et l'alcoolisme

La dépendance peut prendre plusieurs formes : certaines personnes sont dépendantes de la drogue, d'autres le sont du tabac, de la caféine, de la nourriture, des jeux d'argent, du shopping, du sexe ou de l'internet. Cependant, nous allons nous attarder dans ce chapitre uniquement sur l'addiction à deux des drogues les plus consommées en Afrique : la marijuana et l'alcool. Beaucoup consomment ces drogues et finissent par en devenir dépendants, causant ainsi du tort à eux-mêmes et aux autres. Nous rencontrons ce problème non seulement parmi les non-chrétiens, mais aussi parmi les chrétiens.

Ce sujet est tellement vaste que nous ne pouvons pas le traiter entièrement dans un seul chapitre. Je ne saurai être capable non plus de dire si certaines drogues devraient être légalisées ou pas, ni si l'on devrait utiliser de l'alcool lors de la Sainte Cène ou dans les cérémonies telles que les mariages. Nous allons plutôt nous concentrer sur les questions éthiques soulevées par l'usage récréatif de l'alcool et de la drogue, qui aboutit souvent à l'abus et à la dépendance.

La drogue et l'alcool en Afrique

Presque toutes les communautés traditionnelles du monde ont déjà produit et consommé de la drogue et de l'alcool. L'Afrique ne fait donc pas l'exception. La drogue la plus connue était le tabac qui y était produit en petite quantité pour être consommé et vendu à d'autres. Il était fumé ou mâché principalement par les personnes âgées.

Les boissons alcooliques étaient consommées couramment dans toutes les communautés et étaient fabriquées à base de céréales, d'herbes, de racines d'arbre, de feuilles et même de sève de palmier. Cependant, la consommation d'alcool était soumise à un contrôle strict de la communauté. Les personnes âgées pouvaient en prendre quand elles le souhaitaient, mais les jeunes n'en avaient pas le droit. Les jeunes hommes et les hommes d'un certain âge n'étaient pas autorisés à boire de l'alcool le matin parce qu'ils étaient supposés être aux champs. Pendant la saison sèche, quand il n'y avait pas autant de choses à faire aux champs, les règles étaient un peu plus souples. L'alcool était également interdit aux guerriers et les filles et femmes enceintes ne devaient pas s'enivrer.

En général, les jeunes pouvaient seulement goûter à l'alcool pendant les occasions importantes telles que les grandes cérémonies pour enfants, les mariages, les funérailles et les rituels annuels comme les célébrations de la récolte. Dans certaines de ces cérémonies, la consommation d'alcool était et continue d'être considérée comme une obligation. Par exemple, parmi les Agikuyu du Kenya, le père de la mariée doit prendre une gorgée d'alcool pour signifier qu'il a accepté la proposition du prétendant et béni l'union. Cette cérémonie précède le mariage religieux. Il aurait également été impensable d'organiser un mariage traditionnel sans alcool. Les invités ne buvaient pas pour être ivres, mais plutôt pour partager cette occasion de réjouissance avec la communauté. Certaines personnes boivent uniquement pendant ces occasions et on les appelle des « buveurs occasionnels ».

En Afrique aujourd'hui, la situation a radicalement changé. De nouvelles drogues et de nouveaux alcools ont été fabriqués, les boissons traditionnelles sont mélangées à d'autres substances. Les lois qui autrefois gouvernaient la consommation de la drogue et de l'alcool ne sont plus respectées. Aujourd'hui, les jeunes et les personnes âgées les consomment sans retenue, quel que soit le moment ou la saison. L'accent est maintenant davantage mis sur la satisfaction personnelle que sur le contexte de la participation à un événement communautaire. La drogue et l'alcool sont devenus des fléaux sociaux.

Définition de la dépendance

Le mot « dépendance » vient du latin *addicere*, employé pour faire allusion à l'esclavage. Une personne dépendante est donc une personne esclave d'une substance « bien qu'elle soit souvent un esclave enthousiaste et dévoué[342] ». Une telle personne est un consommateur invétéré de la drogue malgré ses effets néfastes. L'addiction ou la dépendance peut être ainsi définie comme « le fait de mener des actions de manière répétitive et dont on est conscient des conséquences négatives ; le désir de continuer à faire quelque chose que l'on sait nuisible pour sa santé[343] ».

Les caractéristiques de toute dépendance sont : un comportement excessif, la compulsion, la persistance dans le comportement, une santé précaire et des conséquences sociales, la recherche effrénée de drogue et un besoin grandissant de fortes doses de ce dont la personne est dépendante, en dépit des conséquences. Il a été remarqué que « la dépendance ne concerne pas uniquement les substances mais qu'il s'agit aussi de la perturbation du processus du plaisir ; le point d'équilibre est déplacé ce qui fait que l'on continue de créer de plus en plus d'envies et l'on continue d'en vouloir davantage[344] ».

La dépendance a souvent été considérée comme un péché, un vice et un crime. Cependant, certains pensent qu'elle devrait plutôt être considérée comme une maladie. Ainsi, le National Institute on Drug Abuse (NIDA) aux États-Unis dit ceci : « la dépendance est une maladie cérébrale chronique, souvent récurrente, provoquant la recherche compulsive de la drogue et son usage malgré ses conséquences désastreuses sur l'individu qui en dépend et sur son entourage[345]. » Nous avons introduit cette question dans cette section médicale de notre ouvrage parce que nous estimons qu'elle est une maladie.

Cependant, même si les toxicomanes et les alcooliques ont besoin d'un traitement médical pour remédier aux conséquences physiques de leur dépendance et de se libérer de leur dépendance, le problème ne s'arrête pas là. En effet, traiter la dépendance simplement comme une

---

[342] Kenneth Leech, « Drugs », dans *Dictionnary of Ethics, Theology and Society*, p. 255.

[343] Joseph Frascella, directeur, clinicien neuroscience, le National Institute on Drug Abuse des États-Unis, cité dans Michael D. Lemonick « How we get Addicted », *Time*, 16 juillet 2007. Site web : www.time.com/time/magasine/article/0,9171,1640436,00.html. Il ajoute que l'on parle de dépendance lorsque les comportements deviennent déviants. Ces comportements sont guidés par nos systèmes qui se lèvent, nous secouent et nous disent, « le cerveau dit que c'est bon ; recommençons ».

[344] Dr Martin Paulus comme cité dans l'article sur la toxicomanie sur romancatholicinfo.com/catholic-answer/addiction/. Cité le 8 avril 2008.

[345] NIDA « NIDA infoFacts : Understanding drug Abuse and Addiction ». Cité le 8 avril 2008. www.drugabuse.gov/Infofacts/understand.html.

maladie absout les toxicomanes et les alcooliques de toute responsabilité morale par rapport à leur situation. Cette maladie commence par des choix moraux faits par des individus. Ces choix les affectent eux-mêmes, leurs familles et la société. C'est la raison pour laquelle nous avons jugé nécessaire d'inclure ces questions de dépendance et de l'abus de la drogue dans cet ouvrage sur l'éthique.

Définition des drogues

Une drogue peut être définie comme « toute substance chimique utilisée en médecine pour le traitement d'une maladie, soit toute seule ou dans un mélange, capable de modifier l'état ou les fonctions des cellules, des organes ou des organismes[346] ». Une autre définition dit que c'est « toute substance contenue dans un produit pharmaceutique, utilisée pour modifier ou pour explorer les systèmes physiologiques ou les états pathologiques au profit du patient[347] ». Ces définitions montrent clairement que toutes les drogues ne sont pas nocives. Les médecins prescrivent des médicaments ou drogues régulièrement et les patients les consomment sans encourir aucune culpabilité morale. La consommation appropriée de médicaments à des fins thérapeutiques restaure la santé physique et psychologique et ne pose aucun problème éthique.

Les problèmes auxquels nous nous attaquons dans ce chapitre proviennent d'une sous-catégorie de médicaments appelées substances psychoactives. Ces médicaments « agissent principalement sur le cerveau et le fonctionnement psychologique et produisent des effets tels que la sédation, la stimulation ou le changement d'humeur ou de comportement[348] ». Ces médicaments ont une valeur médicale importante et peuvent restaurer la santé physique et psychologique des patients. Cependant, elles peuvent également être des toxicomanogènes et peuvent

---

[346] Emma Iheonoye, *Drugs ? A Dead-End*, Lagos, Nigeria, Peacegate Publishers, p. xviii.

[347] World Health Organizarion, *Drug and Therapeutics Committees : A Practical Guide*, Geneva, World Health Organization, 2003. Cité le 8 avril 2008. Site web : www.who.int/medicinedocs/es/d/Js4882e?

[348] Olabisi A. Odejide et Jide Morakinyo, « Substance Abuse and Its Socioeconomic Consequences in Nigeria », dans J. U. Ohaeri, sous dir., *Proceedings of the Mental Health Care Practices in the Gulf (Kuwait)*, 2004, citant E. M. Burns, « The Nature of Dependence », p. 43-52, dans J. C. Ebie et E. J. Ongue, sous dir., *Handbook of the African Training Courses on Drug Dependence*, Lausanne, International Council on Alcohol and Addictions (ICAA), 1988. Cité le 9 avril 2008. Site web : www.ijma-journal.com/pdf/c01a04.pdf.

inciter certains consommateurs à un « usage répétitif de la drogue afin de ressentir ses effets psychologiques ou afin d'éviter le malaise causé par son manque[349] ». Les consommateurs dans cette situation sont dépendants de la drogue et peuvent souvent développer une tolérance à celle-ci au bout d'un moment, ce qui veut dire qu'ils vont commencer à avoir besoin de doses de plus en plus importantes.

La consommation non médicale de certaines drogues psychotropes est une pratique légale dans certains pays. Ainsi, la consommation d'alcool est légale dans la plupart des pays non islamiques et le khat peut être légalement mâché dans des pays comme l'Éthiopie, entre autres. Beaucoup d'autres drogues psychotropes ont été déclarées illégales dans la plupart des pays. Les drogues illégales comprennent la marijuana (aussi appelée le cannabis, le ganja et le chanvre), l'héroïne, la cocaïne, les amphétamines comme l'ecstasy et les hallucinogènes comme la LSD. Ces drogues peuvent être consommées de différentes manières, y compris boire, fumer, injecter, avaler, sniffer, et mâcher.

Lors d'un reportage sur la toxicomanie en Afrique de l'Ouest, et particulièrement au Nigéria, Odejide et Morakinyo ont dit :

Les substances psychoactives suivantes sont couramment consommées (...) a) l'alcool ; b) le cannabis ; les sédatifs hypnogènes (par exemple, le Valium, l'Ativan, les somnifères) ; les stimulants SNC (par exemple les stimulants de type amphétamine ou STA) ; e) les opiacés (par exemple, l'héroïne, la morphine, la codéine) ; les solvants (par exemple la colle, les liquides de nettoyage, la gazoline) ; g) les stimulants légers du SNC (par exemple les noix de cola, la caféine, le prophis, la nicotine) ; h) les substances synthétiques (par exemple la méthaqualone) ; et i) les hallucinogènes (par exemple la LSD).

Les principes bibliques sur les drogues

La Bible fait mention de plusieurs usages de drogues à des fins médicales. Par exemple, lorsqu'Ézéchiel décrit la Jérusalem restaurée, il dit : « Au bord du torrent, sur les deux rives, pousseront toutes espèces d'arbres fruitiers ; leur feuillage ne se flétrira pas et leurs fruits ne s'épuiseront pas ; ils donneront chaque mois une nouvelle récolte, parce

---

[349] World Health Organization, 1974. Cité dans Odejide et Morakinyo « Substance Abuse ».

que l'eau du torrent sort du sanctuaire. Leurs fruits serviront de nourriture et leur feuillage de remède » (Ez 47.12 ; voir aussi Ap 22.2).

En outre, le fameux baume de Galaad dont fait mention Jérémie lorsqu'il demande « N'y a-t-il pas de baume en Galaad, pas de médecin là-bas ? » (Jr 8.22), était une drogue utilisée pour guérir les blessures (voir aussi Jr 46.11, 51.8).

Les écrivains de la Bible étaient également conscients que les drogues avaient aussi des effets moins positifs. Ainsi, lorsque Paul inclut « la magie » dans sa liste des péchés dans Galates 5.20, le mot grec qu'il emploie est *pharmakeia*, duquel nous avons le mot « pharmacie » employé de nos jours. Dans le Nouveau Testament, ce mot pouvait faire référence aux drogues consommées à des fins médicales mais aussi à leur utilisation par certains pour empoisonner et pour la sorcellerie.

Les raisons de la consommation de la drogue et les conséquences de leur abus

Plusieurs raisons expliquent la dépendance à la drogue. L'une des raisons importantes généralement invoquée est que la drogue soulage la souffrance physique ou psychologique. Elle procure des plaisirs momentanés comme la relaxation, l'euphorie, l'excitation, le courage, la satisfaction, un sentiment de paix et de sérénité. Ces sensations sont très recherchées par ceux qui veulent échapper à la frustration, la dépression et l'ennui. Comme le dit Francis Ter Chia, « pour un toxicomane, les bénéfices psychologiques de la drogue priment sur toute autre chose[350] ».

Beaucoup commencent à prendre de la drogue parce qu'ils ont le goût du risque et veulent essayer quelque chose de nouveau ou sont sous la pression de leurs pairs. D'autres les consomment simplement parce qu'elles sont facilement disponibles dans leur famille, leur environnement ou leur culture.

Cependant, les sensations positives associées à la consommation de la drogue sont desservies par ses nombreux effets secondaires. En effet, certaines drogues affectent le corps de celui qui les consomme. L'alcool, la nicotine et les drogues illégales inhibent le système immunitaire et

---

[350] Francis Ter Chia, *Understanding Drug Abuse at a Glance : A Training Manual for Local Government*, Nigeria, Drug Abuse Control Committee, 2006, p. 6.

endommagent les organes, élevant ainsi le risque des maladies du foie et les maladies cardio-vasculaires, ainsi que les maladies pulmonaires telles que le cancer du poumon et la bronchite. Elles réduisent aussi la production des hormones masculines.

De plus, les drogues gênent la production des neurotransmetteurs, ce qui amène le consommateur à avoir des tremblotements et des pensées confuses. Elles peuvent aussi provoquer « de sérieux troubles psychologiques et mentaux[351] » tels que la dépression, l'hyperactivité, l'agitation, l'anxiété et même des hallucinations qui peuvent être visuelles, auditives ou tactiles. Certaines drogues peuvent également causer des dégâts permanents dans le cerveau.

Les effets secondaires de la drogue ne sont pas ressentis uniquement par les consommateurs mais aussi par leur entourage : leurs familles et ceux de leur communauté qui souffrent lorsque l'un des leurs, à cause de la consommation de la drogue, perd son emploi, sombre dans la décadence morale, la pauvreté et accroît le taux de criminalité et d'accidents de la route.

Nous ne saurions traiter tous les types de drogues dans un chapitre, raison pour laquelle nous allons nous attarder sur deux drogues en particulier. Il s'agit de la marijuana qui est une drogue illégale dans la plupart des pays et de l'alcool qui est légal.

La marijuana/ le chanvre/ l'herbe/ le ganja

Pendant des milliers d'années, la marijuana a été utilisée pour des raisons thérapeutiques et non-thérapeutiques. Une liste de drogues médicales chinoises, présumées avoir été produites environ 2500 ans avant J.-C., recommande l'utilisation de la marijuana pour soigner plusieurs maladies. Dans l'Égypte ancienne, elle était utilisée pour traiter les douleurs aux yeux. En Inde, elle était connue environ 1400 ans avant J.-C., était considérée comme « une herbe sainte » et était appelée « calmant du chagrin », l' « envoyé du ciel » et « le paradis du pauvre »[352]. Cependant, vu ses effets secondaires négatifs, à savoir « l'ivresse et le délire du caractère hilarant à l'instar de rires, de sauts et danses incontrôlables[353] »,

---

[351] Norman Shields, *Christian Ethics*, Bukuru, African Christian Textbooks, 2004, p. 288.

[352] « Marijuana ». Cité le 8 avril 2008. Site web : www.answers.com/topic/marijuana?cat=health.

[353] *Ibid.* il cite l'édition de 1856 de *l'Encyclopedia Bratanica*.

les gouvernements et les institutions religieuses ont commencé à imposer des restrictions sur leur consommation.

Les jeunes sont particulièrement vulnérables en Afrique à cause du taux de chômage élevé et de la grande souffrance. En effet, ces derniers essayent d'échapper aux dures réalités qui se présentent à eux en consommant la marijuana. L'utilisation de cette drogue leur donne un sentiment de relaxation et de gaieté avec des sens en éveil et des perceptions transformées. Ceux qui sont impliqués dans les crimes peuvent également la consommer afin d'étouffer les remords de leur conscience.

La marijuana est généralement fumée dans une pipe ou dans un rouleau sous forme de cigarette, mais elle peut également être cuisinée dans un gâteau et consommée ou bue comme du thé. Elle est parfois consommée avec d'autres drogues.

Les conséquences de la consommation de la marijuana

La marijuana peut avoir certains effets positifs sur la santé. Par exemple, elle peut augmenter l'appétit, raison pour laquelle un médecin peut la prescrire à un patient souffrant du SIDA afin de l'aider à bien manger et à augmenter sa force. Cette drogue a également été utilisée pour les patients souffrant du glaucome ou atteints du cancer afin de remédier à la nausée associée à la chimiothérapie[354]. Ces utilisations à but thérapeutique de la marijuana ne posent aucun problème éthique. Il en est de même pour toutes les drogues prescrites sous supervision médicale.

Cependant, les effets positifs de la marijuana sont la plupart du temps contrebalancés par les conséquences négatives liés à son usage. Ces conséquences comprennent : « déficit mnésique et problèmes de concentration ; difficulté cognitive et difficultés à résoudre des problèmes ; crises d'angoisse ou sentiments de paranoïa ; mauvaise coordination musculaire ; vulnérabilité aux infections, détérioration des capacités à conduire ; et problèmes cardio-vasculaires pour des personnes souffrant de cardiopathie ou d'hypertension[355]. » Aucune de ces conséquences n'est utile dans un but thérapeutique.

---

[354] « Medical Cannabis ». Cité le 8 avril 2008. Dans wikipedia.org/wiki/Medical_marijuana.

[355] National Campus Safety Awareness Month: « Marijuana ». Cité le 8 avril 2008. www.campussafetymonth.org/marijuana.

Encore plus graves que les conséquences physiques, sont les conséquences destructrices découlant de l'abus de la marijuana et de son usage compulsif pour ceux qui en deviennent dépendants.

Les questions relatives à la consommation de la marijuana

La consommation de la marijuana soulève les questions psychologiques, sociales et religieuses suivantes.

- *La pente glissante.* De manière générale, la marijuana n'est pas la première drogue que les gens consomment. Ils commencent par boire de l'alcool et par fumer du tabac et ils passent ensuite à la marijuana. Cependant, la progression ne s'arrête pas à la marijuana. Elle « continue avec la consommation des drogues "dures" telles que les hallucinogènes, les benzodiazépines, les amphétamines, les sédatifs, la cocaïne et l'héroïne[356] ».

- *La criminalité.* Le lien entre les comportements criminels et la consommation de la marijuana est très étroit. Ceux qui consomment de la marijuana et d'autres drogues sont souvent enclins au mensonge, au vol, au vandalisme, à la violence et au vol à mains armées, à la contrebande et au viol. Beaucoup d'entre eux finissent en prison[357].

- *Le manque de respect vis-à-vis de l'autorité.* Les consommateurs de la marijuana ne manifestent généralement aucun respect vis-à-vis de l'autorité des parents et des enseignants. Ils peuvent abandonner l'école et choisir d'écouter leurs copains plutôt que leurs parents.

- *La destruction de son propre corps.* Les Écritures disent que le corps du croyant est le temple du Saint-Esprit (1 Co 3.16-17). Ainsi, la consommation délibérée des drogues susceptibles de nuire à notre corps équivaut à la destruction volontaire de ce que Dieu a créé. Un tel comportement est clairement condamné dans les Écritures.

- *La destruction des individus et des familles.* La consommation de la marijuana et d'autres drogues a déjà compromis le futur prometteur

---

[356] « Marijuana ». Cité le 8 avril 2008.awawaw.ansawers.com/topic/marijuana?cat+health.
[357] Chia, *Understanding Drug Abuse*, p. 13.

de beaucoup de jeunes hommes et femmes et a causé un profond chagrin à leurs familles, leurs amis et leurs collègues. Nous pouvons prendre à titre d'illustration la vie de certaines célébrités sportives, de certains politiciens et penseurs.

- *La perte économique et sociale.* Les consommateurs de drogues sont très souvent défavorisés socialement et économiquement par rapport à ceux qui n'en consomment pas[358]. Les toxicomanes sont des travailleurs non productifs qui outrepassent la morale. La communauté toute entière perd des avantages qu'elle aurait pu avoir si ces derniers avaient été fidèles à leur travail et elle est également obligée de les soutenir.

L'alcool et l'alcoolisme

L'alcool est la drogue la plus répandue – en fait, elle est même tellement populaire que certains ne la considèrent même pas comme une drogue. Elle est pourtant une substance psychoactive addictive qui agit comme un toxique en déprimant le système nerveux central. L'alcool peut causer la perte momentanée du contrôle physique et mental[359]. Lorsqu'il est consommé en grande quantité, il devient un poison.

L'une des raisons de la vulgarisation de l'alcool est qu'il peut être produit à partir de diverses sources dont « les graines à l'instar du blé, l'orge et le maïs ; des fruits comme les raisins et les pommes ; des tubercules comme les patates ; de la sève des palmiers et de bien d'autres plantes et de fleurs. Le vin ou la bière qui en résulte contient généralement une quantité d'alcool équivalent à 15 %[360] ».

Les hommes consomment de l'alcool depuis bien longtemps. Les égyptiens anciens sont connus pour avoir consommé de l'alcool, bien des centaines d'années plus tôt. Les grecs et les romains étaient des buveurs légendaires. Cependant, la bière et le vin qu'ils consommaient contenaient rarement plus de 14 % d'alcool. En outre, dans le monde méditerranéen,

---

[358] *Ibid.*

[359] J. Kerby Anderson, *Moral Dilemmas: Biblical Perspectives on Contemporary Ethical Issues*, Nashville, Word, 1998, p. 102.

[360] Shields, *Christian Ethics*, p. 288.

la boisson de tous les jours était un mélange de vin et d'eau. L'auteur romain Plutarque a écrit ceci :

> Trois parts d'eau mélangées à une part de vin convenaient aux « magistrats siégeant au conseil » ; deux parts d'eau mélangées à une part de vin laissaient une personne « ni complètement lucide ni (...) entièrement stupide », et trois parts d'eau mélangées à deux parts de vin amenaient « un homme à dormir paisiblement et à oublier tous ses soucis » (...) Moitié-moitié ou du vin non dilué avec de l'eau provoquait l'ivresse ou la perte de connaissance[361].

Au début du IXe siècle après J.-C., les chimistes arabes ont inventé la distillation, un processus qui permet d'accroître fortement le taux d'alcool contenu dans les boissons. Cela a conduit à la production des liqueurs fortes comme le whisky, le cognac, le gin, le rhum et la vodka (qui contient un pourcentage d'alcool compris entre 50 et 60 %). De nos jours en Afrique, le vin de palme traditionnel est souvent distillé afin d'accroître son contenu en alcool. Les boissons nigérianes à l'instar du burkutu et la goskolo (aussi appelée ogogoro) sont fabriquées à base de graines, de miel et d'autres ingrédients locaux et sont souvent enrichi en l'alcool.

Les conséquences de la consommation d'alcool

Consommé en grande quantité, l'alcool cause de sérieux problèmes sociaux, économiques et de santé publique. Les anciens en étaient bien conscients, comme nous pouvons le constater à travers cette citation du *Papyrus d'Ani,* écrit en Égypte il y a environ 3000 ans : « Ne bois pas au point de devenir incapable dans le jardin de la bière. Tu parles mais tu ne sais pas ce que tu dis. Si tu tombes et que tu te brises un membre, il n'y aura personne pour te venir en aide. Et tes compagnons de boisson se lèveront et diront "Va-t'en, alcoolique"[362]. »

Les romains étaient également conscients des problèmes liés à l'alcoolisme, avec le philosophe Sénèque qui établissait une forte distinction entre un homme seulement ivre et celui « qui ne parvient plus à se contrôler (...) qui est habitué à l'ivresse et qui en est l'esclave[363] ».

---

[361] Plutarch cité par Evert Ferguson, « Wine », dans *Encyclopedia of Early Christianity*, New York, Garland, 1990, p. 940.

[362] Cité dans Weldon L. Witteres et Peter J. Venturelli, *Drugs and Society*, Boston, Jones and Barlett, 1988, p. 200.

[363] J. R. Cheydleu, « Alcohol Abuse and Dependence », dans *Baker Encyclopedia of Psychology and Counselling*, p. 59.

Ces avertissements contre la consommation excessive d'alcool ont été donnés avant l'arrivée de la distillation. Les effets de l'alcool sont encore pires maintenant parce que beaucoup boivent des liqueurs distillées.

L'alcool dans les Saintes Écritures

Les liqueurs distillées n'existaient pas encore au moment où la Bible a été écrite. Ainsi, le vin auquel il est fait allusion dans la Bible est le jus de raisin fermenté, bien que les termes utilisés puissent être employés pour tout type de boisson sucrée, fabriquée à base de fruits et de céréales. Tout comme dans le reste du monde méditerranéen, il était probablement dilué avec de l'eau avant sa consommation.

Les Écritures présentent certaines références positives concernant la consommation du vin :

- Le vin était inclus dans les offrandes faites au Seigneur (Nb 15.5, 7).

- Le vin, tout comme la nourriture était considéré comme l'une des bonnes choses que Dieu a créées. Le psalmiste dit qu'il « réjouit le cœur des humains » (Ps 104.15).

- Le vin est mentionné en tant que médicament pour ceux qui ont des problèmes physiques : « Qu'on donne plutôt de l'alcool à celui qui va périr et du vin à qui est plongé dans l'amertume » (Pr 31.6). Ce verset pourrait expliquer pourquoi on a donné du vinaigre à Jésus sur la croix (Jn 19.29-30).

- Le vin était perçu comme une option temporaire pour les souffrances émotionnelles. Le verset dans Proverbes cité plus haut continue en disant « Il boira et oubliera sa misère et ne se souviendra plus de sa peine » (Pr 31.7). Ce conseil est similaire à l'observation faite par Plutarque selon laquelle trois parts d'eau mélangées à deux parts de vin « amenaient un homme à dormir paisiblement et à oublier tous ses soucis[364] ».

- Le vin était utilisé comme un désinfectant pour les blessures. Ainsi, en prenant soin du voyageur blessé, le bon samaritain « banda ses plaies en y versant de l'huile et du vin » (Lc 10.34).

---

[364] Plutarch cité par Evert Ferguson, « Wine ».

- Le vin était utilisé dans les célébrations et les cérémonies. Jésus a changé l'eau en vin lors de la célébration d'un mariage (Jn 2.1-11). Il a également instruit ses disciples à prendre du vin en souvenir de lui (Mc 14.23-25 ; 1 Co 11.25 ; Lc 22.17-18).

- Le vin était utilisé en tant que médicament. Ainsi, Paul a instruit Timothée à prendre un peu de vin en disant : « Cesse de ne boire que de l'eau. Prends un peu de vin à cause de ton estomac et de tes fréquentes faiblesses » (1 Tm 5.23).

Rappelons que le vin dont il est question dans ces différents passages est un simple vin et non une liqueur forte comme le whisky, le rhum ou le goskolo.

Cependant, la Bible ne fait pas seulement allusion à la consommation du vin d'une manière positive. En effet, elle contient plusieurs passages indiquant que la consommation excessive de la boisson et l'ivresse sont des péchés (Dt 21.20 ; 1 Co 6.9-10). Dans l'épitre aux Galates 5.19-21, Paul classe cette pratique dans la même catégorie que la magie et la sorcellerie.

Le chapitre de la Bible qui s'étend le plus sur l'ivresse est Proverbes 23. Il commence par dire comment se tenir à table avec les riches (Pr 23.1-3) et continue en nous mettant en garde à propos de manger avec les avares (Pr 23.6-8). La précaution, lorsqu'il s'agit de manger et de boire est encore relevée aux versets 20-21 : « Ne te range pas parmi les buveurs ni parmi ceux qui se gavent de viande. Car qui boit et se gave tombe dans la misère, et la somnolence habille de haillons ! » Ces paroles montrent clairement les conséquences de l'alcoolisme.

Ensuite, l'auteur des Proverbes met en garde contre le fait de dormir avec des prostituées. Le lien étroit entre l'ivresse et l'immoralité sexuelle est également reconnu par le prophète Osée qui condamne ceux qui s'adonnent à la prostitution et boivent du vin car « la débauche et l'ivresse font perdre le sens » (Os 4.11). Ceux qui s'adonnent à l'excès de boisson peuvent facilement être séduits par des femmes séductrices.

Immédiatement après cet avertissement, l'auteur continue avec une description d'un alcoolique, considéré comme une personne à qui appartiennent les « ah », les « hélas », les querelles, les plaintes, les disputes sans raison et les yeux qui voient double (Pr 23.29). L'alcoolisme amène le consommateur à être coupé de la réalité, tout ce qui le préoccupe c'est où trouver une bouteille (Pr 2.33-35). Il n'est donc pas étonnant que l'auteur mette en garde ceux qui soupirent après le vin et le trouvent très attirant (Pr 23.31) ; car son attraction est similaire à la beauté d'un serpent qui cache son poison mortel (Pr 23.31-32).

Nous pouvons résumer les raisons pour lesquelles la Bible condamne l'ivresse comme suit :

- L'ivresse fait honte et fait d'une personne un sujet de ridicule comme cela a été le cas de Noé (Gn 9.20-22).

- L'ivresse amène les gens à faire ce qu'ils n'auraient jamais fait étant lucides, parce qu'« ils perdent leur inhibition (les lois internes de la conscience qui préservent la bienséance et la morale)[365] ». Loth par exemple a commis l'inceste avec ses filles alors qu'il était ivre (Gn 19.31-36).

- L'ivresse conduit souvent à des blessures physiques dans la mesure où les personnes ivres finissent parfois dans des bagarres (Pr 23.29-35). C'est pourquoi l'auteur de Proverbes décrit le vin comme un « alcool tumultueux » (Pr 20.1). De nos jours, les dégâts causés par l'alcool peuvent être encore plus graves qu'aux temps bibliques. En effet, certaines personnes peuvent utiliser des armes dans leur état d'ivresse ou peuvent se tuer elles-mêmes et d'autres personnes en conduisant un véhicule ou en titubant devant une voiture qui arrive.

- La boisson toxique affecte le jugement. Comme le dit Esaïe 28.7, « De même, prêtres et prophètes sont égarés par le vin, ils titubent sous l'effet de boissons fortes, la boisson les égare, le vin les engloutit, ils titubent sous l'effet des boissons fortes, ils s'égarent dans les visions, ils trébuchent en rendant leurs sentences ». Il n'est donc pas étonnant, que l'auteur de Proverbes dise que ceux qui sont esclaves des boissons fortes ne sont pas sages (Pr 20.1). Shields commente en disant qu'« ils perdent leur concentration et ne peuvent pas comprendre ou retenir ce qui leur a été dit[366] ».

---

[365] Shields, *Christian Ethics*, p. 289.
[366] *Ibid.*

Les chrétiens et la consommation d'alcool

Au fil des années, le débat relatif à la consommation d'alcool par les chrétiens a régulièrement été soulevé. Les chrétiens peuvent-ils boire avec modération, à condition qu'ils évitent de sombrer dans l'ivresse ou bien, devraient-ils s'abstenir de toute consommation d'alcool sauf pour des raisons médicales ? Le mouvement pour la tempérance, lancé à la fin du XIXe siècle et au début du XXe siècle a commencé par encourager la modération mais peu de temps après, il a changé d'avis en insistant désormais sur l'abstinence totale des boissons alcooliques. Les deux parties dans ce débat avancent des arguments plausibles que nous résumons ci-dessous.

Ceux qui soutiennent que les chrétiens peuvent boire mais avec modération disent ceci :

- La Bible ne condamne pas la consommation d'alcool, mais plutôt l'ivresse.

- La Bible recommande la maîtrise de soi et non l'abstinence concernant l'alcool.

- La Bible reconnaît que le vin peut être utilisé à des fins thérapeutiques.

- Les pères de l'Église à l'instar de Clément d'Alexandrie et Ambrose ont encouragé la modération plutôt que l'abstinence totale.

- Tous ceux qui prennent une boisson ne deviennent pas forcément ivres.

- Ceux qui boivent avec modération peuvent continuer de se maîtriser.

- Le fait de refuser la consommation du vin peut être considéré comme un acte antisocial dans les cultures où la boisson a une fonction sociale lors des cérémonies comme le mariage, les funérailles et les fêtes où l'enfant reçoit son nom.

Ceux qui pensent que les chrétiens devraient s'abstenir de tout type d'alcool présentent les arguments suivants :

- La Bible nous avertit sur les dangers associés à la consommation de l'alcool.

- Il était interdit aux sacrificateurs de boire de l'alcool avant d'entrer dans la Tente de la Rencontre (Lv 10.5-9).

- Ceux qui avaient fait le vœu de naziréat devaient s'abstenir des boissons alcoolisées jusqu'à la fin de leur vœu (Nb 6.3 ; 6.20). Jean Baptiste et Samson, Naziriens depuis leur enfance, n'avaient pas le droit de consommer de l'alcool (Jg 13.7 ; Lc 1.15).

- La boisson peut amener les autres à tomber. C'est pourquoi l'apôtre Paul affirme ceci : « Ce qui est bien, c'est de ne pas manger de viande, de ne pas boire de vin, rien qui puisse faire tomber ton frère » (Rm 14.21). Pour la même raison, l'on ne devrait pas encourager son prochain à boire : « Malheur ! Il fait boire son prochain ! Tu mêles ton poison jusqu'à l'ivresse pour qu'on jouisse du spectacle de sa nudité » (Ha 2.15).

- La Bible enseigne la maîtrise de soi et la retenue. La maîtrise de soi est demandée dans Tite 2.2 et 2.6 et selon Galates 5.23, c'est un don du Saint-Esprit.

- Consommer de l'alcool est une mauvaise pente. Beaucoup commencent par ne boire qu'en société et finissent par devenir alcoolique.

- L'alcool tue. Des centaines de milliers de personnes meurent chaque année dans des accidents de la route parce qu'elles, ou les chauffeurs qui les ont percutés, étaient sous l'emprise de l'alcool. Les alcooliques portent également atteinte à leur santé.

- La boisson conduit à des comportements immoraux et irresponsables qui peuvent aboutir à la perte de son emploi et à la pauvreté.

- La boisson détruit les familles, dissout les mariages et conduit à la négligence des enfants dont la vie peut être ruinée.

Vu les conséquences néfastes de l'abus d'alcool dans notre société, nous pouvons dire que l'abstinence totale offre des avantages immenses. Il est donc plus prudent de ne jamais commencer à boire. Après tout, personne n'a jamais cherché intentionnellement à devenir alcoolique. Les alcooliques commencent toujours par boire seulement en société et finissent par être dépendants, avec des vies qui sont physiquement, émotionnellement et socialement ruinées.

Les bars des villes et des villages en Afrique sont remplis de personnes fuyant le travail générateur de revenus et recherchant le plaisir au détriment de leurs familles et d'elles-mêmes. Ces personnes s'exposent à la mort, car la boisson forte est comparée au venin du serpent ou de la vipère (Pr 23.32).

Ainsi, pour les chrétiens, l'abstinence totale est la position la plus sûre. Nous devrions tenir compte des conseils contenus dans les Écritures, à savoir « Ne vous enivrez pas de vin, il mène à la perdition, mais soyez remplis de l'Esprit » (Ep 5.18).

Conclusion

La toxicomanie et l'alcoolisme détruisent leurs victimes et leurs familles, ainsi que la société tout entière. Par conséquent, ces pratiques ne sont pas moralement justifiables et sont aussi destructrices, déstabilisatrices et dommageables. Les communautés dans lesquelles ces problèmes sont récurrents, présentent une mauvaise image sur le plan national et international[367].

Les chrétiens qui sont tentés de consommer ou d'abuser de la drogue et de l'alcool, devraient prendre le temps de bien réfléchir à ces questions sous l'angle spirituel ; car ces substances ont des effets spirituels directs sur notre corps qui est le temple du Saint-Esprit et devrait être traité comme tel (1 Co 3.16-17). En réalité, ce ne sont pas la drogue et l'alcool qui sont abusés mais plutôt nos corps.

Questions

1. Définissez l'alcoolisme et la toxicomanie.

2. Comment la distillation de l'alcool affecte-t-elle la nature de la consommation des boissons alcoolisées dans votre communauté ?

3. Que nous dit la Bible sur la consommation de la drogue et de l'alcool ? Identifiez et débattez sur ces questions à la lumière de passages bibliques spécifiques.

---

[367] Iheonoye, *Drugs ?*, p. 57.

4. Discutez et évaluez les arguments en faveur de la modération ou les arguments en faveur de l'abstinence totale vis-à-vis de la consommation de l'alcool.

5. Quelles sont les conséquences de l'alcoolisme et de la toxicomanie que vous connaissez dans votre entourage ou dans votre famille ?

6. Comment pourriez-vous aider un membre de votre famille, une personne de votre entourage qui est toxicomane ou alcoolique à sortir de cette situation de dépendance ?

Section F

Les questions religieuses

Introduction aux questions religieuses

La religion et l'éthique sont des partenaires. C'est pourquoi il nous semble approprié de terminer cet ouvrage avec une section qui les rassemble clairement. Toutes les questions éthiques ont des liens avec les croyances et les valeurs religieuses fondamentales. Le problème du mal constitue la question philosophique et éthique fondamentale. En effet, ce problème « obnubile les chercheurs dans les domaines de recherche traitant principalement de la nature et de la destinée de l'homme à savoir : la philosophie, la théologie, la littérature, l'art et l'histoire. Il n'est pas surprenant que toute grande vision du monde, qu'elle soit religieuse, éthique ou politique, propose un aperçu de ce problème contrariant[368] ». Peterson fait bien de dire que « ce qu'un système religieux dit à propos du mal révèle beaucoup de choses sur ce qu'il considère comme la réalité ultime et la relation que l'homme devrait avoir avec elle. Par conséquent, la crédibilité d'une religion est fortement liée à sa capacité à expliquer le mal[369] ».

Le mal peut être défini comme étant l'expérience humaine de la souffrance, de la maladie, de la mort et de toute autre chose susceptible de causer la douleur. Comment expliquer la présence du mal de manière générale et le mal qui survient dans nos vies en particulier ? L'Afrique traditionnelle a trouvé depuis longtemps une réponse à ce deuxième volet de la question car, selon elle, la sorcellerie est à l'origine du mal dans nos vies. Cette réponse est-elle adéquate ? Est-elle acceptable dans les communautés chrétiennes en Afrique aujourd'hui ? Le chapitre 30 offre une perspective philosophique et théologique sur la sorcellerie étant donné qu'elle affecte les chrétiens en Afrique.

---

[368] Michael Peterson, *Evil and the Christian God*, Grand Rapids, Baker, 1982, p. 11.
[369] *Ibid.*

30

La sorcellerie

Lorsqu'on est confronté à la douleur et à la peine, on se voit souvent forcé de rapprocher la situation que nous traversons avec nos croyances religieuses et nos idées reçues. Harold Kushner, un écrivain juif déclare à ce sujet :

> Inéluctablement, chacun d'entre nous s'est déjà trouvé confronté à la question : pourquoi des malheurs arrivent-ils à de bonnes personnes ? Tôt ou tard, chacun d'entre nous se retrouve à jouer l'un des rôles de la tragédie de Job : soit celui de la victime, d'un membre de la famille ou d'un ami/consolateur. Les mêmes questions demeurent et la quête d'une réponse satisfaisante continue[370].

La question à laquelle les croyants sont confrontés est celle de savoir si notre foi est capable d'expliquer de manière satisfaisante la raison des malheurs qui nous arrivent. John Hick, qui a écrit de nombreux ouvrages sur la question du mal, déclare que :

> Tout comme le judaïsme et l'islam, le christianisme repose sur une doctrine monothéiste. Il dépeint Dieu comme un être doué d'une bonté et d'une puissance absolue et comme le Créateur, *ex nihilo*, de l'univers. Si Dieu est tout-puissant, alors il devrait être capable d'empêcher le mal et les drames humains qui en découlent. S'il est le Dieu de toute bonté, son désir doit être d'empêcher le mal. Pourtant, le mal existe. Par conséquent, soit Dieu n'est pas Tout-Puissant, soit il n'est pas le Dieu de toute bonté[371].

---

[370] H. S. Kushner, *When Bad Things Happen to Good People*, New York, Avon, 1981, p. 143.

[371] J. Hick, « The Problem of Evil », dans *Encyclopedia of Philosophy*, Vol. 3 et 4, New York, Macmillan Publishers, 1967, p. 136.

David Hume, évoqué au chapitre 3 portant sur l'éthique occidentale, pose le problème en ces termes : « Est-t-il [Dieu] disposé à empêcher le mal mais en est incapable ? Alors il est impuissant. Est-il capable mais non disposé à le faire ? Alors il est malveillant. Est-il capable et disposé à le faire ? D'où vient alors le mal ?[372] » Il développe sa pensée en ces termes : « Pourquoi y a t-il de la misère dans le monde ? Ce n'est certainement pas le fruit du hasard. Il doit y avoir une cause. Est-ce le dessein de Dieu ? Mais il est bienveillant. Le mal est-il contraire à ses desseins ? Mais il est Tout-Puissant. Rien ne peut ébranler la solidité de ce raisonnement, si bref, si clair, si convainquant[373]. »

La compréhension que nous avons du type de dieu en qui nous croyons, influencera notre perception du mal. Par exemple, nous croyons peut-être en un dieu vivant qui n'est pas puissant ; malgré sa volonté de nous aider, il ne peut pas le faire. Ainsi, le malheur atteint ses enfants parce qu'il est incapable de les protéger. Kushner résume ce point de vue ainsi :

> Je crois en Dieu. Mais je ne crois plus les mêmes choses que je croyais à propos de lui il y a quelques années quand j'étais étudiant en théologie. Il m'est plus facile d'adorer un Dieu qui hait la souffrance *mais n'a pas* le pouvoir de l'éliminer, que d'adorer un Dieu qui choisit de faire souffrir et mourir des enfants pour une quelconque raison dont lui seul détient la souveraine explication[374].

Le chapitre 7 de l'ouvrage de Kushner s'intitule d'ailleurs « Dieu ne peut pas tout faire, mais il peut faire des choses importantes ». Ce titre illustre sa ferme conviction que, même s'il est amour et bienveillant, Dieu est limité dans ce qu'il peut faire, surtout quand il s'agit d'empêcher le malheur et la souffrance à ses enfants.

Beaucoup de chrétiens africains adoptent un point de vue très proche de celui de Kushner. Ils croient que Dieu est Tout-Puissant et que Jésus est le Fils de Dieu qui donne le salut au moyen de son sang versé. Mais ils croient aussi que des forces maléfiques telles que la sorcellerie, les sociétés secrètes et les mauvais esprits sont les ultimes responsables de toute

---

[372] D. Hume, *Dialogues Concerning Natural Religion*, Partie X, . Ce classique est largement disponible sur internet.

[373] D. Hume, « Dialogues Concerning Natural Religion », dans

[374] Kushner, *When Bad Things Happen*, p. 134, italiques ajoutées.

souffrance, maladie ou mort qui atteignent les enfants de Dieu. Ainsi, même si en théorie, ils croient en un Dieu suprême, en pratique leur foi est dualiste. À l'instar des manichéistes ou des gnostiques, ils perçoivent le bien et le mal comme deux forces antagonistes et égales.

Les croyances traditionnelles au sujet de la sorcellerie

Presque toutes les sociétés africaines croient en la sorcellerie sous une forme ou une autre. C'est la raison généralement avancée pour expliquer la cause suprême du mal, du malheur et de la mort.

> Les femmes stériles, les personnes dont les enfants meurent à la naissance, les femmes souffrant d'un cycle irrégulier, les victimes d'accidents, les employés de bureau qui ne réussissent pas à avoir des promotions, un candidat qui n'est pas élu, un élève qui échoue à son examen, une personne qui remarque des griffures sur son corps, un chasseur ou un pêcheur qui rentre bredouille, un cultivateur qui fait une mauvaise récolte ou encore une équipe de football qui enregistre des défaites répétées – tous soupçonnent la sorcellerie d'être responsable de leurs malheurs. Même ceux qui connaissent un succès incontestable dans leur entreprise ou leur profession vivent dans la peur permanente d'être ensorcelé par des proches ou des amis envieux[375].

Carol McKinney a étudié le phénomène de la sorcellerie chez les Bajjus de l'État de Kaduna au Nigéria. Elle définit la sorcellerie comme « une capacité inhérente à exercer une influence surnaturelle sur autrui. Cette influence est généralement nocive et est à l'origine de phénomènes tels que les relations sociales brisées, les comportements antisociaux, les phénomènes inattendus, la maladie et la mort[376] ».

Considérer la sorcellerie comme la cause du mal n'est pas une attitude irrationnelle ; il s'agit d'une tentative philosophique de résoudre la question du mal. Elle comporte une logique qui lui est propre : « Ce système offre des réponses à la question de savoir pourquoi des situations particulières arrivent à des individus au moment où elles arrivent. Il

---

[375] D. A. Offiong, *Witchcraft, Sorcery, Magic and Social Order Among the Ibibio of Nigeria*, Enugu, Fourth Dimension Publishing, 1991, p. 78, cité par P. Hiebert, D. Shaw, et T. Tienou, *Understanding Folk Religion: A Christian Response to Popular Beliefs and Practices*, Grand Rapids, Baker, 1999, p. 155.
[376] Mckinney, « The Bajju of Central Nigeria », p. 59.

n'invalide pas leur compréhension des causes et effets empiriques d'une situation. Il traite plutôt de la cause profonde[377]. »

Les causes naturelles et la sorcellerie ne s'excluent pas mutuellement, elles sont complémentaires ; l'une prenant en compte ce que l'autre néglige. Les Africains ne nient pas l'existence des causes naturelles. Par exemple, ils ne nieraient jamais qu'un accident de voiture est à l'origine de la mort d'un jeune homme, mais ils affirmeraient que ce n'est pas une explication complète, car pour eux, les choses « n'arrivent pas par hasard » : ce doit être la sorcellerie qui a mis le jeune homme en danger.

La croyance en la sorcellerie constitue donc un moyen pratique d'expliquer un évènement et ses causes. Ainsi, la mort n'est pas perçue comme un phénomène naturel, surtout lorsqu'elle survient chez un jeune homme ou une jeune femme. Ainsi, les décès de jeunes personnes ont traditionnellement été attribués à la sorcellerie. Même les décès de certaines personnes âgées étaient attribués à la sorcellerie s'ils décédaient d'une manière jugée anormale comme la dysenterie, tomber d'un arbre ou une mort violente. Ceux qui mourraient de cette façon n'étaient pas enterrés à l'intérieur de leur concession ou de leur chambre selon la coutume, ils étaient plutôt enterrés derrière la concession ou dans le jardin. Les vivants ne voulaient pas qu'une personne décédée d'une mort maudite soit enterrée près d'eux.

Dans la pensée africaine, la sorcellerie est une réalité et est considérée comme l'ennemie de la vie.

L'harmonie, l'ordre, les bons rapports entre voisins ou la bonne compagnie, la coopération et le partage, la propriété, l'équité, l'honnêteté et la transparence constituent tous les signes de comment l'ordre social devrait être. Ils sont tous remis en cause par la sorcellerie. Un sorcier est une personne qui n'a pas le contrôle sur les coups de tête que les membres de la société doivent maîtriser. Les désirs insatiables et la haine expliquent, séparément et ensemble, les morts provoquées par les sorciers. Les sorciers sont des personnes moroses et asociales[378].

---

[377] E. Evans-Pritchard, *Witchcraft, Oracles and Magic among the Azande*, Oxford, Oxford University Press, 1976, p. 71. (Ce livre a été traduit et publié en français sous le titre *Sorcellerie, oracles et magie chez les Azandés*, Paris, Gallimard, 1972.)

[378] L. Magessa *African Religion: The Moral Traditions of Abundant Life*, New York, Orbis Books, 1997, p. 187.

Les preuves de l'existence de la sorcellerie

Les Africains croient en la sorcellerie parce qu'ils ont entendu de nombreux récits et anecdotes à ce sujet. Ils ont souvent entendu les confessions de ceux qui la pratiquent et les témoignages des victimes. Il existe des milliers d'histoires à propos de la sorcellerie racontées par les vieux et les jeunes, les riches et les pauvres, les personnes éduquées et non éduquées. Je peux même partager quelques anecdotes survenues dans ma propre famille. Mon grand-père qui a contracté la variole quand il était enfant, s'est vu refuser tout traitement parce qu'on exigeait qu'il révèle le nom de la personne qu'il avait soi-disant tué au moyen de la sorcellerie. Il a confessé qu'il avait tué toutes les personnes récemment décédées dans la communauté et même certains qui étaient morts avant que sa mère ne se marie et qu'il n'ait été conçu ! L'épouse de mon oncle a avoué récemment qu'elle était responsable de la pauvreté de son mari et qu'elle envisageait de le tuer au moyen de la sorcellerie. Une personne de dix-sept ans dans ma famille a été accusée d'être un ancien d'une société secrète. Son accusateur (lui-même membre de la société en question) a prétendu qu'il était chargé d'administrer du sang humain.

Ces dernières années, nous pouvons constater que même des enfants ont été accusé d'être des sorciers. Dans une petite ville de l'État du Delta au Nigéria, des pasteurs mal intentionnés et cupides ont accusé des enfants d'être à l'origine des malheurs de leur communauté. Ils ont encouragé leurs parents de se débarrasser d'eux, soit directement, en les brûlant, tabassant, empoissonnant ou en les enterrant vivant ; soit indirectement en les abandonnant dans la forêt, ou en les laissant enchainés à des arbres jusqu'à ce que mort s'ensuive[379].

Que penser de ces histoires ? Que penser de l'hystérie générale associée à la sorcellerie et aux sociétés secrètes ? Tout cela ne constitue-t-il pas une preuve irréfutable de l'existence de la sorcellerie ? Après tout, nous en entendons tellement parler !

La première réponse à ces questions doit être qu'il est impossible de nier l'existence et la réalité de la *croyance* en la sorcellerie. Cette croyance

---

[379] T. McVeigh, « Children Are Targets of Nigerian Witch Hunt », *The Observer*, Sunday 9 December 2007, p. 34 Cité le 16 avril 2008. En ligne : www.guardian.co.uk/world/2007/dec/09/tracymcveigh.theobserver.

doit être prise au sérieux parce qu'elle est très réelle[380]. Pour ceux qui entretiennent cette croyance, « il n'existe pas de maladie ou de problème qui ne puisse être attribuée à la sorcellerie (...) Lorsque les explications d'ordre naturel ou religieux sont insatisfaisantes, la raison sociale qui est invariablement invoquée est la sorcellerie[381] ».

Les chrétiens africains qui veulent être pertinents par rapport à leur culture doivent commencer par accepter l'existence de quelque chose comme la sorcellerie – nous voulons dire par cela la puissance de Satan et ses agents maléfiques qui apportent souffrance et misère à l'humanité. Reconnaître l'existence de ceci n'est pas anti-biblique. Cependant, cela ne nous empêche pas de nous poser de profondes questions philosophiques au sujet de la sorcellerie. Deux disciplines philosophiques sont généralement associées à l'étude de la sorcellerie : il s'agit de la métaphysique et de l'épistémologie.

À titre d'exemple, les sorcières sont généralement accusées de manger de la chair humaine et de boire du sang humain. Lorsqu'une telle accusation est faite, nous devons nous poser la question métaphysique suivante : S'agit-il d'une action au sens strict du terme ou d'une métaphore ? Le peuple Nupe du Nigéria croit qu'il s'agit d'un repas spirituel et non d'un repas physique. Les chrétiens aussi reconnaissent le partage spirituel du corps et du sang de Christ à chaque fois qu'ils participent à la sainte communion, mais ils ne consomment pas de la vraie chair et du vrai sang humain.

Sur un plan épistémologique, nous devons nous poser la question suivante : Comment reconnaître qu'une histoire est vraie ? En général, l'on part du principe que si une personne a confessé être un sorcier ou une sorcière, il ou elle doit être cru(e). Pourtant, il arrive que ces aveux soient faux. De plus, même si une personne a commis de prétendus actes de sorcellerie, ses aveux permettent seulement de démontrer une croyance profonde en l'efficacité de la sorcellerie ainsi qu'une croyance que la sorcellerie exploite les forces maléfiques.

Pour résumer ces points, nous dirons que les témoignages et les aveux sur la sorcellerie ne démontrent pas la réalité et la certitude de la

---

[380] Hiebert, Shaw et Tienou, *Understanding Folk Religion*, p. 173.
[381] Magesa, *African Religion*, p. 182.

sorcellerie. Ils confirment simplement que la croyance en l'existence de la sorcellerie est une réalité. Même si cette croyance essaye de fournir une solution à la question de l'origine du mal dans le monde, cette solution est insuffisante.

En tant que chrétiens, nous devons suivre l'avertissement qui suit :

L'un des principaux moyens dont les religions traditionnelles se servent pour accréditer, justifier et propager les idées relatives au surnaturel est par la diffusion de récits surnaturels. Ces récits sont propagés pour accréditer un nombre impressionnant de croyances au sujet des esprits. Ils varient en fonction de la culture et de la religion des narrateurs (...) L'effet attendu est d'amener les récepteurs à reconnaître ces récits ainsi que leurs inférences comme étant vraies (...) [Cependant], si nous nous basons sur le principe erroné selon lequel nous pouvons déduire des vérités sur les esprits à partir des croyances des individus sur les esprits, nous finirons par intégrer, d'une manière syncrétique, des notions animistes et magiques à notre compréhension doctrinal des forces démoniaques[382].

Les principes bibliques sur la sorcellerie

Notre compréhension de la sorcellerie ne doit pas reposer sur des anecdotes, mais sur les enseignements du Nouveau et de l'Ancien Testament. Les deux testaments mettent le peuple de Dieu en garde contre toute forme de sorcellerie. Lévitique 19.31 demande au peuple d'Israël : « Ne pratiquez pas la divination ; n'y recourez pas, car cela vous rendrait impurs » (voir aussi Lv 20.6-7 et Ex 22.17). Le commandement de Deutéronome 18.10-12 est encore plus explicite : « Il ne se trouvera chez toi personne pour faire passer par le feu son fils ou sa fille, interroger les oracles, pratiquer l'incantation, la magie, les enchantements et les charmes, recourir à la divination ou consulter les morts. Car tout homme qui fait cela est une abomination pour le Seigneur. »

Le Nouveau Testament assimile la sorcellerie aux œuvres de la chair (Ga 5.20). En Actes 19.18-19 ceux qui acceptent le Christ renoncent à « leurs pratiques », dont « la magie ».

---

[382] R. J. Priest, T. Campbell , et B. Mullen, « Missiological Syncretism: The New Animist Paradigm », dans E. Rommen, sous dir., *Spiritual Power and Missions: Raising the Issues*, Evangelical Missiological Society Series, No.3, Pasadena, CA, William Carey Library, 1995.

Il apparait clairement dans ces passages que la sorcellerie ou toute interaction humaine avec des forces démoniaques est une abomination pour Dieu. Paul qualifie de « personnes envoûtées » ceux qui remplacent la foi en Dieu par la foi en autre chose y compris la Loi (Ga 3.1). Ne serait-il donc pas plus abominable encore de remplacer sa foi en Dieu par une participation aux activités démoniaques ou en soutenant verbalement de telles activités ?

Les chrétiens qui se sont livrés à des activités démoniaques ne s'en sont pas sortis sans dommages. La désobéissance aux commandements clairement formulées dans la Bible au sujet de la sorcellerie entraine des conséquences catastrophiques telles que l'échec, des blessures et la mort. Les récits de 1 Samuel 28, au sujet de Saul, et de Actes 19.13-19, au sujet des fils de Scéva, démontrent les problèmes qui peuvent survenir lorsque nous participons à des activités démoniaques de quelque nature que ce soit. Nous ne pouvons servir deux maîtres à la fois ; Dieu ne partagera pas notre dévotion avec ses ennemis.

Les Saintes Ecritures attestent que les enfants de Dieu jouissent d'une pleine autorité sur les puissances démoniaques ; le diable s'enfuit loin des enfants de Dieu (Jc 4.7). S'il y a une puissance dans la sorcellerie, la puissance des enfants de Dieu la surpasse largement. « La puissance de Jésus est une super puissance mais la puissance de Satan est une puissance faible » comme le dit si bien un refrain fredonné par les enfants au Nigéria.

Cette affirmation repose sur le fait que Jésus-Christ a dépouillé les forces du mal de leur pouvoir. « Il a dépouillé les Autorités et les Pouvoirs, il les a publiquement livrés en spectacle, il les a traînés dans le cortège triomphal de la croix » (Col 2.15). D'après Fred Dickason,

> Satan et les démons ne sont pas des adversaires à la hauteur de Christ, Dieu fait homme. Face à l'opposition satanique, la croix a glorifié Dieu, délivré les prisonniers du diable, infligé une débâcle aux mauvais esprits et prononcé leur condamnation afin que les hommes n'aient plus jamais à les redouter ou à les suivre de nouveau[383].

Bien souvent, la Bible est utilisée comme un réservoir de preuves pour soutenir nos opinions et nos croyances traditionnelles. Cependant,

---

[383] C. F. Dickason, *Angels, Elect and Evil,* Chicago, Moody Press, 1975, p. 215.

lorsqu'elle est bien interprétée, nous nous rendons compte que la Bible ne soutient pas les doctrines répandues en Afrique au sujet des démons, des mauvais esprits et de la sorcellerie. Même si les récits et expériences africaines sont pertinents et doivent être pris en compte, les vérités que nous croyons devraient être basées *uniquement* sur les Saintes Ecritures.

Les chrétiens et la sorcellerie en Afrique aujourd'hui

La sorcellerie n'offre aucun avantage ; elle encourage des comportements irrespectueux envers les parents et les enfants, la division et la haine dans les familles, et même le meurtre. Récemment, un cas de chasse aux sorcières a amené un jeune homme à taillader à mort son propre père après l'avoir accusé de vouloir tuer son petit-fils (le fils du jeune homme) au moyen de la sorcellerie. C'est l'une des innombrables atrocités commises à cause de la sorcellerie, même au sein des communautés chrétiennes ; car malgré les mises en garde, l'on remarque une résurgence de la croyance en la sorcellerie dans les milieux chrétiens africains.

En Afrique, nous constatons une « croyance répandue en la puissance de la sorcellerie et une peur tout aussi répandue d'être envouté. Les rituels chrétiens sont souvent perçus comme une nouvelle et plus puissante protection contre les attaques des ennemis et des personnes jalouses[384] ». Il est courant d'entendre parler de mères qui « couvrent » le lit de leurs enfants du « sang de Jésus » pour repousser les sorciers et les esprits mauvais avant de les mettre au lit. Le sang de Jésus est également « versé » sur les routes pour se prémunir des accidents de circulation dont la responsabilité est souvent attribuée aux sorciers.

Qu'est-ce qui est à l'origine d'une telle frénésie ? Qu'est-ce qui explique une telle recrudescence de la croyance au pouvoir des sorciers et sorcières parmi les chrétiens en Afrique aujourd'hui ?

Plusieurs facteurs peuvent expliquer cette situation. Premièrement, les responsables de l'Église, et surtout les missionnaires étrangers, n'ont pas donné de réponse satisfaisante à la question de l'origine du mal et encore moins répondu à la question de savoir quelle est la cause suprême des malheurs, des maladies et de la mort ? Les Africains pensent que Dieu est leur père et qu'ils sont ses enfants. Il n'est pas l'auteur du mal, de

---

[384] Hiebert, Shaw et Tienou, *Understanding Folk Religion*, p. 173.

la maladie et de la mort. Par conséquent, ces situations ne pourraient que résulter de la sorcellerie.

En effet, la sorcellerie a été reléguée au rang des simples superstitions tant par les missionnaires que par les responsables de l'Église primitive en Afrique et même par certains des responsables contemporains. Une telle attitude ne tient pas compte de la vision africaine du monde. Tout en saluant le rôle significatif que les missionnaires ont joué dans la propagation de l'Évangile en Afrique, nous sommes d'accord avec Yusufu Turaki :

> Le principal défaut des premiers missionnaires est d'avoir réprimandé la culture africaine. Leur attitude était caractérisée par la négation de la culture, des coutumes, de la religion et de la vie sociale des africains[385].

Les responsables chrétiens sont maintenant conscients que rejeter la sorcellerie en tant que superstition ne rencontre plus la sympathie de beaucoup des membres de leurs congrégations. De nombreux chrétiens reconnaissent l'existence de la sorcellerie et avouent même la pratiquer. Face à un tel constat, il n'est pas certain que les églises aient sérieusement répondu au problème tenace de la sorcellerie d'un point de vue biblique et théologique.

L'échec des dirigeants d'églises poussent les chrétiens à s'en remettre à des principes mondains et des explications démoniaques pour comprendre l'origine du mal plutôt que de recourir à la Bible et à la théologie. Ainsi, bien que nous nous disions chrétiens, nous sommes prompts à mettre la maladie ou la mort d'un enfant sur le compte de la sorcellerie. Nous nous accrochons aveuglément à cette explication parce qu'elle étanche notre soif de réponses. Par conséquent, beaucoup de jeunes croyants peuvent raconter d'innombrables histoires attestant du pouvoir des sorcières et des sorciers mais ils sont incapables de citer un cas de délivrance des forces démoniaques. Tant que les chrétiens auront plus d'histoires (qu'elles soient vraies ou montées de toutes pièces) à propos de la sorcellerie que sur la puissance de Christ, ils auront l'impression que la sorcellerie a plus de puissance sur les enfants de Dieu.

---

[385] Y. Turaki, « The Minority Ethnic Group and Christian Missions », Boston, tapé à la machine, 1982, p. 27.

Le christianisme nominal a également contribué à la résurgence du phénomène de la sorcellerie. Un changement externe qui ne s'accompagne pas d'une transformation intérieure n'influence pas une personne dans son intégralité. De nombreuses personnes ont admis être devenues chrétiennes parce que cela semblait être la norme à suivre. Fréquenter une église constitue une norme dans la plupart des anciennes stations missionnaires. Même s'ils affichent une apparence chrétienne, ces personnes sont incroyantes et demeurent profondément attachées à des valeurs et croyances traditionnelles. Stephen Neill déclare à ce sujet :

> À un niveau plus profond que la conduite, et au final plus menaçant, se trouvent des structures et modes de pensée non-chrétiens persistants et clandestins. Ces modes de pensée sont bien plus instinctifs que rationnels. Ils demeurent profondément ancrés en nous, tant sur un plan ethnique qu'individuel (...) Ces convictions peuvent demeurer inexprimées et peuvent apparemment, tant en Europe qu'en Afrique, se transmettre de génération en génération. Tout ceci explique l'apparition à la troisième ou quatrième génération de chrétiens, de pratiques impies et anciennes qu'on avait cru disparues depuis longtemps de la conscience des chrétiens[386].

Les observations de Neill sont partagées par John Mbiti, un théologien africain connu : « Une observation attentive de la situation religieuse en Afrique montre clairement que lors de leur rencontre avec les religions traditionnelles, le christianisme et l'islam n'ont pénétré l'homme africain que d'une manière très superficielle. Ils ne sont pas parvenus à convertir l'homme africain dans son intégralité jusque dans ses racines historico-culturelles, sa dimension sociale, sa conscience de soi et ses attentes[387]. » Dans le même esprit, Aylward Shorter observe qu'« au moment de leur baptême, les chrétiens africains renoncent à très peu de leurs anciens points de vue non-chrétiens. Ce qui demeure à la surface n'est en réalité que la partie émergée de l'iceberg. On ne demande pas au chrétien africain de rétracter une philosophie religieuse. Par conséquent, il retourne à des pratiques interdites, d'autant plus que des occasions de le faire se présentent fréquemment[388] ». La résurgence de la sorcellerie et

---

[386] S. Neill, *The Unfinished Task*, London, Edinburgh House Press, 1975, p. 117-118.

[387] Mbiti, *African Religions and Philosophy*, p. 263.

[388] A. Shorter, *African Theology: Adaptation or Incarnation?* Maryknoll, Orbis Books, 1977, p. 10. (Ce livre a été traduit et publié en français sous le titre *Théologie chrétienne africaine : Adaptation ou incarnation ?*, Paris, éditions du Cerf, 1980.)

de la chasse aux sorcières dans les communautés chrétiennes aujourd'hui confirme ces propos.

La méconnaissance des vérités bibliques et théologiques a aussi contribué à la résurgence des croyances et pratiques liées à la sorcellerie parmi les chrétiens. Un sondage rapide montrerait que beaucoup de personnes se disant chrétiennes ne connaissent pas les Écritures et ne savent pas ce que la Bible enseigne sur de nombreuses questions, y compris la sorcellerie. Les pasteurs et évangélistes sont plus enclins à émettre des condamnations superficielles qu'à donner un enseignement systématique sur les croyances et les valeurs philosophiques, religieuses et théologiques dans le contexte africain.

Stephen Neill relève ce problème en ces termes :

On remarque une absence généralisée d'un enseignement systématique dans le milieu chrétien. Il est vrai qu'on compte de nombreuses prédications mais leur contenu intellectuel n'est pas consistant. L'objectif visé par ces prédications est souvent la moralisation plutôt qu'une instruction sérieuse. La Bible est un livre bien plus complexe que ne le pensent souvent ceux qui l'ont côtoyé depuis leur enfance[389].

G. C. Oosthuizen abonde dans le même sens :

On ne peut s'empêcher de se demander pourquoi l'Africain retourne à des pratiques non-chrétiennes lorsqu'il est confronté à des drames. Ce phénomène semble être devenu la règle plutôt que l'exception parce que le passé de l'Africain a été ignoré et aucun effort n'a été fait pour le pénétrer avec la puissance régénératrice de l'Évangile, l'Africain converti vit dans une double dimension[390].

Même si de nombreux africains sont chrétiens, leur vision du monde n'a pas été transformée.

Enfin, la désagrégation des valeurs et structures traditionnelles a anéanti les moyens de contrôle et contraintes qui, autrefois, régulaient la pratique de la sorcellerie. Dans la société africaine traditionnelle, on ne pouvait pas simplement accuser quelqu'un de pratiquer la sorcellerie. Les anciens exerçaient un certain contrôle leur permettant de déterminer

---

[389] Neill, *The Unfinished Task*, p. 130.

[390] G. C. Oosthuizen, *Post-Christianity in Africa: A Theological and Anthropological* Study, Grand Rapids, Eerdmans, 1968, p. 4.

si quelqu'un pratiquait la sorcellerie ou non. Le déclin de l'autorité des anciens a entrainé une rupture de l'ordre établi, et aujourd'hui on voit des enfants et des jeunes s'autoproclamer experts dans la pratique de la sorcellerie. En fait, des jeunes et des enfants sont devenues des sommités en sorcellerie. Il n'existe aucun moyen de contrôle ou de régulation permettant de refréner l'hystérie populaire associée de nos jours à la croyance en la sorcellerie et à sa pratique.

L'approche théologique pour faire face à la sorcellerie

Merrill Unger remarque que :

Tout ministre oint du Saint-Esprit devrait refléter les paroles du Grand Libérateur, le Seigneur Jésus-Christ, dont le merveilleux ministère de délivrance avait été annoncé en ces termes : « L'esprit du Seigneur, l'Éternel, est sur moi (...) Pour proclamer aux captifs la liberté, et aux prisonniers la délivrance » (Es 61.1-2; Lc 4.18-19)[391].

Mais, beaucoup de responsables d'Églises ne comprennent pas contre quoi ils se battent et ne peuvent donc pas proclamer un message de victoire. Afin de pouvoir traiter efficacement de la question du mal, nous devons recourir à des concepts profondément enracinés dans les Écritures.

La nature de Dieu

Pour bien comprendre la notion du mal, il est nécessaire de connaître certains des attributs de Dieu.

- *La souveraineté de Dieu.* Selon les Saintes Écritures, Dieu est entièrement souverain et indépendant sur la création et toute l'histoire. Il ne dépend de personne, il ne doit son existence à personne et est autonome (Jb 12.13-25 ; Ps 103.19 ; Ac 17.24-25 ; Jn 5.26-27 ; Jr 10.10-12). Cette doctrine « ne se résume pas à un simple dogme philosophique dépourvu de toute valeur pratique. Bien au contraire, il s'agit de la doctrine qui donne un sens et de la consistance à toutes les autres doctrines[392] ». Arthur W. Pink la

---

[391] M. Unger, *Demons in the World Today*, Wheaton, Tyndale house Publishers, 1971, p. 188.

[392] J. M. Boice, *Foundations of the Christian Faith: A Comprehensive and Readable Theology, VolI: Revelation*, Downers Grove, IVP, 1986, p. 117.

dépeint comme « le fondement même de la foi chrétienne (…) le centre de gravité de la vérité. C'est aussi la force et le réconfort du chrétien au milieu des tempêtes de la vie[393] ». Puisque Dieu est souverain, Satan et ses esprits méchants ne peuvent agir que si Dieu le leur permet. L'histoire de Job (surtout les chapitres 1 et 2) le démontre clairement. Savoir que Dieu est souverain procure un profond sentiment de sécurité dans un monde plein de misère et de soucis (Rm 8.31-39).

- *La bonté et l'amour de Dieu.* La bonté de Dieu se révèle d'une manière réelle et pratique par la grâce, l'amour et la miséricorde qu'il démontre à toutes ses créatures (Ps 84.12 ; 104.10-30 ; Jc 1.17). Elle surpasse toute intelligence :

La bonté de Dieu est éclatante, ardente, impressionnante. Elle surpasse la bonté humaine. Nous voyons le théisme dans toute sa gloire lorsque nous contemplons le Créateur siégeant au-dessus de sa création. Bien qu'il soit différent d'elle, il en maîtrise les moindres particules et il aime ses enfants d'un amour infini mais hait profondément le mal[394].

Quelle que soit la crise qu'il traverse, le chrétien doit garder à l'esprit que Dieu est véritablement bon (Lm 3.21-25). Son amour demeure même lorsque ses enfants souffrent pour sa gloire (Rm 8.38-39). Le mal ne durera pas éternellement mais l'amour de Dieu pour ses enfants dure à toujours (Jr 31.3).

- *La présence de Dieu.* Dieu est toujours présent à nos côtés. Cette certitude devrait transformer notre vision du monde (Jb 34.21-22). Dieu a dit à Moïse : « Je marcherai moi-même avec toi » (Ex 33.14, Segond 21). De même, Elisée pouvait rassurer son serviteur en ces termes : « ceux qui sont avec nous sont plus nombreux que ceux qui sont avec eux » (2 R 6.16). Les Saintes Ecritures ne rejettent pas l'existence des démons et des mauvais esprits, mais elles mettent l'accent sur la présence de Dieu et de ses anges qui garantissent la sécurité contre les démons et contre toute autre source de peur humaine. L'apôtre Jean ne nous rappelle-t-il pas que « celui qui est au milieu de vous est plus grand que celui qui est dans le monde »

---

[393] Tiré de Boice, *Foundations of the Christian Faith*, p. 117-118.
[394] J. Wenham, *The Goodness of God*, Downers Grove, IVP, 1974, p. 184.

(1 Jn 4.4). Notre Dieu qui est toujours avec nous est plus grand, plus puissant et plus fort que le diable. Le chrétien peut compter sur la promesse de Christ d'être avec nous jusqu'à la fin des temps (Mt 28.20). L'important c'est de ne pas nier l'existence et la puissance de Satan mais d'affirmer encore plus fort la puissance de Dieu sur notre adversaire.

L'origine du mal et de la souffrance

- *La cause suprême du mal.* Le croyant doit comprendre que la cause suprême du mal est le péché. Les conséquences du péché d'Adam et d'Eve impliquent la mort, la souffrance, la domination du mari sur sa femme, la malédiction de la terre et la peine attachée au travail (Gn 3.16-19). En d'autres termes, le mal sous toutes ses formes découle du péché (Rm 5.12) et « le salaire du péché, c'est la mort » (Rm 6.23).

- *Les conséquences de nos choix moraux.* Le mal et la souffrance ne sont pas seulement la conséquence du péché d'Adam et Eve, ils sont aussi la conséquence de nos propres péchés et choix moraux. Nos choix ont déclenché les lois de cause à effet établies par Dieu. Par exemple, une personne qui vit dans la débauche et qui finit par être infectée par le VIH/SIDA ne devrait pas rejeter la responsabilité de sa maladie sur les forces du mal. Elle est la seule responsable pour avoir contracté cette maladie[395].

- *Les conséquences des lois physiques.* Nous jouissons d'un libre arbitre et sommes donc libres de prendre nos propres décisions. Mais si nous décidons de nous jeter du haut d'un arbre, la loi de la gravité nous fera tomber. Nous courons le risque de nous blesser ou de mourir. De plus, le fait que nous soyons des êtres mortels veut dire que nous mourrons tous un jour d'une manière ou d'une autre (Ps 90.10).

- *Les conséquences liées aux forces du mal.* Les mauvais esprits et les démons existent et affectent les êtres humains. L'histoire de Job nous montre que les forces démoniaques peuvent être impliqués

---

[395] Cette déclaration ne sous-entend nullement que la débauche est à l'origine de tous les cas de VIH/SIDA. Pour en savoir plus à ce sujet, voir le chapitre 25.

dans les causes de la maladie et même la mort, et peuvent nous pousser à pécher (Job 1 et 2).

- *Les desseins de Dieu.* L'histoire de Job atteste non seulement de l'existence des forces du mal, mais aussi de la souveraineté de Dieu. C'est lui qui permet à Satan d'infliger des souffrances, mais il le fait dans un but précis (Gn 50.20 ; Ac 2.23). En fin de compte, la bonté de Dieu doit être appréhendée à partir de la perspective de Dieu et non du point de vue humain. Lorsqu'il permet le malheur, ce n'est pas parce qu'il prend plaisir à voir ses enfants souffrir mais parce qu'il veut atteindre un but. Les afflictions de Job ont éprouvé et ont affermi sa foi (Jb 1.22, 2.10 ; voir aussi Rm 5.3-4). Ainsi, loin d'être sans rapport, les causes de la souffrances démoniaques et divines sont liées.

Dieu domine sur le mal et en finira avec lui un jour. Il délimite déjà l'ampleur du malheur que le mal peut infliger à ses enfants (Jb 1.12 ; 2.6 ; 14.5). Nous devons comprendre que nous ne pouvons être atteints par le diable et les forces du mal que si Dieu Tout-Puissant le permet. Il a fixé une limite qu'ils ne peuvent dépasser. Le diable ne défie pas la puissance divine, il a besoin de la permission de Dieu pour infliger des souffrances à ses enfants. Nous devons faire preuve de la même confiance que Job avait, même face à la mort de ses enfants et la destruction de ses biens. Même lorsque nous ne pouvons pas entièrement comprendre pourquoi Dieu permet tant de souffrances, nous devons dire avec Job, « Même s'il me tuait, je continuerais à espérer en lui » (Jb 13.15, Segond 21). Lorsque des drames surviennent, le chrétien doit tenir compte de l'existence et la puissance des forces démoniques, sans céder à elles. Il doit plutôt réaffirmer son engagement sans faille au Seigneur.

Le problème du mal sous toutes ses formes devrait aussi nous amener à vivre comme si nous pouvions mourir à chaque instant. C'est ce que le psalmiste voulait dire quand il a déclaré : « Apprends-nous à compter nos jours » (Ps 90.12). Dieu n'a pas promis que nous ne mourrions pas de mort violente. Il est certain que nous devrions mourir un jour ; mais mourir dans notre sommeil n'est nulle part garanti. Un chrétien peut devenir malade mentalement, se noyer, être tué dans un accident de voiture, ou être assassiné. Comme Job 21.22-25 l'affirme : « Est-ce à Dieu qu'on enseignera la science, lui qui juge le sang versé ! L'un meurt en pleine vigueur, tout heureux et tranquille ; ses flancs sont lourds de graisse, la moelle de ses os est encore fraîche. L'autre meurt, le cœur aigre, sans avoir goûté au bonheur. »

Conclusion

Les aveux, récits et témoignages sur la sorcellerie attestent des croyances que les uns et les autres entretiennent sur la base de leur culture. En tant que chrétiens, nous devons gérer les perceptions culturelles de la sorcellerie avec sérieux, tact et respect. Nous ne devrions pas vivre comme si les mauvais esprits et les sorciers n'existaient pas ; mais nous devrions vivre avec la pleine conviction que Dieu est aux commandes. Nous devons croire de tout notre cœur que le diable et ses forces ont été vaincus et que nous n'avons plus à les redouter.

Si nous ne croyons pas à cette vérité de la Parole de Dieu, alors notre christianisme est vain. Notre joie en tant que chrétien repose sur le fait que notre Dieu domine sur les forces du mal et que nous pouvons le proclamer sans crainte. C'est l'enseignement, sans équivoque, des Saintes Ecritures. Il devrait nous procurer le réconfort et la force en ces temps où la résurgence de la croyance en la puissance des pratiques démoniaques crée tant d'effroi et de terreur. Le chrétien a la victoire en Christ sur la sorcellerie et les forces du mal.

Questions

1. Donnez quelques récits, tirés de votre vécu ou de la communauté dans laquelle vous vivez, qui montrent comment la sorcellerie se manifeste dans votre culture ou dans le cadre de votre ministère.

2. Évaluez votre compréhension de l'enseignement biblique et théologique au sujet de la sorcellerie. Sur quels aspects devez-vous vous concentrer pour préparer votre ministère dans un contexte où la sorcellerie domine ?

Conclusion

La première chose que Dieu attend de son peuple, c'est la sainteté. Il a établi la base pour notre vie morale dans son commandement : « Soyez saints, car je suis saint, moi, le Seigneur, votre Dieu » (Lv 19.2). Ce commandement est ensuite répété dans (Lv 20.7) : « Sanctifiez-vous donc pour être saints, car c'est moi, le Seigneur, votre Dieu ». De même, dans le Nouveau Testament, Jésus dit à ses disciples : « Vous donc, vous serez parfaits comme votre Père céleste est parfait » (Mt 5.48). Pierre reprend ces paroles lorsqu'il dit à ses lecteurs : « Mais, de même que celui qui vous a appelés est saint, vous aussi devenez saints dans toute votre conduite » (1 P 1.15-16).

Mais qu'est-ce que cela veut dire d'être saint ? La sainteté n'est pas un concept facilement accepté de nos jours. Ce mot fait penser à l'attitude d'une personne qui fait bien comprendre aux autres qu'elle est plus pieuse ou plus juste qu'eux. Il n'est donc pas surprenant de constater que les gens réagissent avec indignation lorsqu'ils rencontrent une personne avec cet air condescendant. Une telle personne n'est pas vraiment sainte. En réalité, la Bible condamne ce genre d'attitude quand elle condamne le comportement de certains pharisiens.

L'interprétation erronée de l'idée de la sainteté ne devrait pas nous amener à rejeter la vraie sainteté qui est recommandée dans les Écritures. Au cœur de la véritable sainteté se trouve le fait de se séparer des choses du monde et de se consacrer totalement à Dieu. En d'autres termes, tous les aspects de notre vie doivent être consacrés à Dieu et ceci doit transparaître dans notre attitude au quotidien. Notre sainteté doit se manifester dans nos décisions morales, c'est-à-dire dans nos choix quotidiens du bien et du mal.

Cependant, comment reconnaître ce qui est bon ou mauvais ? La réponse à cette question c'est que toutes nos décisions devraient être basées sur les principes suivants :

- *Dieu est la source et le modèle suprêmes de la morale.* Le Dieu qui est révélé dans les Écritures à travers Jésus-Christ est l'auteur et le modèle de la morale. Il n'a pas de pareil et doit être considéré comme le juge final en matière de bien et de mal. Il est de loin au-dessus des dieux tribaux, des esprits mauvais, des sorciers et de tout autre être surnaturel. La moralité commence avec Dieu.

- *La Bible constitue la première autorité en matière d'éthique.* Sans la révélation spéciale de Dieu à travers les Écritures, il n'aurait pas été possible de savoir précisément ce que Dieu attend de son peuple. Le chrétien n'a aucune autre source d'autorité à part la Bible qui est l'arbitre ultime en matière de foi et de pratique.

- *Tous les aspects de la vie sont soumis à un examen minutieux des Saintes Écritures convenablement interprétées.* Bien que la Bible n'aborde pas clairement toutes les questions que nous pourrions imaginer, elle fournit cependant des principes sur chaque aspect de la vie. Aucun aspect de notre vie n'échappe à la Bible.

- *La communauté des croyants fournit le soutien et la responsabilité.* Lorsque nous devenons chrétiens, nous devenons membres du corps de Christ (1 Co 12.13). Ce corps nous inspire et nous motive à vivre d'une manière responsable les uns envers les autres devant Dieu.

- *Le monde constitue le contexte dans lequel nous vivons la morale.* En tant que chrétiens, nous ne vivons pas hors du monde. Nos décisions éthiques doivent être prises dans le même monde que les autres et nous avons à faire face à des personnes et des problèmes réels. En même temps, nous devons nous rappeler que, même si nous vivons dans une petite ville comme Madakiya dans l'État de Kaduna au Nigéria, nous faisons également partie d'un contexte plus large. Nous faisons peut-être face au problème de la sorcellerie, mais les chrétiens en Chine, aux États-Unis d'Amérique, en Grande-Bretagne, en Amérique du Sud et au Proche-Orient ont aussi du mal avec la difficulté d'expliquer le mal et la souffrance. Au lieu de chercher à fuir le monde, les chrétiens doivent plutôt y vivre et travailler à le transformer.

Dans cet ouvrage, nous avons essayé autant que faire se peut de présenter des principes qui motiveront les chrétiens à être fidèles à Dieu, aux Saintes Écritures, à leur communauté, et les mettrons au défi de vivre une vie morale dans leur contexte local et dans le monde en général. Puissions-nous obéir à l'appel de Dieu à vivre dans la sainteté face à toutes nos questions.

Lectures complémentaires

La liste des ouvrages ci-dessous ne comporte pas tout ce qui est mentionné en note de bas de page, mais il s'agit d'autres livres pouvant être utiles aux lecteurs en quête d'informations supplémentaires. Certains ne sont plus disponibles, mais nous pouvons encore les trouver dans plusieurs bibliothèques universitaires. Les articles des journaux et les pages web ne sont pas mentionnés ici, mais plutôt dans les notes de bas de page des différents chapitres.

Ne limitez pas votre lecture aux ouvrages mentionnés dans un chapitre particulier. La liste générale des ouvrages sur l'éthique chrétienne présentée dans les chapitres 3 et 4 ci-dessous traite d'un bon nombre de sujets éthiques. Il en est de même pour les listes générales au début de certaines sections.

Les entrées dans chaque sous-section sont classées par ordre alphabétique et non par ordre d'importance. Nous ne partageons pas forcément l'avis de tous les auteurs ou de toutes les positions avancées. Cependant, ces ouvrages augmenteront vos connaissances sur les questions éthiques. Comme toujours, vous devez faire preuve de discernement et prier Dieu afin qu'il vous donne la sagesse et la perspicacité pendant vos lectures.

Première partie : les fondements éthiques

Chapitre 2 : Les fondements de l'éthique contemporaine africaine

BITRUS, Daniel, *Legacy of Wisdom: Stories and Proverbs from Africa*, Bukuru, Nigeria, Africa Christian Textbooks, 2007.

DAVIDSON, Basil, *The African Genius*, 2ᵉ éd., Athens, Ohio, Ohio University Press, 2004.

FISHER, Robert B., *West African Religions: Focus on the Akan of Ghana*, New York, Orbis, 1998.

GEERTZ, Clifford, *The Interpretation of Cultures*, New York, Basic Books, 1977.

KENYATTA, Jomo, *Facing Mount Kenya: The Tribal Life of the Gikuyu*, London, Secker and Warburg, 1938.

MAGESA, Laurenti, *African Religion: The Moral Traditions of Abundant Life*, Nairobi, Pauline Publications Africa / Maryknoll, Orbis, 1997.

MBITI, John, *African Religions and Philosophy*, London, Heinemann, 1982.

———. *Introduction to African Religion*, 2ᵉ éd., London, Heinemann, 1991.

TURAKI, Yusufu, *Foundations of African Traditional Religion and Worldview*, Nairobi, WordAlive, 2006.

Chapitre 3 : Les fondements de l'éthique occidentale

ASHBY, Warren, *A Comprehensive History of Western Ethics: What Do We Believe?*, Amherst, NY, Prometheus Books, 2005.

BELLAH, Robert N., Richard MADSEN, William M. SULLIVAN, Ann SWIDLER, et Steven M. TIPTON, *Habits of the Heart: Individualism and Commitment in American Life*, 2ᵉ éd., Berkeley, University of California Press, 1996.

Dictionary of the Social Sciences. Sous la direction de Julius GOULD et William L. KOLB, New York, Free Press of Glencoe, 1964.

Encyclopedia of Philosophy, New York, Macmillan, 1967.

FRANKENA, William K., *Ethics*, New Jersey, Prentice-Hall, 1973.

RAND, Ayn, *For the New Intellectual: The Philosophy of Ayn Rand*, New York, Signet, 1961.

Chapitre 4 : Les fondements de l'éthique chrétienne

ANDERSON, J. Kerby, *Living Ethically in the 90s: Confronting Key Issues in This Generation*. Wheaton, Victor, 1990.

———. *Moral Dilemmas: Biblical Perspectives on Contemporary Ethical Issues*, Nashville, Word, 1998

Baker Encyclopedia of Psychology and Counselling, 2e éd., sous la direction de David G. BENNER et Peter C. HILL, Grand Rapids, Baker, 1999.

BIRCH, Bruce C., et Larry L. RASMUSSEN, *Bible and Ethics in the Christian Life*, Minneapolis, Augsburg, 1989.

CLARK, David K., et Robert V. RAKESTRAW, sous dir., *Readings in Christian Ethics Vol. 1: Theory and Method; Vol. 2: Issues and Applications*, Grand Rapids, Baker, 1994, 1996.

DAVIS, John Jefferson, *Evangelical Ethics: Issues Facing the Church Today*, 3e éd., Phillispburg, NJ, Presbyterian & Reformed, 2004.

Dictionary of Ethics, Theology and Society, sous la direction de P. B. CLARKE et A. LINZEY, London, Routledge, 1996.

Encyclopedia of Biblical and Christian Ethics, sous la direction de R. K. HARRISON, éd. rév., Nashville, Thomas Nelson, 1992.

FEINBERG, John S., et Paul D FEINBERG, *Ethics for a Brave New World*, Wheaton, Crossway, 1993.

GEISLER, Norman, *Christian Ethics, Options and Issues*, Grand Rapids, Baker, 1999.

GRENZ, Stanley J., *The Moral Quest: The Foundations of Christian Ethics*, Leicester, Apollos / Downers Grove, Intervarsity, 1997.

HAUERWAS, Stanley, *The Peaceable Kingdom*, Notre Dame, IN, University of Notre Dame Press, 1983.

HAYS, Richard B., *The Moral Vision of the New Testament: Community, Cross, New Creation – A Contemporary Introduction to New Testament Ethics*, San Francisco, HarperCollins, 1996.

HEBBLETHWAITE, Brian, *Christian Ethics in the Modern Age*, Philadelphia, Westminster, 1982.

HENRY, Carl F. H., *Christian Personal Ethics*, Grand Rapids, Eerdmans, 1957.

HOLLINGER, Dennis P., *Choosing the Good: Christian Ethics in a Complex World*, Grand Rapids, Baker, 2002.

HUGHES, Philip Edgecumbe, *Christian Ethics in a Secular Society*, Grand Rapids, Baker, 1983.

HOLMES, Arthur F., *Ethics: Approaching Moral Decisions*, 2ᵉ éd., Downers Grove, IVP, 2007.

KAISER, Walter C. Jr., *Toward Old Testament Ethics*, Grand Rapids, Zondervan, 1983.

MCCLENDON, James William, *Systematic Theology, Vol. 1: Ethics*, 2e éd., Nashville, Abingdon, 2002.

MOTT, Stephen, *Biblical and Social Ethics*, Oxford, Oxford University Press, 1982.

New Dictionary of Christian Ethics and Pastoral Theology, Downers Grove, IVP, 1995.

The New International Dictionary of New Testament Theology, sous la direction de Colin BROWN, Grand Rapids, Zondervan, 1976.

Pocket Dictionary of Ethics, sous la direction Stanley J. GRENZ et Jay T. SMITH, Downers Grove, IVP, 2003.

RAMSEY, Paul, *Basic Christian Ethics*, Philadelphia, Westminster, [1953] 1993, réimpression.

Westminster Dictionary of Christian Ethics, sous la direction de James F. CHILDRESS et John MACQUARRIE, Philadelphia, Westminster Press, 1986.

RASMUSSEN, Larry, *Moral Fragments and Moral Community: A Proposal for Church in Society*, Minneapolis, Fortress Press, 1993.

SHORTER, Aylward, *African Culture and the Christian Church*, Maryknoll, Orbis, 1974.

STASSEN, Glen H., et David P GUSHEE, *Following Jesus in Contemporary Context, Kingdom Ethics*, Downers Grove, IVP, 2003.

STOTT, John, *Issues Facing Christians Today*, 4e éd., Grand Rapids, Zondervan, 2006.

———. *The Contemporary Christian: Applying God's Word to Today's World*, Downers Grove, IVP, 1992.

TEMPLE, William, *What Christians Stand for in the Secular World*, Philadelphia, Fortress Press, 1965.

Westminster Dictionary of Christian Ethics, sous la direction de James F. CHILDRESS et John MACQUARRIE, Philadelphia, Westminster Press, 1986.

WRIGHT, Christopher J. H., *Old Testament Ethics for the People of God*, Downers Grove, IVP, 2004.

Chapitre 5 : Les fondements de l'éthique chrétienne africaine

BEDIAKO, Kwame, *Christianity in Africa: The Renewal of a Non-Western Religion*, Edinburgh, Edinburgh University Press, 1995.

———. *Theology and Identity: The Impact of Culture upon Christian Thought in the Second Century and Modern Africa*, Oxford, Regnum, 1992.

BUJO, Benezet, *African Theology in Its Social Context*, traduit par John O'DONOVAN, Maryknoll, NY, Orbis, 1992.

———. *Foundations of an African Ethic: Beyond the Universal Claims of Western Morality*, traduit par Brian MCNEIL, New York, Crossroad, 2001.

Deuxième partie : les questions éthiques contemporaines

Section A : les questions politiques

Chapitre 7 : L'Église et l'État

BONINO, Jose Miguez, *Toward a Christian Political Ethics*, Philadelphia, Fortress Press, 1965.

COMBLIN, José, *The Church and the National Security State*, Maryknoll, Orbis, 1979.

FRESTON, John, *Evangelicals and Politics in Asia, Africa and Latin America*, New York, Cambridge, 2001.

KEMENY, Paul Charles, sous dir., *Church, State, and Public Justice: Five Views*, Downers Grove, IVP, 2007.

PALMER, Parker J., *The Company of Strangers: Christians and the Renewal of America's Public Life*, New York, Crossroad, 1983.

SIDER, Ronald J., *Non-violence: The Invincible Weapon*, Dallas, Word, 1989.

WOGAMAN, J. Philip, *Christian Perspectives in Politics*, éd. rév., Philadelphia, Westminster, 2000.

Chapitre 8 : La guerre et la violence

CAMARA, Helder, *Spiral of Violence*, London, Sheed & Ward, 1971, Disponible sur www.alastairmcintosh.com/general/spiral-of-violence.htm.

CLOUSE, Robert G., *War: Four Christian Views*, Downers Grove, IVP, 1981.

FERGUSON, John, *The Politics of Love: The New Testament and Nonviolent Revolution*, Cambridge, James Clarke, 1979.

KING, Martin Luther, *Strength to Love*, Philadelphia, Fortress, 1981.

MCCULLUM, Hugh, *The Angels Have Left Us: The Rwanda Tragedy and the Churches*, Geneva, World Council of Churches, 1995.

NNOLIM Okwudiba, *Ethnic Politics in Nigeria*, Enugu, Nigeria: Fourth Dimension, 1980.

POWERS, Gerard F., Drew CHRISTIANSEN et Robert T HENNEMEYER, sous dir., *Peacemaking: Moral and Policy Challenges for a New World*, Washington DC, United States Catholic Conference, 1994.

SIDER, Ronald J., *Non-violence: The Invincible Weapon*, Dallas, Word, 1989.

THOMPSON, Joseph Milburn, *Justice and Peace: A Christian Primer*, Maryknoll, Orbis, 2003.

WINK, Walter, *Jesus and Non-violence: A Third Way*, Minneapolis, Fortress, 2003.

Section B : les questions financières

Chapitre 10 : La pauvreté

ALCORN, Randy, *Money, Possessions, and Eternity*, Wheaton, Tyndale, 1989.

BEISNER, E. Calvin, *Prosperity and Poverty: The Compassionate Use of Resources in a World of Scarcity*, Westchester, Crossway, 1988.

BOERMA, Conrad, *The Rich, the Poor and the Bible*, Philadelphia, Westminster, 1978.

CHILTON, David, *Productive Christians in an Age of Guilt Manipulators: A Biblical Response to Ronald J. Sider*, Tyler, Texas, Institute for Christian Economics, 1981.

DAVIS, John Jefferson, *Your Wealth in God's World: Does the Bible Support the Free Market?* Phillipsburg, NJ, Presbyterian & Reformed, 1984.

GEORGE, Augustin, *Gospel Poverty: Essays in Biblical Theology*, Traduit par Michael D. GUINAN, Chicago, Franciscan Herald Press, 1977.

GRIFFITH, Brian, *Morality and the Market Place: Christian Alternatives to Capitalism and Socialism*, Sevenoaks, Hodder & Stoughton, 1982.

SCHAEFFER, Frank, sous dir., *Is Capitalism Christian? Toward a Christian Perspective on Economics*, Westchester, Crossway, 1985.

SIDER, Ronald J., *Rich Christians in an Age of Hunger: Moving from Affluence to Generosity*, éd. rév., Nashville, Thomas Nelson, 2005.

SIMON, Arthur, *Bread for the World*, New York, Paulist Press, 1975.

Chapitre 11 : La corruption

ADAMS, Patricia, *Odious Debts: Loose Lending, Corruption and the Third World's Environmental Legacy*, London, Earthscan, 1991. Disponible sur www.eprf.ca/probeint/OdiousDebts/OdiousDebts/index.html

MEHR, Chander, *Corruption: Dealing with the Devil*, Nairobi, Shiv Publications, 2000.

OTENYO, Eric E., *Ethics and Public Service in Africa*, Nairobi, Quest and Insight Publications, 1998.

Chapitre 12 : La mobilisation des fonds

Evangelical Council for Financial Accountability, « Standard 7: Fund-Raising », *ECFA Standards*, Disponible sur www.ecfa.org.

SCHWARTZ, Glen J., *When Charity Destroys Dignity: Overcoming Unhealthy Dependency in the Christian Movement*, Bloomington, IN, AuthorHouse, 2007.

NOUWEN, Henri J. M., *The Spirituality of Fund-Raising*, Upper Room Ministries in partnership with Henri Nowen Society, 2004, Available online at www.parkerfoundation.org/PDFs/SpiritualityOfFundraising.pdf

Section C : les questions liées au mariage et à la famille

Plusieurs ouvrages mentionnés dans la liste générale sur l'éthique chrétienne et l'éthique médicale sont également importants pour les questions abordées dans cette section.

Chapitre 13 : La procréation et la stérilité

KORE, Danfulani, *Culture and the Christian Home*, Jos, ACTS, 1995.

THIELICKE, Helmut, *The Ethics of Sex*, traduit par John W. Doberstein, New York, Harper & Row, 1964.

Chapitre 14 : Les technologies de reproduction

ANDERSON, J. Kerby, *Genetic Engineering*, Grand Rapids, Zondervan, 1982.

KILNER, John F., Rebecca D. PENTZ et Frank E. YOUNG, sous dir., *Genetic Ethics: Do the Ends Justify the Genes?*, Grand Rapids, Eerdmans / Carlisle, Paternoster, 1997.

RAMSEY, Paul, *Fabricated Man: The Ethics of Genetic Control*, New Haven, Yale University Press, 1970.

Chapitre 15 : La contraception

NOONAN, John T., *Contraception: A History of Its Treatment by the Catholic Theologians and Canonists*, éd. rév., Cambridge, MA, Harvard University Press, 1986.

Chapitre 16 : La polygamie

CAIRNCROSS, John, *After Polygamy Was Made a Sin: The Social History of Christian Polygamy*, London, Routledge & Kegan Paul, 1974.

GASKIYANE, I., *Polygamy: A Cultural and Biblical Perspective*, Carlisle, Piquant, 2000.

HILLMAN, Eugene, *Polygamy Reconsidered: African Plural Marriage and the Christian Churches*, Maryknoll, Orbis, 1975.

Chapitre 17 : La violence familiale

American Psychological Association, *Violence and the Family: Report of the American Psychological Association Presidential Task Force on Violence and the Family*, Washington, APA, 1996.

CONWAY, Helen L., *Domestic Violence and the Church*, Carlisle, Paternoster, 1998.

GNANADASON, Aruna, *No Longer a Secret: The Church and Violence Against Women*, Geneva, WCC, 1997.

Chapitre 18 : Le divorce et le remariage

LUCK, William F., *Divorce and Remarriage: Recovering the Biblical View*, San Francisco, Harper & Row, 1987.

HETH, William A., et Gordon J. WENHAM, *Jesus and Divorce: The Problem with the Evangelical Consensus*, London, Hodder & Stoughton / Nashville, Thomas Nelson, 1984.

Chapitre 19 : Les veuves et les orphelins

KORE, Dan, *Defender of Widows and Orphans*, Bukuru, Nigeria, Africa Christian Textbooks, 2007.

KIRWEN, Michael, C., *African Widows*, Maryknoll, New York, 1979.

MAMO, Mae Alice Reggy, *Widows, the Challenges and the Choices*, Nairobi, Kenya, Salaamta, 1999.

Section D : les questions sexuelles

J. Rinzema, *The Sexual Revolution: Challenge and Response*, traduit par Lewis B. SMEDES, Grand Rapids, Eerdmans, 1974.

THIELICKE, Helmut, *The Ethics of Sex*, traduit par John W. DOBERSTEIN, New York, Harper & Row, 1964.

Chapitre 20 : Le viol

BUCKENHAM, Karen, *Violence Against Women: A Resource Manual for the Church in South Africa*, Pietermaritzburg, PACSA, 1999.

Chapitre 22 : La prostitution et le trafic du sexe

BAKWESEGHA, Christopher J. *Profiles of Urban Prostitutiton: A Case Study from Uganda*. Nairobi, Kenya: Literature Bureau, 1982.

Chapitre 23 : L'excision

GACHIRI, Ephigenia W., *Female Circumcision with Reference to Agikuyu of Kenya*, Nairobi, Paulines, 2000.

Jacob A. Kibor, « Persistence of Female Circumcision among the Marakwet of Kenya: A Biblical Response to a Rite of Passage », PhD dissertation, Trinity Evangelical Divinity School, Deerfield, Ill., 1998. Disponible sur UMI Dissertation Services, wwwlib.umi.com

KIBOR Jacob, *Christian Response to Female Circumcision*, Nairobi, Evangel, 2007.

Chapitre 24 : L'homosexualité

BOTHA, Peet, *The Bible and Homosex: Sexual Truths for a Modern Society*, Kranskop, South Africa, Khanya, 2005.

DEYOUNG, James B., *Contemporary Claims Examined: Homosexuality in Light of the Bible and Other Ancient Literature and Law*, Grand Rapids, Kregel, 2000.

STOTT, John, *Same Sex Partnerships? A Christian Perspective*, Grand Rapids, Fleming H. Revell, 1998.

PETERSON, David, sous dir. *Holiness and Sexuality: Homosexuality in a Biblical Context*, Carlisle, Paternoster, 2004.

ZUCK, Roy B., *Vital Contemporary Issues. Examining Current Questions and Controversies*, Grand Rapids, Kregel, 1994.

Section E : les questions médicales

FOREMAN, Mark W., *Christianity and Bioethics: Confronting Clinical Issues*, Joplin, MS, College Press, 1999.

CAMERON, Nigel M. de S., John F. KILNER, et David L. SCHIEDERMAYER, sous dir., *Bioethics and the Future of Medicine: A Christian Appraisal*, Grand Rapids, Eerdmans / Carlisle, Paternoster, 1995.

CLARK, K., et Robert V. RAKESTRAW, *Medical Ethics, Principles, Persons and Problems*, Phillipsburg, NJ, Presbyterian & Reformed, 1988.

DUNCAN, A. S., G. R. DUNSTAN, et R. B. WELBOURN, *Dictionary of Medical Ethics,* éd. rév., New York, Crossroad, 1981.

FRAME, John M., *Medical Ethics: Principles, Persons and Problems*, Phillipsburg, NJ, Presbyterian & Reformed, 1988.

LAMMERS, Stephen E., et Allen VERHEY, sous dir., *On Moral Medicine: Theological Perspectives*, 2ᵉ éd., Grand Rapids, Eerdmans, 1998.

LARSON, David E., sous dir., *The Mayo Clinic Family Health Book*, 3ᵉ éd., New York, Harper, 2003.

Chapitre 25 : Le VIH/SIDA

A Report of a Theological Workshop Focusing on HIV- and AIDS-related Stigma. 8–11 Décembre 2003, Windhoek, Namibia. Genève, UNAIDS, 2005. Disponible sur http://data.unaids.org/Publications/IRC-pub06/JC1119-Theological_en.pdf

ALCORN, Randy, *Pro-Life Answers to Pro-Choice Arguments*, Sisters, OR, Multnomah, 1992.

CARSON, D. A., *How Long, O Lord? Reflections on Suffering and Evil*, Grand Rapids, Baker, 1990.

DIXON, Patrick, *The Truth About AIDS: What You Must Know; What You Can Do*, Eastbourne, Kingsway, 1987.

DUBE, Musa W., *Africa Praying: A Handbook on HIV/AIDS Sensive Sermon Guidlines and Liturgy*, éd. rév., Genève, WCC, 2004.

———. *HIV/AIDS and the Curriculum: Methods of Integrating HIV/AIDS in Theological Programs*, Geneva, WCC, 2003.

Chapitre 26 : L'avortement

ALCORN, Randy, *Pro-Life Answers to Pro-Choice Arguments*, Sisters, OR, Multnomah, 2000.

KOOP, C. Everett, *The Right to Live, The Right to Die*, Wheaton, Tyndale House, 1976.

Chapitre 27 : L'euthanasie

KOOP, C. Everett, *The Right to Live, The Right to Die*, Wheaton, Tyndale House, 1976.

Chapitre 28 : Les grèves et les services médicaux

KILNER, John, Nigel M. De S. CAMERON, et David L. SCHIEDERMAYER, sous dir., *Bioethics and the Future of Medicine: A Christian Appraisal*, Grand Rapids, Eerdmans / Carlisle, Paternoster, 1995.

Chapitre 29 : La toxicomanie et l'alcoolisme

HANSON, Glen, Peter J. VENTURELLI, and Annette E. FLECKENSTEIN, *Drugs and Society*, 9ᵉ éd., Boston, Jones and Bartlett, 2002.

TER CHIA, Francis, *Understanding Drug Abuse at a Glance: A Training Manual for Local Government*, Nigeria, Drug Abuse Control Committee, April 2006.

Section F : les questions religieuses

Chapitre 30 : La sorcellerie

CARSON, D. A., *How Long, O Lord?: Reflections on Suffering and Evil*, 2ᵉ éd., Grand Rapids, Baker, 2006.

DICKASON, C. Fred, *Angels, Elect and Evil*, éd. rév., Chicago, Moody Press, 1995.

HIEBERT, Paul, R. Daniel SHAW, et Tite TIENOU, *Understanding Folk Religion: A Christian Response to Popular Beliefs and Practices*, Grand Rapids, Baker, 1999.

OFFIONG, Daniel A., *Witchcraft, Sorcery, Magic and Social Order Among the Ibibio of Nigeria*, Enugu, Fourth Dimension Publishing, 1991.

ROMMEN, Edward, sous dir., *Spiritual Power and Missions: Raising the Issues*, Evangelical Missiological Society Series, No. 3, Pasadena, Califonia, William Carey Library, 1995.